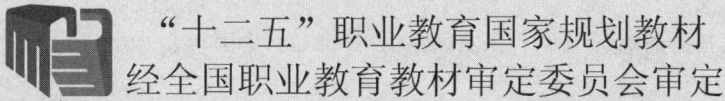
"十二五"职业教育国家规划教材
经全国职业教育教材审定委员会审定

微生物学及其技能训练

李志香　张家国　主编

中国轻工业出版社

图书在版编目（CIP）数据

微生物学及其技能训练/李志香，张家国主编．—北京：中国轻工业出版社，2023.7
"十二五"职业教育国家规划教材
ISBN 978-7-5019-9925-5

Ⅰ.①微… Ⅱ.①李… ②张… Ⅲ.①微生物学—高等职业教育—教材 Ⅳ.①Q93

中国版本图书馆 CIP 数据核字（2014）第 212606 号

责任编辑：张　靓　　责任终审：劳国强　　封面设计：锋尚设计
版式设计：王超男　　责任校对：吴大鹏　　责任监印：张　可

出版发行：中国轻工业出版社（北京东长安街6号，邮编：100740）
印　　刷：三河市万龙印装有限公司
经　　销：各地新华书店
版　　次：2023年7月第1版第5次印刷
开　　本：720×1000　1/16　印张：22.25
字　　数：448千字
书　　号：ISBN 978-7-5019-9925-5　定价：44.00元
邮购电话：010-65241695
发行电话：010-85119835　传真：85113293
网　　址：http://www.chlip.com.cn
Email：club@chlip.com.cn
如发现图书残缺请与我社邮购联系调换
230888J2C105ZBW

本书编委会

主　　编	李志香	齐鲁师范学院
	张家国	山东商业职业技术学院
副 主 编	史晓华	山东职业学院
	胡晓文	日照职业技术学院
	杨艳芬	山东经贸职业学院
参编人员	（按姓氏笔画排序）	
	丁宏伟	齐鲁师范学院
	刘　敏	山东农业工程学院
	庄晓辉	山东科技职业学院
	张　帜	齐鲁师范学院
	段荣帅	山东商业职业技术学院
	徐　琛	齐鲁师范学院
	鲁　梅	潍坊工程职业学院
主　　审	赵　勇	青岛啤酒（济南）有限公司

前言

《微生物学及其技能训练》立项为教育部第一批"十二五"职业教育国家规划教材。本书上一版于 2011 年出版,教材名称《食品微生物学及其技能训练》,教材出版后被全国多个省份的职业院校所使用,普遍反映:"该书编写体例合理,文字准确、流畅,符合规范化要求;插图美观,文图配合恰当"。"学生反映好,图文并茂,尤其是实验部分,利于学生学习"。"该教材既具备必需的基础理论,又具有很强针对性,突出实践性和实用性,能很好地符合高职高专的教学需要"。"教材的第二篇技能训练部分既很有实践特色又非常适用和实用,无论对教师还是对学生来说都留有了空间和余力"。

微生物学是食品类、生化与药品类等相关专业职业教育的主干专业基础课程之一,为进一步发挥该教材的作用和使用效果,拓宽使用专业范围,教材再版的名称改为《微生物学及其技能训练》,编写体例仍保持了原有风格。全书共分两篇,十五章。第一篇微生物学基础共分十章内容,考虑到生物类、食品类等相关专业均开设食品安全等课程,再版教材删除了"微生物与食品安全"一章,并对相关章节内容、图片和知识窗部分作了适当扩充调整和更新,从而进一步增强了趣味性、可读性,适当体现了微生物学近年来的发展和应用性。第二篇为技能训练部分,在保持原有的实践性、应用性、实用性、技能性与创新性于一体特色的基础上,遵循由易到难的原则,安排调整更新了部分实验内容;加强了基础和技能实训,扩充增加了十三章微生物学技能实训的选做项目,以利于不同专业任课教师根据本专业的教学实际进行选择,而留有更大的空间和选择余地。对涉及微生物学检验的相关实验如菌落总数、大肠菌群的检验、环境和人体表面微生物的检验等实验项目,依据国家颁布的新标准进行了修订和更新。

本教材适用于生物技术及应用、食品营养与检测、食品加工技术、食品贮运与营销、农产品质量检测、生物技术制药等相关职业教育专业用书,并可作为相关专业教学以及职业技术从业人员的参考用书。

　　本书配有与教材配套的数字化教学资源。为提高学生学习兴趣、方便学生自学和方便教师备课教学，设有教学课件，助教图片及 flash 动画和相关视频。

　　数字化教学资源制作：①课件编制：李志香第一章、第二章、第三章、第七章，高玲美第四章，史晓华第五章、第六章，鲁梅第八章，杨艳芬第九章；②助教图片及 flash 动画和相关视频由李志香汇编。

　　参与本书修订工作的老师都是长期从事微生物学教学和研究的资深及骨干教师，在教材修订工作中他们将多年来教学改革研究成果均渗透融合到相关编写内容中，他们是：齐鲁师范学院李志香教授，山东职业学院史晓华教授，潍坊工程职业学院鲁梅副教授，日照职业技术学院胡晓文讲师，山东经贸职业学院杨艳芬讲师，齐鲁师范学院高玲美副教授、丁宏伟副教授，张帜讲师、徐琛讲师。全书由李志香统稿。对他们的协作和支持以及辛勤付出表示诚挚的谢意。

　　限于编者水平和时间，书中难免有错误和疏漏之处，敬请各位同仁不吝赐教和批评指正，我们将会在再版时进行纠正。谢谢！

李志香

目录

第一篇 微生物学基础

1　第一章　绪论

1　第一节　微生物学的研究对象、任务和分科
1　一、微生物的概念及主要类群
4　二、微生物学的研究内容和任务
5　三、微生物学与其他学科的关系
6　第二节　微生物学的形成与发展
6　一、古代对微生物的认识和利用（史前期、推测时期）
7　二、微生物的发现与奠基
8　三、近现代微生物学的发展
10　四、微生物学应用展望及其所对应的职业岗位
10　知识窗　微生物工程
11　复习与思考题

12　第二章　原核微生物

12　第一节　细菌
12　一、细菌的形态与大小
15　二、细菌的细胞结构与功能
24　三、细菌的繁殖方式
25　四、细菌的群体形态与培养特征
26　五、食品工业生产中常见的细菌
28　第二节　放线菌
28　一、放线菌与人类的关系
29　二、放线菌的形态结构
30　三、放线菌的繁殖方式
30　四、放线菌的菌落特征

31	五、	放线菌的代表属——链霉菌属
31	六、	其他放线菌属
32	七、	放线菌在生产中的应用
32	第三节	其他原核微生物
32	一、	蓝细菌
34	二、	支原体
35	三、	立克次氏体
36	四、	衣原体
37	五、	螺旋体
38	知识窗	微生物的分类与命名
39	复习与思考题	

40　第三章　真核微生物

40	第一节	真核微生物概述
41	一、	真核微生物与原核微生物的比较
41	二、	真核微生物的主要类群
42	三、	真核微生物的细胞构造
45	第二节	酵母菌
45	一、	酵母菌与人类的关系
45	二、	酵母菌的形态结构
46	三、	酵母菌的繁殖方式
48	四、	酵母菌的菌落与培养特征
49	五、	食品工业中的酵母菌
51	第三节	霉菌
51	一、	霉菌与人类的关系
51	二、	霉菌的形态结构
54	三、	霉菌的繁殖方式
56	四、	霉菌的菌落及培养特征
56	五、	食品工业生产中的常见霉菌
60	第四节	大型真菌——蕈菌
60	一、	菌体的形态结构
63	二、	常见食用菌
64	知识窗	生物农药——白僵菌
65	复习与思考题	

66	**第四章 病毒**
66	**第一节 病毒概述**
66	一、病毒的形态与大小
68	二、病毒的结构与化学组成
70	三、病毒的群体形态
71	四、噬菌体
71	五、病毒的分类与命名
73	**第二节 病毒的增殖**
73	一、病毒的繁殖方式
75	二、一步生长曲线
76	三、理化因素对病毒的作用
77	四、病毒学研究的基本方法
81	五、病毒定量的几个概念
81	**第三节 亚病毒**
81	一、类病毒
82	二、拟病毒（类类病毒，卫星RNA）
83	三、卫星病毒
83	四、朊病毒
84	**第四节 病毒的危害及其应用**
84	一、食源性病毒的危害
85	二、病毒的应用
86	**知识窗 善变的禽流感病毒**
88	**复习与思考题**
89	**第五章 微生物的营养**
89	**第一节 微生物的营养物质和营养类型**
89	一、微生物的营养物质
93	二、微生物的营养类型
95	**第二节 微生物对营养物质的吸收**
95	一、单纯扩散
96	二、促进扩散
96	三、主动运输
97	四、基团转位
97	**第三节 培养基**
98	一、配制培养基的原则

99	二、培养基的类型及其应用
103	知识窗 琼脂——从餐桌到试验台的凝固剂
104	复习与思考题

105　第六章　微生物的生长及控制

105	第一节 微生物的生长与培养
105	一、微生物的纯培养
108	二、测定微生物生长繁殖的方法
109	三、微生物生长的规律
112	第二节 微生物生长控制
112	一、影响微生物生长的主要环境因素
115	二、有害微生物生长控制
122	第三节 食品工业微生物的培养
122	一、分批（发酵）培养
123	二、连续（发酵）培养
125	知识窗 食品工业中微生物的控制——管道的消杀
125	复习与思考题

127　第七章　微生物的代谢

127	第一节 微生物对自然界有机物质的分解代谢
127	一、含碳有机物（多糖）的分解代谢
128	二、含氮有机物的分解代谢
131	第二节 微生物的能量代谢
131	一、化能异养微生物的生物氧化与产能
140	二、化能自养微生物的生物氧化与产能
142	三、光能微生物的能量代谢
145	第三节 微生物的合成代谢
145	一、糖类的合成
146	二、微生物特有的合成代谢途径——生物固氮
148	三、氨基酸的合成
150	第四节 微生物的代谢调控与发酵生产
150	一、酶合成的调节
153	二、酶活力的调节
154	三、代谢调控在发酵工业中的应用

161　第五节　微生物发酵与食品风味物质的形成
162　一、微生物的纯种发酵与多菌种的协同发酵
164　二、多菌种协同发酵方法生产应用实例分析
166　知识窗　微生物发酵工艺控制的五字策略
167　**复习与思考题**

168　**第八章　微生物的遗传变异与育种**
168　第一节　遗传变异的物质基础
168　一、什么是遗传与变异
168　二、证明核酸是遗传变异物质基础的三个经典实验
170　三、DNA的结构和复制
171　第二节　微生物的突变
171　一、突变率和基因符号
172　二、微生物突变的主要类型
172　三、突变的发生
173　四、基因突变机制
174　五、微生物突变的特点
175　六、突变与育种
178　第三节　细菌的基因转移和重组
178　一、原核微生物的基因重组
180　二、染色体外遗传因子的转移与重组
181　第四节　工业生产中菌种选育的实例分析
181　一、啤酒酵母的分离纯化与选育
182　二、谷氨酸生产菌的分离纯化与选育
184　第五节　菌种的衰退、复壮和保藏
184　一、菌种的衰退
185　二、菌种的复壮方法
186　三、菌种保藏
188　知识窗　基因工程在葡萄酒酵母选育中的应用
189　**复习与思考题**

190　**第九章　微生物生态**
190　第一节　微生物在自然界中的分布
190　一、土壤中的微生物

192	二、	水体中的微生物
194	三、	空气中的微生物
195	四、	工农业产品中的微生物
196	五、	正常人体及动物体上的微生物
197	第二节	极端环境中的微生物
197	一、	嗜盐微生物
198	二、	嗜热微生物
199	三、	嗜冷微生物
200	四、	耐辐射微生物
200	第三节	微生物的生物环境
201	一、	互生关系
201	二、	共生关系
202	三、	竞争关系
202	四、	拮抗关系
202	五、	寄生关系
203	六、	猎食关系
203	第四节	微生物生态及其应用
203	一、	生态学的概念
204	二、	在酿酒业中的作用
204	三、	微生物与污水处理
206	四、	微生物对污染物的降解与转化
209	五、	微生物与环境监测
211	知识窗	EM技术呵护青山绿水
212	复习与思考题	
213	**第十章**	**微生物与机体免疫**
213	第一节	概述
213	一、	传染与免疫的概念
213	二、	决定传染的三大因素
215	第二节	病原微生物的致病作用——细菌性传染机制
215	一、	毒力
216	二、	病原菌的侵入数量
216	三、	病原菌的侵入途径
216	第三节	人体对传染的非特异性免疫
217	一、	人体的屏障结构

217	二、非特异性免疫细胞防护作用
217	三、正常体液中的抗微生物因素
218	第四节 人体对传染的特异性免疫
218	一、特异性免疫的概念
218	二、特异性免疫的物质基础
219	三、抗原
220	四、抗体与体液免疫
222	五、细胞免疫
223	第五节 免疫学的应用
223	一、生物制品
224	二、抗原抗体技术在食品检验中的应用
225	知识窗 关于儿童计划免疫接种
226	复习与思考题

第二篇 微生物学技能训练

227 第十一章 微生物学实验室简介与实验安全

227	第一节 微生物学实验须知
227	一、微生物学实验室
228	二、微生物学实验室主要仪器
229	第二节 微生物学实验安全
230	一、安全知识
230	二、实验室工作注意事项
231	三、实验室意外事故的处理

233 第十二章 微生物基础实验

233	必做实验
233	实验一 玻璃器皿的清洗、包扎与干热灭菌技术
237	实验二 普通光学显微镜的使用
241	实验三 细菌的单染色法
243	实验四 革兰氏染色法
246	实验五 细菌的芽孢染色
247	实验六 放线菌的形态观察
250	实验七 酵母菌的形态观察及死活细胞的鉴别

251	实验八　霉菌形态的观察
253	实验九　四大类微生物菌落形态的观察比较
254	选做实验
254	实验十　细菌的荚膜染色
256	实验十一　细菌的鞭毛染色法及活细菌运动性观察

261　第十三章　微生物学实训

261	必做项目
261	实训一　棉塞的制作、培养基的制备与高压蒸汽灭菌
268	实训二　啤酒生产中麦芽汁的制备
270	实训三　啤酒生产中酵母菌质量的鉴别
273	实训四　微生物的无菌操作与接种技术
277	实训五　制备无菌平板与划线训练
280	实训六　啤酒酵母扩大培养与生长特征观察
283	选做项目
283	实训七　化学药剂对微生物的作用
285	实训八　菌种保藏
287	实训九　米酒的制作

291　第十四章　微生物学综合实验

291	实验一　土壤中微生物的分离纯化技术
295	实验二　细菌生长曲线的测定
296	实验三　环境和人体表面微生物的检验
300	实验四　水体中细菌总数的测定
304	实验五　食品中大肠菌群的检验
310	选做实验
310	实验六　病毒的人工培养
312	实验七　微生物的生化反应试验
315	实验八　微生物细胞大小测定
318	实验九　用生长谱法测定微生物的营养要求

320　第十五章　微生物学设计性实验

| 321 | 设计实验一　检测发酵和食品工业用水微生物的数量 |
| 322 | 设计实验二　微生物技术在食品保鲜中的应用 |

322	设计实验三	从土壤中分离和纯化放线菌
323	设计实验四	了解和研究微生物在食品工业中的应用
324	设计实验五	检测几种常见消毒剂的杀菌效果

329	**附录一 染色液的配制**
333	**附录二 培养基配制**
337	**参考文献**

第一篇 微生物学基础

第一章 绪 论

学习目标
1. 掌握微生物的概念。
2. 了解微生物在生物界的分类地位。
3. 理解微生物的一般特点。
4. 明确微生物学的研究内容和任务。
5. 了解微生物的基本研究方法。

第一节 微生物学的研究对象、任务和分科

一、微生物的概念及主要类群

（一）什么是微生物

微生物（microorganism）是指广泛存在于自然界中的一大群个体体积微小，结构简单，大多是单细胞，少数是多细胞，甚至没有细胞结构的低等生物。这些微小的生物必须借助于光学显微镜和电子显微镜才能看清它们的形态结构。

微生物是一个庞杂的大家族，包括：不具细胞结构的病毒、单细胞的立克次氏体、细菌、放线菌；具有完整细胞核的真核微生物，如霉菌和酵母菌、单细胞藻类、原生动物等；衣原体、支原体以及比病毒结构还简单的类病毒、朊病毒等也属于微生物。

（二）微生物的特点

1. 形体微小、结构简单

微生物的个体极其微小，要测量它们，必须用 μm 或 nm 作单位。如一个典型的球菌体积仅为 $1\mu m^3$，小的细菌甚至比大的病毒还要小；有些分子生物甚至比蛋白质分子还要小，如植物双粒病毒，直径仅有 18~20nm。它们的结构也是非常简单的，大多数微生物为单细胞，只有少数为简单的多细胞，有的甚至是分子生物。如马铃薯纺锤形块茎病毒（PSTV）仅是由 359 个核苷酸组成的单链环状 RNA，长度为 50nm；朊病毒仅由蛋白质分子组成。

2. 代谢旺盛，繁殖快速

生物界中，微生物具有惊人的生长繁殖速度，其中二等分裂的细菌尤为突出。人们研究得最透彻的微生物是大肠埃希氏菌（Escherichia coli），其细胞在合适的生长条件下，每分裂一次的时间是 12.5~20.0min。如按每 20min 繁殖一代，则每小时分裂 3 次，24h 可繁殖 72 代，一个细胞经过一昼夜的繁殖即可达到 4.722×10^{24} 个。

当然，由于条件的限制，细菌的指数分裂速度只能维持数小时，而在液体培养基中，细菌细胞的浓度一般仅能达到 10^8~10^9 个/mL。微生物的这一特性在发酵工业上体现：生产效率高、发酵周期短。在生物学基本理论研究上的优越性体现：科研周期大大缩短、节省经费、效率提高。但是对于危害人、畜和植物等的病原微生物或使物品发霉的微生物来说，它们的这个特性就会给人类带来极大的麻烦甚至严重的祸害，因而需要认真对待。

3. 适应性强、易变异

微生物对环境条件，特别是"极端环境"具有惊人的和极其灵活的适应性，这是高等动植物无法比拟的，诸如抗热性、抗寒性、抗盐性、抗酸性、抗压力等能力。例如：在海洋深处的某些硫细菌可在 250~300℃ 正常生长；嗜盐细菌可在饱和盐水中正常生长繁殖；氧化硫杆菌（Thiobacillus thiooxidans）在 pH 0.5~2.0（5%~10% 的硫酸）的酸性环境中生长；脱氮硫杆菌生长的最高 pH 为 10.7；许多微生物尤其是产芽孢的细菌可在干燥的条件下保存几十年、几百年甚至上千年。

微生物的个体一般都是单倍体，加之它具有繁殖快、数量多以及与外界环境直接接触等原因，虽然微生物的变异频率仅为（10^{-6}~10^{-9}），由于世代短、子代众多，因而可在短时间内产生大量变异的后代。变异的表现可涉及形态结构、代谢途径、抗性、代谢产物的种类和产量等。在微生物育种中利用变异这一特性可获得高产菌株，如：以青霉素的产量变异为例，在 1943 年，利用产黄青霉（Penicillium chrysogenum）发酵生产青霉素，青霉素发酵液中只分泌约 20 单位/mL 的青霉素。通过诱变现在发酵液中达到 5 万~10 万单位/mL，成本大大降低。当然，病原菌产生的耐药性变异也很常见。微生物适应性强、易变异的特点在发酵工业中较为有益，但对大多数食品行业则是不利的。

4. 吸收快，转化力强

微生物吸收和转化物质的能力比动物、植物要高很多倍，如在合适的环境下，Escherichia coli 每小时内可消耗其自重 2000 倍的乳糖。产朊假丝酵母（Candida utilis）合成蛋白质的能力比大豆强 100 倍，比牛强 10 万倍。人类对微生物的利用主要体现在它们的生物化学转化能力上，如 1kg 酿酒酵母可把几千千克的糖发酵生成酒精。微生物的这个特性为它们的高速生长繁殖和产生大量代谢产物提供了充分的物质基础，从而使微生物有可能更好地发挥"活的化工厂"的作用。

5. 食谱杂，易培养

微生物利用物质的能力是其他生物无法比拟的，从简单的无机物到复杂的有机物，都有能利用的微生物种类。有些不能被其他生物利用的物质，也能找到可以利用它们的微生物，如纤维素、石油、塑料等；有些对人及动植物有毒的物质如氰、酚、多氯联苯等，也能被一些微生物分解利用。微生物这一特性有利于进行综合利用，变废为宝，为社会创造财富。

6. 种类多，分布广

微生物是无处不有无处不在，在生物圈的每一个角落都有微生物踪迹。如：土壤、空气、水体、海底、高空、动植物的体表，人体及与外界相通的体腔中都有数量众多的微生物。由于微生物的发现比动植物晚，加上鉴定微生物种的工作以及划分种的标准等问题较复杂，所以目前确定的微生物种数只有 10 万多种。随着科技的发展，分离、培养方法的改进和研究工作的进一步深入，将会有更多的微生物被发现。微生物复杂的生物多样性形成了代谢的多样性，从而为人类提供了丰富的资源宝库。

（三）微生物在生物界的地位

对于生物的分类，过去很长一段时间人们曾把所有的生物分为动物界和植物界两大类。微生物中有些类群，如原生动物，细胞柔软而不具细胞壁，可运动，不行光合作用，属于动物界。有些类群，如藻类具细胞壁，行光合作用，归于植物界。但是许多细菌具细胞壁、可运动，又不行光合作用，将它们归于植物界或动物界均不合适。因此后来有人提出另立微生物界或原生生物界的创意，而与动物界和植物界相并列。直到 1969 年魏塔克（R. Whittaker）首先提出了五界分类系统，他将所有的生物分为：

①原核生物界：包括细菌、放线菌、蓝绿藻等所有的拟核生物；
②原生生物界：包括具有真核细胞的单细胞生物如大多数藻类和原生动物；
③真菌界（菌物界）：包括酵母菌、霉菌、菌蕈等真菌；
④植物界：包括所有典型的多细胞植物；
⑤动物界：包括所有的多细胞后生动物。

《细菌分类基础》（王大耜编著，1977 年）中提出：无细胞结构的病毒应看做一界，即病毒界（包括非细胞型的分子生物）。这样微生物在整个生物分类系统中占有四界，即：病毒界、原核生物界、真核原生生物界与真菌界。在当前流行的三域学说中（古菌域、细菌域、真核生物域）微生物分布于三个域中，这充分显示了微生物在自然界中的重要地位。由此可见，微生物学的研究对象是十分广泛而丰富的。但是在这些研究对象中，最主要的研究对象是细菌。

二、微生物学的研究内容和任务

食品微生物学是专门研究微生物与食品之间相互关系的一门学科。研究的内容涉及与食品有关的微生物的生命活动的规律；如何利用有益微生物为人类制造食品；如何控制有害微生物、防止食品发生腐败变质；研究检测食品中微生物的方法、制定食品中的微生物指标，从而为判断食品的卫生质量提供科学依据。

微生物种类繁多，在自然界中分布极为广泛，高至 12000m 的高空，深至 10000m 的海底，以及江、河、湖、溪中都有微生物的存在；土壤是微生物生活的大本营，就是在营养贫乏的岩石、矿山和干旱的沙漠中也都能找到微生物的踪迹；在动植物的体表和体内也存在着微生物；甚至在高达 90℃ 以上的温泉和终年积雪的高山上都有微生物的存在。由此可见，微生物几乎无处不有、无处不在，可以这样说凡是有高等生物的地方，都有微生物的存在，没有高等生物存在或对高等生物有害的环境中，也有微生物的踪迹，并且生长繁茂。我们吃的食品和食物原料上，因生产方式、制作工艺、贮藏保存等环境条件的不同，在一定程度上会带有一定数量和种类的微生物。微生物在食品中可以起到有益作用，也可以起到有害作用，我们学习微生物及其生命活动是为了利用、控制、改造微生物，即充分利用微生物对人类生活有利的方面，控制其有害的方面，开发微生物资源，使之为社会服务，为人类造福。

微生物的活动与人们的生活及生产是息息相关的。早在古代，人们就采集野生菌类作为食物，利用微生物酿酒、制酱。随着科技的发展，人们对微生物与食品的关系有了深入地了解，对微生物种类及其作用机理的研究扩大了微生物在生产及食品制造中的应用范围。在应用方式上主要有以下几个方面。

1. 利用微生物菌体

微生物菌体在人类生活中应用广泛，如食用菌是深受人们喜爱的食品；酸奶、泡菜中有大量的乳酸菌，有益于人类的健康；利用微生物生长迅速，繁殖快的特点，来大量地制造菌体蛋白质以代替饲料生产等。

2. 利用微生物的代谢产物或代谢活动

如酿酒、抗生素的生产等。微生物在生长繁殖过程中会产生许多代谢产物，如蛋白质、氨基酸、有机酸、维生素等，这些代谢产物不仅增加了食品的营养，同时也增加了食品的风味。

3. 微生物酶的利用

利用微生物所产生的酶类，如淀粉酶、蛋白酶、脂肪酶、凝乳酶、葡萄糖异构酶等进行生产，腐乳、豆豉、酱油等就是利用微生物所产生的酶类将原料中的成分分解所制成的产品。目前，微生物酶制剂在食品工业中的应用日益广泛。

4. 微生物多糖的利用

在20世纪70年代，分子生物学家发现一些多糖类如海藻酸钠、肝素、真菌多糖等具有许多重要的生物活性和生理功能，如防护放射损伤、抗肿瘤、抗衰老、抗凝血、抗细菌和病毒感染等。而细胞表面的多糖则具有细胞间通讯识别、信息传递、物质交换与运输、免疫等重要功能。从而开发出具有一定功效的药品和具有保健功能的食品。目前，多糖的研究范围越来越广泛，其研究成果应用于食品生产越来越多，多糖已成为新的研究热点。

由于微生物分布的广泛性，在食品的生产加工、保藏、运输等环节，容易导致杂菌的污染，而引起食品的腐败变质。食品发生变质后其营养价值会降低或完全丧失而失去食用价值，甚至导致食物中毒或引发疾病；有些微生物是人类的致病菌，有些微生物在生长繁殖过程中产生毒素，人吃了含有一定数量和种类的有害菌、毒素的食品后，会引发食物中毒，影响机体健康，甚至危及生命。因此如何消除或控制微生物对人类的有害影响，对食品进行有效地检测，以保证食品的安全性，这是食品微生物学的重要任务之一。

进入21世纪，由于生物工程的应用，人们可以通过基因工程这个实验技术在DNA的分子水平上动手术，去改造微生物菌种，使其更好地发挥有益作用，提供更多更优质的食品，为人类造福，这是食品微生物学研究的另一个重要方面。

三、微生物学与其他学科的关系

随着社会经济发展的需要，人们不断加强对微生物的研究，但由于其研究任务的不同，目前已形成了许多微生物学的分支学科。例如：着重于研究微生物生物学基本问题的有普通微生物学、微生物分类学、微生物生理学、微生物生态学、微生物遗传学等；依研究对象的种类而分，有细菌学、真菌学、病毒学等；按微生物的生活环境可分为土壤微生物学、海洋微生物学等；在应用微生物方面有农业微生物学、工业微生物学、医学微生物学、兽医微生物学、食品微生物学、乳品微生物学、环境微生物学、药物微生物学等。

食品微生物学是一门应用科学，在此领域中，人们要将数学、霉菌学、植物病理学、细菌学、化学和物理学的基本科学原理应用到解决食品微生物的问题上来。

20世纪微生物学、生物化学和遗传学的交叉形成了分子生物学；而21世纪的基因组学则是数、理、化、信息、计算机等多学科交叉的结果；随着各学科的迅速发展和人类社会的实际需要，各学科之间的交叉和渗透是必然的发展趋势。

第二节 微生物学的形成与发展

整个微生物学的发展可分为：史前期、初创期、奠基期、发展期和成熟期五个时期。

一、古代对微生物的认识和利用（史前期、推测时期）

微生物在食品生产方面的应用，远在8000年前就开始了，到公元前3000年左右，人类已经掌握了食物保藏技术。我们的祖先用腌制技术保存鱼，其后传至罗马，之后又发明了新的食品保藏方式——烟熏技术。在我国，利用微生物进行谷物酿酒的历史，至少可追溯到4000多年前的龙山文化时期。我们的祖先通过生产实践还总结出不少培养微生物的经验。例如：在公元6世纪，后魏贾思勰所著的《齐民要术》一书中，就详细记载了制曲和酿酒的技术。现在知道，醋、酱和酒的饼曲是保存微生物菌种的好办法。

在农业方面，据考证，远在商代，已知使用经过一定时间储存的粪便来肥田。到了春秋战国时期，沤制粪便的应用更为普遍。公元前1世纪《氾胜之书》中就提出肥田要熟粪及瓜与小豆间作的耕作制度。《齐民要术》中还记载了栽种豆科植物可以肥沃土壤，提倡轮作，这实际上是应用根瘤菌的作用来为农业生产服务，当时虽然不知道根瘤菌的存在，也不知道固氮作用，但已会利用根瘤菌来积累氮肥了。而西方采用轮作制则是18世纪30年代以后的事了。

在医学方面，我国古代人民对疾病的病源及传染问题已有接近正确的推论，对防治疾病有着极丰富的经验。如春秋时代的名医扁鹊，即主张防重于治，为世界上发展较早的正确医学思想。我国劳动人民很早就应用茯苓、猪苓、灵芝等真菌治疗疾病。自古就有饮用沸水的习惯，这是预防肠道传染病的有效方法之一。公元前556年，就已知狂犬病来源于疯狗，而很重视驱逐疯狗来预防狂犬病。在11世纪就有种人痘预防天花的记载。到了16世纪用人痘预防天花，不仅在我国使用，而且先后传至俄国、日本、朝鲜、土耳其等地，1717年经土耳其传至英国，继而传到欧洲及美洲各国，在"人痘"的基础上才发展成为"牛痘"。

当时我们的祖先虽然不知道微生物的存在，但是在日常生活中却已经利用微生物，并且积累有丰富的经验。

二、微生物的发现与奠基

（一）微生物的发现（观察时期或初创时期公元1676—1861年）

自古以来，虽然人们对微生物的存在有所感受，已推测到自然界中除了看得见的生物外，还有些细小的肉眼看不见的生物存在，但缺乏直接的证据。17世纪，资本主义开始兴起，当时由于新兴工商业城市的出现，使航海贸易有了相当的发展，由于航海事业的需要，便促进了光学仪器的研究。当时，荷兰人列文虎克（Antonie Van Leeuwenhoek，1632—1723）于1676年制成了能放大270~300倍的显微镜。他用自制的显微镜观察了牙垢、粪便、井水及各种污水和腐败肉汁等，发现其中有许多球状、杆状和螺旋状的细菌以及原生动物等各种微小生物，绘制成图（见图1-1），并做了近于正确的描述，为微生物的存在提供了有力的证据，对以后微生物的研究创造了条件。这便是微生物的启蒙时代。

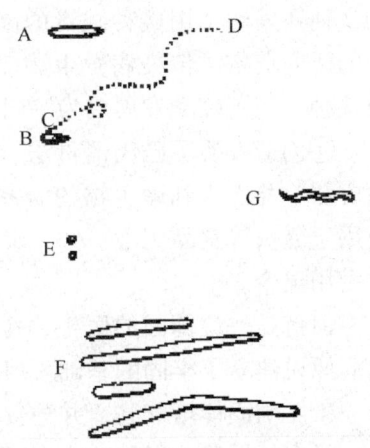

图1-1 列文虎克绘制的部分细菌

（二）微生物学的创立（奠基期或生理研究时期公元1861—1897年）

自列文虎克发现微生物后，在将近两个世纪内，有关微生物学知识的积累比较迟缓，直至19世纪三四十年代，由于马铃薯晚疫病在欧洲和北美洲严重发生，引起了灾荒，人们对致病的真正原因和发病规律的研究才更为重视。到了19世纪60年代，在欧洲一些国家中占重要经济地位的酿酒工业和蚕丝业发生了酒的变质和蚕的微粒子病，严重威胁着这些国家的经济发展，这便进一步推动了对微生物的研究，促进了微生物学的兴起。其中法国人巴斯德（Louis Pasteur，1822—1895）与德国人柯赫（Robert Koch，1843—1910）起了积极的作用。

巴斯德的重要贡献：

①否定了微生物自然发生说（spontaneous generation）。1857年巴斯德根据曲颈瓶实验证实，空气中确实含有微生物，它们可以引起有机质的腐败。把培养基中的微生物加热杀死后，曲颈瓶弯曲的瓶颈阻挡了空气中的微生物，使其不能到达瓶内有机物浸汁内，但如果将瓶颈打断，空气中的微生物即可进入瓶

内，致使有机质发生腐败。

②证实了发酵是由微生物引起的。巴斯德通过多年的试验，证明由于酵母菌的存在，使糖溶液发酵成酒精，污染杂菌时就会使酒变质，后来知道这些杂菌是酵母菌和醋酸菌。这一研究得出的结论是，发酵是由微生物引起的，并不是单纯的化学变化，不同种的微生物能引起不同类型的发酵。巴斯德的贡献是对微生物从形态转向生理生化的研究奠定了基础。

③发明制造疫苗和预防接种。巴斯德在对蚕的微粒子病深入研究的同时还研究了鸡的霍乱、牛和羊的炭疽病、人的狂犬病，发现传染病是由病原菌引起的。他还发明了用接种减毒的菌苗，来预防人和动物的疾病。巴斯德在医学方面的研究奠定了传染病微生物病原说的基础，同时发明了制造疫苗的方法和预防接种，使免疫学发展成为一门独立的学科。

④创造发明了巴氏消毒法。上述曲颈瓶实验也导致巴斯德创造了有效的灭菌方法，并引入到微生物的研究中，推动了基础微生物学的发展。灭菌原理还应用于罐头等食品工业。60~65℃短时间加热处理，可杀死有害微生物，该方法沿用至今。

柯赫是一位德国的医生，作为细菌学的奠基人，他的一系列工作，为疾病的病原说建立了牢固的基础。柯赫的重要贡献在于：

①发明固体培养基，并建立通过固体培养基分离纯化各种细菌，得到纯培养，只有纯培养获得成功才有可能对细菌进行分别的具体研究。

②用自创的方法分离到许多病原菌，如炭疽芽孢杆菌（1877）、结核分枝杆菌（1882）、链球菌（1882）、霍乱弧菌（1883）等。

③建立了实验动物感染法。通过研究牛的炭疽病，于1884年提出了确定病原菌的严格准则，即柯赫定理。这一法则至今仍指导着动、植物病原菌的鉴定。

④创用了显微技术，染色方法，显微摄影技术等，以便观察细菌的形态。

在柯赫定理提出后的20年中，相继分离出各种致病微生物，进而提出防治各种传染病的有效方法，推动了医学事业的发展。随着微生物的应用越来越广泛，各种微生物学专著也陆续出现。

三、近现代微生物学的发展

1. 发展期（公元1897—1953年）

由于巴斯德、柯赫等学者的贡献，微生物学在19世纪末和20世纪初已牢固地建立起来了。其后，微生物学的主要发展有两个方面：一是研究传染病和免疫学，二是研究疾病的防治和化学治疗剂的功效。此时微生物学和其他学科是各自独立向前发展的，而后，微生物学在发展中和生物化学相互结合起来了。肌肉酶解和酵母菌酒精发酵的并行研究，逐步揭示了它们之间的基本相似之处，出人意料地使动物生理学家、微生物学家、生物化学家找到了共同语言。几年后，分析动物和微生物的营养，弄清了另一个共同性的物质——维生素，认识到动物所需要的维生素与细菌、酵母菌所需要的生长因素是相同的，从生化方面，揭示了维生素是生物体合成许多辅酶的前体，它对细胞的代谢起着不可缺少的作用，从而显示出在代谢水平上所有生物的基本相似点，这就形成了微生物学家和生物化学家常说"生化的统一性"的观点。1935年电子显微镜的问世，使微生物学的发展进入了新阶段。

微生物学的另一发展方面是和遗传学相结合。因为研究高等动植物的遗传机制，很难达到细胞水平和分子水平。因此经典遗传学发展到一定阶段将受到必然的限制。自1941年比德耳和塔图姆从真菌链孢霉中分离出一系列的生化突变体，并使其同果蝇一样被选作为遗传研究的良好材料起，到细菌的转化现象、细菌的接合、转导的发现，以及华生和克里克1953年提出DNA分子的双螺旋结构模型和半保留复制的假设，到20世纪60年代初莫诺等人提出的操纵子学说和调节酶的变构理论，仅仅是短短的20年内，已将遗传学推到了分子水平。从20世纪60年代到70年代分子遗传学的发展日新月异。

2. 成熟期（1953年至今）

由于分子遗传学的迅速发展，使得人们利用分子遗传学的技术，有目的改造旧物种和创造新的生物。这就是自20世纪七八十年代后所兴起的一项崭新的DNA重组技术和遗传工程，这在生物育种方面开辟了广阔的前景。

20世纪80年代，在世界范围内兴起了新技术革命的浪潮，所谓新技术革命，即信息技术、新型材料、新的能源、海洋开发和生物工程等新技术的开发和应用。生物工程并不是一门全新的学科，它是微生物工程学吸收了新发展起来的基因工程、细胞融合、固相菌等新技术发展起来的一门现代工程学。生物工程和发酵工程一样都是应用活的生物体，在最适当的条件下，进行生产，以最少的原料、最短的时间，消耗最少的能源，生产最高质量的产品。

基因工程在生物工程中具有重要的作用，因为"种"是最重要的。人们可以通过基因工程这个实验技术在DNA的分子水平上动手术，将一种细胞的结构基因转移到另一种细胞中去，而使之具有新的遗传性状，产生大量的新产品。如：利用这种技术在20世纪80年代后生产出了商品胰岛素、激素、疫苗。现在不仅在微生物间DNA的分子水平上动手术，在远缘生物间同样进行基因转移，如科学家已将鸡卵清蛋白基因、大豆球蛋白基因成功的转移到大肠杆菌细胞中，通过对大肠杆菌的培养发酵生产出鸡卵清蛋白和大豆球蛋白。因此，基因工程的成功，为生物工程的产品开辟了新的途径，现在已有许多动植物的产品由微生物大量生产。如今，基因工程载体的构建、质粒的改造、基因库的建立和保存、基因的正确表达及产物的获得均离不开微生物。

四、微生物学应用展望及其所对应的职业岗位

21世纪的食品微生物学将进一步向健康、安全的方向发展。食品微生物与能源、信息、材料、计算机的结合也将开辟新的研究和应用领域。微生物学的研究技术和方法也将会在吸收其他学科的先进知识的基础上,向自动化、定向化和定量化的方向发展。

微生物产业在21世纪将呈现全新的局面。微生物产业除了更广泛地利用和挖掘不同生境的自然资源微生物外,基因工程菌将形成一批强大的工业生产菌生产外源基因表达的产物,特别是药物和食品的生产将出现前所未有的新局面。

此外,微生物工业将生产各种各样的新产品,如降解性塑料、生物能源等,为世界的经济和社会发展作出更大的贡献。在新型的生物技术产业中将为人类创造巨大的财富。

国家在"十一五"规划及近期的"十二五"规划中,重点发展生物产业和微生物制造等高新技术。确信未来微生物在应用领域方面将会更加广阔,我们所对应的职业岗位也会越来越多。如:微生物培菌、微生物发酵、微生物灭菌、食用菌栽培、乳品检验发酵、饲料检验、动植物检疫、食品检验、药物检验、环境微生物检测、生物产业下游技术等众多职业工种,都与微生物学密切相关。因此,微生物学是一门应用性和职业性很强的学科,它在生物产业的人才培养中起着举足轻重的作用。

微生物作为研究生命本质的重要材料,仍将发挥其他生物材料难以替代的作用。

由此可见,微生物虽然微小,但其作用却是巨大的;它不仅是人们取之不尽,用之不竭的天然资源宝库,同时也是我们就业及后续学习的基础和依托。同学们,你喜欢微生物吗?那就让我们从现在开始,展开你想象的翅膀一起学习、实验、探索吧!

微生物工程

微生物工程又称发酵工程。它是将传统的发酵技术与现代生物工程中的基因工程、细胞工程、蛋白质工程和酶工程等相结合,使发酵工业进入到微生物工程的阶段。发酵是微生物特有的作用,在几千年前就被人类所认识,并且用来制造酒、面包、酱、醋等。微生物工程是大规模发酵生产工艺的总称,就是利用微生物发酵作用,通过现代工程技术手段来生产有用物质,或者把微生物直接应用于生物反应器的技术。它是在发酵工艺基础上吸收基因工程、细胞工

程和酶工程以及其他技术的成果而形成的。

发酵工程的内容包括菌种选育、培养基的配制、灭菌、种子扩大培养和接种、发酵过程和产品的分离提纯（生物分离工程）等方面。发酵工程跟化学工业、医药、食品、能源、环境保护和农牧业等许多领域关系密切，对它的开发有很大的经济效益。DNA重组技术和生物反应器（装有固定化酶的容器，能进行生物化学合成）是微生物工程中的两大支柱。从工业规模生产这一点看，生物反应器尤其重要。因为只有通过微生物发酵，才能形成新的产业。

复习与思考题

1. 微生物包括哪些类群？有哪些特点？
2. 微生物在生物分类中的地位如何？微生物最主要的研究对象是什么？
3. 微生物学研究的任务是什么？
4. 试述巴斯德和柯赫的主要工作和在微生物发展史上的杰出贡献。
5. 试述微生物学在生命科学中的重要地位。
6. 通过社会调查和查找资料，试就微生物在工业、农业、医药、食品等方面的应用作简要介绍。

第二章 原核微生物

1. 掌握球菌、杆菌、螺旋菌的概念、分类。
2. 了解细菌细胞的一般结构和特殊结构。
3. 掌握细菌细胞壁肽聚糖的结构，革兰氏染色法的原理、方法。
4. 了解细菌的繁殖方式及二分裂繁殖的过程。
5. 掌握菌落、菌苔的概念。
6. 掌握放线菌的形态特征，繁殖方式。
7. 了解蓝细菌、立克次氏体、衣原体、支原体的形态结构及特征。

原核生物，就是广义的细菌，指一大类细胞核无核膜包裹，只存在核区的裸露 DNA 的原始单细胞生物，包括细菌、放线菌、蓝细菌、立克次氏体、支原体和衣原体等。在自然界中，细菌分布最广、数量最多。本章将重点介绍与食品生产、食品污染和食物中毒密切相关的多种细菌。

第一节 细菌

细菌是一类个体微小、结构简单、有细胞壁、多以二分裂方式繁殖的单细胞原核生物。

一、细菌的形态与大小

细菌的形态极其简单，基本形态要借助于光学和电子显微镜来观察和研究。基本形态包括球状、杆状和螺旋状三大类，分别称为球菌、杆菌和螺旋菌，仅少数为其他形状。

（一）细菌的个体形态

1. 球菌（coccus）

细胞呈球形或椭圆形。依细胞分裂面的数目和分裂后新细胞的排列方式可区分为以下 6 种主要类型（图 2-1A）。

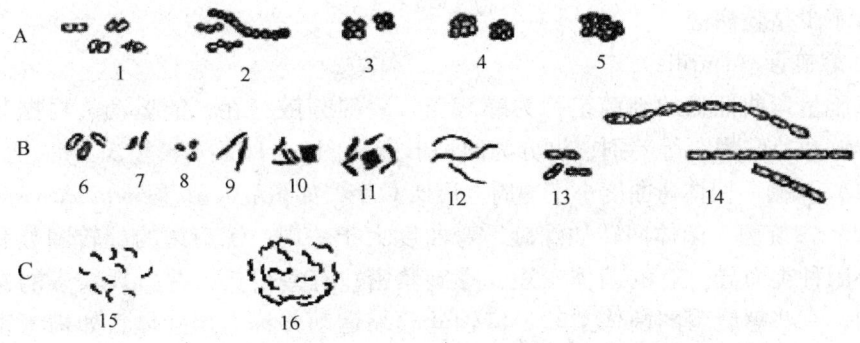

图 2-1 细菌的基本形态
A. 球菌：1—双球菌 2—链球菌 3—四联球菌 4—八叠球菌 5—葡萄球菌
B. 杆菌：6—杆菌（端钝圆） 7—杆菌（菌体稍弯） 8—短杆菌 9—杆菌（端尖） 10—分枝杆菌 11—棒状杆菌 12—长丝状杆菌 13—双杆菌 14—链杆菌（端钝圆和平截）
C. 螺旋菌：15—弧菌 16—螺旋菌

（1）单球菌 细胞分裂后产生的两个子细胞立即分开，如尿素小球菌（*Micrococcus ureae*）。

（2）双球菌 细胞分裂一次后产生的两个新细胞不分开而成对排列，如肺炎双球菌（*Diplococcus pneumoniae*）。

（3）链球菌 细胞按一个平行面多次分裂后产生的新细胞不分开而排列成链，如乳酸链球菌（*Streptococcus lactis*）。

（4）四联球菌 细胞按两个互相垂直的分裂面各分裂一次后产生的四个细胞不分开，每四个菌体呈田字形，如四联小球菌（*Micrococcus tetragenus*）。

（5）八叠球菌 细胞沿三个互相垂直的分裂面连续分裂三次后形成的含八个细胞的立方体，如尿素八叠球菌（*Sarcina ureae*）。

（6）葡萄球菌 细胞经多次不定向分裂后形成的新细胞聚集成葡萄状，如金黄色葡萄球菌（*Staphylococcus aureus*）。

2. 杆菌（bacillus）

杆状的细菌称为杆菌。一般杆状的细菌长度差异显著。根据杆菌的长短不同，可以分为长杆菌、短杆菌、球杆菌等；杆菌菌体的两端依照菌种的不同呈现各种形状，大多数菌体两端钝圆、有的是平截的，有的呈半圆形、有的略尖。根据菌体某个部位是否膨大可以分为棒状杆菌和梭状杆菌；根据芽孢有无可以分为无芽孢杆菌和芽孢杆菌。杆菌总是沿横轴方向分裂，绝大多数杆菌是分散独立存在的，但也有成对相连称双杆菌，呈链状排列的称链杆菌（图 2-1B）。

由于杆菌的排列方式既少又不稳定，因而很少用于分类鉴定。

杆菌是细菌中种类最多的。工农业生产中所用的细菌大多数是杆菌。杆菌中也有不少是致病菌。

3. 螺旋菌（spirilla）

细胞呈弯曲杆状的细菌统称为螺旋菌。一般分散存在，能运动。根据其长度、螺旋数目和螺距等差别，可分为两种形态（图2-1C）：

（1）弧菌　菌体弯曲度小于一周，形似C字，如霍乱弧菌（*Vibrio cholerae*）。

（2）螺旋菌　菌体回转如螺旋，弯曲度大于一周。螺旋菌的旋转圈数和螺距大小因种类而异。有的菌体较短，螺旋紧密；有些很长，并呈现较多的螺旋和弯曲。有些螺旋菌的菌体柔软，借轴丝收缩运动并称为螺旋体，如梅毒密螺旋体（*Treponema pallidium*）。

4. 特殊形态的细菌

除以上三种基本形态的细菌外，细菌还有以下几类特殊形态，如图2-2。例如，柄细菌属（*Caulobacter*），细胞呈杆状、梭状或弧状。在细胞的一端有鞭毛，另一端为一特征性的细柄可附着在基质上。又如球衣菌属（*Sphaerotilus*），能形成衣鞘，杆状的细胞呈链状排列在衣鞘内而成为丝状。还有人从盐场的晒盐池中分离出一种特殊的近于正方形的细菌。

图2-2　特殊形态的细菌

细菌的形态与培养时的温度、培养基的成分与浓度、培养时间等环境条件有关。一般处于幼龄及生产条件适宜时，细菌形态正常、整齐；在营养物质匮乏的培养物中或不正常的培养条件下，细胞常表现出不正常形态。如有的细胞膨大或出现梨形、丝状等不规则形态。若将它们再转移到新鲜培养基上并在适宜的条件下培养，它们能重新恢复其原来的形状。

细菌的形态是细菌分类鉴定的指标之一。

（二）细菌的大小

细菌因种类繁多而大小各异，通常用微米（μm）作为测量单位。细菌细胞的大小一般用显微测微尺来测量并以多个菌体的平均值或变化范围来表示。测量球菌的大小用其直径来表示，一般球菌直径在0.5~1μm。测量杆菌和螺旋菌则需测量其长度和宽度。螺旋菌的长度是以其自然弯曲的长度来计算，而不是以真正的长度计算的。杆菌一般长1~5μm，宽0.5~1μm，螺旋菌一般长1~50μm，宽0.3~1μm。

由于菌种的不同，细菌的大小存在着较大的差异；染色方法的不同，就是同一菌种也会不一样；细胞的大小常随着菌龄变化，一般幼龄细菌比成熟的或老年的细菌大很多。由于以上原因，有关细菌大小，常以平均值来计算。每个细菌细胞质量10^{-13}~10^{-12}g，大约10^9个大肠杆菌的细胞才达1mg。

二、细菌的细胞结构与功能

细菌的细胞结构模式图如图 2-3 所示。

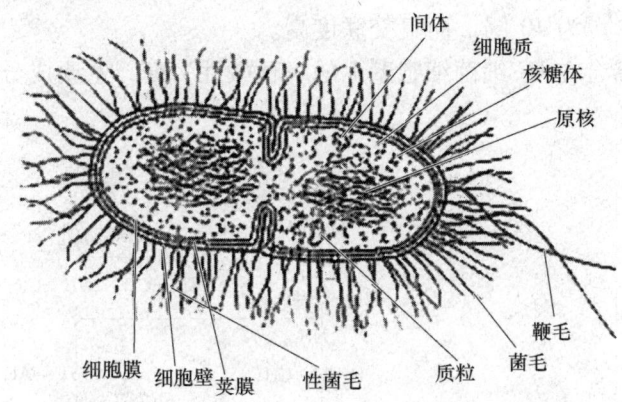

图 2-3　细菌细胞结构模式图（据 Ryan 等）

细菌细胞的结构可分为基本结构和特殊结构，一般细菌都有的结构称为基本结构，包括细胞壁、细胞膜、细胞质、细胞核等，而仅在部分细菌中才有的或在特殊环境中才形成的构造称为特殊构造，主要包括鞭毛、纤毛、性菌毛、荚膜和芽孢等。

（一）细菌的基本结构

1. 细胞壁（cell wall）

细胞壁是包围在细胞最外的一层坚韧且略具弹性的无色透明薄膜。它约占菌体干质量的 10%～25%。细胞壁的主要功能是维持细胞形状；提高机械强度、保护细胞免受机械性或其他破坏；阻拦酶蛋白和某些抗生素等大分子物质进入细胞，保护细胞免受溶菌酶、消化酶等有害物质的损伤等。

革兰氏染色法是 1884 年丹麦病理学家 Christain Gram 发明的一种细菌鉴别方法，也是细菌学中最常用、最重要的一种鉴别染色法。不同细菌细胞壁的化学组成和结构不同，通过革兰氏染色法可将大多数的细菌分为革兰氏阳性菌（G^+）和革兰氏阴性菌（G^-）两大类。

（1）革兰氏阳性菌的细胞壁　G^+ 细菌的细胞壁的特点是厚度大，大约 20～80nm，但化学成分简单，一般含肽聚糖和磷壁酸，所含肽聚糖约占干质量的 50%～80%，而磷壁酸是 G^+ 细菌特有的成分。

肽聚糖是原核微生物特有的一类大分子复合物。以金黄色葡萄球菌（*Staphylococcus aureus*）为例，每一个肽聚糖单体由 3 部分组成。①双糖单位：由一个 N-乙酰葡萄糖胺（NAG）和 N-乙酰胞壁酸（NAM）通过 β-1，4-糖苷键相连。②四肽尾：由 4 个氨基酸交替连接。③肽桥：为甘氨酸五肽，连接前后 2 个四肽尾，起到了"桥梁"的作用。这种肽聚糖结构形成了坚硬而有弹性的三维空间网络，覆盖在整个细胞上（图2-4）。不同种类的细菌细胞壁中肽聚糖的结构与组成不完全相同。一般说，G^+细菌的肽聚糖层较厚，如枯草芽孢杆菌（*Bacillus subtilis*）为40层，而且交联度高。

磷壁酸是结合在G^+细菌细胞壁上的一种酸性多糖，主要成分为甘油磷酸或核糖醇磷酸。

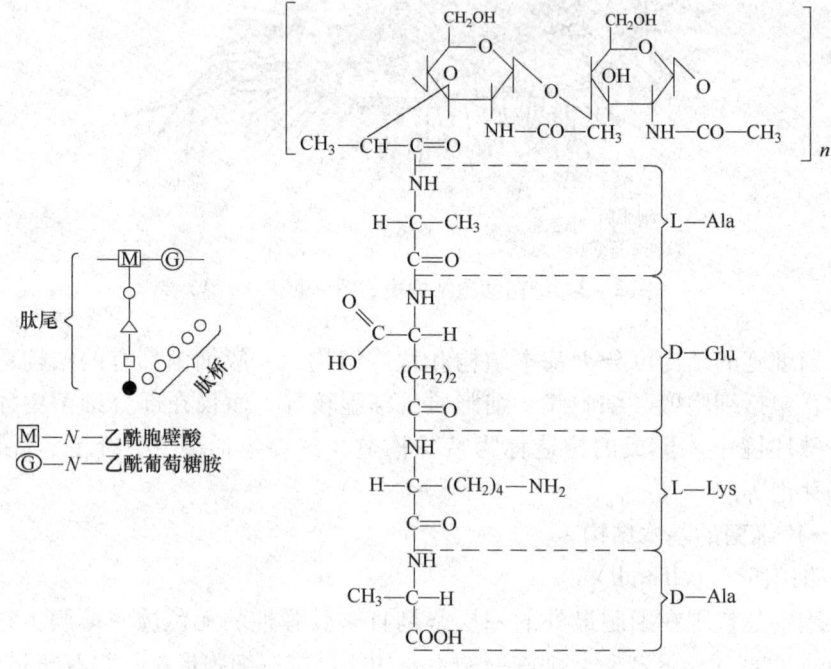

图2-4 G^+细菌肽聚糖的单体图解

（2）革兰氏阴性菌的细胞壁 G^-细菌细胞壁的特点是厚度较G^+细菌薄，层次多，成分较复杂，肽聚糖层很薄，仅2~3nm。G^-细菌的细胞壁分为外壁层和内壁层。内壁层紧贴细胞膜，厚1~3nm，占壁质量的5%~10%，是一层到少数几层的肽聚糖，因而只能形成较稀疏、机械强度较差的肽聚糖网套。外壁层是G^-细菌所特有的结构，位于壁的最外层，厚度为8~10nm，在化学成分和结构上与细胞膜相似，主要成分为脂多糖、脂蛋白，类脂的含量高于G^+细菌，但不含磷壁酸。在G^-细菌中，其外壁层与细胞膜间的狭窄空间称周质空间，其中存在着多种周质蛋白。

G^+和G^-细菌的细胞壁结构和化学成分的差异不仅反映在染色反应上，更反映在一系列形态、构造、化学组分、生理生化和致病性等的差别上，从而对生命科学的基础理论研究和实际应用产生了巨大的影响。

G^+和G^-细菌在细胞壁结构和化学组成等方面的差异见表2-1和图2-5。

表2-1　革兰氏阳性细菌与革兰氏阴性细菌细胞壁的主要区别

比较项目	G⁺细菌	G⁻细菌	
		内壁层	外壁层
细胞壁厚度/nm	20~80	2~3	8~10
肽聚糖结构	多层，75% 亚单位交联，网格紧密坚固	单层，30% 亚单位交联，网格较疏松	
鞭毛结构	基体上着生两个环	基体上着生四个环	
肽聚糖成分	占细胞壁干重的40%~90%	5%~10%	无
磷壁酸	多数含有	无	
脂多糖	无	无	11%~22%
脂蛋白	无	有或无	有
对青霉素、溶菌酶	敏感	不够敏感	

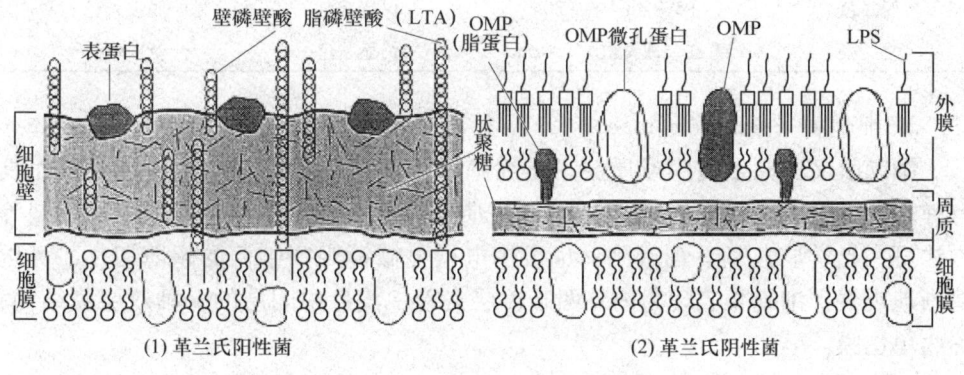

图2-5　细菌细胞壁结构模式图（据Salvers等）

（3）缺壁细菌　在自然界长期进化中和在实验室菌种的自发突变中都会产生少数缺细胞壁的种类。此外，在实验室中，还可用人为方法获得人工缺壁细菌。细胞壁缺陷细菌主要包括①原生质体：人工条件下用溶菌酶除去细胞壁或用青霉素抑制细胞壁合成后，所留下的部分。一般由G⁺细菌形成。②球形体：残留部分细胞壁，一般由G⁻细菌形成，有一定抗性。特点：对渗透压敏感；长鞭毛也不运动；对噬菌体不敏感；细胞不能分裂等。③L型细菌：一种由自发突变形成的变异型，无完整细胞壁，在固体培养基表面形成"油煎蛋"状小菌落。④支原体：长期进化形成的，适应自然生活条件的无细胞壁的原核生物，因为它的细胞膜中含有一般原核生物所没有的固醇，所以具有较高的机械强度。

（4）细胞壁结构与革兰氏染色的关系　革兰氏染色法是微生物学中最重要的染色方法，其原理直到该法发明100年后才得到了确切的证明。革兰氏染色步骤如下：固定过的细胞先用结晶紫染色，接着加碘液媒染，细菌细胞壁内由于染色形成结晶紫与碘的复合物。随后加酒精从薄的细胞壁中洗出结晶紫与碘染色的复合物，但是结晶紫-碘复合物不能从厚的细胞壁中洗出。最后，用较浅的石炭酸复红复染，使脱色的细胞呈红色，但用结晶紫初染的细胞，仍保持第一次的染色结果。保持原来染色（厚的细胞壁）的细胞称作革兰氏阳性细菌，在光学显微镜下呈现蓝紫色。脱色的细胞（薄的细胞壁和外膜）称作革兰氏阴性细菌，被染成红色。表2-2所示为革兰氏染色程序和结果。

表2-2 革兰氏染色程序和结果

步骤	方法	结果 阳性（G⁺）	结果 阴性（G⁻）
初染	结晶紫1min	紫色	紫色
媒染剂	碘液1min	仍为紫色	仍为紫色
脱色	95%乙醇20~30s	保持紫色	脱去紫色
复染	番红（或复红）1~2min	仍显紫色	红色

2. 细胞膜（cell membrane）

细胞膜又称原生质膜或质膜，是细胞壁以内包围着细胞质的一层柔软而具有弹性的半透膜，厚度约7~8nm。通过质壁分离、鉴定性染色或原生质破裂等方法可在光学显微镜下观察到；也可用电子显微镜观察细菌的超薄切片，可更清晰地观察到细胞膜表现为内外两暗色层夹着一浅色中间层的一种双层膜结构，称为单位膜。

（1）化学成分 细胞膜由含有亲水区域和疏水区域的两亲性分子磷脂组成。在膜中磷脂以双分子层排列，极性头部亲水区指向膜的外表面，而其疏水区脂肪酸的尾部指向膜的内层。膜对于大分子或电荷高的分子成为一个选择渗透屏障，使它们不易通过磷脂双分子的疏水性内层。原生质膜（细胞膜）的磷脂双分子层中埋藏有各种功能的蛋白（图2-6），包括转运蛋白、能量代谢中的蛋白和能够对化学刺激检测和反应的受体蛋白。整合蛋白（integral proteins）是完全地与膜连接而且贯穿全膜的蛋白，所以这些蛋白在此区域中有疏水性氨基酸埋藏在磷脂中。外周蛋白（peripheral proteins）是由于磷脂带正电荷极性头，只是通过电荷作用与膜松散连接的一类，用盐溶液洗涤可以从纯化的膜上除去。脂类和蛋白质均在运动，而且是彼此之间相对运动。这就是被广泛接受的称作液态镶嵌模式的细胞膜结构模型。

（2）细胞膜的功能

①维持渗透压的梯度和溶质的转移；②细胞质膜是半渗透膜，具有选择性的渗透作用，能阻止高分子通过，并选择性地逆浓度梯度吸收某些低分子进入细胞；③由于膜有极性，膜上有各种与渗透有关的酶，还可使两种结构相类似的糖进入细胞的比例不同，吸收某些分子，排出某些分子；④细胞质膜上有合

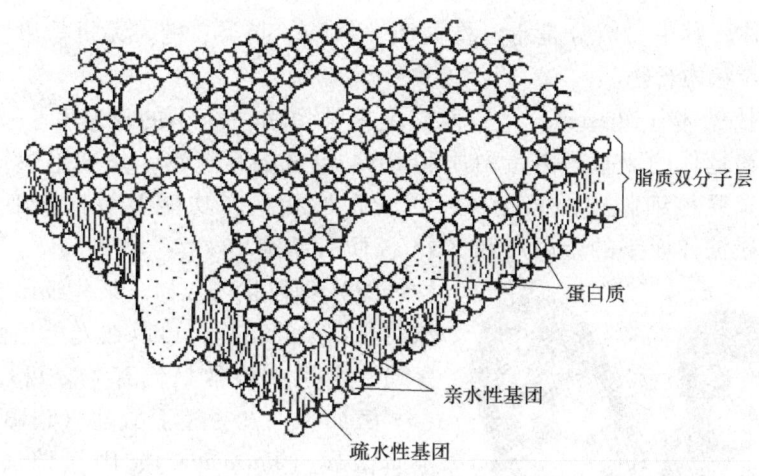

图 2-6 细菌细胞质膜的基本结构

成细胞壁和形成横隔膜组分的酶，故在膜的外表面合成细胞壁；⑤膜内陷形成的中间体（相当于高等植物的线粒体）含有细胞色素，参与呼吸作用；⑥中间体与染色体的分离和细胞分裂有关，还为 DNA 提供附着点。

细胞质膜上有琥珀酸脱氢酶、NADH 脱氢酶、细胞色素氧化酶、电子传递系统、氧化磷酸化酶及三磷酸腺苷酶（ATPase），能够在细胞质膜上进行物质代谢和能量代谢。

细胞质膜上有鞭毛基粒，鞭毛由此长出，即为鞭毛提供附着点。

3. 间体和其他内膜结构

原核生物没有由单位膜包裹形成的细胞器，但许多原核生物类群也演化出一类由细胞膜凹陷和折叠形成的特殊结构，主要包括：

（1）间体（mesosome） 是从质膜向内伸展的细胞质中主要单位膜结构，常常同核质相联系，位于细胞分裂处。间体的功能可能参与呼吸作用、同 DNA 的复制和细胞的分裂有关。

（2）载色体（chromatophore） 也称为色素体，是光合细菌进行光合作用的部位，由单层的与细胞膜相连的内膜所围绕，主要化学成分是蛋白质和脂类。它们含有菌绿素、胡萝卜素等色素以及光合磷酸化所需的酶系和电子传递体。在绿硫菌科和红硫菌科中存在。

（3）羧酶体（carboxysome） 又称为多角体，是自养细菌所特有的内膜结构，可能是固定 CO_2 场所。

（4）类囊体（thylakoid） 由单位膜组成，含有叶绿素、胡萝卜素等光合色素和有关酶类，在蓝细菌中为其进行光合作用的场所。

4. 细胞质及其内含物

细胞质（cytoplasm）是指被细胞膜包围的除核区以外的一切半透明、胶状物质的总称。其主要成分是水、蛋白质、核酸、脂类、糖、无机盐以及核糖体和一些颗粒状内含物。

(1) 核糖体（ribosome） 亦称核蛋白体，由一个小的亚基和一个大的亚基组成，核糖体的亚基是由蛋白质和 RNA 组成的复合物，是细胞中合成蛋白质的场所。原核细胞中的核糖体，尽管在形状上和功能上与真核细胞相似，但是组建核糖体亚基的蛋白质和 RNA 性质有差别。

(2) 颗粒状内含物 某些细菌含有与特殊功能相关的结构，可以在光学显微镜下观察到。这些颗粒常是储存物，可以与膜结合，例如聚 - β - 羟丁酸盐（PHB）颗粒；根瘤菌属（*Rhizobium*）、固氮菌属（*Azotobacter*）、假单胞菌属（*Pseudomonas*）等细菌常积累 PHB（图 2 - 7）。细胞质中发现的分散颗粒如多聚磷酸盐颗粒（也称为异染粒）。某些细菌中也能看到脂肪滴。一个有趣的内含体是在蓝细菌（蓝绿藻）和生活在水环境中的其他光合细菌内发现的气泡——由蛋白质构成、在细胞内四周排列并提供浮力，使得细菌漂浮靠近水的表面。少数趋磁细菌细胞内含有特有的磁粒，主要成分是 Fe_3O_4，具有导向功能，即借鞭毛引导细菌游向最有利的泥、水界面微氧环境。

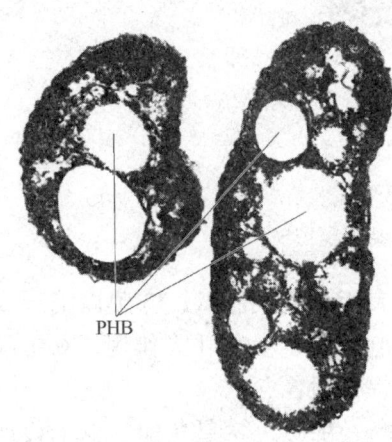

图 2 - 7 红螺菌（*Rhodospirillum*）的 PHB（据 Madigan 等）

5. 细胞核

原核生物所特有的无核膜包裹、无固定形态的原始细胞核。又称原核、拟核或核基因组。

细菌的 DNA 在细胞质中为大型的环状 DNA 分子，长度 0.25～3.0nm。不同种的细菌之间 DNA 大小不同（大肠杆菌染色体有 4×10^6 碱基对长）。DNA 是环状、致密超螺旋，而且与真核细胞中发现的组蛋白相类似的蛋白质结合。虽然染色体没有核膜包围，但在电子显微镜中常可看到细胞内分离的核区，称为拟核（nucleoid），是细菌等原核生物负载遗传信息的主要物质基础，是细菌生长发育、新陈代谢和遗传变异的控制中心。

古细菌的染色体和真细菌的染色体类似，是一个单个环状的 DNA 分子，不包含在核膜内，而 DNA 分子大小通常小于大肠杆菌的 DNA。

(二) 细菌的特殊结构

细菌的特殊结构是细胞可变部分，不是每个都有，如糖被鞭毛、荚膜、芽孢等。

1. 糖被（glycocalyx）

包被于某些细菌细胞壁外的一层厚度不定的透明胶状物质。糖被的有无、厚薄与菌种的遗传性相关外，还与环境尤其是营养条件密切相关。糖被按其有无固定层次、层次厚薄又可细分为荚膜（capsule 或 macrocapsule 即大荚膜，见图2-8）、微

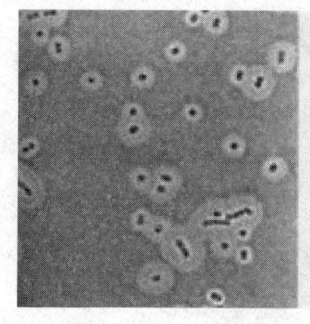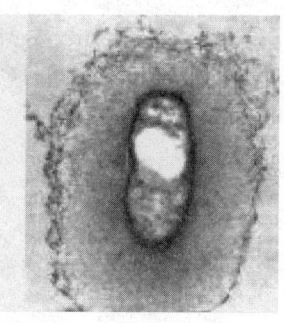

图2-8 荚膜

荚膜（microcapsule）、黏液层（slime layer）和菌胶团（zoogloea）等数种。

糖被的功能：①保护作用，如保护细胞免受干旱损伤，保护细胞免受吞噬等；②贮藏养料，以备营养缺乏时重新利用；③作为渗透屏障和离子交换系统，以保护细菌免受金属离子的毒害；④表面附着作用，引起龋齿的唾液链球菌（*Streptococcus salivarius*）分泌的糖被将细菌牢牢地黏附于齿表；⑤细菌间的信息识别作用；⑥堆积代谢废物。

糖被在科学研究和生产实践中都有较多的应用，例如用于菌种鉴定；用作药物和生化试剂，有些细菌的糖被可提取葡聚糖用来制备生化试剂和"代血浆"；用作工业原料的黄原胶，已经用于石油开采中的钻井液添加剂以及印染、食品等行业；形成菌胶团的细菌，有助于吸附、沉降污水中的有害物质。当然，如管理不当，有些细菌的糖被也会给人类带来有害作用，除了几种致病菌外，还会影响制糖厂和食品厂的生产，并影响食糖、酒类、面包、牛乳等的质量。

2. 鞭毛和纤毛

鞭毛（flagellum，flagella）是某些细菌表面着生的一种从细胞质膜和细胞壁伸出细胞外面的、蛋白质组成的丝状体结构，是细菌的"运动器官"。

鞭毛纤细而具有刚韧性，直径仅 15~25nm，长度可超过细菌菌体许多倍，达 15~20μm。借助于特殊的染色法使鞭毛加粗后可以在光学显微镜下看到鞭毛，在电子显微镜下可以更清楚地观察到它们的形态（图2-9）。若用悬滴法和半固体琼脂穿刺培养可以根据运动性来判断菌体有无鞭毛。球菌除了个别种类外，一般不生鞭毛，弧菌和螺旋菌大多生鞭毛，杆菌则两者皆有。

具有鞭毛的细菌其鞭毛数目和在细胞表面分布因种不同而有所差异，是细菌鉴定的依据之一。一般有五种类型：偏端单生鞭毛菌（图2-10a），两端单生鞭毛菌（图2-10b），偏端丛生鞭毛菌（图2-10c），两端丛生鞭毛菌（图2-10d），周生鞭毛菌（图2-10e）。

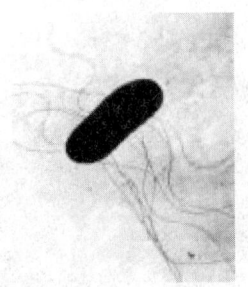
图 2-9 细菌鞭毛的电镜照片

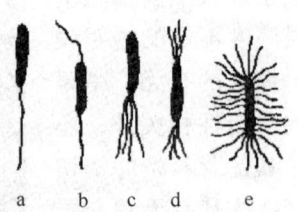
图 2-10 鞭毛类型

鞭毛与细菌运动有关，这是原核生物实现其趋性的最有效方式。如趋化性、趋光性、趋氧性和趋磁性等多种。

菌毛（fimbria，复数为 fimbriae）又称纤毛，是细菌细胞体表发现的纤细、中空、短直而且数量较多的蛋白质类的附属物，具有使菌体附着于物体表面上的功能。直径一般为 3~10nm，每个菌体一般有 250~300 条。纤毛多数存在于革兰氏阴性致病菌中。

性纤毛（sex pilus）又称性菌毛，构造和成分与纤毛相同，一般见于革兰氏阴性细菌的雄性菌株中，与遗传物质从一个细菌转移到另一个细菌有关，即在细菌接合交配时起作用，有的还是 RNA 噬菌体的特异性吸附受体。性菌毛比菌毛稍长，数量少，只有一根或几根。

3. 芽孢

芽孢（endospore）是某些细菌在其生长发育后期，在细胞内形成的一个圆形或椭圆形、厚壁、含水量低、抗逆性强的休眠体。在一些属，包括芽孢杆菌属和梭菌属中产生。它们是由细菌的 DNA 和外部多层蛋白质及肽聚糖包围而构成，芽孢对干燥和热具有高度抗性。形成芽孢的细菌中每一细胞仅形成一个芽孢，所以没有繁殖功能。

芽孢具有较厚的芽孢壁，为具多层膜结构的坚实小体。由内向外依次为芯髓、内膜、芽孢壁、皮质、外膜和外衣共六部分构成。一般含内生芽孢的细菌总称为孢子囊（sporangium），见图 2-11。其结构组成特点是：含水量低（平均 40%），壁致密，含芽孢肽聚糖和吡啶-2,6-二羧酸钙（DPA-Ca）。

芽孢在许多细菌中，主要是芽孢杆菌属和梭菌属产生一种特化的结构，它无繁殖功能，为抗逆性休眠体。在光学显微镜下用特殊的芽孢染色（如孔雀绿染色）或通过相差显微镜能够观察到芽孢。由于芽孢有许多层包围细菌遗传物质的结构，使得芽孢具有惊人的、对所有类型环境应力的抗性，例如热、紫外线辐射、化学消毒剂和干燥。由于许多重要的病原菌可产生芽孢，因此，必须设计灭菌措施以除去这些坚硬的结构，因为某些菌能经受住在沸水中煮沸几小时。某些芽孢细菌如苏云金芽孢杆菌（*Bacillus thuringiensis*），在形成芽孢的同时还可在细胞内形成一个蛋白质成分的伴胞晶体（parasporal crystal），晶体一般为菱形、方形或不规则形，对100多种鳞翅目昆虫的幼虫有毒性，对人畜则无害，是一种生物农药。

研究细菌的芽孢，有着重要的实践意义：第一，芽孢的形状、大小、位置随不同细菌而异（图2-12），具有鉴别的意义。第二，作为灭菌指标。在食品工业中，罐头生产常以能否杀灭肉毒梭菌的芽孢作为标准。这种细菌的芽孢pH7.0时，121℃需要10min才能杀死。在发酵工业和微生物学研究中，常以能否杀灭嗜热芽孢杆菌作为标准。这种细菌的芽孢，121℃需要12min才能杀死，所以规定湿热灭菌121℃下至少15min才能算是达到无菌要求。第三，有利于菌种保藏。炭疽杆菌的芽孢在土壤中可保存10~20年，在实验室条件下，芽孢可以保存更长时间。

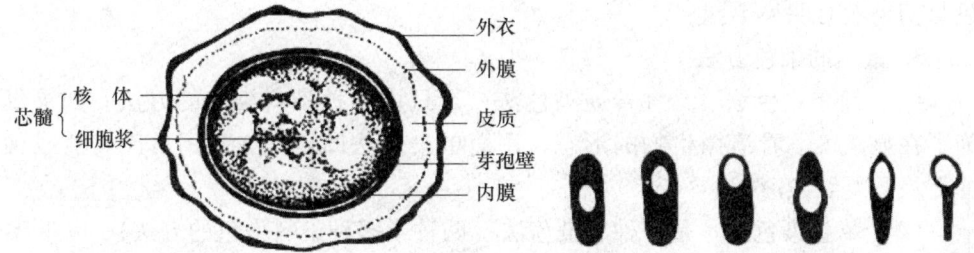

图2-11 芽孢构造（横切）示意图　　图2-12 各种芽孢的形态及位置

（三）细菌染色技术

微生物一般都是很小的生物体，通过染色的方法，可以强化细胞或细胞组分与周围环境之间的反差，是利用普通光学显微镜来观察微生物细胞的简捷方法。

1. 染色的原理

微生物染色的基本原理，是借助物理因素和化学因素的作用而进行的。物理因素如细胞及细胞物质对染料的毛细现象、渗透、吸附作用等。化学因素则是根据细胞物质和染料的不同性质而发生的各种化学反应。酸性物质对于碱性染料较易吸附，且吸附作用稳固；同样，碱性物质对酸性物质较易于吸附。细菌的等电点较低，pH在2~5，故在中性、碱性或弱酸性溶液中，菌体蛋白质电离后带负电荷；而碱性染料电离时染料离子带正电荷。因此，带负电荷的细菌常和带正电荷的碱性染料进行结合。所以，在细菌学上常用碱性染料进行染色。

2. 细菌染色一般程序

（1）涂片　临床标本或液体培养物可直接涂抹于洁净的载玻片上，固体培养的细菌先在玻璃片上滴一滴生理盐水，然后取菌少许在盐水中磨匀，呈轻度混浊。涂好的菌膜大小一般以1cm²左右为宜。

(2) 干燥　涂片最好在室温下自然干燥，或将标本面向上，置于酒精灯火焰高处慢慢烘干，切不可在火焰上烧干。

(3) 固定　细菌的固定常用火焰加热法，即将上述已干的涂片在火焰中迅速通过3～5次，温度以手能摸时热而不烫为度。目的在于杀死细菌，凝固细胞质，改变细菌对染料的通透性。

(4) 初染　不同的染色方法，所用染液也不同。染液以覆盖菌膜为度。

(5) 媒染　通过媒染可增加染料和被染物质的亲和力。媒染剂还可用于固定之后，亦可含在固定液或染液中。

(6) 脱色　此步骤主要目的是观察细菌与染料间结合的稳定程度，作为鉴别染色之用。

(7) 复染　细菌初染色被脱色后常以复染液复染，便于观察。复染液的颜色与初染液有明显不同。

3. 常用的染色方法

(1) 简单染色法　又称普通染色法，是只用一种染料染色的方法。如果仅为了在显微镜下看清微生物的形态，用简单染色法即可。如常用吕氏美兰或稀释石炭酸复红染液。

(2) 革兰染色法　是一种复染色法（两种或多种染料染色的方法），又叫鉴别染色法。通过革兰氏染色法，不仅能观察到细菌的形态，而且可以将细菌分成两大类：染色反应呈蓝色的为革兰氏阳性菌，染色反应呈红色的为革兰氏阴性菌。

(3) 芽孢染色法　芽孢染色很简单，用普通染色法或革兰氏染色法均可。用这两种方法染色后，菌体着色，而芽孢不着色。用其他方法，则菌体着色或不着色而芽孢着色。比如常用孔雀绿染液和番红水溶液对芽孢进行染色。

(4) 荚膜染色法　荚膜是包围在细菌细胞外面的一层黏液性物质，其主要成分是多糖，不易被染色，故常用衬托染色法，也称负染法，即将菌体和背景着色，而把不着色且透明的荚膜衬托出来。荚膜很薄，易变形，因此，制片时一般不能用加热法固定。

(5) 鞭毛染色法　鞭毛是细菌的运动器官，一般细菌的鞭毛都非常纤细，在普通光学显微镜的分辨力限度以外。鞭毛染色是借媒染剂和染色剂的沉淀作用，使染料堆积在鞭毛上，以加粗鞭毛直径，同时使鞭毛着色，在普通光学显微镜下就能看到。

三、细菌的繁殖方式

当细菌从周围环境中吸收了营养物质后，发生一系列的合成反应，把吸收的营养物质转变成为新的营养物质——DNA、RNA、蛋白质、酶及其他大分子，之后菌体开始了繁殖过程形成两个新的细胞。细菌的主要繁殖方式为裂殖，只有少数进行芽殖。

（一）裂殖

裂殖是细菌最普遍、最主要的繁殖方式，通常表现为横分裂。细菌的分裂过程首先是核分裂，第二步横隔壁形成，最后子细胞分离（图2-13）。

（二）芽殖

芽殖是指在母细胞表面先形成一个小突起，待其长大到与母细胞相仿后再互相分离并独立生活的一种繁殖方式。凡是以这类方式繁殖的细菌，统称为芽生细菌。

细菌除无性繁殖外，电镜观察和遗传学研究已证明细菌存在着有性接合。然而细菌有性接合较少，以无性繁殖为主。

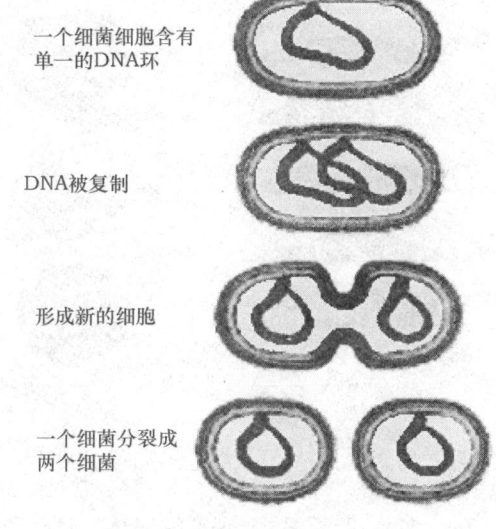

图2-13　细菌的二分裂生殖

四、细菌的群体形态与培养特征

（一）菌落与菌苔及其特征

将单个或少数细菌（或其他微生物）细胞或孢子接种到固体培养基的表面，当条件适宜时，该细胞就会迅速生长繁殖并形成子细胞群体，即菌落（colony），因此，菌落就是在固体培养基上以母细胞为中心的一堆肉眼可见的，有一定形态、构造等特征的子细胞群体。而多个细菌长出的群体则称为菌苔。

菌落形态包括菌落的大小、形状、边缘、光泽、质地、颜色、透明度等。每一种细菌在一定条件下形成固定的菌落特征（图2-14）。不同种或同种在不同培养条件下，菌落特征是不同的。这些特征对菌种识别、鉴定有一定意义。

纯种细菌在半固体培养基上培养时，会出现许多特有的培养性状，因此对菌种鉴定十分重要。常用穿刺接种半固体明胶或琼脂培养基，然后从培养特征上观察并分析判断细菌的运动性、需氧性和液化明胶的能力。

（二）液体培养的特征

细菌在静止的液体培养基上生长的群体形态随菌种及需氧性等而形成几种不同的群体形态，表现为混浊或沉淀，一些好氧性细菌则在液面上形成有一定特征，厚度有差异的菌膜。厌氧性细菌则只在底层生长并产生沉淀；兼厌氧性细菌能在全层生长并使培养液混浊。有些细菌在生长时还可同时产生气泡、酸、碱和色素等。

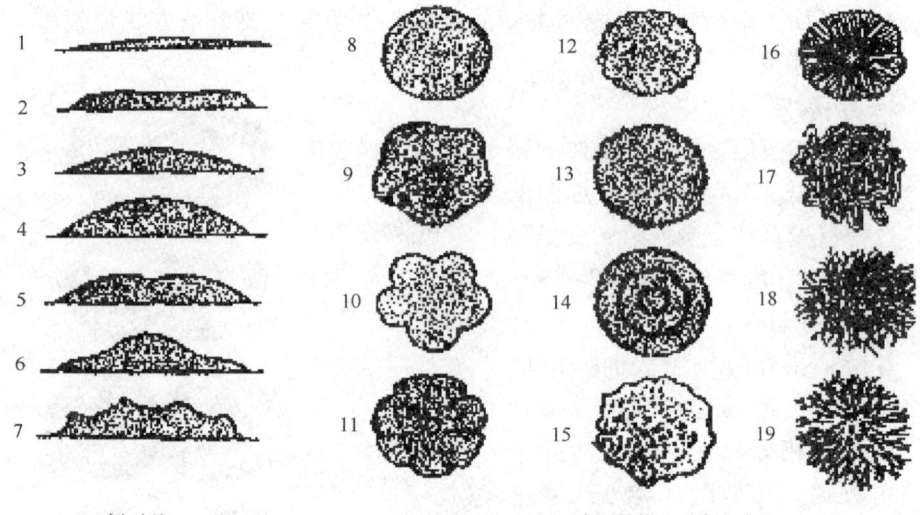

图 2-14 常见细菌菌落的特征

1—扁平 2—隆起 3—低凸起 4—高凸起 5—脐状 6—草帽状 7—乳头状表面结构
8—圆形，边缘整齐 9—不规则，边缘波浪 10—不规则 11—规则，放射状，边缘花瓣形
12—规则，边缘整齐，表面光滑 13—规则，边缘齿状 14—规则，有同心环，边缘完整
15—不规则似毛毯状 16—规则似菌丝状 17—不规则，卷发状，边缘波状
18—不规则，丝状 19—不规则，根状

五、食品工业生产中常见的细菌

细菌种类繁多，这里仅简单介绍一些与食品生产、发酵和污染有关的种类。

（一）假单胞菌属（*Pseudomonas*）

革兰氏阴性，杆菌，需氧，无芽孢，端生鞭毛，能运动。本属细菌在自然界中分布十分广泛，常见于水、土壤和各种植物体。

本属细菌能利用碳水化合物为碳源，但只能利用少数几种糖。能利用简单的含氮物质，某些菌株具有强分解脂肪和蛋白质的能力。它们污染食品后，如环境适宜，可在食品表面迅速生长。一般能产生水溶性荧光色素，产生氧化产物和黏液，影响食品气味，引起食品变质。因为本属细菌在低温下也能很好地生长，所以也可引起冷藏食品的腐败变质。

（二）无色杆菌属（*Achromobacter*）

革兰氏阴性，杆菌，分布在水和土壤中，有鞭毛，能运动。多数能分解葡萄糖和其他糖类，产酸不产气。能使禽、肉和海产等食品变质发黏。

（三）醋酸杆菌属（*Acetobacter*）

幼龄菌为革兰氏阴性菌，老龄菌经革兰氏染色后常为阳性。无芽孢，能运动或不能运动，需氧。本属菌有较强的氧化能力，能将乙醇氧化为醋酸。虽然对醋酸工业有利，但对酒类饮料有害。一般在发酵的粮食、腐败的水果、蔬菜及变酸的酒类和果汁中常出现。

（四）产碱杆菌属（*Alcaligenes*）

革兰氏阴性，杆菌，不能分解糖类产酸，能产生灰黄色、棕黄色或黄色的色素，分布极广，存在于水、土壤、饲料和人畜的肠道内。能引起乳品及其他动物性食品产生黏性变质。能在培养基上产碱。

（五）芽孢杆菌属（*Bacillus*）

革兰氏阳性，杆菌，需氧，能产生芽孢。在自然界分布很广，在土壤中及空气中尤其常见。这属细菌中的炭疽杆菌是毒性很大的病原菌，能引起人类和牲畜患炭疽病。该属中的其他菌，如枯草芽孢杆菌、蕈状芽孢杆菌等，是食品中常见的腐败菌。

（六）梭状芽孢杆菌属（*Clostridium*）

革兰氏阳性，杆菌，为厌氧或微需氧菌，能产生芽孢。其中肉毒梭菌具有极大毒性。其他如热解糖梭菌是分解糖类的专性嗜热菌，常引起蔬菜罐头等食品的产气性变质。腐化梭菌等能引起蛋白质食品变质。

（七）棒状杆菌属（*Corynebacterium*）

革兰氏阳性，杆菌，不形成芽孢。常呈棒状膨大。大多数是中温菌。广泛存在于自然界，有些能使人、动物和植物致病，如引起人类白喉的白喉棒状杆菌。

（八）肠杆菌属（*Enterobacter*）

革兰氏阴性，杆菌，周生鞭毛，能运动，不形成色素。在许多培养基上生长良好。发酵葡萄糖和乳糖，产酸产气，能以柠檬酸盐和醋酸盐作为唯一碳源。

（九）埃希氏菌属（*Escherichia*）

革兰氏阴性，杆菌，周生鞭毛，能运动。在培养基表面和在显微镜下，它与肠杆菌属很难区分。它们同归于大肠菌群。区别在于它不能以柠檬酸盐作为该属的唯一碳源。该属主要存在于人和动物的肠道内，水和土壤也有分布。它们是食品中重要的腐生菌。

（十）沙门氏菌属（*Salmonella*）和志贺氏菌属（*Shigella*）

沙门氏菌属和志贺氏菌属均属于肠杆菌科，革兰氏阴性，杆菌，无芽孢。广泛存在于水、土壤和腐败的动植物中，是人类重要的致病菌，误食可引起食物中毒和胃肠道传染病，如伤寒、痢疾等疾病。

（十一）乳杆菌属（*Lactobacillus*）

革兰氏阳性，杆菌，不形成芽孢。一般不运动，厌氧或兼性厌氧。能发酵糖类产生乳酸，广泛存在于牛乳和植物产品中，常用来作乳酸、干酪和酸乳等乳制品的发酵剂。如双歧杆菌、干酪乳杆菌、保加利亚乳杆菌、嗜酸乳杆菌等。

（十二）黄色杆菌属（*Flavobacterium*）

革兰氏阴性，杆菌，无芽孢，有鞭毛、能运动，在碳水化合物上，作用较弱，能在低温下生长。产生脂溶性色素，分解蛋白质能力强，可引起多种食品如乳、禽、鱼、蛋等腐败变色。

（十三）链球菌属（*Streptococcus*）

革兰氏阳性，球菌，呈链状排列，有些菌存在于人和动物肠道或粪便中。如粪链球菌，引起食品腐败；有些可致人或牲畜的疾病，如人咽喉炎和牛乳房炎等疾病。

（十四）葡萄球菌属（*Staphylococcus*）

革兰氏阳性，球菌，呈葡萄串状，在自然界分布与小球菌属相似。如引起人类食物中毒的金黄色葡萄球菌。

（十五）明串珠菌属（*Leuconostoc*）

革兰氏阳性，菌体圆形或卵圆形，成链状排列。经常存在于水果、蔬菜中，能在含高浓度的糖的食品中生长，可作为制造乳制品的发酵菌剂，还可用于制造代血浆。

（十六）微球菌属（*Micrococcus*）

革兰氏阳性，球菌，广泛分布于空气、水、人及动物体表。某些菌可产生色素，引起食品变色。本属菌耐热、耐盐，有些菌耐冷，可引起冷藏食品的腐败变质。

第二节 放线菌

放线菌（*Actinomyces*）是一类主要呈菌丝状生长和以孢子繁殖的陆生性较强的原核生物，因菌落呈放射状而得名。它是介于细菌与真菌之间的一类微生物。革兰氏染色阳性，具有发育良好的菌丝体，其直径为 $0.2\sim1.2\mu m$。一般分布在含水量低，有机质丰富的中性偏碱性土壤中，泥土所特有的泥腥味，主要由放线菌产生的土腥素所引起。每克土壤中放线菌的孢子数一般可达 10^7 个。大多数放线菌是腐生菌，少数是寄生菌；多数异养，好氧。放线菌最突出特点是产生各种抗生素。

一、放线菌与人类的关系

放线菌与人类关系密切，绝大多数属有益菌，腐生型在自然界物质循环中起着相当重要的作用,而且放线菌可产生大量的、种类繁多的抗生素,对人类健康的贡献尤为突出。只有极少数寄生菌能引起人和动植物病害,如马铃薯疮痂病、人畜的皮肤病、肺部感染、脑膜炎等。此外,放线菌具有特殊的土腥味,易使水和食品变味。有些能破坏棉毛织品、纸张等,给人类造成经济损失。

二、放线菌的形态结构

放线菌菌体为单细胞,大多数由分枝发达的菌丝组成。根据放线菌菌丝的形态和功能分为营养菌丝、气生菌丝和孢子丝三种(图2-15)。

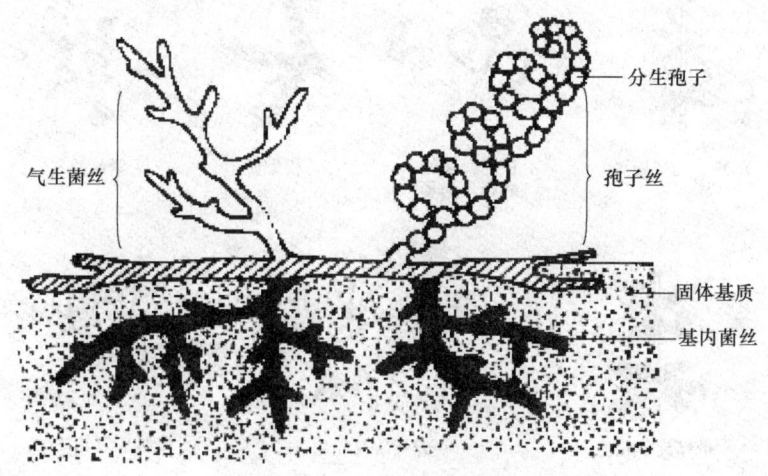

图2-15 放线菌菌丝的形态

1. 营养菌丝

营养菌丝又称为初级菌丝体、一级菌丝体或基内菌丝,匍匐生长于培养基内,主要生理功能是吸收营养物和固着。

营养菌丝一般无隔膜;直径 $0.2 \sim 0.8 \mu m$;长度差别很大;短的小于 $100 \mu m$,长的可达 $600 \mu m$;有的产生色素。

2. 气生菌丝

气生菌丝又称为二级菌丝体。营养菌丝体发育到一定时期,长出培养基外并伸向空间的菌丝为气生菌丝。它叠生于营养菌丝之上,直径比营养菌丝粗,颜色较深。

3. 孢子丝

放线菌生长至一定阶段,在其气生菌丝上分化出可以形成孢子的菌丝,为孢子丝。孢子丝的形状以及在气生菌丝上的排列方式,随不同菌种而不同。孢子丝的形状有直形、波浪形、螺旋形之分(图2-16)。螺旋状孢子丝的螺旋结构与长度均很稳定,螺旋数目、疏密程度、旋转方向等都是种的特征。孢子丝的排列方式，有的交替着生，有的丛生或轮生。孢子丝从一点分出3个以上的孢子枝者，称轮生枝。它有一级轮生和二级轮生之分。轮生类群的孢子丝多为二级轮生。这些特征均为放线菌菌种鉴定的依据。

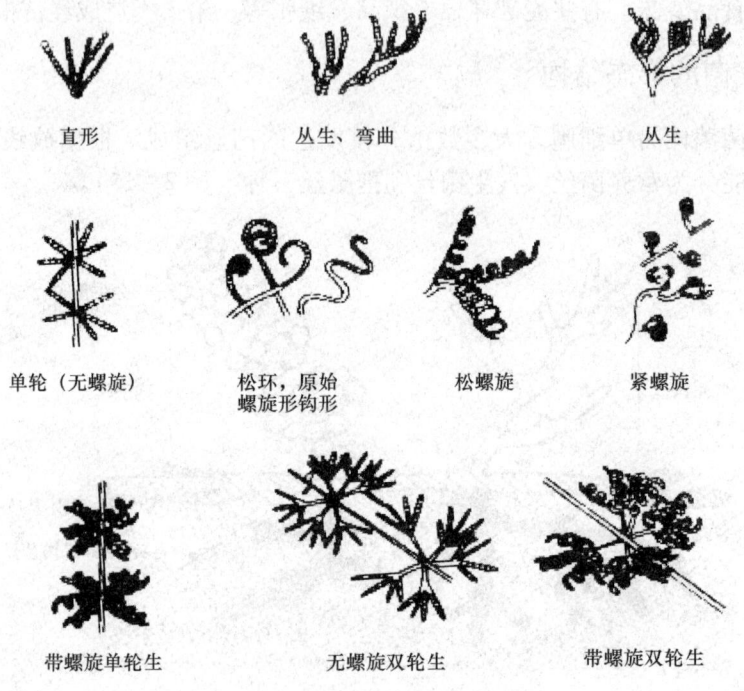

图2-16 放线菌孢子丝的类型

孢子丝生长到一定阶段断裂为孢子，或称分生孢子（conidium）。孢子有球形、椭圆形、杆形、瓜子形等不同形状。在电子显微镜下可见孢子表面结构，有的光滑、有的带小疣、有的生刺或毛发状。孢子常具有不同色素。孢子形状、表面结构、颜色等均为鉴定放线菌菌种的依据。

三、放线菌的繁殖方式

在自然条件下，放线菌主要通过形成无性孢子的方式进行繁殖，在液体培养时可利用菌丝片段进行繁殖。

放线菌生长到一定阶段，一部分菌丝形成孢子丝，孢子丝成熟便分化形成许多孢子，如分生孢子、孢囊孢子。

四、放线菌的菌落特征

放线菌的菌落由菌丝体组成，一般圆形、光平或有许多皱褶。在光学显微镜下观察，菌落周围具有辐射状菌丝。总的特征介于霉菌和细菌之间。据种的不同分为两类：一是由大量产生分枝和气生菌丝的菌种所形成的菌落，如链霉菌。菌丝较细，生长缓慢，分枝多而且相互缠绕，故形成的菌落质地致密，表面呈紧密的绒状或坚实、干燥、多皱，菌落小而不蔓延，营养菌丝长在培养基内，所以菌落与培养基结合紧密，不易挑取，或挑起后不易破碎。有时气生菌丝体呈同心圆环状，当孢子丝产生大量孢子并布满整个菌落表面后，才形成絮状、粉状或颗粒状的典型放线菌菌落。有的产生色素。二是由不产生大量菌丝的种类形成，如诺卡氏菌。菌落黏着力差，结构呈粉质状，用针挑取则粉碎。

五、放线菌的代表属——链霉菌属

链霉菌属（*Streptomyces*）大约1000多种，其中包括了很多不同的变种。它们具有发育良好的菌丝体，菌丝体分枝，无隔膜，直径约 0.4~1.0μm，长短不一，多核。菌丝体有营养菌丝、气生菌丝和孢子丝之分。孢子丝再形成分生孢子。孢子丝和孢子的形态因种而异，这是链霉菌属分种的主要识别性状之一。

虽然一些链霉菌可见于淡水和海洋，但它主要生长在含水量低、通气较好的土壤中，好氧性腐生生活，对土壤中复杂有机物的矿化发挥重要作用，是最重要的抗生素生产菌，例如链霉素、四环素、红霉素、新霉素、卡那霉素和井冈霉素等。有的可产生工业用蛋白酶、葡萄糖异构酶或维生素 B_{12} 等。由于许多链霉菌产生抗生素的巨大经济价值和医学意义，对这类放线菌已做了大量研究。

六、其他放线菌属

（一）小单胞菌属（*Micromonospora*）

菌丝体纤细，无气生菌丝，基内菌丝顶端着生一孢子。菌落比链霉菌的小很多，一般为好氧性腐生，大多分布在土壤或湖底泥土中，堆肥和厩肥中也有不少。此属约30多种，也是产抗生素较多的一个属。

（二）诺卡氏菌属（*Nocardia*）

诺卡氏菌属又名原放线菌属，在培养基上形成典型的菌丝体，具有长菌丝，多数种无气生菌丝，只有营养菌丝，以横隔分裂方式产生孢子。菌落形态结构多样，一般比链霉菌菌落小。此属多为好氧性腐生菌，少数为厌氧性寄生菌。主要分布于土壤中，可产生抗生素，降解能力强，有些诺卡氏菌用于石油脱蜡、烃类发酵以及污水处理。

（三）放线菌属（*Actinomyces*）

放线菌属多为致病菌，只有营养菌丝，无气生菌丝，有横隔，不形成孢子。一般为厌氧菌或兼性厌氧菌。生长需要较丰富的营养。

（四）链孢囊菌属（*Streptosporangium*）

主要特点是能形成孢子囊和孢囊孢子，营养菌丝体分枝多，横隔稀少。此属菌约 15 种以上，其中因不少种可产生广谱抗生素而受到重视。

（五）游动放线菌属（*Actinoplanes*）

通常在沉没水中的叶片上生长。气生菌丝体一般没有或极少，营养菌丝分枝或多或少，横隔或有或无。以孢囊孢子繁殖，孢囊孢子通常略有棱角，并有一至数个发亮小体和几根端生鞭毛，能运动，是此属菌最特殊之处。

七、放线菌在生产中的应用

放线菌最突出的特性就是能产生抗生素，至今已经发现的上万种抗生素约有 2/3 是由放线菌产生的，而 90% 又是由放线菌中的链霉菌属所产生。近年来筛选到的许多新的生化药物多数是放线菌的次级代谢产物，包括抗癌剂、酶抑制剂、抗寄生虫剂、免疫抑制剂和农用杀虫剂等。放线菌还是许多酶、维生素等的产生菌。弗兰克氏菌属对非豆科植物的共生固氮具有重要作用。此外，放线菌在甾体转化、石油脱蜡和污水处理中也有重要应用。由于许多放线菌有极强的分解纤维素、石蜡、角蛋白、琼脂和橡胶等的能力，故它们在环境保护、提高土壤肥力和自然界物质循环中起着重大作用。

第三节 其他原核微生物

一、蓝细菌

蓝细菌（*Cyanobacteria*）也称蓝藻或蓝绿藻（blue-green algae）是一类能进行产氧光合作用的原核微生物。

蓝细菌的形态差异很大，可分为 5 类（图 2-17）：①由二分裂形成的单细胞，如黏杆菌属（*Gloebacter*）；②由复分裂形成的单细胞，如皮果蓝细菌属（*Dermocarpa*）；③由二分裂形成丝状细胞，如颤蓝细菌属（*Oscillatoria*）；④产生异形胞的丝状细胞，如鱼腥蓝细菌属（*Anabaena*）；⑤分枝的菌丝，如飞氏蓝细菌属（*Fischerella*）。蓝细菌个体细胞比细菌大，一般直径为 $3\sim10\mu m$，最小的为 $0.5\sim1\mu m$（如细小聚球蓝细菌 *Synechococcus parvus*），最大的可达 $60\mu m$，如巨颤蓝细菌（*Oscillatoria princeps*），这也是迄今已知的最大的原核生物细胞。

蓝细菌细胞壁与革兰氏阴性菌的化学成分相似，由多黏复合物（肽聚糖）构成，含有二氨基庚二酸（DAP）。与其他原核生物相比，在化学组成上，蓝细菌最独特之处是含有由两个或多个双键组成的不饱和脂肪酸，而细菌差不多都含有饱和脂肪酸和单一饱和的脂肪酸（一个双键）。

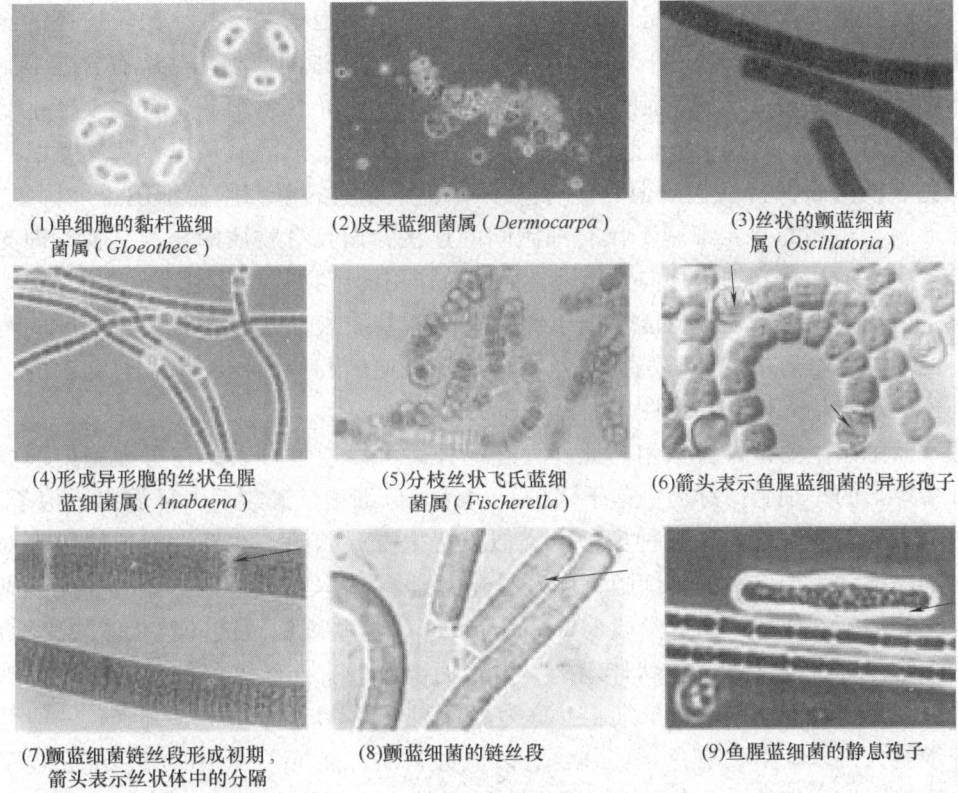

图 2-17　蓝细菌的主要形态类型（Madigan 等，2000）

蓝细菌是光合微生物，其光合内膜有两种不同的结构。某些单细胞的蓝细菌，其光合反应中心和电子传递系统位于细胞质膜上，而藻胆色素则位于细胞质膜下面的内褶层中。但大多数蓝细菌的光合色素位于一种称为类囊体（thylakoid）的片层膜中。在类囊体中含有叶绿素 a、类胡萝卜素和光合电子传递链的有关组分，这些细菌的光合过程包含光合反应系统Ⅰ和Ⅱ，而且是产氧的。在类囊体的外表面整齐地排列着藻胆蛋白体（phycobilisome）颗粒，其中含有藻胆蛋白（phycobiliproteins）。藻胆素（phycobilin）是一类水溶性的色蛋白，在光合作用中起辅助色素的作用，是蓝细菌所特有的。藻胆素又包括藻蓝素（phycocanobilin）和藻红素（phycoerythrin）两种，这些色素量的比例会因生长环境条件，尤其是光照条件的变化而改变，蓝细菌的颜色也因而有所改变。大多数蓝细菌细胞中，以藻蓝素占优势，使细胞呈特殊的蓝色，故称蓝细菌。藻胆素的功能是吸收光能，并把它转移到光合系统Ⅱ中，而叶绿素 a 则在光合系统Ⅰ中发挥其作用。

许多蓝细菌的细胞质中有气泡（gas vesicle）存在，其作用可能是使菌体漂浮，并使菌体能保持在光线最多的地方，以利光合作用。

在蓝细菌丝状体中，还可以看到比一般营养细胞稍大一些，比较透亮的细胞，称异形胞（heterocyst），其呈圆形，处于丝状体中间或顶端。所有含异形胞的种都能固氮。由于异形胞仅含少量藻胆素，缺乏光合系统Ⅱ，它们不产生氧气或固定 CO_2。这样，它们从结构和代谢上提供了一个厌氧环境，使固氮酶得以免氧损伤而保持活性。但是，有些不形成异形胞的单细胞蓝细菌也能固氮。异形胞与相邻的营养细胞不仅有细胞间的连接，而且有物质的相互交换，即光合作用产物从营养细胞移向异形胞，而固氮作用的产物从异形胞转入营养细胞。

蓝细菌没有鞭毛，但能借助于黏液在固体基质表面滑行。有些蓝细菌的滑行运动并不是简单的转移，而是丝状体旋转，逆转和屈曲的结果。蓝细菌的运动还表现出趋光性和趋化性。

蓝细菌主要是分裂繁殖。此外，有些种类可以通过分裂，在母细胞内形成许多球形的小细胞，称为小孢子（baeocyte）。母细胞壁破裂后，释放出小孢子，再膨大成营养细胞。少数种类可以类似于芽生方式繁殖，在母细胞顶端以不对称的缢缩分裂形成小的单细胞，称为"外生孢子"。丝状蓝细菌的繁殖靠无规则的丝状体断裂或释放出链丝段（hormogonium），这些细胞短链（丝状体的片段）两端常呈圆锥形，可以丝状体断裂，滑行而离开。有些丝状蓝细菌的营养细胞能分化形成大而厚壁的休眠细胞，称为静息孢子（akinete）。这些细胞较一般营养细胞大得多，常含有色素，并含有贮藏性物质，能抗干燥和低温，可度过不良环境。在适宜的生长条件下，静息孢子可以萌发而形成新的丝状体。

蓝细菌是光能自养型生物，能像绿色植物一样进行产氧光合作用，同化 CO_2 成为有机物，加之许多种还具有固氮作用，因此，它们的生活条件、营养要求都不高，只要有空气、阳光、水分和少量无机盐类，便能大量成片生长。蓝细菌在岩石风化、土壤形成及保持土壤氮素营养水平上有重要作用，有地球"先锋生物"之美称。

蓝细菌一般喜中温，但在高达 80℃ 的温泉中及多年不融的冰山上亦可见其踪迹。多种蓝细菌生存于淡水中，是水生态系统食物链中的重要一环。当其恶性增殖时，可形成"水华"（water bloom），造成水质恶化与污染。有的蓝细菌生于海水甚至深海中，海洋中的"赤潮"（red tide）系因某类蓝细菌大量繁殖而致。

二、支原体

支原体（*Mycoplasma*）又名菌原体，是一类无细胞壁、能在体外独立生活的、最小单细胞微生物。最早（1898 年）从患胸膜肺炎的牛体中分离得到，命名为胸膜肺炎微生物（pleuropneumonia organism，简称 PPO）。以后从其他动物及人体中也分离到这类菌，统称为类胸膜肺炎微生物（pleuropneumonia-like organism，简称 PPLO），现一般称为支原体。

支原体突出的结构特征是不具细胞壁，只在细胞质表面有一种包含有三层的细胞质膜。质膜的内外层，为蛋白质及糖类，中层为类脂和胆固醇，质膜中含有固醇，这在其他原核微生物中是罕见的。由于没有细胞壁，故细胞柔软，而形态多变，具高度多形性。即使在同一培养基中，细胞也常出现不同大小的球状、长短不一的丝状及各种分枝状（图 2 - 18）。球状体最小直径只有 0.1μm，一般为 0.2 ~ 0.25μm。而丝状体细胞长度可由 1 ~ 150μm。大多数支原体以二分分裂方式繁殖，有些可以出芽方式繁殖或从球状体长出丝状体，丝状体内原生质凝集成团，出现繁殖小体转变为链球状而后解体再释出单个球状体，以此循环。

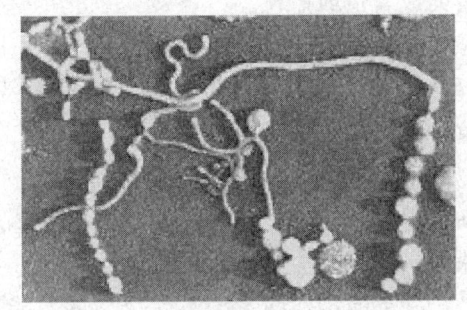

图 2 - 18 支原体电子显微照片
（Madigan 等，2000）

支原体可在人工培养基上生长，其菌落小，直径一般仅为 0.1 ~ 1.0mm，并呈典型的"煎鸡蛋"模样，中央较厚，边缘较薄，埋在琼脂中。支原体是能在人工培养基上生长的最小细胞生物。它们虽然可以在人工培养基上生长，但需要较丰富的营养物，通常需加入牛心浸出汁、动物血清，有的还要加入胆固醇。很多支原体可在鸡胚绒毛尿囊膜与组织培养基上生长。支原体的生长不受青霉素、环丝氨酸等阻碍细胞壁合成的抗生素所抑制，但对其他抗生素如土霉素、四环素等均较敏感。对溶菌酶也无反应。属好氧或厌氧菌，在少量空气下生长最良好。寄生型的支原体最适生长温度为 37℃，低于 30℃ 不能生长。

支原体与无细胞壁的 L - 型细菌极其相似，菌落也极为相像，只是 L - 细菌有恢复形成细胞壁的能力、生长不绝对需要固醇，而支原体从不形成细胞壁、生长需要固醇。因此在鉴定支原体之前，应在无抗生素的培养基上连续转接五次，以排除误将 L - 型细菌当作支原体的可能性。

三、立克次氏体

立克次氏体（*Rickettsia*）是由美国医生 Howard Taylor Rickettsia 在斑疹伤寒患者中首先发现的病原体，他后因研究斑疹伤寒受到感染而牺牲，为纪念他而把这类病原体命名为立克次氏体。

立克次氏体（0.3 ~ 0.7）μm ×（1 ~ 2）μm，形态呈球状、杆状。细胞壁由脂多糖及蛋白质组成与革兰氏阴性菌相似。细胞中含 RNA 和 DNA 两种核酸。此外还有蛋白质、中性脂肪、磷脂、多糖以及某些酶类。已证实有的种有核糖核蛋白体（核糖体）颗粒。立克次氏体不易被碱性染料染色，但能被 Giemsa 染色法染成紫色或蓝色。

立克次氏体为专性细胞内寄生物，除战壕热（五日热）立克次氏体（R. quintana）外，均不能在人工培养基上生长，而必须在活细胞内才能生长繁殖。其宿主一般为虱、蚤、蜱、螨等节肢动物，并可传至人或其他脊椎动物（如啮齿动物）。立克次氏体在细胞内行二分裂法繁殖，在代谢活动较低的宿主细胞中生长较好。一般可用鸡胚、敏感动物或合适的组织培养物（如 Hela 细胞株等）来培养立克次氏体。研究表明立克次氏体不能独立生活的原因可能有三个：一是能量代谢系统不完全，如不能利用葡萄糖产能而只能氧化谷氨酸产能。二是酶系统不完全，缺少代谢活动必需的脱氢酶（如 NAD）和辅酶 A（CoA）等。三是细胞膜的渗透性过大，虽然有利于从寄主细胞内吸收养料，但在环境中生活时体内物质也易于渗漏失去。

立克次氏体对理化因素的抵抗力弱，56℃ 30min 即被灭活，但对低温及干燥的抵抗力强。立克次氏体对化学消毒剂及常用的抗生素敏感，但对磺胺类药物不敏感。人类的流行性斑疹伤寒、恙虫热、Q 热等均由立克次氏体所致。

1972 年，Windsor 和 Black 在染病的植物组织中观察到类似立克次氏体的病原，称其类立克次氏体（Rickettsia Like - organism，简称 RLO）或类立克次氏体细菌（Rickettsia Like - Bacteria，简称 RLB）。类立克次氏体是植物的一种新病原，至今已报道过的类立克次氏体有 30 多种。仅几种类立克次氏体在体外培养获得成功。

四、衣原体

衣原体（Chlamydia）是一类在真核细胞内专性寄生的 G^- 的原核微生物。衣原体细胞比立克次氏体稍小，但形态相似，球形或椭圆形，直径 $0.2 \sim 0.3 \mu m$。分析提纯的衣原体主要由蛋白质、核酸、脂类、多糖组成。其中核酸有 RNA 和 DNA 两大类。

衣原体有独特的生活周期，在一个典型的生命周期中有两种细胞类型；一种小的（$0.3 \mu m$）、致密的细胞，称原体（elementary body），具有感染性。另一种是较大（$0.5 \sim 1 \mu m$）、较疏松的细胞，称始体（initial body）或网状体（reticulate body）。原体吸附在易感细胞表面，经细胞吞饮而进入细胞，使细胞内形成空泡。空泡中的原体体积逐渐长大，并演化为始体。始体在电子显微镜下观察，已无拟核结构，其染色质分散呈纤细的网状结构。始体无感染性，但能在空泡中以二分裂方式反复繁殖，直至形成大量新的原体，积聚于细胞质内，形成各种形状的包涵体（inclusion body），Giemsa 染色呈深紫色。当宿主细胞破裂时释放，重新感染新的宿主细胞（图 2 - 19）。衣原体每完成一次生活周期约需 48h。

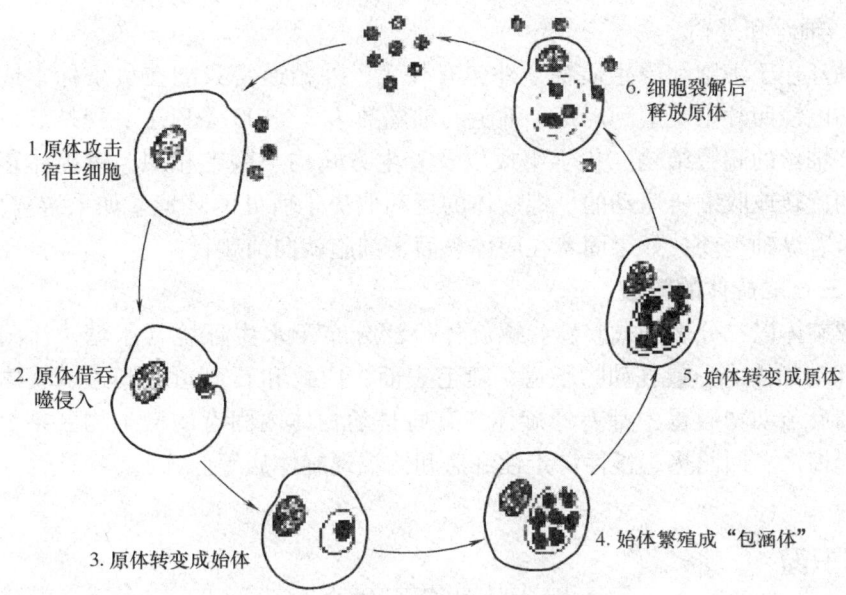

图 2-19　衣原体的感染循环

衣原体虽有一定的代谢能力但缺乏独立的产能系统，因而必须从寄主细胞得到能量、酶类和一些低分子化合物，既不能独立生活也难于人工培养。衣原体对热敏感，56~60℃仅能存活 5~10min。常用消毒剂能迅速灭活衣原体。四环素、红霉素、氯霉素可抑制其生长。衣原体不需媒介直接侵入鸟类、哺乳动物和人类。沙眼衣原体（*Chlamydia trachomatis*）是人类沙眼的病原体，甚至引起结膜炎、角膜炎、角膜血管翳等临床症状，成为致盲的重要原因。绝大多数衣原体能在 6~8 日龄的鸡胚卵黄囊中繁殖。沙眼衣原体是由我国学者汤飞凡等在 1956 年用这种方法首先分离培养成功的。

五、螺旋体

（一）螺旋体概念

螺旋体（spirochaeta）是一群形态结构和运动机理独特的单细胞原核微生物。细胞非常细长（0.1~3.0μm × 3~500μm）、螺旋状、极柔软易弯曲、无鞭毛，但能做特殊的扭动或蛇一样运动。

（二）螺旋体的细胞组成

螺旋体的细胞主要由 3 个组成部分：原生质柱、轴丝和外鞘见图 2-20。

1. 原生质柱

原生质柱呈螺旋状卷曲，外包细胞膜与细胞壁，为螺旋体细胞的主要部分。

图 2-20　螺旋体细胞形态

2. 轴丝和外鞘

轴丝连于细胞和原生质柱，外包有外鞘，外鞘通常只能在负染标本或超薄切片的电镜照片中观察到。每个细胞的轴丝数为 2～100 条以上，视螺旋体种类而定。轴丝的超微结构、化学组成以及着生方式均与鞭毛相似。螺旋体正是靠轴丝的旋转或收缩所运动的。螺旋体的运动取决于所处的环境。如果游离生活，细胞沿着纵轴运动；如果固着在固体表面，细胞就向前爬行。

（三）螺旋体的繁殖

螺旋体以二分裂方式繁殖。螺旋体广泛分布于水生环境（水塘、江湖和海水）和动物体中。哺乳动物肠道、睫毛表面、白蚁和石斑鱼的肠道、软体动物躯体和反刍动物瘤胃中都有螺旋体。有些是动物体内固有的微生物区系，有些能引起梅毒、回归热、慢性游走性红斑和钩端螺旋体病等。

知识窗
微生物的分类与命名

1. 微生物的分类

和其他生物一样，按 7 级分类单元，依次为界（Kingdom）、门（Phylum）、纲（Class）、目（Order）、科（Family）、属（Genus）、种（Species）。微生物的种是一个基本分类单元，它是一大群表型特征高度相似、亲缘关系极其接近、与同属内的其他物种有着明显差异的一大群菌株的总称。种以下可再分为亚种、型、菌株等。

菌株（strain）又称品系，从自然界分离到的细菌的纯培养物，尽管它们属于同一个种，但由于来源不同，它们之间可能会出现一些细微的差异。因此一种微生物的每一不同来源的纯培养物或纯分离物均可称为某菌种的一个菌株。所以一种微生物可以有许多菌株，它们在遗传上是相似或一致的，一些主要性状上也是相同的，但在次要性状上（如生化反应、代谢产物、产量性状等）可以有或大或小的差异。菌株常用字母或编号来表示。例如：*Escherichia coli* K_{12} 和 *E. coli* B 分别代表大肠杆菌 K_{12} 和 B 菌株。

2. 微生物的命名

通常采用林奈的双名法：一个物种的学名由前面一个属名和后面一个种名两部分组成（用拉丁文或希腊文表示）。

属名通常是一个描述微生物主要形态特征和生理特征的名词，词首必须大写；种名在属名后，表示该微生物的某种次要特征，可用形容词表示，字母须小写。在印刷时学名用斜体字。学名后有时还要附上首次发现或命名者的人名和命名的年份，但这些都用正体字。

例如：金黄色葡萄球菌的学名为：*Staphylococcus aureus* Rosenbach 1884。再如，黑曲霉（*Aspergillus niger*），其中 *Aspergillus* 是属名，即曲霉之意；*niger* 是种名，表示黑色之意。

新种是指权威性的分类、鉴定手册中从未记载过的一种新分离并鉴定过的微生物。一般在学名后加"sp. nov"（sp. 为 species 的缩写，nov 为 novel 的缩写）。

复习与思考题

1. 细菌的基本形状分为几种？测量微生物大小常用单位是什么？
2. 试述革兰氏阳性菌和革兰氏阴性菌细胞壁构造。
3. 试述革兰氏染色的原理和方法。
4. 何为荚膜、芽孢、鞭毛？各有何功能？
5. 何为菌落、菌苔？
6. 放线菌的菌丝可分为几种类型？通过什么方式繁殖后代？
7. 细菌通过何种方式繁殖后代？其菌落有何特点？
8. 放线菌最主要的特性是什么？菌落有何特点？

第三章　真核微生物

1. 掌握真核微生物的特点和真菌的特点。
2. 掌握酵母菌的形态结构，繁殖方式（有性繁殖，无性繁殖）。
3. 掌握啤酒酵母的生活史。
4. 掌握霉菌的形态结构，繁殖方式。
5. 掌握原核微生物与真核微生物的主要区别。

第一节　真核微生物概述

真核生物（eukaryotes）是一大类细胞核具有核膜，能进行有丝分裂，细胞质中存在线粒体或同时存在叶绿体等多种细胞器的生物。真核微生物主要包括真菌（酵母菌、霉菌和担子菌）、显微藻类和原生动物等。

典型真核生物的细胞结构可见图3-1。真核细胞与原核细胞相比，其形态更大，结构更为复杂，细胞器的功能更为专一。它们已发展出许多由膜包围着的细胞器，如内质网、高尔基体、溶酶体、微体、线粒体和叶绿体等。更重要的是，它们已进化出有核膜包裹着的完整细胞核，其中存在着构造及其精巧的染色体，它的双链DNA长链与组蛋白密切结合，以更完善地执行生物的遗传功能。

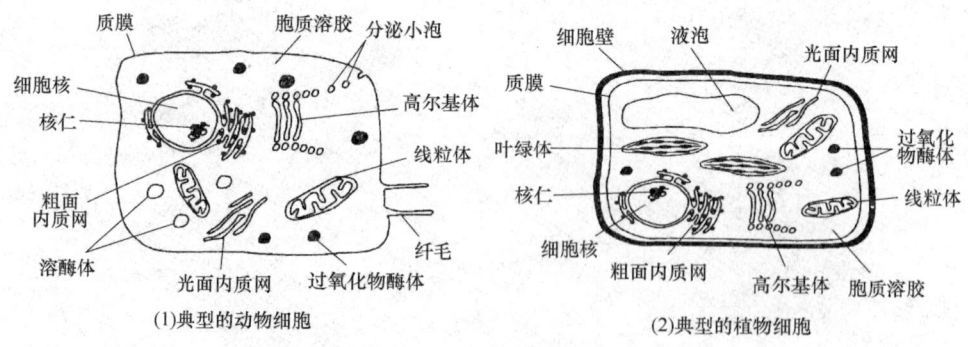

图3-1　真核细胞结构

一、真核微生物与原核微生物的比较

真核生物与原核生物在细胞结构和功能等方面都有显著差异,见表3-1。

表3-1　　　　　　　　　真核生物与原核生物区别

特性	原核微生物	真核微生物
核	拟核	完整的核
核膜	-	+
核仁	-	+
DNA	一条,不与RNA及组蛋白结合	一至数条与RNA及组蛋白结合
环状小DNA	常存在,称为质粒	常不存在
核糖体	70S（50S+30S）,在细胞质中	80S（60S+40S）在细胞质中,在线粒体和叶绿体某些细胞器中里面的为70S
细胞分裂	二分裂	有丝分裂及减数分裂
有性生殖	常无,少有	+
间体	+	-
细胞器	-	+
呼吸链位置	细胞膜	线粒体
与氧的关系	好氧、兼性好氧、厌氧等	好氧,少数兼性,极少数厌氧
光合作用部位	细胞膜	叶绿体
细胞壁组成	肽聚糖或脂多糖	壳多糖、多聚糖或寡糖
运动器官	较细的鞭毛（中空管状结构）	粗鞭毛或纤毛（9+2结构）
细胞大小	1~10μm	10~100μm

二、真核微生物的主要类群

包括菌物界的真菌、黏菌、假菌,植物界中的显微藻类（低等植物）和动物界中的原生动物（动物界中最低等的单细胞动物）。

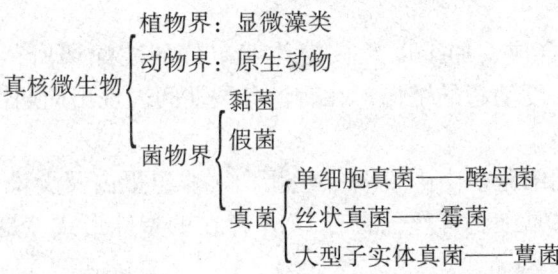

真菌是一类低等的真核生物,是本章的重点,包括酵母菌、霉菌及大型真菌（蕈类）。真菌具有以下特点:①不能进行光合作用;②以产生大量孢子进行繁殖;③一般具有发达的菌丝体;④细胞壁多数含几丁质;⑤营养方式为异养型;⑥陆生性较强。

三、真核微生物的细胞构造

(一) 细胞壁

细胞壁见于藻类（纤维素为主）和真菌（壳多糖为主）中。它们是细胞与环境的分界，其重要作用在于维持细胞硬度及控制水分因渗透而过度进入胞内。

植物和真菌细胞的原生质体在大多数情况下由坚硬的细胞壁包被。真菌细胞壁是由壳多糖（以 $\beta-1,4-$ 连接的 NAG 重复单位）和无定型的 $\beta-$ 葡聚糖形成的微晶聚合物组成，而植物的细胞壁则是由纤维素（$\beta-1,4-$ 连接的葡萄糖重复单位）和半纤维素组成。

(二) 质膜

质膜是半透膜，把细胞的内外部分隔绝开来，它还参与细胞间的识别，细胞内吞作用和胞吐作用，并附着在细胞表面。膜内的运输体系使它能选择性地把物质输送到细胞内部。真核生物的质膜是一个分隔细胞内和外的半透明（seml-permeable）屏障，这一点与原核生物相似，但是真核生物的质膜含有固醇，这种扁平分子使膜的硬度增强，使真核细胞更加稳定。膜上还有运输系统，选择重要的物质进入细胞，并参与内吞作用和胞吐作用。此过程，食物颗粒被吞入，废物以膜包被成小泡的形式从细胞内排出。质膜还参与了细胞之间重要的相互作用过程，例如，细胞间的识别系统及细胞在固体表面的附着作用。

(三) 细胞核

细胞核（nucleus）是细胞遗传信息（DNA）贮存、复制和转录的主要部位。主要包括核膜、核仁、染色质等构成。

1. 核膜

核膜是包在细胞核外，将细胞核与细胞质分隔开来的界膜。核膜是双层单位，面向胞质的一层为外核膜。内外核膜常常在某些部位相互融合形成环状开口，称为核孔，用以增大核内外的物质交换。

2. 核仁

核仁是 RNA 合成、加工以及核糖体亚单位的装配场所，在细胞周期过程中，核仁是一个高度动态的结构，在有丝分裂期间表现出周期性的消失与重建。

3. 染色质

染色质是间期细胞核内由 DNA、组蛋白、非组蛋白及少量 RNA 组成的线性复合结构，染色体是细胞有丝分裂时 DNA 存在的特殊形式，是间期细胞质染色质紧密包裹的结果。

4. 核骨架

存在于真核细胞内的以蛋白质成分为主的纤维状物质。

(四) 细胞质及细胞器

位于细胞质膜和细胞核间的透明、黏稠、不断流动并充满各种细胞器的溶胶，称为细胞质，包括细胞基质、细胞骨架和各种细胞器。

1. 细胞基质和细胞骨架

（1）细胞基质　又称细胞溶胶。指真核细胞中除细胞器以外的胶状溶液。它是细胞代谢的重要基地。

（2）细胞骨架（cytoskeleton）　是由微管、肌动蛋白丝（微丝）和中间丝三种蛋白纤维构成的细胞支架，具有支持、运输和运动等功能。

2. 线粒体（mitochondria）

线粒体是一种能高效将有机物转化为细胞生命活动直接能源 ATP 的细胞器，即线粒体的功能是进行氧化磷酸化。线粒体在活细胞中呈多形性，易变异等特点，形状多种多样，以线状和颗粒状最常见。线粒体是由双层膜单位套叠而成的封闭的囊结构，主要由外膜、内膜、膜间隙及基质（或称内室）四部分组成，内膜经过折叠演化为表面积极大扩增的内膜特化结构——嵴（图 3-2）。

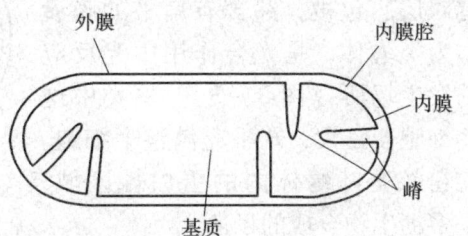

图 3-2　线粒体的构造模式图

3. 核糖体（ribosome）

核糖体又称核蛋白体，是存在于一切细胞中的无膜包裹的颗粒状细胞器，具有蛋白质合成功能。核糖体是合成蛋白质的细胞器，它按照 mRNA 的指令由氨基酸高效且精确地合成多肽链。其形态是一种颗粒状的结构，无被膜包裹，直径为 25nm。主要成分是蛋白质和 RNA。它又分为附着核糖体和游离核糖体。真核微生物为 $80S$ 核糖体，由 $60S$ 和 $40S$ 大小亚基组成。

4. 内质网（endoplasmic reticulum，ER）

内质网是由管状和盘状膜组成的复合体，与核膜相连。内质网可以是滑面型，或被核糖体附着而变成粗面型。这种细胞器的主要功能是合成和输送蛋白质和脂类。

核的外膜与复杂的、具三维结构的膜管状及层状结构的内质网相联系。管状内质网可被核糖体附着，称为粗面型内质网（RER），核糖体的翻译和蛋白质的修饰作用在此处进行。这些蛋白质或是分泌到内质网腔中，或是插入到膜内。滑面型内质网的盘状结构与脂类合成及蛋白质和脂类的细胞间运输有关。

5. 高尔基体（Golgi apparutus）

高尔基体是一系列扁平的、有膜包被并具孔的囊和泡。从内质网分泌而来的小泡与高尔基体融合，其内含物在此进一步进行生化加工。加工后的物质以小泡的形式从高尔基体中分泌出来，然后与其他细胞器或质膜融合。

高尔基体由一系列扁平的膜包被的囊或潴泡堆积在一起而成，并环绕着管和泡囊的复合体。这个堆积体有着严格的极性，顺式面或形成面接受从内质网来的泡囊，泡囊内的物质被高尔基体加工，然后从细胞器的反式面（成熟面）或其边缘以出芽方式放出。高尔基体加工并包装物质使之分泌到其他亚细胞器或细胞膜上。真菌高尔基体不如藻类发达，只有很少几个或单个潴泡。有时称它们为（分散）高尔基体（dicctyosomes）。

6. 叶绿体（chloroplast）

叶绿体是由双层膜包被的细胞器，内含光合色素叶绿素。叶绿体有双层膜包被，并含有扁平的膜囊称为类囊体，是光合作用中光反应的发生场所（图3-3）。藻类中这些细胞器较大，几乎充满整个细胞。淀粉核是叶绿体内的蛋白性区域，是多糖生物合成的场所。

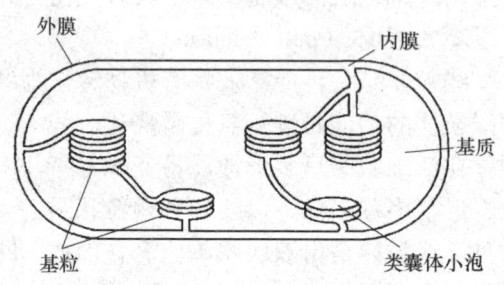

图3-3　叶绿体的构造模式图

7. 溶酶体（lysosome）

溶酶体是由单层膜围绕、内含多种酸性水解酶类的囊泡状细胞器，其主要功能是进行细胞内的消化作用。

8. 微体（microbody）

微体是一种由单层膜包裹的、与溶酶体相似的小球形细胞器，其内所含的主要是氧化酶和过氧化氢酶，又称过氧化物酶体，其功能可使细胞免受H_2O_2毒害，并能氧化分解脂肪酸等。

9. 液泡（vacuole）

液泡是存在于真菌和藻类细胞中的由单层膜包围的泡状细胞器，其中含多种水解酶类，功能是维持细胞渗透压、贮存营养物，还有溶酶体功能。

10. 膜边体（lomasome）

膜边体又称须边体或质膜外泡，是真菌特有的位于菌丝细胞四周的质膜与细胞壁间，由单层膜包裹，膜边体形态多样，可互相结合。

11. 几丁质酶体（chitosome）

几丁质酶体是一种存在于菌丝顶端细胞的微小泡囊，又称壳体，其功能是将其中所含的几丁质酶运至菌丝顶端细胞合成几丁质纤维，保证菌丝的延伸。

12. 氢化酶体（hydrogenosome）

氢化酶体是一种由单层膜包裹的球状细胞器，内含氢化酶氧化还原酶等，通常存在于鞭毛附近，为鞭毛运动提供能量。

（五）鞭毛以及纤毛

某些真核微生物细胞表面长有或长或短的毛发状、具有运动功能的细胞器，其中形态较长、数量较少者为鞭毛，而形态较短、数量较多者为纤毛。它们在运动功能上虽与原核微生物的鞭毛相同，但在构造、运动机制等方面却差别极大。鞭毛与纤毛的构造基本相同，都由伸出细胞外的鞭杆（shaft）、嵌埋在细胞质膜上的基体以及把这两者相连的过渡区共3部分组成。具鞭毛的真核微生物有鞭毛纲（Flageuata）原生动物、藻类和低等水生真菌的游动孢子或配子等；具有纤毛的真核微生物主要属于纤毛纲（Ciliata）的各种原生动物，例如常见的草履虫属（Paramecium）。

第二节　酵母菌

一、酵母菌与人类的关系

酵母菌（yeast）是一个通俗名称，非分类名词，是指一群能发酵糖类的单细胞微生物，属真菌类。它是人类第一种"家养微生物"，与人类关系密切，主要分布在含糖较高偏酸性环境中，又称"糖真菌"。酵母菌具有以下5个特点：①生活史中，个体主要以单细胞状态存在；②多数出芽繁殖，也有的裂殖；③能发酵糖类产能；④细胞壁常含甘露聚糖；⑤喜在含糖量较高、酸度较大的水生环境中生长。

酵母菌应用很广，它在与人类密切相关的酿造、食品、医药等行业和工业废水的处理等方面都起着重要的作用。我们可以利用酵母菌酿酒、制造美味可口的饮料和营养丰富的食品（面包、馒头），生产多种药品（核酸、辅酶A、细胞色素C、B族维生素、酶制剂等），进行石油脱蜡、降低石油的凝固点和生产各种有机酸。由于酵母菌细胞的蛋白质含量很高（一般大于细胞干重的50%），且含有多种维生素、矿物质和核酸等。所以，人类在利用拟酵母、热带假丝酵母、白色假丝酵母、黏红酵母等酵母菌处理各种食品工业废水时，还可以获得营养丰富的菌体蛋白。

当然，也有少数酵母菌是有害的，如鲁氏酵母（*Saccharomyces rouxii*）、蜂蜜酵母（*Saccharomyces mellis*）等能使蜂蜜、果酱变质，有些酵母菌是发酵工业污染菌，使发酵产量降低或产生不良气味，影响产品质量。白假丝酵母（*Candida albicans*）又称白色念珠菌，可引起皮肤、黏膜、呼吸道、消化道以及泌尿系统等多种疾病。新型隐球酵母（*Cryptococcus neoformans*）可引起慢性脑膜炎、肺炎等。

二、酵母菌的形态结构

（一）酵母菌的形状与大小

大多数酵母菌为单细胞，形状因种而异。基本形态为球形、卵圆形、圆柱形或香肠形。某些酵母菌进行一连串的芽殖后，长大的子细胞与母细胞并不立即分离，其间仅以极狭小的接触面相连，这种藕节状的细胞串称为假菌丝。菌体无鞭毛，不能游动。

酵母菌的细胞直径约为细菌的 10 倍，其直径一般为 2~5μm，长度为 5~30μm，最长可达 100μm。每一种酵母菌的大小因生活环境、培养条件和培养时间长短而有较大的差异。最典型和最重要的酿酒酵母细胞大小为 (2.5~10)μm × (4.5~21)μm。

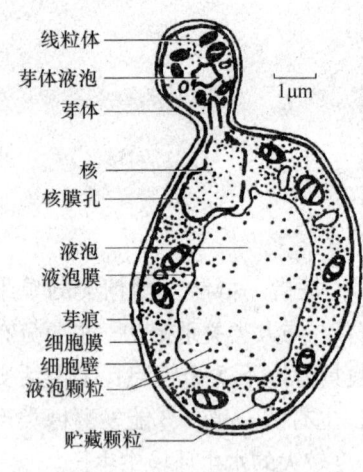

图 3-4　酵母菌细胞构造的模式图

（二）酵母菌的细胞构造

酵母菌具有典型的真核细胞构造（图 3-4），与其他真菌的细胞构造基本相同，但是也有其自身的特点。

酵母菌细胞壁具有三层结构——外层为甘露聚糖，内层为葡聚糖，都是复杂的分枝状聚合物，其间夹有一层蛋白质分子。位于细胞壁内层的葡聚糖是维持细胞壁强度的主要物质。此外，细胞壁上还含有少量类脂和以环状形式分布于芽痕周围的几丁质。用玛瑙螺的胃液制得的蜗牛消化酶，可用来制备酵母菌的原生质体。

芽痕是酵母菌特有的结构，酵母菌为出芽生殖，芽体成长后与母细胞分离，在母细胞壁上留下的标记即为芽痕。在光学显微镜下无法看到芽痕，但用荧光染料染色，或用扫描电镜观察，都可看到芽痕。

三、酵母菌的繁殖方式

酵母菌具有无性繁殖和有性繁殖两种繁殖方式，大多数酵母以无性繁殖为主。无性繁殖包括芽殖、裂殖和产生无性孢子，有性繁殖主要是产生子囊孢子。繁殖方式对酵母菌的鉴定极为重要。

（一）无性繁殖

1. 芽殖

芽殖是酵母菌最常见的繁殖方式。在良好的营养和生长条件下，酵母菌生长迅速，几乎所有的细胞上都长有芽体，而且芽体上还可形成新芽体，于是就形成了呈簇状的细胞团。出芽过程见图 3-5。

芽体形成过程：水解酶分解母细胞形成芽体部位的细胞壁多糖，使细胞壁变薄；大量新细胞物质——核物质（染色体）和细胞质等在芽体起始部位堆积，

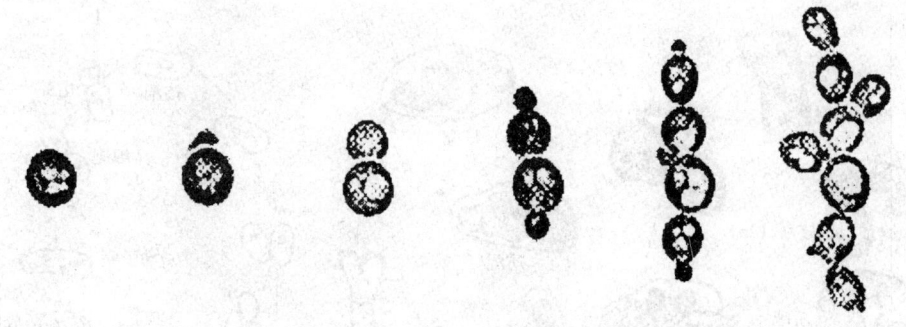

图3-5　酵母菌出芽过程

芽体逐步长大后，就在与母细胞连接的位置形成由葡聚糖、甘露聚糖和几丁质组成的隔壁。成熟后两者分离，在母细胞上留下一个芽痕，在子细胞上相应地留下一个蒂痕。

2. 裂殖

酵母菌的裂殖与细菌裂殖相似。其过程是细胞伸长，核分裂为二，细胞中央出现隔膜，将细胞横分为两个大小相等、各具一个核的子细胞。进行裂殖的酵母种类很少，裂殖酵母属的八孢裂殖酵母就是其中一种。

3. 产生无性孢子

少数酵母菌（如掷孢酵母）可以产生无性孢子。掷孢酵母可在卵圆形营养细胞上生出小梗，其上产生掷孢子。掷孢子成熟后通过特有喷射机制射出。用倒置培养器培养掷孢酵母时，器盖上会出现掷孢子发射形成的酵母菌落的模糊镜像。有的酵母菌如白假丝酵母（*Candida albicans*）等还能在假菌丝的顶端产生具有厚壁的厚垣孢子。

（二）有性繁殖

酵母菌以形成子囊和子囊孢子的方式进行有性繁殖。其过程是通过邻近的两个形态相同而性别不同的细胞各伸出一根管状原生质突起，相互接触、融合并形成一个通道，细胞质结合（质配），两个核在此通道内结合（核配），形成双倍体细胞，并随即进行减数分裂，形成4个或8个子核，每一子核和其周围的原生质形成孢子。含有孢子的细胞称为子囊，子囊内的孢子称为子囊孢子。

酵母菌的子囊和子囊孢子形状因菌种不同而异，是酵母菌分类鉴定的重要依据之一。通常处于幼龄的酵母细胞，在适宜的培养基和良好的环境条件下，才易形成子囊孢子。在合适的条件下，子囊孢子又可萌发成新的菌体。

（三）酵母菌的生活史

生物个体经一系列生长、发育阶段后而产生下一代个体的全部过程，就称为该生物的生活史或生命周期（life cycle）。某种生物在整个发育阶段，有一个或几个同形或不同形的个体前后相继形成一个有规律的循环（图3-6）。

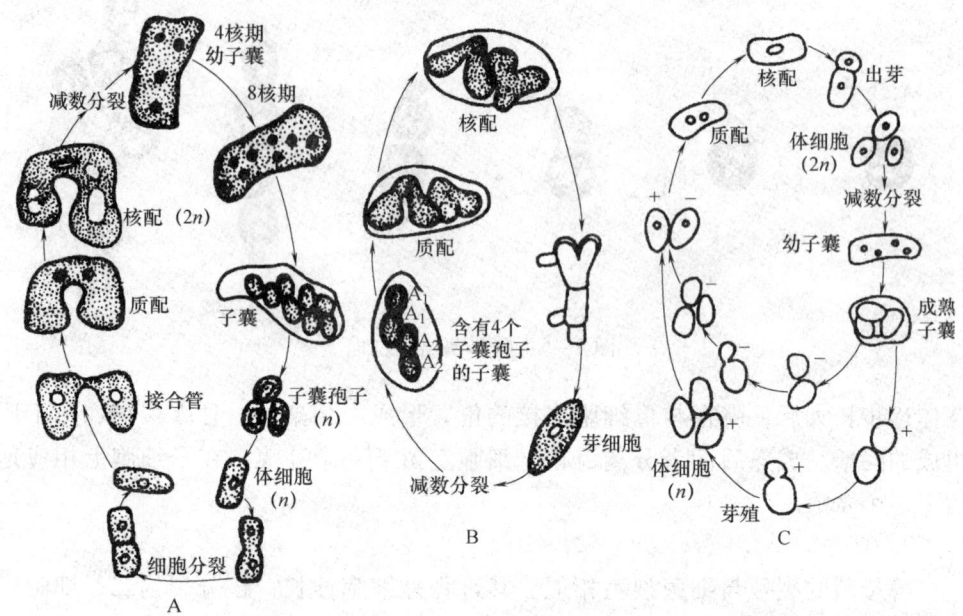

图 3-6　酵母菌的生活史

各种酵母菌的生活史可分为三种类型：

（1）营养体既可以单倍体（n）也可以二倍体（$2n$）形式存在　酿酒酵母是这类生活史的代表。其特点为：一般情况下都以营养体状态进行出芽繁殖；营养体既可以单倍体形式存在，也能以二倍体形式存在；在特定条件下进行有性繁殖（图 3-6C）。

（2）营养体只能以单倍体（n）形式存在　八孢裂殖酵母（*Schizosaccharomyces ostosporus*）可作为这一类型的代表。其主要特点是：营养细胞为单倍体；无性繁殖以裂殖方式进行；二倍体细胞不能独立生活，故此阶段很短（图 3-6A）。

（3）营养体只能以二倍体（$2n$）形式存在　路德类酵母（*Saccharomycodes ludwigii*）是这一类型的典型代表。其特点为：营养体为二倍体，不断进行芽殖，此阶段较长；单倍体的子囊孢子在子囊内发生接合；单倍体阶段仅以子囊孢子形式存在，故不能进行独立生活（图 3-6B）。

四、酵母菌的菌落与培养特征

酵母菌的菌落形态特征与细菌相似，但比细菌大而厚，湿润，表面光滑，多数不透明，黏稠，菌落颜色单调，多数呈乳白色，少数红色，个别黑色。酵母菌生长在固体培养基表面，容易用针挑起，菌落质地均匀，正、反面及中央与边缘的颜色一致。不产生假菌丝的酵母菌菌落更隆起，边缘十分圆整；形成大量假菌丝的酵母,菌落较平坦,表面和边缘粗糙。酵母菌菌落特征是分类鉴定的重要依据。

酵母菌在液体培养基中的生长情况也不相同,有的在液体中均匀生长,有的在底部生长并产生沉淀,有的在表面生长形成菌膜,菌膜的表面状况及厚薄也不相同。以上特征对分类也具有意义。

五、食品工业中的酵母菌

(一) 啤酒酵母

啤酒酵母是啤酒生产上常用的典型的上面发酵酵母。除用于酿造啤酒、酒精及其他的饮料酒外,还可发酵面包。菌体维生素、蛋白质含量高,可作食用、药用和饲料酵母,还可以从其中提取细胞色素 c、核酸、谷胱甘肽、凝血质、辅酶 A 和三磷酸腺苷等。在维生素的微生物测定中,常用啤酒酵母测定生物素、泛酸、硫胺素、吡哆醇和肌醇等。

啤酒酵母在麦芽汁琼脂培养基上菌落为乳白色,有光泽,平坦,边缘整齐。无性繁殖以芽殖为主。能发酵葡萄糖、麦芽糖、半乳糖和蔗糖,不能发酵乳糖和蜜二糖。

按细胞长与宽的比例,可将啤酒酵母分为三组。第一组的细胞多为圆形、卵圆形或卵形(细胞长/宽 <2),主要用于酒精发酵、酿造饮料酒和面包生产。第二组的细胞形状以卵形和长卵形为主,也有圆或短卵形细胞(细胞长/宽 ≈ 2)。这类酵母主要用于酿造葡萄酒和果酒,也可用于啤酒、蒸馏酒和酵母生产。第三组的细胞为长圆形(细胞长/宽 >2)。这类酵母比较耐高渗透压和高浓度盐,适合于用甘蔗糖蜜为原料生产酒精,如台湾 396 号酵母。

(二) 卡尔斯伯酵母

因丹麦卡尔斯伯(Carlsberg)地方而得名,是啤酒酿造业中的典型的下面酵母,俗称卡氏酵母。卡氏酵母细胞呈椭圆形或卵形,$(3 \sim 5)\mu m \times (7 \sim 10)\mu m$。在麦芽汁琼脂斜面培养基上,菌落呈浅黄色,软质,具光泽,产生微细的皱纹,边缘产生细的锯齿状,孢子形成困难。能发酵葡萄糖、蔗糖、半乳糖、麦芽糖及棉子糖。卡氏酵母除了用于酿造啤酒外,还可做食用、药用和饲料酵母。麦角固醇含量较高,也可用于泛酸、硫胺素、吡哆醇和肌醇等维生素的测定。

(三) 异常汉逊氏酵母异常变种

异常汉逊氏酵母异常变种的细胞为圆形($4 \sim 7 \mu m$)或椭圆形、腊肠形,大小为 $(2.5 \sim 6)\mu m \times (4.5 \sim 20)\mu m$,有的细胞甚至长达 $30 \mu m$,属于多边芽殖,发酵液面有白色菌醭,培养液混浊,有菌体沉淀于管底。在麦芽汁琼脂斜面上,菌落平坦,乳白色,无光泽,边缘丝状。在加盖玻片马铃薯葡萄糖琼脂培养基上，能形成发达的树枝状假菌丝。

异常汉逊氏酵母产生乙酸乙酯，故常在食品的风味中起一定作用。如无盐发酵酱油的增香；以薯干为原料酿造白酒时，经浸香和串香处理可酿造出味道更醇厚的酱油和白酒。该菌种氧化烃类能力强，能够以煤油和甘油作碳源。培养液中它还能累积游离 L – 色氨酸。

（四）产朊假丝酵母

产朊假丝酵母的细胞呈圆形、椭圆形腊肠形，大小 $(3.5 \sim 4.5)\mu m \times (7 \sim 13)\mu m$。液体培养不产醭，管底有菌体沉淀。在麦芽汁琼脂培养基上，菌落乳白色，平滑，有或无光泽，边缘整齐或菌丝状。在加盖片的玉米粉琼脂培养基上，形成原始假菌丝、不发达的假菌丝或无假菌丝；能发酵葡萄糖、蔗糖、棉子糖，不发酵麦芽糖、半乳糖、乳糖和蜜二糖。不分解脂肪，能同化硝酸盐。

产朊假丝酵母的蛋白质含量和 B 族维生素含量均高于啤酒酵母。它能以尿素和硝酸盐为氮源，不需任何生长因子。特别重要的是它能利用五碳糖和六碳糖，即能利用造纸工业的亚硫酸废液、木材水解液及糖蜜等生产人畜食用的蛋白质。

（五）解脂假丝酵母解脂变种

解脂假丝酵母解脂变种的细胞呈卵形 $(3 \sim 5)\mu m \times (5 \sim 11)\mu m$ 和长形 $(20\mu m)$，液体培养时有菌醭产生，管底有菌体沉淀。麦芽汁琼脂斜面上菌落乳白色，黏湿，无光泽。有些菌株的菌落有皱褶或表面菌丝状，边缘不整齐。在加盖玻片的玉米粉琼脂培养基上可见假菌丝或具横隔的真菌丝。

从黄油、人造黄油、石油井口的黑墨土、炼油厂及动植物油脂生产车间等处采样，可分离到解脂假丝酵母。解脂假丝酵母能利用石油等烷烃，是石油发酵脱蜡和制取蛋白质的较优良的菌种。

（六）红酵母

细胞圆形、卵形或长形，多端芽殖，不形成子囊孢子。许多种能在食物上或在培养基上产生红色色素。该属中有较好的产脂肪的菌种，但也有几个种为人类及动物的致病菌。

（七）裂殖酵母

细胞椭圆形、圆柱形，营养繁殖为裂殖，能产生 4~8 个卵圆形、球形或肾形的子囊孢子。它们具有发酵能力。它们常存在于糖类及其制品中。

（八）球拟酵母

细胞呈球形、卵形或稍带些长形。多端出芽。对多数糖有分解作用，具有耐受高浓度糖和盐的特性。能在炼乳、蜜饯、果脯上生长。该属有一定经济意义，某些种能用来生产甘油等。它们在自然界分布广泛，常出现在冰冻食品中，使食品腐败。

(九) 丝孢酵母

多端出芽，细胞连接呈菌丝状。在液体培养基中生长，能产生浮膜。常在各种食品，包括发酵的啤酒、肉类中出现。

第三节　霉菌

一、霉菌与人类的关系

霉菌（mould，mold）是丝状真菌的统称，是指"会引起物品霉变的真菌"，通常指那些菌丝体较发达又不产生大型肉质子实体的真菌。在潮湿的气候下，它们往往在有机物上大量生长繁殖，从而引起食物、工农产品的霉变或植物的真菌病害。在自然界分布极广，土壤、水域、空气、动植物体内外均有它们的踪迹，霉菌与人类的关系密切，对人类有利也有害。有利的方面主要是食品工业利用霉菌制酱、制曲；发酵工业则用霉菌来生产酒精、有机酸（如柠檬酸、葡萄糖酸等）；医药工业利用霉菌生产抗生素（如青霉素、灰黄霉素等）、酶制剂（淀粉酶等）、维生素等；在农业上可用霉菌发酵饲料、生产农药；此外，霉菌还可分解自然界中的淀粉、纤维素、木质素、蛋白质等复杂大分子有机物，使之变成葡萄糖等微生物能利用的物质，从而保证了生态系统中的物质得以不断循环。霉菌对人类有害方面主要是使食品、粮食发生霉变，使纤维制品腐烂。据统计每年因霉变造成的粮食损失达2%；霉菌能产生100多种毒素，许多毒素的毒性大，致癌力强，即使食入少量也会对人畜有害。

二、霉菌的形态结构

（一）霉菌的菌丝

霉菌的营养体由菌丝构成。菌丝可无限伸长和产生分枝，分枝的菌丝相互交错在一起，形成了菌丝体。菌丝直径一般为 $3 \sim 10 \mu m$，与酵母细胞直径类似，但比细菌或放线菌的细胞约粗10倍。

霉菌菌丝细胞的构造与酵母菌十分相似。菌丝最外层为厚实、坚韧的细胞壁，其内有细胞膜，膜内空间充满细胞质。细胞核、线粒体、核糖体、内质网、液泡等与酵母菌相同。构成霉菌细胞壁的成分按物理形态可分为两大类：一类为纤维状物质，如纤维素和几丁质，赋予细胞壁坚韧的机械性能。低等霉菌细胞壁的多糖主要是纤维素，高等霉菌细胞壁的多糖主要是几丁质。另一类为无定形物质，如蛋白质、葡聚糖和甘露聚糖，混填在纤维状物质构成的网内或网外，充实细胞壁的结构。

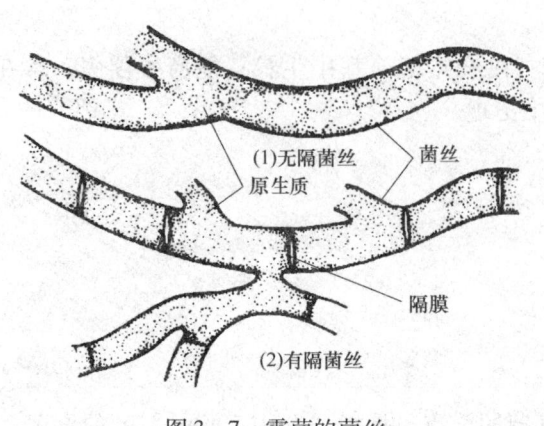

霉菌的菌丝有两类：一类菌丝中无横隔，整个菌丝为长管状单细胞，含有多个细胞核。其生长过程只表现为菌丝的延长和细胞核的裂殖增多以及细胞质的增加，如根霉、毛霉、犁头霉等的菌丝属于此种形式［图3-7（1）］。另一类菌丝有横隔，菌丝由横隔膜分隔成成串多细胞，每个细胞内含有一个或多个细胞核。有些菌丝，从外观看虽然像多细胞，但横隔膜上有小孔，使细胞质和细胞核可以自由流通，而且每个细胞的功能也都相同，如青霉菌、曲霉菌、白地霉等的菌丝均属此类［图3-7（2）］。

图3-7 霉菌的菌丝

霉菌菌丝在生理功能上有一定程度的分化。在固体培养基上，部分菌丝伸入培养基内吸收养料，称为营养菌丝；另一部分则向空中生长，称为气生菌丝。有的气生菌丝发育到一定阶段，分化成繁殖菌丝（图3-8）。

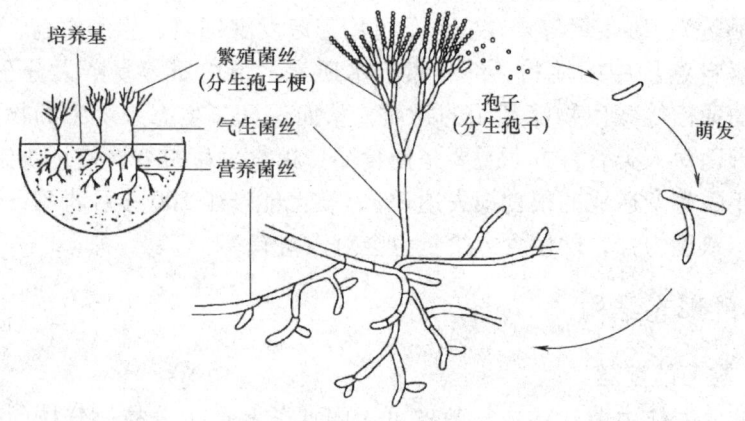

图3-8 霉菌的营养菌丝、气生菌丝和繁殖菌丝

（二）菌丝的变态

不同的真菌在长期进化中，对各自所处的环境条件产生了高度的适应性，其营养菌丝体和气生菌丝体的形态与功能发生了明显变化，形成了各种特化的构造。

1. 吸器

专性寄生真菌（锈菌、霜霉菌和白粉菌等）从菌丝旁侧生出拳头状或手指状的突起，能伸入到寄主细胞内吸取养料，而菌丝本身并不进入寄主细胞，这种结构称吸器（图3-9）。

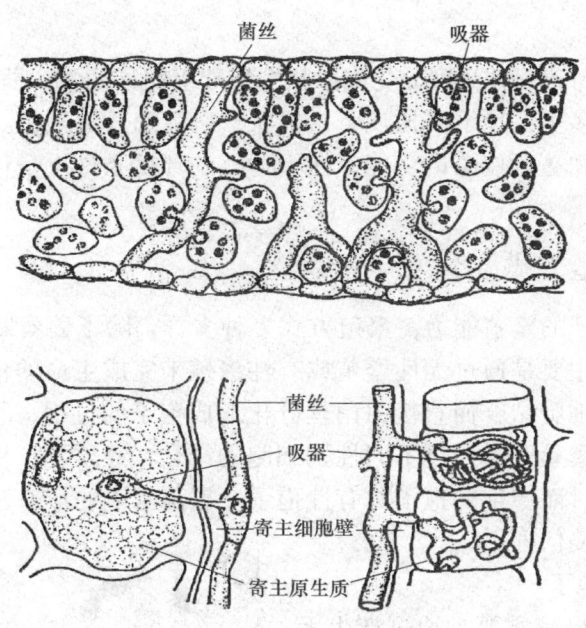

图 3-9 吸器

2. 菌核

菌核是一种形状、大小不一的休眠菌丝组织（图 3-10），在不良环境条件下可存活数年之久。菌核形状有大有小，大如茯苓（大如小孩头），小如油菜菌核（形如鼠粪）。菌核的外层色深、坚硬，内层疏松，大多呈白色。有的菌核中夹杂有少量植物组织，称为假菌核。许多产生菌核的真菌是植物病原菌。

3. 子座

很多菌丝集聚在一起形成比较疏松的组织，称子座（图 3-11）。子座呈垫状、壳状或其他形状，在子座内外可形成繁殖器官。

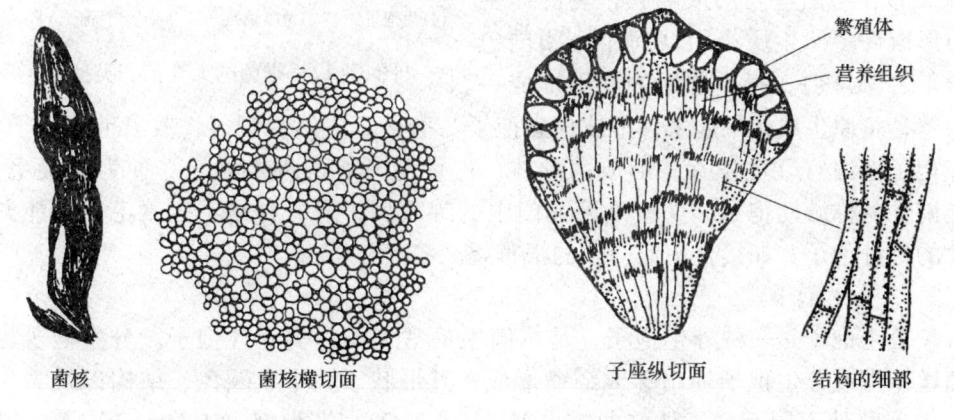

图 3-10 菌核 　　　　　图 3-11 子座

4. 菌索

大量菌丝平行集聚并高度分化成根状的特殊组织称菌索。菌索周围有外皮，尖端是生长点，多生在地下或树皮下，根状，白色或其他颜色。菌索有助于霉菌迅速运送物质和蔓延侵染的功能，在不适宜的环境条件下呈休眠状态。多种伞菌都有菌索。

三、霉菌的繁殖方式

霉菌具有很强的繁殖能力，繁殖方式多种多样，除了菌丝断片可以生长成新的菌丝体外，主要是通过无性繁殖或有性繁殖来完成生命的传递。无性繁殖是指不经过两性细胞结合而直接由菌丝分化形成孢子的过程，所产生的孢子叫无性孢子。有性繁殖则是经过不同性别细胞的结合、经质配、核配、减数分裂形成孢子的过程，而产生的孢子称有性孢子。霉菌孢子的形态和产孢子器官的特征是分类的主要依据。

（一）无性孢子

霉菌的无性繁殖主要是通过产生无性孢子的方式来实现的。常见的无性孢子有孢囊孢子、分生孢子、厚垣孢子、节孢子等（图3-12）。

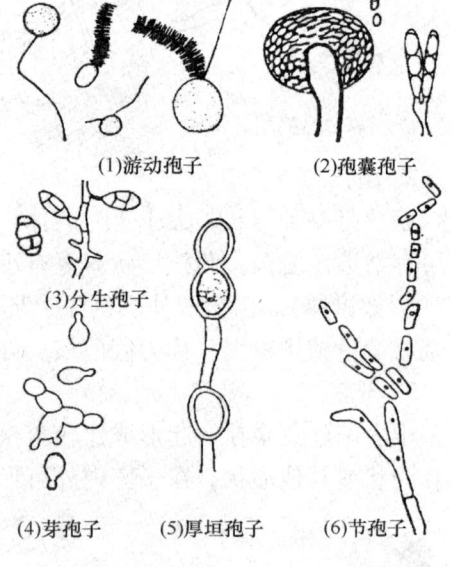

图3-12 霉菌的无性孢子类型

1. 孢囊孢子

孢囊孢子又称孢子囊孢子，是一种内生孢子，为藻状菌纲的毛霉、根霉、犁头霉等所具有。其形成过程：菌丝发育到一定阶段，气生菌丝的顶端细胞膨大成圆形、椭圆形或犁形孢子囊，然后膨大部分与菌丝间形成隔膜，囊内原生质形成许多原生质小团（每个小团内包含1~2个核），每一小团的周围形成一层壁，将原生质包围起来，形成孢囊孢子。孢子囊成熟后破裂，散出孢囊孢子。该孢子遇适宜环境发芽，形成菌丝体。孢囊孢子有两种类型，一种为生鞭毛、能游动的称游动孢子，如鞭毛菌亚门中的绵霉属；另一种是不生鞭毛、不能游动的称静孢子，如接合菌亚门中的根霉属。

2. 分生孢子

分生孢子是一种外生孢子，是霉菌中最常见的一类无性孢子。分生孢子由菌丝顶端或分生孢子梗出芽或缢缩形成，其形状、大小、颜色、结构以及着生方式因菌种不同而异，如红曲霉（*Monascus*）和交链孢霉（*Alternaria*）等，其分生孢子着生在菌丝或其分枝的顶端，单生、成链或成簇，具有无明显分化的分生孢子梗；曲霉（*Aspergillus*）和青霉（*Penicillium*）等，具有明显分化的分生孢子梗，它们的分生孢子着生于分生孢子梗的顶端，壁较厚。

3. 厚垣孢子

厚垣孢子又称厚壁孢子，是外生孢子，它是由菌丝顶端或中间的个别细胞膨大，原生质浓缩，变圆，细胞壁加厚形成的球形或纺锤形的休眠体，对外界环境有较强抵抗力。厚垣孢子的形态、大小和产生位置各种各样，常因霉菌种类不同而异，如总状毛霉（*Mucor racemosus*）往往在菌丝中间形成厚垣孢子。

4. 节孢子

节孢子也称粉孢子，是白地霉（*Geotrichum candidum*）等少数种类所产生的一种外生孢子，由菌丝中间形成许多横隔顺次断裂而成，孢子形态多为圆柱形。

（二）有性孢子

在霉菌中，有性繁殖不及无性繁殖普遍，仅发生于特定条件下，一般培养基上不常出现。真菌的有性结合是较为复杂的过程，它们的发生需要种种条件。霉菌的有性孢子主要有卵孢子、接合孢子、子囊孢子。

1. 卵孢子

卵孢子是由两个大小形状不同的配子囊结合后发育而成的有性孢子。其小型配子囊称为雄器，大型的配子囊称为藏卵器。藏卵器中原生质与雄器配合以前，往往收缩成一个或数个原生质小团，即卵球。雄器与藏卵器接触后，雄器生出一根小管刺入藏卵器，并将细胞核与细胞质输入到卵球内。受精后的卵球生出外壁，发育成双倍体的厚壁卵孢子（图3-13）。

2. 接合孢子

接合孢子是由菌丝生出形态相同或略有不同的配子囊接合而成（图3-14）。当两个邻近的菌丝相遇时，各自向对方生长出极短的侧枝，称为原配子囊。两个原配子囊接触后，各自的顶端膨大，并形成横隔，融成一个细胞，称为配子囊。相接触的两个配子囊之间的横隔消失，细胞质和细胞核互相配合，同时外部形成厚壁，即为接合孢子。接合孢子主要分布在接合菌类中，如高大毛霉（*Mucor mucedo*）和匐枝根霉（*Rhizopus stolonifer*）产生的有性孢子为接合孢子。

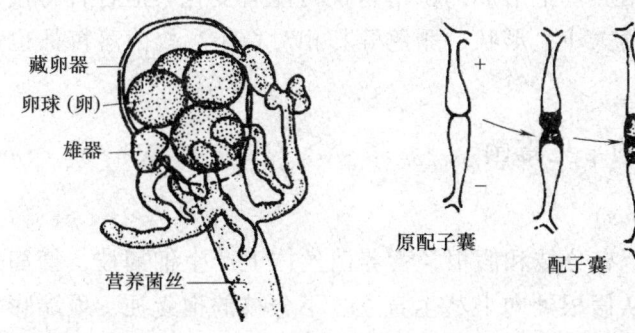

图3-13 藏卵器、雄器及卵孢子　　图3-14 根霉接合孢子的发育过程

3. 子囊孢子

子囊孢子产生于子囊中。子囊是一种囊状结构，圆球形、棒形或圆筒形，还有的为长方形。一个子囊内通常含有 2~8 个孢子。一般真菌产生子囊孢子过程相当复杂，但是酵母菌有性过程产生的子囊孢子相对简单。大多数子囊包在由很多菌丝聚集而形成的特殊的子囊果中。子囊果的形态有三种类型（图 3-15），第一种为完全封闭的圆球形，称为闭囊壳；第二种为烧瓶状，有孔，称为子囊壳；第三种呈盘状，称为子囊盘。子囊孢子、子囊及子囊果的形态、大小、质地和颜色等随菌种而异，在分类上有重要意义。

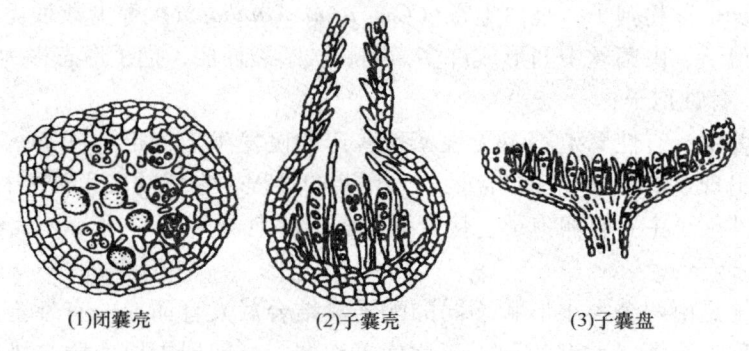

(1) 闭囊壳　　(2) 子囊壳　　(3) 子囊盘

图 3-15　子囊果的类型

四、霉菌的菌落及培养特征

霉菌菌落和放线菌一样，都是由分枝状菌丝组成。由于霉菌菌丝较粗而长，故形成的菌落较疏松、常呈绒毛状、絮状或蜘蛛网状，它们的菌落是细菌和放线菌的几倍到几十倍，并且较放线菌的菌落易于挑取。菌落表面常呈现出肉眼可见的不同结构和色泽特征，这是因为霉菌形成的孢子有不同形状、构造和颜色，有的水溶性色素可分泌到培养基中，使菌落背面呈现不同颜色；一些生长较快的霉菌菌落，处于菌落中心的菌丝菌龄较大，位于边缘的则较年幼。同一种霉菌，在不同成分的培养基上形成的菌落特征可能有变化。但各种霉菌，在一定培养基上形成的菌落大小、形状、颜色等却相对稳定。故菌落特征也是鉴定霉菌的重要依据之一。

五、食品工业生产中的常见霉菌

（一）根霉（*Rhizopus*）

根霉的菌丝无隔膜、有分枝和假根，营养菌丝体上产生匍匐枝，匍匐枝的节间形成特有的假根，从假根处向上丛生直立、不分枝的孢囊梗，顶端膨大形成圆形的孢子囊，囊内产生孢囊孢子。孢子囊内囊轴明显，球形或近球形，囊轴基部与梗相连处有囊托（图3-16）。根霉的孢子可以在固体培养基内保存，能长期保持生活力。

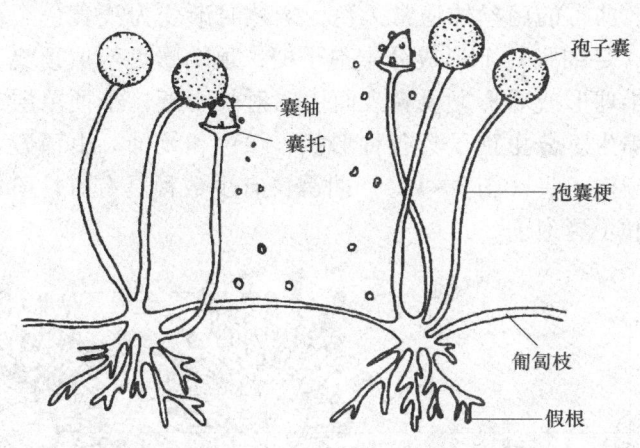

图3-16 根霉的形态和构造

根霉在自然界分布很广，用途广泛，其淀粉酶活力很强，是酿造工业中常用的糖化菌。我国最早利用根霉糖化淀粉（即阿明诺法）生产酒精。根霉能生产延胡索酸、乳酸等有机酸，还能产生芳香性的酯类物质。根霉亦是转化甾族化合物的重要菌类。与生物技术关系密切的根霉主要有黑根霉、华根霉和米根霉。

黑根霉也称匍枝根霉，分布广泛，常出现于生霉的食品上，瓜果蔬菜等在运输和贮藏中的腐烂及甘薯的软腐都与其有关。黑根霉（ATCC6227b）是目前发酵工业上常使用的微生物菌种。黑根霉的最适生长温度约为28℃，超过32℃不再生长。

（二）毛霉（*Mucor*）

毛霉又称黑霉、长毛霉。菌丝为无隔膜的单细胞，多核，以孢囊孢子和接合孢子繁殖。毛霉的菌丝体在基质上或基质内能广泛蔓延，无假根和匍匐枝，孢囊梗直接由菌丝体生出，一般单生，分枝较少或不分枝。分枝顶端都有膨大的孢子囊，囊轴与孢囊梗相连处无囊托。孢囊孢子成熟后，孢子囊壁破裂，孢囊孢子分散开来（图3-17）。毛霉菌丝初期白色，后灰白色至黑色，这说明孢子囊大量成熟。

毛霉在土壤、粪便、禾草及空气等环境中存在。在高温、高湿度以及通风不良的条件下生长良好。毛霉的用途很广，常出现在酒药中，能糖化淀粉并能生成少量乙醇，产生蛋白酶，有分解大豆蛋白的能力，我国多用来做豆腐乳、豆豉。许多毛霉能产生草酸、乳酸、琥珀酸及甘油等，有的毛霉能产生脂肪酶、果胶酶、凝乳酶等。常用的毛霉主要有鲁氏毛霉和总状毛霉。

(三) 曲霉 (*Aspergillus*)

曲霉是一种典型的丝状菌，属多细胞，菌丝有隔膜。营养菌丝大多匍匐生长，没有假根。曲霉的菌丝体通常无色，老熟时渐变为浅黄色至褐色。从特化了的菌丝细胞（足细胞）上形成分生孢子梗，顶端膨大形成顶囊，顶囊有棍棒形、椭圆形、半球形或球形。顶囊表面生辐射状小梗，小梗单层或双层，小梗顶端分生孢子串生。分生孢子具各种形状、颜色和纹饰。由顶囊、小梗以及分生孢子构成分生孢子头（图3-18）。曲霉仅有少数种具有有性阶段，产生闭囊壳，内生子囊和子囊孢子。

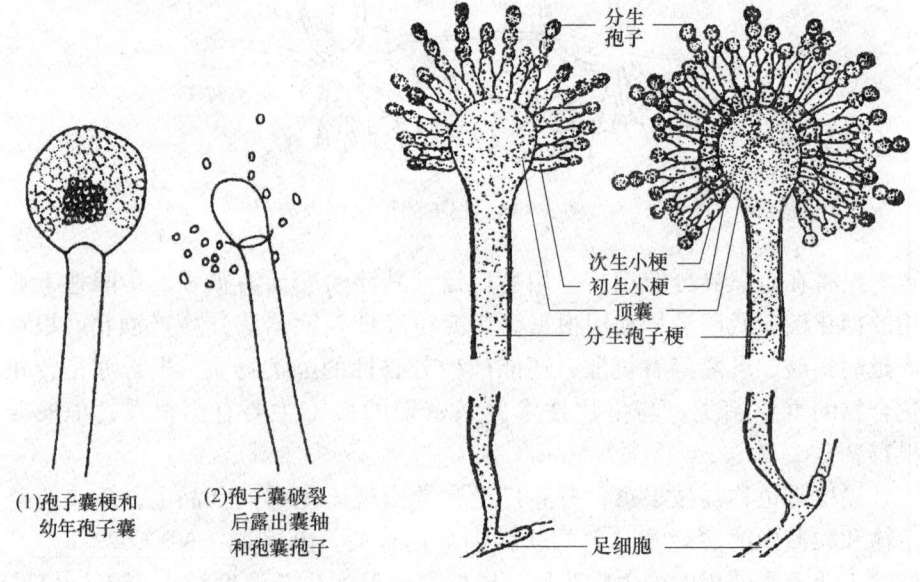

图3-17　高大毛霉的孢子囊和孢囊孢子　　　图3-18　曲霉的形态

(1)孢子囊梗和幼年孢子囊　(2)孢子囊破裂后露出囊轴和孢囊孢子

曲霉种类较多，其中与生物工程关系密切的主要有黑曲霉和黄曲霉。

黑曲霉在自然界中分布极为广泛，在各种基质上普遍存在，能引起水分较高的粮食霉变，其他材料上亦常见。菌丛黑褐色，顶囊大球形，小梗双层，自顶囊全面着生，分生孢子球形。黑曲霉具有多种活性很高的酶系，如淀粉酶、蛋白酶、果胶酶、纤维素酶和葡萄糖氧化酶等。黑曲霉还能产生多种有机酸如柠檬酸、葡萄糖酸和没食子酸等。工业生产中广泛使用的黑曲霉有邬氏曲霉、甘薯曲霉、宇佐美曲霉等。

黄曲霉菌群中主要是米曲霉和黄曲霉。米曲霉具有较强的蛋白质分解能力，同时也具有糖化活性，很早就被用于酱油和酱类生产上。黄曲霉产生的液化型淀粉酶较黑曲霉强，蛋白质分解能力仅次于米曲霉，并且它还能分解DNA产生核苷酸。但黄曲霉菌中的某些菌株是使粮食发霉的优势菌，特别是在花生等食品上容易形成，并产生黄曲霉毒素。黄曲霉毒素是一种很强的致癌物质，能引起人、家禽、家畜中毒以致死亡，我国现已停止使用产黄曲霉毒素的菌种。

（四）青霉（*Penicillium*）

青霉菌属多细胞，营养菌丝体无色、淡色或具有鲜明颜色。菌丝有横隔，分生孢子梗亦有横隔，光滑或粗糙。基部无足细胞，顶端不形成膨大的顶囊，其分生孢子梗经过多次分枝，产生几轮对称或不对称的小梗，形如扫帚，称为帚状体（图 3 - 19）。分生孢子球形、椭圆形或短柱形，光滑或粗糙，大部分生长时呈蓝绿色。有少数种产生闭囊壳，内形成子囊和子囊孢子，亦有少数菌种产生菌核。

青霉的孢子耐热性较强，菌体繁殖温度较低，酒石酸、苹果酸、柠檬酸等饮料中常用的酸味剂又是它喜爱的碳源，因而常常引起这些制品的霉变。青霉菌能产生多种酶类及有机酸，在工业生产上主要用于生产青霉

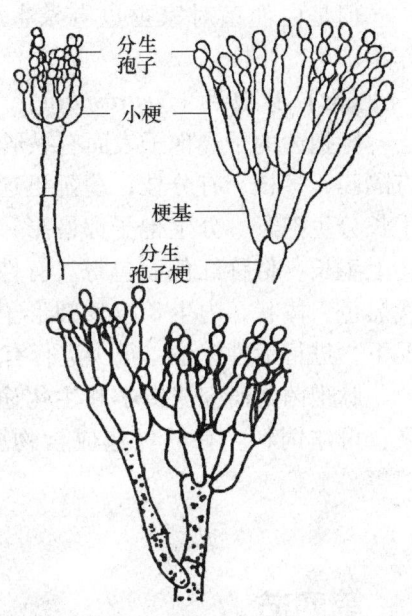

图 3 - 19 青霉的形态

素，并用以生产葡萄糖氧化酶或葡萄糖酸、柠檬酸和抗坏血酸。发酵青霉素的菌丝废料含有丰富的蛋白质、矿物质和 B 族维生素，可作家畜家禽的饲料。该菌还可用作霉腐试验菌。

（五）赤霉菌（*Gibberella*）

赤霉菌多寄生于植物体内，菌丝在寄主体内蔓延生长，在其寄主表面产生大量白色或粉红色的分生孢子。分生孢子产生于菌丝尖端形成的多级双叉分枝的孢子梗上。分生孢子分大小两种，大的为镰刀形，小的卵圆形。分子孢子萌发形成新的菌丝体。有性繁殖时形成子囊孢子，子囊中有 8 个子囊孢子，子囊着生于子囊壳内。赤霉菌在固体培养上可形成白色、较紧密的绒毛状菌落。

赤霉菌多为植物致病菌，如藤仓赤霉是水稻恶苗病的病原菌，可使稻苗疯长。但其代谢物——赤霉素，俗称"九二〇"，是植物生长刺激剂，能促进农作物和蔬菜等的生长。

（六）白僵菌（*Beauveria*）

白僵菌的菌丝无色透明，具有隔膜，有分枝，较细，直径 $1.5 \sim 2 \mu m$。以分生孢子进行无性繁殖，分生孢子着生在多次分叉的分生孢子梗顶端，并聚集成团。孢子为球状，直径 $2 \sim 2.5 \mu m$。液体培养则形成圆柱形芽生孢子。

白僵菌的孢子在昆虫体上萌发后，可穿过体壁进入虫体内大量繁殖，使其死亡，死虫僵直，呈白茸毛状，故将该菌称为白僵菌。它已广泛应用于杀灭农

林害虫（如棉花红蜘蛛、松毛虫、玉米螟等），是治虫效果最好的生物农药之一。但是白僵菌对家蚕也有杀害作用，同时还产生毒素，对动、植物有毒害作用。

（七）脉孢菌（*Neurospora*）

脉孢菌的子囊孢子表面有纵形花纹，形如叶脉，故得此名。菌丝无色透明，有隔膜，多核，有分枝，蔓延迅速。分生孢子梗直立，双叉分枝，分枝上成串生长分生孢子。分生孢子卵圆形，一般呈红色、粉红色，常在面包等淀粉性食物上生长，俗称红色面包霉。有性过程通过异宗接合产生子囊和子囊孢子，子囊黑色、棒状，内生 8 枚长圆形子囊孢子，孢子在子囊中顺序排列。在一般情况下，进行无性繁殖，很少进行有性繁殖。

脉孢菌是研究遗传学和生化途径的好材料。菌体含有丰富的蛋白质和维生素，可作饲料。有的可造成食物腐烂。常见的种类有粗糙脉孢菌、好食脉孢菌等。

第四节
大型真菌——蕈菌

蕈菌（mushroom）又称伞菌，不是分类学上的名词是俗称，通常是指那些能形成大型肉质子实体的真菌，包括大多数担子菌类和极少数的子囊菌类。从外表来看，蕈菌不像微生物，因此过去一直是植物学的研究对象，但从其进化历史、细胞构造、早期发育特点、各种生物学特性和研究方法等多方面来考察，都可证明它们与其他典型的微生物——显微真菌却完全一致。事实上，若将其大型子实体理解为一般真菌菌落在陆生条件下的特化与高度发展形式，则蕈菌就与其他真菌无异了。

蕈菌包括食用真菌和药用真菌两大类，在分类上分属于子囊菌纲和担子菌纲，具有丰富的营养价值和药用价值。

蕈菌广泛分布于地球各处，在森林落叶地带更为丰富。它们与人类的关系密切，其中可供食用的种类就有 2000 多种，目前已利用的食用菌约有 400 种，其中约 50 种已能进行人工栽培，如常见的双孢蘑菇、木耳、银耳、香菇、平菇、草菇、金针菇和竹荪等；新品种有杏鲍菇、珍香红菇、柳松菇、茶树菇、阿魏菇和真姬菇等；还有许多种可供药用，例如灵芝、云芝和猴头等；少数有毒或引起木材朽烂的种类则对人类有害。

一、菌体的形态结构

大型真菌的菌体形态是多种多样的，有头状、笔状、树枝状、花朵状、舌状、球状及伞状等,现以伞菌为例加以介绍。

伞菌一般由菌盖、菌柄和菌丝体三部分组成(见图3-20)。我们食用的蘑菇就是伞菌,它的形状像一把撑开的小伞,上面的盖(伞)称菌盖(帽),菌盖下面有许多辐射状排列的片状物称菌褶。与菌褶垂直的棒状细胞称担子(显微镜下可见),其顶端生有四个担孢子(有的只有两个担孢子)。夹生在担孢子之间的是一些隔丝和大型隔胞,隔胞能支撑菌褶彼此分开,便于担孢子散出形成新的个体;担子、隔丝和隔胞共同构成子实层。菌盖下部称菌柄,菌柄的上部有一环状物称菌环(有的伞菌无菌环),菌柄下部称菌托或称菌杯(有的无菌托)。再下是菌根,即菌丝体部分。而菌盖的主要作用是产生孢子,繁殖后代,是繁殖器官。

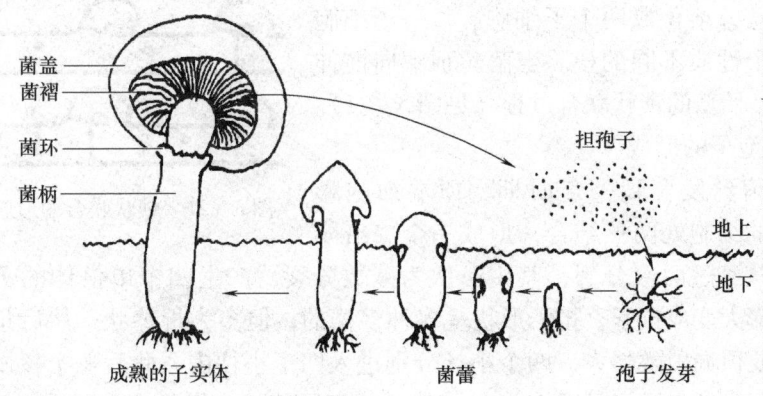

图3-20 蕈菌的典型构造

1. 菌丝体的构造

大型真菌的菌丝体是由具有分隔、分枝的多细胞菌丝组成。菌丝体是由许多分枝状的菌丝组成,生长于土壤、树木等基质内,主要作用是分解基质,吸收养料,是伞菌的营养器官。通常子囊菌纲的菌丝细胞内含一个或多个核,而担子菌纲中的菌丝细胞常为两个核,有两个核的菌丝称双核菌丝。菌丝顶端的细胞,细胞质浓而均匀,液泡小而分散。中间部位细胞的细胞质里具有较大的液泡和颗粒内含物,较老的细胞大多数细胞中空,有的具有一些颗粒状内含物。壁的主要成分为几丁质,核中核酸主要为DNA,菌丝体能通过分支繁殖不断蔓延扩展。

2. 双核菌丝和锁状联合

大部分食用真菌的菌丝体由担孢子萌发而成,称为初生菌丝或一次菌丝,而由一次菌丝相互交织而成的菌丝称为一次菌丝体。这类菌丝初期多核,但很快产生隔膜,把菌丝分成单核细胞,当有不同性别担孢子萌发的一次菌丝相互接触时,在接触处发生细胞溶解,使两个初生菌丝结合成为双核菌丝即次生菌丝。菌丝的每一个细胞中都含有两个性别不同的核，然后在双核菌丝的顶端细胞上发生锁状联合，这是双核菌丝细胞分裂的一种特殊形式，其发育过程是：当双核细胞分裂时，在两核之间生出一个小突起似钩状；细胞中的一个核进入钩中，另一个仍留在菌丝里；两个核同时分裂成四个核。分裂后，钩状突起中的两个核一个仍留在钩中，另一个核进入菌丝细胞前端，而原来留在菌丝细胞中的核分裂后，一核向前移，另一核留在后面。此时钩状突起向下弯曲与菌丝细胞壁接触，接触处细胞溶化，成为桥形，同时在钩状突起的基部产生一隔膜。最后钩中的核由菌丝壁溶化成两个子细胞。每一子细胞中具有两个性质不同的核。当菌丝顶端向前伸长时，又开始新的锁状联合过程（见图 3-21）。

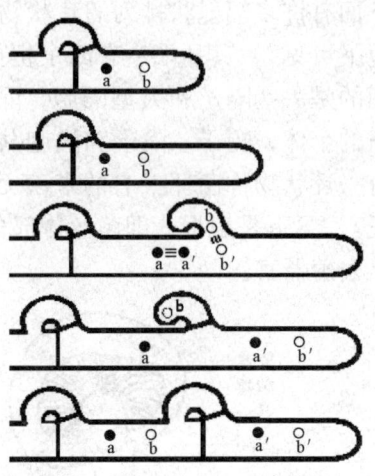

图 3-21 锁状联合的形成过程

3. 担孢子的形成

双核菌丝发育到一定时期，顶端细胞膨大，膨大的细胞处两核结合，形成一个二倍体的核，此核经过两次分裂，其中一次为减数分裂，产生四个单倍体的子核，这时，细胞膨大变成担子，担子形状呈多种多样的，但多为棍棒状。然后担子生出小梗，小梗顶端稍微膨大，四个小核分别进入四个小梗内，此后每个核发育成一个孢子，即为担孢子（见图 3-22）。典型的担子菌每个担子都有四个担孢子，担孢子的形状多为圆形、椭圆形、肾形或腊肠形，无色或浅粉红色到浅棕色。

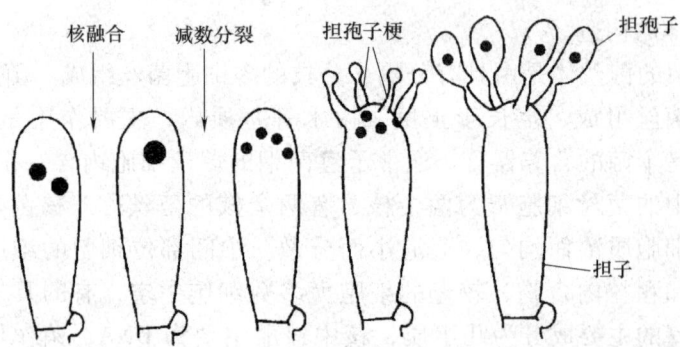

图 3-22 担子和担孢子的形成

总之，在蕈菌的发育过程中，其菌丝的分化可明显地分成 5 个阶段：①形成一级菌丝：担孢子萌发，形成由许多单核细胞构成的菌丝，称一级菌丝；②形成二级菌丝：不同性别的一级菌丝发生接合后，通过质配形成了由双核细胞构成的二级菌丝，它通过独特的"锁状联合"，即形成喙状突起而连合两个细胞的方式不断使双核细胞分裂,从而使菌丝尖端不断向前延伸;③形成三级菌丝:到条件合适时,大量的二级菌丝分化为多种菌丝束,即为三级菌丝;④形成子实体:菌丝束在适宜条件下会形成菌蕾,然后再分化、膨大成大型子实体;⑤产生担孢子:子实体成熟后,双核菌丝的顶端膨大,细胞质变浓厚,在膨大的细胞内发生核配形成二倍体的核。二倍体的核经过减数分裂和有丝分裂,形成4个单倍体子核。这时顶端膨大细胞发育为担子,担子上部随即突出4个梗,每个单倍体子核进入一个小梗内,小梗顶端膨胀生成担孢子。

二、常见食用菌

蕈菌资源十分丰富,全世界可供食用的真菌有2000多种。

常见栽培品种有双孢蘑菇、草菇、金针菇、平菇、香菇、猴头菌、木耳、银耳、灵芝和茯苓等。

(一) 双孢蘑菇

白色或淡黄色,菌肉白色。菌柄与菌盖同色,近圆柱形。菌柄上生有菌环,菌环呈白色膜质状。菌盖背面的菌褶幼小时粉红色,以后变为暗褐色。孢子两个两个生在一起,个别的为一个。双孢蘑菇是一种优良的食用菌,在我国各地都有栽培,是目前全世界人工栽培产量最多的一种食用菌。

(二) 香菇

香菇也称冬菇,菌盖的表面常呈褐色,上面有淡色的鳞片。菌肉厚,呈白色。菌柄白色,常弯曲。菌褶也呈白色。新鲜的香菇,香气并不浓厚,在用火烤干或阳光晒干后,就发出了一种特别的香味来,香菇含有一般蔬菜所缺少的麦角固醇。麦角固醇在人体内能够转变成维生素D,从而增强人体的抗病力。香菇生长在枯死的枫香、栲树等树木上,需要非常适中的温度和适宜的湿度。香菇味鲜而香,是一种优良的食用菌。

香菇,性平、味甘,能化痰理气、益味助食等,同时又能增强人体的抗病力及防治感冒。经常食用香菇,可预防坏肉病、肝硬化及多种炎症,并可降低血液中胆固醇含量,防止动脉硬化及血管变脆。

(三) 口蘑

口蘑的菌盖初期呈半球形,后来平展开来,并且边缘稍向内卷,干燥后表面具有回纹。菌盖初呈白色,后呈赭色或淡黄色。菌柄粗壮,白色。菌褶也呈白色。口蘑生长发育所需要的温度比较低,喜生长在微酸性的土壤上,用牲畜粪和枯草作培养物较为适宜。在我国,口蘑盛产在内蒙古草原以及河北省张家口以北的草地,是一种优良的食用菌。

(四) 侧耳

侧耳又称平菇、黄蘑、元蘑、北风菌。子实体有扇形的菌盖和偏生或侧生的菌柄（有的无菌柄）。菌盖肉质，形状和颜色多变异。菌褶向下延生，状如扇骨。侧耳多生长在袍树、柳树、栎树上，是著名的野生食用菌，现已用木段或木屑进行人工栽培。

（五）木耳

木耳是一种大型食用真菌质，有弹性，表面平滑或有脉状皱纹。新鲜的木耳呈红褐色以至近黑色。木耳的子实体略呈耳形，胶质，干燥后强烈收缩，并呈深褐色。在我国，从北方到南方，多种阔叶林中的腐朽树干上都有木耳生长，其中以四川省和贵州省出产的木耳最为著名。木耳还具有益气强身、活血、止血和清痰的功能，可以用来医治风湿性腰腿疼、经脉不通、便血等症。

木耳性平、味甘，能润肺清肠和消化纤维，它是矿业和纺织工人的保健食品。木耳并具有益气强身、活血、止血等功效，是中医治疗寒湿腰痛的辅药。《本草纲目》中认为木耳能"疗痔"。

（六）银耳

银耳又称白木耳。银耳的子实体形似鸡冠或菊花，富含胶质，白色半透明，干燥后呈淡黄色或黄色。我国是盛产银耳的国家，野生银耳主要分布在四川、贵州、湖北、福建等省的深山峡谷中，生长在半死或枯死的栓皮栎、麻栎等阔叶树上。银耳的营养十分丰富，是一种名贵的滋养补品。中医上认为银耳性平、味甘，具有补肾、润肺、上咳、健脑、消除肌肉疲劳等功效。

知识窗

生物农药——白僵菌

白僵菌（*Beauveria bassiana*）是一种具有广谱性的昆虫病原真菌。它可以侵入两百多种昆虫、螨类的虫体。白僵菌的分生孢子在昆虫体的表皮或气孔、消化道上遇适宜条件开始萌发，借助于昆虫体内血细胞及其他组织细胞作为营养并大量繁殖，其后菌丝穿出体壁，产生白粉状分生孢子致使其死亡，死亡后的虫体呈白色茸毛僵硬状，白僵菌由此而得名。死亡的虫体上带有大量的分生孢子，白色粉末状的孢子又可以借助风力或昆虫继续扩散，再次侵染其他害虫，从而起到以菌（虫）治虫的效果。白僵菌是世界上用以防治害虫面积最大的真菌之一，对防治鞘翅目的害虫特别有效。美国用以防治害虫的种类有：蚜虫、白粉虱、蛴螬、家蝇、介壳虫、蓟马、蟑螂、蝗虫、蚱蜢、蟋蟀、棉铃象、天牛、甘蔗金龟子等。我国对白僵菌的研究应用始于20世纪50年代，主要用于防治蛴螬、玉米螟、松毛虫、茶小绿叶蝉等，林业部门在大面积防治松毛虫方面已取得良好效果。

白僵菌（*Beauveria bassiana*）在分类上属真菌界半知菌亚门丝孢纲丛梗孢目

丛梗孢科白僵菌属。

常见白僵菌共有三个种：球孢白僵菌、小球孢白僵菌、布氏白僵菌。

如今在农业部登记的白僵菌有球孢白僵菌（主要用于防治松毛虫和玉米螟）和布氏白僵菌（主要用于防治花生蛴螬）两种；登记剂型有粉剂、可湿性粉剂或油悬浮剂。

白僵菌生物农药使用方法主要有：（1）喷雾法，将每克含1000亿个以上白僵菌活孢子与水配成菌液，直接喷雾；（2）喷菌粉，将活孢子菌粉与2.5%的敌百虫均匀混合，直接喷作物，每亩8~10g。

目前，白僵菌已广泛应用于杀灭农林害虫（如棉花红蜘蛛、松毛虫、玉米螟等），白僵菌作为生物农药具有多方面优点：（1）无毒无味，无环境污染；（2）无残留，即使施用白僵菌后立刻收获产品也不会造成任何农药残留；（3）无抗性，害虫对化学农药的抗性使得其杀虫效果逐年减退，白僵菌通过在自然条件下与害虫的体壁接触感染致死，长期使用白僵菌农药，害虫不会出现抗药性；（4）有高选择性，白僵菌专一性强，能选择性回避瓢虫、草蛉和食蚜虻等益虫等，从而整体田间防治效果更好；（5）再生长性，对害虫具有持续感染力，害虫一经感染可连续侵染传播，从而使药效持久，增强杀虫效果。

因此，白僵菌是具有发展前途的生物农药。

但是白僵菌对家蚕类经济昆虫也有杀害作用，当感染家蚕体上，引发产生僵蚕（可作药用）。如在蚕区及附近使用白僵菌农药会引发蚕的白僵病暴发和流行，造成蚕农、蚕种场、加工企业受到损失。

另外，我们也可以把上述大型真菌制作成供人们观赏的盆景。

复习与思考题

1. 什么是真菌？
2. 简述酵母菌的形态、结构和繁殖方式。
3. 简述霉菌的繁殖方式。
4. 比较毛霉与根霉，青霉与曲霉的主要区别。
5. 试比较细菌、放线菌、酵母菌与霉菌的菌落特征。
6. 比较真核微生物与原核微生物的区别。

第四章 病　　毒

1. 了解病毒的一般特性。
2. 了解噬菌体的一般特性。
3. 掌握病毒的结构、化学组成与生物学功能。
4. 了解病毒在工农业生产中的危害。

病毒是以其致病性被发现的。1892 年俄国植物病理学家 D. Ivanovsky 研究了烟草花叶病的病原，认为它是一种能通过细菌滤器的"细菌毒素"或极小的"细菌"。1898 年荷兰学者 M. W. B eijerinck 独立进行了烟草花叶病病原体的研究，首次提出其病原是一种"传染性的活性液体"或称"病毒"。1935 年美国的 Stanley 首次提纯并结晶了烟草花叶病毒（tobacco mosaic virus，TMV），从而使人们对病毒化学本质的认识有了重大突破，并为病毒的深入研究开辟了广阔的领域。自 1971 年起人们陆续发现了各种亚病毒——类病毒、拟病毒和朊病毒。至今，病毒作为遗传工程中外源基因载体的研究正在扩大和深入。大多数已知病毒都是致病因子，但并非所有病毒都对宿主有害。例如在历史上，一度引人喜爱的"杂色郁金香"，实际上是郁金香受病毒感染后病叶出现杂色条纹和斑驳。

第一节　病毒概述

一、病毒的形态与大小

1. 病毒的概念

病毒（virus）是由一种核酸分子（DNA 或 RNA）与蛋白质构成的非细胞形态的寄生生活的生命体。病毒与其他生物相比其突出的特征表现为：①形体极其微小，一般都能通过细菌滤器，因此病毒原称为"过滤性病毒"，必须在电子显微镜下才能观察；②没有细胞构造，其主要成分仅为核酸和蛋白质两种，故又称"分子生物"；③每一种病毒只含一种核酸，不是 DNA 就是 RNA；④既无产能酶系，也无蛋白质和核酸合成酶系，只能利用宿主活细胞内现成代谢系统合成自身的核酸和蛋白质成分；⑤以核酸和蛋白质等"元件"的装配实现其大量繁殖；⑥在离体条件下，能以无生命的生物大分子状态存在，并长期保持其侵染活力；⑦对一般抗生素不敏感，但对干扰素敏感；⑧有些病毒的核酸还能整合到宿主的基因组中，并诱发潜伏性感染。

2. 病毒的形态

病毒在电镜下观察有五种形态（图4-1）：①球形（Sphericity）大多数人类和动物病毒为球形，如脊髓灰质炎病毒、疱疹病毒及腺病毒等；②丝形（Filament）及棒杆状，多见于植物病毒，如烟草花叶病病毒等，人类某些病毒（如流感病毒）有时也可形成丝形；③弹形（Bullet-shape）形似子弹头，如狂犬病病毒等，其他多为植物病毒；④砖形（Brick-shape）如痘病毒（无花病毒、牛痘苗病毒等），其实大多数呈卵圆形或"菠萝形"；⑤蝌蚪形（Tadpole-shape）由一卵圆形的头及一条细长的尾组成，如噬菌体。

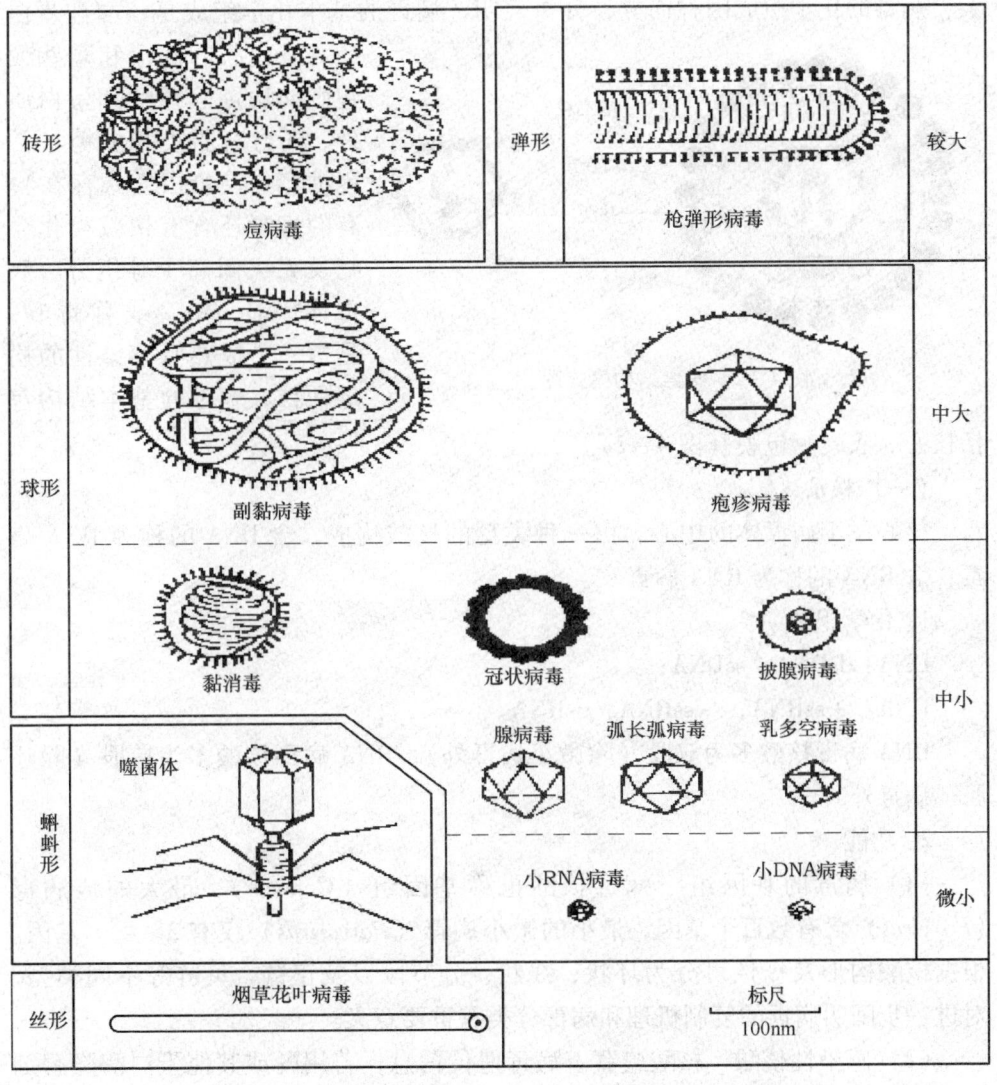

图4-1 各种主要病毒的形态与大小比较（模式图）

3. 病毒的大小

病毒个体微小，测量病毒大小的单位是纳米（nm），即 $1/1000\mu m$。大型病毒（如牛痘苗病毒）200～300nm；中型病毒（如流感病毒）约100nm；小型病毒（如脊髓灰质炎病毒）仅20～30nm。研究病毒大小可用高分辨率电子显微镜，放大几万到几十万倍直接测量；也可用分级过滤法，根据它可通过的超滤膜孔径估计其大小；或用超速离心法，根据病毒大小，形状与沉降速度之间的关系，推算其大小。

二、病毒的结构与化学组成

病毒的化学组成因种而异，分析表明，病毒的基本化学组成是核酸和蛋白质。有包膜的病毒和某些无包膜的病毒除核酸和蛋白质外，还含有脂类和多糖（常以糖脂、糖蛋白方式存在）。有的病毒还含有聚胺类化合物及无机阳离子等组分。病毒体（virion），或称毒粒，是指一个成熟有感染性的病毒颗粒。病毒的基本结构包括核心、衣壳、包膜（图4-2）。

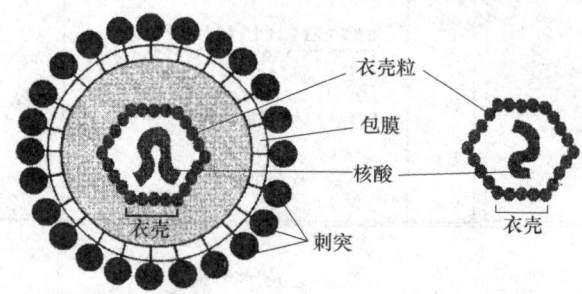

图4-2 病毒结构模式图

（一）核心

核心位于病毒体的中心，由一种类型的核酸构成，含DNA的称为DNA病毒；含RNA的称为RNA病毒。

1. 化学组成

DNA：dsDNA，ssDNA；

RNA：+ssRNA，-ssRNA；dsRNA。

DNA病毒核酸多为双股（除微小病毒外），RNA病毒核酸多为单股（除呼肠孤病毒外）。

2. 功能

（1）病毒的基因组　病毒核酸也称基因组（Genome），最大的痘病毒（*Poxvirus*）含有数百个基因，最小的微小病毒（*Parvovirus*）仅有3～4个基因。根据核酸构形及极性可分为环状、线状、分节段以及正链、负链等不同类型，对进一步阐明病毒的复制机理和病毒分类有重要意义。

（2）感染性核酸　核酸蕴藏着病毒遗传信息，若用酚或其他蛋白酶降解剂去除病毒的蛋白质衣壳，提取核酸并转染或导入宿主细胞，可产生与亲代病毒生物学性质一致的子代病毒，从而证实核酸的功能是遗传信息的储藏所，主导病毒的生命活动，形态构成，遗传变异和感染性。

（二）衣壳（capsid）

在核酸的外面紧密包绕着一层蛋白质外衣，即病毒的"衣壳"。衣壳是由衣壳粒以对称形式有规律地排列而构成了病毒的蛋白质外壳，它是病毒的最小形态单位。病毒的核酸与衣壳组成核衣壳（Nucleocapsid），最简单的病毒就是裸露的核衣壳，如脊髓灰质炎病毒等。比较复杂的病毒在衣壳外还有包膜。

1. 化学组成

蛋白质（壳微粒）：衣壳是由许多"壳微粒（Capsomere）"按一定几何构型集结而成，壳微粒在电镜下可见，是病毒衣壳的形态学亚单位，它由一至数条结构多肽组成。

2. 对称形式

根据壳微粒的排列方式将病毒构形区分为二十面体对称，螺旋对称，复合对称。①二十面体对称（Cubic symmetry）：形成20个等边三角形的面，12个顶和30条棱，具有五、三、二重轴旋转对称性，如腺病毒、脊髓灰质炎病毒等；②螺旋对称（Helical symmetry）：壳微粒沿螺旋形盘红色的核酸呈规则地重复排列，通过中心轴旋转对称（图4-3），如烟草花叶病毒，正黏病毒，副黏病毒及弹状病毒等；③复合对称（Complex symmetry）：同时具有或不具有两种对称性的病毒，如痘病毒与噬菌体。

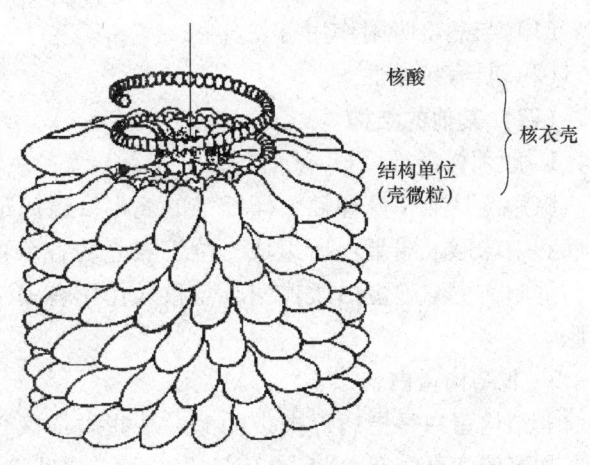

图4-3 螺旋对称病毒颗粒的核衣壳

3. 功能

（1）结构功能：构成病毒粒子外壳、保护病毒核酸免受破坏；包膜内的包膜糖蛋白和基质蛋白具有支撑包膜、维护病毒结构的功能。

（2）决定病毒感染的特异性，与易感染细胞表面存在的受体有特异性亲和力，使病毒吸附。

（3）具有抗原性，能刺激机体产生相应的抗体。

（4）病毒蛋白构成了病毒组成的酶。参与病毒大分子合成，如噬菌体的溶菌酶、DNA 和 RNA 聚合酶，肿瘤病毒的反转录酶等，它们在病毒的侵染和增殖过程中发挥作用。

（三）包膜（envelope）

某些病毒，如虫媒病毒、人类免疫缺陷病毒、疱疹病毒等，在核衣壳外包绕着一层含脂蛋白的外膜，称为"包膜"。

1. 化学组成

包膜含有双层脂质、多糖和蛋白质。其中的蛋白质具有病毒特异性（病毒基因编码），常与多糖构成糖蛋白亚单位，嵌合在脂质层，表面呈棘状突起，称"刺突（Spike）或囊微粒（Peplomer）"。它们位于病毒体的表面，有高度的抗原性，并能选择性地与宿主细胞受体结合，促使病毒包膜与宿主细胞膜融合，使感染性核衣壳进入胞内而导致感染。

包膜中的脂质与宿主细胞膜或核膜成分相似（来自宿主细胞），证明病毒是以"出芽"方式，从宿主细胞内释放过程中获得了细胞膜或核膜成分。有包膜的病毒对脂溶剂和其他有机溶剂敏感，失去包膜后便丧失了感染性。

2. 功能

（1）与病毒吸附作用有关。

（2）具有抗原性。

（四）其他的结构

1. 触须样纤维（Fiber）

腺病毒是唯一具有触须样纤维的病毒，腺病毒的触须样纤维是由线状聚合多肽和一球形末端蛋白所组成，位于衣壳的各个顶角。该纤维吸附到敏感细胞上，抑制宿主细胞蛋白质代谢，与致病作用有关。此外，还可凝集某些动物红细胞。

2. 非结构蛋白

非结构蛋白是指病毒携带的酶。某些病毒核心中带有催化病毒核酸合成的酶，如流感病毒带有 RNA 的 RNA 聚合酶，这些病毒在宿主细胞内要靠自身携带的酶合成感染性核酸。

三、病毒的群体形态

虽然病毒粒无法用光镜观察到，但当它们大量聚集并使宿主细胞发生病变时，就形成了具有一定形态、构造并能用光镜加以观察和识别的特殊"群体"，例如动、植物细胞中的病毒包涵体；有的还可以用肉眼观察，例如由噬菌体在菌苔上形成的"负菌落"即噬菌斑，由动物病毒在宿主单层细胞培养物上形成的空斑以及由植物病毒在植物叶片上形成的枯斑等。病毒的这类"群体"形态对病毒的分离、纯化、鉴别和计数等许多实际工作具有一定的意义。

四、噬菌体

噬菌体（phage，bacteriophage）即原核生物病毒，包括噬细菌体、噬放线菌体和噬蓝细菌体等。噬菌体具有其他病毒的共同特性：体积小，结构简单，有严格的寄生性，必须在活的易感宿主细胞内增殖。噬菌体分布广，种类多，目前已成为研究分子生物学的一种重要实验工具，其危害主要存在于发酵工业中。

根据外形，噬菌体可分为蝌蚪形、球形、丝状3种。根据结构又可分为A型、B型、C型、D型、E型、F型6种。其中A型、B型、C型均为蝌蚪形，D型、E型均为球形，F型为丝状（图4-4）。

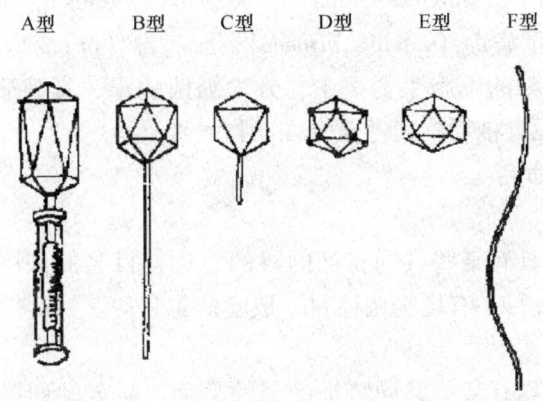

图4-4 各型噬菌体的形态结构模式

噬菌体的化学成分主要是核酸和蛋白质，后者组成尾部和头部的外壳。核酸为噬菌体的遗传物质，已知有DNA噬菌体和RNA噬菌体。在大多数DNA噬菌体中，多数是dsDNA，只有少数是ssDNA。至今发现的RNA噬菌体中只有ssRNA。

五、病毒的分类与命名

病毒最初的分类建立在它们致病性的不同上，但这种分类方法并没有反映出病毒的本质特征性。目前国际上通用病毒的分类系统采用病毒各方面的性质，如形态、基因组、理化性质、蛋白质、抗原性及生物学特性等来进行分类。病毒的分类系统依次采用目（order）、科（family）、属（genus）、种（species）为分类等级，不使用界、门、纲这几个层次。在没有适当目的情况下，科为最高的分类等级。根据2005年出版的《病毒分类：国际病毒分类委员会第八次报告》（Virus Taxonomy：Eighth Report of the International Committee on Taxonomy of

Viruses)，超过 5450 株病毒可以归类到 3 个病毒目，73 个病毒科，11 个病毒亚科，289 个病毒属，1950 个病毒种。

（一）病毒的分类

根据病毒的基因组成及复制方式，病毒分为如下几类：

（1）DNA 病毒（DNA viruses）　双链 DNA 病毒（dsDNA viruses），单链 DNA 病毒（ssDNA viruses）。

（2）RNA 病毒（RNA viruses）　双链 RNA 病毒（dsRNA viruses），正链 RNA 病毒［（+）ssRNA viruses］，负链 RNA 病毒［（-）ssRNA viruses］。

（3）DNA 与 RNA 反转录病毒　RNA 反转录病毒（RNA reverse transcribing viruses），DNA 反转录病毒（DNA reverse transcribing viruses）。

（4）亚病毒因子（subviral agents）　类病毒（viroids），卫星核酸（satellite nucleix acids），卫星病毒（satellite viruses），朊病毒（prions）。

也可以根据病毒的细胞生物宿主，分为细菌病毒、真菌病毒、植物病毒和动物病毒（包括无脊椎动物病毒及脊椎动物病毒）。

（二）病毒的命名

1. 病毒目

病毒目是一群具有某些共同特征的科的总称，目名的词尾是"virales"，包括单组分负链 RNA 目、有尾噬菌体目、成套病毒目等。

2. 病毒科

病毒科是一群具有某些共同特征的属的总称，科名的词尾是"viridae"。大部分科具有明显的病毒形态、基因结构和复制方式。科下可设立或不设立亚科，亚科名的词尾是"virinae"。

3. 病毒属

病毒属是一群具有某些共同特征的种的总称，属名的词尾是"virus"。

4. 病毒种

病毒种构成一个复制系，占据特定生态环境并具有多个分类特征（包括基因组、毒粒结构、生理生化特性和血清学性质等）。

病毒目的命名与病毒基因组的核酸类型、基因组的单双链、反转录过程和病毒基因组的极性有关。此外病毒颗粒的形态结构和转录策略也可以用作病毒目命名的根据。病毒科、属命名可以把病毒颗粒的形态、基因组组成、复制方式、病毒结构蛋白和非结构蛋白的数量和大小作为依据。病毒种的命名由几个有实际意义的词组成，不是单独以宿主名加（virus）构成，种名与病毒株名一起应有明确的含义；已被广泛使用的数字、字母或其组合可作为种名的形容词，但新提出的数字、字母或其组合不再被接受。植物病毒种的命名，一般是由宿主名加症状名和"virus"构成。

第二节
病毒的增殖

一、病毒的繁殖方式

病毒体在细胞外是处于静止状态，基本上与无生命的物质相似，当病毒进入活细胞后便发挥其生物活性。病毒感染敏感宿主细胞后，病毒核酸进入细胞，通过其复制与表达产生子代病毒基因组和新的蛋白质，然后由这些新合成的病毒组分装配（Assembly）成子代毒粒，并以一定方式释放到细胞外。病毒的这种特殊繁殖方式称为复制（Replication）。病毒的繁殖方式相似，以原核生物病毒——噬菌体为例。

噬菌体是感染细菌、真菌、放线菌或螺旋体等微生物的细菌病毒的总称。病毒粒子并无个体的生长过程，而只有其两种基本成分的合成和装配。核酸复制＋蛋白质合成→装配核蛋白（病毒粒子）。

根据噬菌体与宿主细胞的关系可分为烈性噬菌体（virulentphage）和温和性噬菌体（temperatephage）。凡侵入细胞后，进行营养繁殖，导致细胞裂解的噬菌体称烈性噬菌体（virulent phage）。而侵入细胞后，与宿主细胞 DNA 同步复制，并随着宿主细胞的生长繁殖而传递下去，一般情况下不引起宿主细胞裂解的噬菌体，称温和性噬菌体（temperate phage）。噬菌体的繁殖一般可分五个阶段，见图 4-5 即吸附→侵入脱壳→增殖（复制与生物合成）→成熟（装配）→裂解（释放）。现以 T 偶数噬菌体为代表分五个阶段加以说明。

1. 吸附（adsorption）

当噬菌体与宿主细胞发生偶然碰撞后，如果尾丝上的与宿主细胞表面的特异受体接触（有人发现是尾丝上的氨基与受体上的羧基间形成化学键的过程），就可触发颈须把卷紧的尾丝散开。紧接着就附着在受体上，从而使刺突、尾板固着于细胞表面。

2. 侵入（penetration）

吸附后，基板从尾丝中获得一个构型刺激，促使尾鞘中的亚基发生复杂的移位，并缩成原长的一半，由它把尾管推出并插入到细胞壁和膜中。在这一过程中，尾管端所携带的少量溶菌酶有助于局部细胞壁中肽聚糖的溶解。接着，头部的核酸即可通过尾管注入宿主细胞中，而将蛋白质衣壳留在细胞壁外。从吸附到侵入的时间一般很短，在合适温度下，T4 只需要 15s。

3. 增殖（replication）

增殖过程包括核酸的复制和蛋白质的生物合成。首先，噬菌体以其核酸中

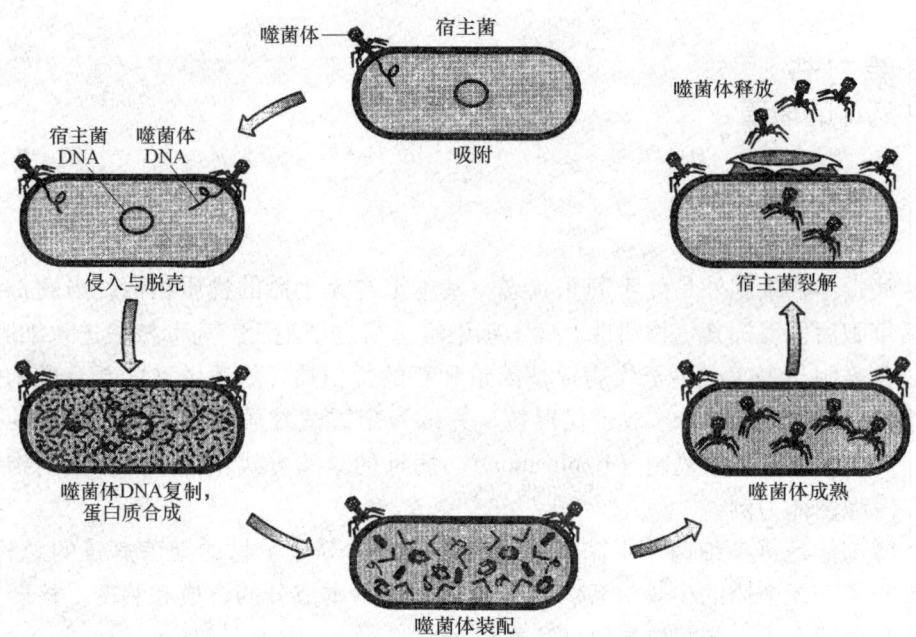

图 4-5 T4 噬菌体的裂解周期

的遗传信息向宿主细胞发出指令并提供"蓝图",使宿主细胞的代谢系统按次序地逐一转向合成噬菌体的组分和"部件",合成所需"原料"可通过宿主细胞原有核酸等的降解代谢库内的贮存物或从环境中取得。

4. 装配(assembly)

一旦大批成套的"部件"已合成,则在细胞"工厂"里就进行突击装配,于是就产生了一大群大小相等的、成熟的子代噬菌体粒子。因此,噬菌体的成熟(maturity)过程实际上是其已合成的各部件的装配过程。在 T4 噬菌体的装配过程中,约有 30 个不同的蛋白和至少 47 个基因参与。主要步骤有:DNA 分子的缩合→通过衣壳包裹 DNA 而形成头部→尾丝和尾部的其他部件独立装配完成→头部与尾部相结合→最后装上尾丝。至此,一个个成熟的、大小相等的噬菌体粒子就装配完成了。

5. 裂解(lysis)

当宿主细胞内的大量子代噬菌体已成熟后,由于水解细胞膜的脂肪酶和水解细胞壁的溶菌酶的作用,从细胞内部促进了细胞的裂解,从而实现了噬菌体的释放(release)。

大量噬菌体吸附在同一宿主细胞表面并释放大量的溶菌酶,最终因外在原因导致细胞裂解的现象为自外裂解。每一个宿主细胞裂解后所产生的子代噬菌体量称裂解量(burst size)。不同的噬菌体有不同的裂解量,例如,T2 约为 150,T4 约为 100 个。

二、一步生长曲线

一步生长曲线（one-step growth curve）是研究病毒复制的一个实验，最初为研究噬菌体复制而建立，现已推广到动物病毒及植物病毒复制的研究中。具体操作是将适量病毒接种于高浓度敏感细胞培养物，或高倍稀释病毒细胞培养物，或以抗病毒血清处理病毒细胞培养物以建立同步感染，以感染时间为横坐标，病毒的效价为纵坐标，绘制出的病毒特征曲线，即为一步生长曲线。一步生长曲线分为潜伏期、裂解期和平稳期（图4-6）。

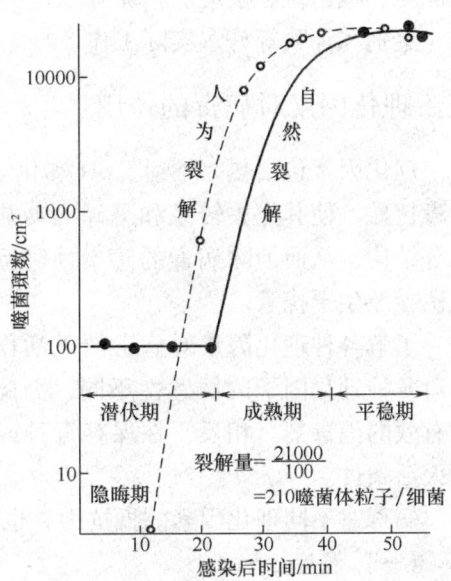

图 4-6 T4噬菌体的一步生长曲线

（一）潜伏期

潜伏期（latent period）是指病毒吸附于细胞到受染细胞释放出子代病毒所需的最短时间。不同病毒潜伏期长短不一，噬菌体一般有几分钟，动物病毒和植物病毒以小时或天计。

人为裂解病毒感染细胞，在潜伏期前一阶段，受染细胞内检测不到感染性病毒，在后一阶段感染性病毒在受染细胞内数量急剧增加。病毒在感染细胞内消失到细胞内重新出现新的感染病毒的时期为隐蔽期（eclipse period）。

（二）裂解期

在潜伏期后，病毒效价急剧增加，这是新合成的病毒核酸和蛋白质装配成大量病毒粒子，并释放的结果。潜伏期后宿主细胞裂解释放出大量子代病毒的时期称为裂解期（rise phase）或成熟期。

（三）平稳期

裂解期末，受染细胞将子代病毒粒子全部释放出来，病毒效价稳定在最高处的时期，称为平稳期（plateau phase）。裂解量（burst size）是指每个受染细胞产生的子代病毒粒子的平均数目，其值等于平稳期受染细胞释放的全部子代病毒粒子数除以潜伏期受染细胞的数目，即平稳期病毒效价与潜伏期病毒效价之比。裂解量取决于病毒和宿主细胞。不同病毒有不同的裂解量，噬菌体的裂解量一般几十到几百个，而植物病毒和动物病毒一般为几百到几万个。

当病毒感染宿主后，病毒粒大量聚集并使宿主细胞发生病变时，就形成了具有一定形态构造且能用光学显微镜加以观察和识别的特殊"群体"，例如病毒包涵体、噬菌斑、空斑、枯斑等。这类"群体形态"有助于对病毒的分离、纯化、鉴别和计数等许多实际工作。

三、理化因素对病毒的作用

理化因素包括热、辐射、pH 和化学试剂等对病毒的灭活作用,改变和破坏病毒核酸,使其失去转录和翻译的功能;或者是改变和破坏病毒蛋白衣壳或脂质等结构,从而消除病毒的感染性。但是经灭活的病毒可继续保持其抗原性以及诱导产生干扰素。

了解各种理化因素对病毒的灭活作用,有着重要的实际意义。由于不同病毒对各种理化因子的敏感性不同,因此在消毒时必须针对该病毒特点,选择最为有效的消毒剂。相反,在保存毒种或病毒材料时,则必须注意防止和避免各种灭活条件。

病毒对不同理化因素的抵抗力,也是鉴定病毒的一个重要依据。

(一) 温度

病毒喜冷怕热。大多数病毒可在 4℃ 以下良好地生存,特别是在干冰温度(-70℃)和液氮(-196℃)下更可长期保持其感染性。相反地,大多数病毒可在 55~60℃ 条件下几分钟到十几分钟内灭活,100℃ 可在几秒钟内灭活。因此必须低温保存病毒和疫苗等。

必须指出,各种病毒对热的抵抗力不同,甚至有着明显的差异。例如黏病毒和 RNA 肿瘤病毒等具有包膜的病毒,感染半衰期为 37℃ 1h,而痘病毒在干燥状态下,却可耐受 100℃ 加热 5~10min。

热对病毒的灭活作用,受周围环境因素的影响。蛋白质以及钙、镁等离子的存在,常可提高某些病毒对热的抵抗力。

长期保存病毒一般采用下述两种方法。

1. 快速低温冷冻

于病毒液中加入灭活的正常动物血清或其他蛋白保护剂,最好再加入 5%~10% 的二甲基亚砜,并迅速冷冻和保存于 -196~-70℃。对含病毒的组织材料可以直接低温冷冻保存,如有些病毒可先浸入 50% 的甘油缓冲盐水中,再行低温保存,效果更好。

2. 冷冻干燥

在真空条件下使冰冻病毒悬液脱水(通常是冷冻真空干燥),可保存几年甚至几十年,毒力不变。

毒种的保护剂:一般用脱脂牛乳、经灭活的动物血清、饱和蔗糖溶液等。真空干燥时,将病毒液加等量保护剂,每支装 0.2~0.5mL,放入冻干机内冷冻。现代冻干机具有冷冻、干燥、抽真空等全部装置,使用十分方便。

（二）pH

大多数病毒在 pH6~8 的范围内保持稳定。在 pH5.0 以下的酸性环境中，以及 pH9.0 以上的碱性环境中，病毒大多迅速灭活。酸、碱溶液是病毒学实践中常用的消毒剂。例如，实验室常用 1% 的盐酸溶液浸泡玻璃器皿和塑料制品，如吸管、微量培养板、滴定板等。常用烧碱作环境消毒剂。贮存病毒，以中性或微碱性为宜，例如病毒病料置中性的 50% 甘油盐水中保存。

但是必须指出，各种病毒对 pH 变化的稳定性可能显著不同。例如呼肠孤病毒能够抵抗 pH 3.0；口蹄疫病毒在 pH 6.0~6.5 及 pH 8.0~9.0 迅速灭活；猪水泡病病毒在 pH2.2 条件下 24h 内仍保持其感染性。因此 pH 的稳定性，是鉴定某些病毒的一个重要指标。

根据某些病毒的耐酸性能，病毒实验室已经成功地应用酸性解离方法从病毒-抗体复合物中分离感染性病毒。例如，1983 年 Pinheiro 氏等将脊髓灰质炎病毒-抗体复合物的 pH 降至 2.5，分离获得了感染性病毒。

（三）辐射

电离辐射中的 γ 射线和 X 射线以及非电离辐射紫外线，都对病毒呈现灭活作用。其原因是它们可以破坏病毒核酸的分子结构，使其失去生物活性。

（四）超声波和光动力作用

超声波主要以强烈振荡对细菌和其他微生物以及细胞等呈现破坏作用，但对病毒的灭活作用并不明显。常用超声波破坏细胞，使病毒粒子从细胞内释放，以便收获和提纯病毒。有些病毒核酸被染料（如甲苯胺蓝、啶橙）作用后，就能被可见光灭活，称为染料的光动力作用。

（五）脂溶剂

乙醚、氯仿和丙酮等脂溶剂对有包膜的病毒具有灭活作用。乙醚等灭活试验是鉴定病毒的一个重要指标。

（六）甘油和抗生素

应用 50% 的甘油盐水，大多数细菌被杀灭，但病毒可以存活数日，甚至几年。生产实践中常用 50% 甘油盐水保存病毒材料，同时采取冷藏措施，效果较为理想；一般的抗生素物质如青霉素、链霉素、土霉素对病毒无作用，故常将青霉素、链霉素等加入到含有病毒的材料中去，以杀死细菌而有利于病毒的分离与培养。近年来，人们已发现一些抗生素对病毒有作用，有的已用在病毒病的预防和治疗上，如金刚铵、利福霉素、放线菌素 D 等。

四、病毒学研究的基本方法

（一）标本的采集和处理

用于分离病毒的标本应含有足够量的活病毒，因此必须根据病毒的生物学特性、病毒感染的特征、流行病学规律以及机体的免疫保护机制，来选择所需要采集标本的种类、确定最适采集时间和标本处理的方法。标本采集必须无菌操作，如有细菌污染，可通过加抗生素、过滤和离心等方法处理。由于大多数病毒对热不稳定，所以标本经处理后一般应立即接种。若需要运送或保存，数小时内可置于50%中性甘油内4℃保存，对需较长时间冻存的标本最好置于-20℃以下或干冰保存。

以感染病毒的动物病料采集为例，一般说来，应从病畜体内存在病毒最多的器官或组织采取病料。例如上呼吸道疾病取鼻分泌物，脑炎取脑组织，痘症取患部皮肤。采集病料的时间，以症状刚出现时为佳。检查抗体时，则采取一个病畜的初期和恢复期的血清，以了解抗体滴度的变化。

（二）病毒的分离培养

病毒与细菌不同，病毒是严格的活细胞内寄生的，因此分离培养病毒应采用寄主接种法、鸡胚培养法或细胞培养法，而且还必须根据不同病毒的要求进行选择，才能得到满意的结果。

1. 寄主接种法

分离的标本接种于实验寄主的种类和接种途径主要取决于病毒寄主范围和组织嗜性，同时还应考虑操作、培养及结果判定的简便。

噬菌体标本可接种于生长在培养液或培养基平板中的细菌培养物。

植物病毒标本可接种于敏感植物叶片，产生坏死斑或枯斑。

动物病毒标本可接种于敏感动物的特定部位，嗜神经病毒接种于动物脑内，嗜呼吸道病毒接种于动物鼻腔。常用动物有小白鼠、大白鼠、地鼠、家兔和猴子等。在兽医病毒学实践中，还常用本动物进行实验感染试验。例如，应用健康马驹作马传染性贫血病毒接种试验；应用健康猪、鸡分别作猪瘟病毒、鸡新城疫病毒接种试验等。接种病毒后，隔离饲养，每日观察动物发病情况，根据动物出现的症状，初步确定是否有病毒增殖。

2. 鸡胚培养法

不同的病毒可选择不同日龄的鸡胚和不同的接种途径，如痘病毒接种于10~12d的鸡胚绒毛尿囊膜上，鸡新城疫病毒宜接种在10d尿囊腔和羊膜腔内，虫媒病毒宜接种于5d卵黄囊，继续培养观察。

3. 细胞培养法

用机械方法或胰蛋白酶等方法将离体的活组织分散成单个的细胞，在平皿中制成贴壁的单层细胞，然后铺上动物病毒悬液进行培养。细胞培养是目前最常用的方法。

（三）病毒的鉴定

病毒鉴定是诊断病毒性疾病的可靠方法，也是病毒分类的前提。一般可通过以下方法确证病毒的存在。

1. 病毒的群体形态特征

（1）噬菌斑　在菌苔或菌落上逐步形成的噬菌体群体，由于其侵蚀宿主细胞的结果，会使菌苔上出现一个个透明的空斑即噬菌斑（图4-7）。因每种噬菌体的噬菌斑有一定的形状、大小、边缘和透明度，故可用作鉴定的指标，也可利用噬菌斑进行纯种分离和计数。这种情况很像利用菌落可进行有关微生物的分离、计数和鉴定那样。所不同的是噬菌体只形成"负菌落"。据测定，一个直径仅为2mm的噬菌斑，其中噬菌体粒子的数目即高达10^7~10^9个。

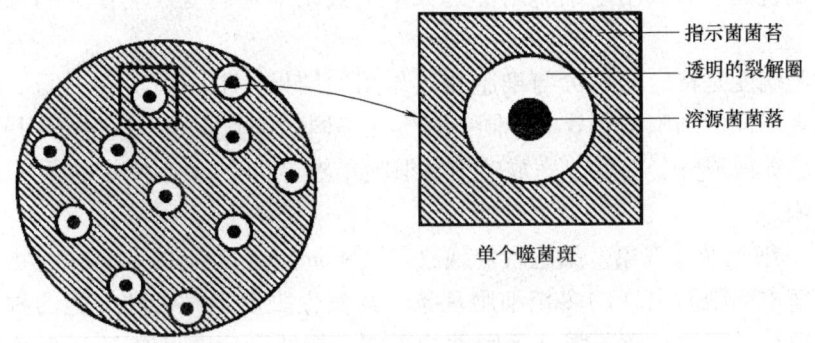

图4-7　病毒的群体形态——噬菌斑

噬菌体的噬菌斑测定一般采用双层平板法，将一定量经稀释的噬菌体悬液与高浓度敏感菌悬液及半固体琼脂培养基（1%琼脂）混合均匀，倒入含底层琼脂培养基（2%琼脂）的平板，经过一段时间培养后，在细菌菌苔上会出现一个个圆形局部透明区域，即噬菌斑。可以认为，每个噬菌斑是一个噬菌体侵染的结果，一个噬菌斑中的噬菌体遗传性都相同，故通过多次重复接种，可获得纯系噬菌体。因每种噬菌体的噬菌斑有一定大小、形状、边缘和透明度，故可作为鉴定的指标。此外噬菌斑亦可用于病毒的定量。

（2）空斑和感染病灶　一些动物病毒在动物细胞或组织培养系统培养时，由于病毒感染细胞裂解，出现与噬菌斑类似的空斑或称蚀斑。如果是肿瘤病毒，细胞不是被溶解，而是生长速率增加，导致受感染细胞堆积起来形成类似于菌落的感染病灶。

（3）枯斑　一些植物病毒会在茎、叶等植物组织上形成一个个褪绿或坏死的斑块称枯斑或坏死斑。

2. 血凝现象及干扰现象

血凝现象是指许多病毒能吸附于一定种类哺乳动物或禽类的红细胞表面而产生凝集的现象。如流感病毒、天花病毒等。可根据病毒凝集的血细胞种类及凝集条件不同而鉴定病毒。

两种不同的病毒同时或先后感染同一宿主细胞时，一种病毒抑制另外一种病毒增殖的现象，称为病毒的干扰现象（interference）。如乙型脑炎病毒能干扰脊髓灰质炎病毒，流感病毒能干扰西方型马脑炎病毒的增殖等。若在某一组织细胞培养物中同时加入接种物及可被干扰的病毒，若后者被抑制，则可间接判断接种物中存在可干扰后者的病毒。

3. 细胞病变效应

细胞病变效应是指病毒在细胞内增殖及其对细胞产生损害的明显表现，例如细胞发生凝缩、团聚、肿大，细胞融合形成多核现象，细胞脱落、裂解，细胞内出现包涵体等。用于细胞培养的标本一般以细胞病变效应作为病毒感染的指标。

细胞病变是特定的病毒与细胞相互作用的结果，不同病毒感染同一细胞时可能呈现不同的细胞病变效应，同一病毒在不同的细胞上也可引起不同的效应。此外，培养液成分、温度、病毒感染时细胞年龄等也会对细胞病变效应（CPE）产生影响。

（1）细胞融合现象　细胞融合现象（phenomenon of cell fusion）是指由于病毒感染宿主细胞而出现的多核细胞现象。其发生决定于病毒和细胞的种类，也受病毒数量、温度、离子强度等因素的影响。如仙台病毒可在 Hela 细胞、猪肾继代细胞内引起细胞融合，但不能在人的二倍体成纤维细胞中诱发融合现象。

（2）包涵体　某些细胞在感染病毒后，出现于细胞质或细胞核内的，在光镜下可见的，大小、形态和数量不等的小体称为包涵体（Inclusion body）。

包涵体可以是病毒粒子的聚集体，如昆虫核型多角体病毒、质型多角体病毒的包涵体和腺病毒的包涵体；也可以是病毒结构蛋白与感染有关的蛋白质等病毒组分的聚集体，如人类巨细胞病毒的致密体（dense body）等。

由于不同病毒包涵体的大小、形状、组分以及存在于宿主细胞中的部位均不同，所以包涵体可用于病毒的快速鉴别和某些病毒疾病的辅助诊断指标。例如，烟草花叶病毒与马铃薯 Y 病毒的形态极其相似，但它们的包涵体形态截然不同，前者为三角形，后者为矩形；狂犬病病毒在病犬大脑海马角、小脑、延及的神经细胞的细胞质内形成嗜酸性圆形或卵圆形的内基氏小体（Negri），可用 Seller 氏染色法染色镜检。

4. 其他鉴定方法

用电镜技术及热、紫外线、脂溶剂等理化因子对病毒感染性的作用，可用于病毒组分的分子质量、沉降系数、核酸类型等的测定，也可用于病毒的鉴定。建立在抗原抗体特异性反应基础上的免疫学方法也是病毒鉴定的一类常见方法。此外，通过分子杂交、序列测定、PCR 等分子生物学方法鉴定病毒也有重要意义。

五、病毒定量的几个概念

1. 病毒感染单位

能够引起宿主或宿主细胞发生一定特异性反应的病毒最小剂量称病毒感染单位（IU）。

2. 病毒的效价或毒力

病毒的效价是指单位体积（mL）病毒悬液的感染单位数目（IU/mL）或称毒力。噬菌体的效价是指能使感染细菌裂解，产生噬菌斑的噬菌体数，或形成噬菌斑单位数（pfu）。因为病毒粒子对细菌细胞感染率不会超过100%，所以根据噬菌斑或空斑计算出的病毒粒子数总比噬菌体电镜下直接计数低。pfu 与噬菌体的真实数目之比即成斑率（eop）。

3. 半致死剂量

使半数宿主细胞死亡的病毒剂量称半致死剂量（LD_{50}）。

4. 半数感染剂量

使半数宿主细胞发生感染的病毒剂量称半数感染剂量（ID_{50}）。

5. 半数组织培养感染剂量

使半数组织培养物发生感染，产生细胞病变效应的病毒剂量称半数组织培养感染剂量（$TCID_{50}$）。

第三节 亚病毒

1971年以来，陆续发现了比病毒更为简单的生命形式——亚病毒（subviruses），是一类比病毒更为简单，仅具有某种核酸不具有蛋白质，或仅具有蛋白质而不具有核酸，能够侵染动植物的微小病原体，包括类病毒（Diener，1971）、拟病毒（Randles，1981）以及朊病毒（Prusiner，1982）等。

一、类病毒

类病毒（viroid）是裸露的，仅含一个单链环状低相对分子质量 RNA 分子的病原体。发现的第一个类病毒是马铃薯纺锤形块茎病类病毒（Potato spindletuber viroid，PSTV），这是一种导致马铃薯严重减产的病原体，棒状，无蛋白外壳。它仅含一个由359个核苷酸组成的单链环状 RNA 分子，该分子内有很多碱基通过氢键配对而形成双螺旋区，未配对碱基则形成内环。双螺旋区与内环交替排列形成一个伸长的棒状分子（图4-8）。

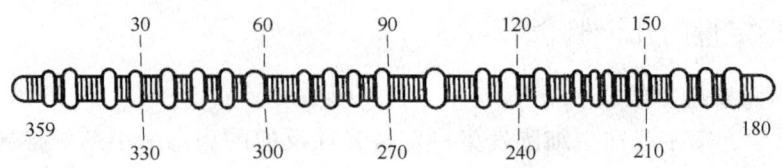

图 4-8 类病毒的单链环状 RNA 分子

迄今为止所知的类病毒都是侵染植物致病的,例如马铃薯纺锤形块茎病、柑橘裂皮、菊花矮缩病、菊花褪绿斑驳病、椰子坏死病、黄瓜白果病以及酒花矮化病等。类病毒 RNA 相对分子质量虽小,但能独立侵染寄主,侵入寄主后也能自我复制,不需要辅助病毒。最近报道,动物中也有 DNA 类病毒。

类病毒的发现,是生命科学中的一个重大事件。对生物学家来说,类病毒的发现为探索生命起源提供了一个新的低层次上的好对象;对分子生物学家来说,类病毒是研究最重要生物大分子结构与功能的绝好材料;对病理学家来说,类病毒的发现为他们揭开人类和动、植物的各种传染性疑难杂症的病因带来了新的希望;对哲学家来说,类病毒的发现,为长期以来有关生命本质的认识带来革命性的影响。

二、拟病毒(类类病毒,卫星 RNA)

1981 年以来,Randles 等分别陆续从绒毛烟、苜蓿、莨菪以及地下三叶草分离到几种在核酸组成与生物学性质方面比较特殊的绒毛烟斑驳病毒(velvet tobacco mottle Virus,VTMoV)、苜蓿暂时性条斑病毒(lucernetransient streak virus,LTSV)、莨菪斑驳病毒(solanum nodiflorum mottle virus,SNMV)和地下三叶草斑驳病毒(subterranean clover mottle Virus,SCMoV)。1983 年,这些病毒被定为拟病毒(virusoid),又称类类病毒(viroid—like)。这是一类包裹在病毒衣壳内的类病毒。拟病毒的粒子中含有两类核酸,一类为线状单链 RNA(RNA-1),相对分子质量较大(约 1.5×10^6);另一类是环状单链 RNA(RNA-2),其相对分子质量与二级结构均与类病毒的相似。但与类病毒 RNA 不同的是,RNA-2 不能单独侵染寄主和复制自身。拟病毒的 RNA-1 与 RNA-2 之间存在着互相依赖的关系,两者必须同时存在才能感染寄主、复制核酸和产生新的拟病毒粒子。

RNA 植物病毒中也有一类由于基因组太小而没有足够的遗传信息,因此不能单独侵染寄主并进行复制的所谓卫星病毒,他们都含单链 RNA。

拟病毒的研究至少有以下 4 个方面的意义:第一,有助于探索核酸的结构与功能。拟病毒是一种低分子质量的侵染性核酸分子,因而易于进行细致的化学组分和结构分析;通过拟病毒与类病毒的结构与功能的比较,对核酸的结构与功能可能会得到更深入地了解;第二,有助于探索拟病毒与辅助病毒(RNA-1)间的相互关系。拟病毒必须依靠辅助病毒的存在才能复制,而辅助病毒的复制却不需要拟病毒的存在。拟病毒的存在可以影响辅助病毒的产量和改变辅助病毒在宿主上的症状及反应的程度；第三，利用拟病毒这类低分子质量 RNA 来组建新的弱毒疫苗。拟病毒又可称类类病毒，它与普通类病毒的差异在于它的侵染对象不是高等植物或动物，而是小小的植物病毒。根据拟病毒的存在可影响辅助病毒的产量和改变辅助病毒在宿主上的症状和反应程度的原理，有可能用它来人工组建具有防病功能的弱化疫苗；第四，对拟病毒的深入研究，也有助于进一步探索病毒的本质和生命起源等重大生物学理论问题。

三、卫星病毒

卫星病毒（satellite virus）是一类基因组缺损、需要依赖辅助病毒，基因才能复制和表达，才能完成增殖的亚病毒。如大肠杆菌噬菌体 P4，缺乏编码衣壳蛋白的基因，需辅助病毒大肠杆菌噬菌体 P2 同时感染，且依赖 P2 合成的壳体蛋白装配成含 P2 壳体 1/3 左右的 P4 壳体，与较小的 P4 DNA 组装成完整的 P4 颗粒，完成增殖过程。丁型肝炎病毒（HDV）必须利用乙型肝炎病毒的包膜蛋白才能完成复制周期，常见的卫星病毒还有腺联病毒（AAV）、卫星烟草花叶病毒（STMV）、卫星玉米白线花叶病毒（SMWLMV）、卫星稷子花叶病（SPMV）等。

四、朊病毒

朊病毒（prion）是具侵染性并在宿主细胞内复制的蛋白质颗粒。现在认为，引起山羊和绵羊瘙痒病（scrapie）以及人的 Kuru 病和 Crentzfeld - Jacob 病（CJ 病，脑脱髓鞘病变）的病原体是朊病毒。

1982 年，美国的 S. B. Prusiner 在研究引起羊瘙痒病的病原体时发现，该病原体在经过高温、辐射以及化学药品等能使病毒失活的处理后依然存活，而且它只对蛋白酶是敏感的，因而认为，病原体是一种仅由蛋白质组成的侵染性颗粒，并命之为朊病毒。

电子显微镜下的朊病毒为杆状颗粒，直径 25nm，长 100～200nm（一般为 125～150nm），杆状颗粒不单独存在，而呈丛状排列，丛的大小与形状不一，颗粒丛所含颗粒多时可有 100 个。

朊病毒的发现具有重大的理论和实践意义。生物学的"中心法则"认为，遗传信息的流向是"DNA $\rightleftharpoons$ RNA $\longrightarrow$ 蛋白质"。通过对朊病毒的深入研究可能会更加丰富"中心法则"的内容。此外，还有可能对一些疾病的病因、传播研究以及治疗带来新的希望。

第四节
病毒的危害及其应用

说起病毒，马上能联想到的词汇有很多，艾滋病病毒、乙肝病毒、疯牛病病毒等。当然，最震撼人心的还是 SARS 病毒、甲型 H1N1 流感病毒，引爆了 2002 年冬到 2003 年春肆虐全球的非典型性肺炎，2009 年全球范围的流感。以及 2013 年 3 月底在上海和安徽两地率先发现的 H7N9 型高致病性新亚型禽流感病毒。确实，就如组成"病毒"这个词的两个单字"病"和"毒"所描述的一样，病毒对人类、动物和植物等生命体的生存造成了极大的威胁。据大概统计，大约 70% 的人类传染病是由病毒引起的。中世纪引起全欧洲恐慌的黑死病，其学名为鼠疫，就是由病毒大家庭中的一员——鼠疫病毒引起的。当然，病毒也有其有益的一面。比如，用病毒杀虫剂取代传统的化学杀虫剂，就可以避免对自然环境的污染和破坏。

一、食源性病毒的危害

食源性疾病（Foodborne disease，FBD）是指食用受污染的食品引起的感染或中毒，包括感染食源性病毒引起的疾病等。食源性病毒在其蛋白质外壳保护下，对极端 pH 环境和肠道中的消化酶稳定，能够在食品加工、储藏以及人体消化过程中生存和潜伏下来。因而，任何食品都能成为潜在的传播媒介。食源性病毒通过感染病人的粪便，经口传播和扩散，容易造成食源性疾病大规模的爆发流行。1988 年上海暴发甲肝，30 万例与摄食人类污水污染水域收获的田螺有关，成为人类有记载的最大规模食源性疾病。虽然病毒在食品中无力扩增，需要借助哺乳动物细胞进行复制，在食品中存在的数量比其他微生物少，但感染病毒需要的量低，加上受污染食品的感官性状变化难以觉察，又缺少简便有效的检测手段，大多数病毒污染的食品不能够被提前发现。因而，人类容易低估食源性病毒感染的机会和危害，缺乏足够的预防措施。

1. 人类肠道病毒

按照免疫血清分类，大约有 60 多种人类肠道病毒能引起人类感染，包括脊髓灰质炎病毒、甲肝病毒、柯萨奇病毒等。人类肠道病毒存在于人类粪便和家庭下水道中，多数寿命为几周到几个月，室内表面是致病性病毒的聚集地和潜在传染源，江河口贝、甲壳类生物体内经常能够检测到肠道病毒。

2. 人和动物共宿主的食源性病毒

近几年，人和动物共患的传染病种类显著增多，传播途径复杂，防治难度很大。禽流感最早于 1878 年发生在意大利，历史上又称为"真性鸡瘟"。感染人的禽流感病毒亚型主要为 H5N1、H5N2 和 H7N7，其中感染 H5N1 患者病情重、病死率高。严重急性呼吸道综合征（SARS）的病原体是一种以前从未在人类中发现的新型冠状病毒，称为 SARS2CoV。SARS 最初由加工和食用野生动物而感染，自 2003 年暴发后的数月内，造成了全球近 900 人死亡。

3. 朊病毒

众所周知的疯牛病的病源体就是一种朊病毒，被感染动物或人体内形成广泛神经系统空泡，临床表现为神经系统的慢性进行性破坏，最终导致死亡，该病又称为传染性海绵状脑炎（BSE）。疯牛病、羊瘙痒病等都属于 BSE 的范畴。从 1921 年开始，医学界就发现人也可患 BSE，早期便用发现该病的两个人的名字 Creutzfeldt 和 Jakob 命名，称之为"克雅氏病"（CJD）。

二、病毒的应用

1. 利用病毒防治害虫

现在，作为微生物杀虫剂而被利用的是以核多角体病病毒（NPV）和颗粒体病病毒（GV）等杆状病毒为中心。此外，还有细胞质多角体病病毒（CPV）和昆虫痘病毒（EPV）。这些病毒的共同特征是，病毒粒子包埋于包涵体内。被包埋的病毒比起游离病毒，对于各种各样的环境条件是极其稳定的，这就是将这些病毒作为病毒杀虫剂而被加以利用的原因之一。迄今为止，所发现的全部昆虫病毒中有 75% 是形成包涵体的病毒。杆状病毒对于无脊椎动物来说是独特的病毒，对人畜和农作物没有危险，而对宿主的特异性强。

2. 利用病毒研究植物的生物学功能

病毒的基因组普遍较小（一般不超过 20kb），编码蛋白的数量有限，因而它们的繁殖、侵染等都严重依赖于宿主细胞内的成分。由于存在这种高度的相互依存关系，所以对病毒的研究常常导致对宿主细胞重要功能的重大发现。如 RNA 病毒（如烟草花叶病毒，TMV）为研究 RNA 分子特性、翻译机制等提供了十分有用的工具。20 世纪 70 年代对逆转录病毒的研究导致对逆转录、基因拼接机制的发现。近来对植物病毒的研究同样使我们对植物的某些功能有了惊人的发现。

3. 利用病毒开发新能源

新设想的提出者是美国女科学家安琪拉·贝尔彻（AngelaBelcher），她在麻省理工学院从事材料化学方面的研究。她领导的研究团队模拟植物利用太阳光分解水制造自身生长所需能源的原理，对 M13 噬菌体进行了基因改造，同时将其作为生物支架，再让它吸附一个催化剂分子氧化铱和一个吸光物质锌卟啉，吸光物质源源不断地将阳光沿着病毒传递。在这样一个过程中，病毒充当了太阳能的传输通道，可以把太阳能从吸光物质传输到催化剂。在催化剂和太阳能的共同作用下，水就分解成了氢气和氧气。把氢气进行液化和压缩，就变成了高效清洁的绿色能源。

知识窗

善变的禽流感病毒

一、病毒简介

流行性感冒病毒，简称流感病毒，是一种造成人、狗、马、猪及禽类等患流行性感冒的RNA病毒，在分类学上，流感病毒属于正黏液病毒科，分为甲、乙、丙三型，甲型流感病毒最容易发生变异，甲型流感病毒的亚型则被人们称为"禽流感"，禽流感（Bird Flu）是由禽流感病毒引起的一种急性传染病，病毒基因变异后能够感染人类，感染后的症状主要表现为高热、咳嗽、流涕、肌痛等，多数伴有严重的肺炎，严重者心、肾等多种脏器衰竭导致死亡，病死率很高。此病可通过消化道、呼吸道、皮肤损伤和眼结膜等多种途径传播，人员和车辆往来是传播本病的重要因素。

甲型流感病毒根据H和N抗原不同，又分为许多亚型，H可分为17个亚型（H1～H17），N有10个亚型（N1～N10）。其中仅H1N1、H2N2、H3N2主要感染人类，其他许多亚型的自然宿主是多种禽类和动物。其中对禽类危害最大的为H5、H7和H9亚型毒株。一般情况下，禽流感病毒不会感染鸟类和猪以外的动物。但一旦发生变异而具有人与人的传播能力，会导致人间禽流感流行，甲型流感病毒中至今发现能直接感染人的禽流感病毒亚型有：甲型H1N1、H5N1、H7N1、H7N2、H7N3、H7N7、H7N9、H9N2和H10N8。其中H1、H5、H7亚型为高致病性，H1N1、H5N1、H7N9尤为值得关注。

二、病毒作用原理

甲型流感病毒的表面抗原会经常发生细小变异，这种变异被称为"飘变"（drift），形象地说，"飘变"就是病毒通过细小的变化伪装自己，从而达到躲避人体免疫系统识别的目的。甲型病毒"飘变"的结果使每年引发流感的毒株都有可能不同，人们每年都需要重新接种流感疫苗进行预防。"移变"（shift）指的是流感甲型病毒发生突变，导致一种新的病毒"亚型"出现。因为人体内几乎没有抵御这种新生病毒的抗体，所以"移变"的结果往往会导致流感的全球性大暴发。流感病毒通常依靠病毒蛋白某部分同人体中特定蛋白的结合来侵入人体，因为通过这样的结合，流感病毒能够抑制人体本身对病毒感染的自然防御体系，为病毒有效地在人体内复制铺平道路。

抗原变异仅发生于甲型病毒，可能是由于同一细胞感染了人类和动物的两种病毒，病毒之间发生基因重配而产生的。由此产生的病毒血凝素和神经氨酸酶发生全新结合，而使得人群没有免疫力。抗原转变是造成流感全球大流行的原因。

三、传染源

主要为患禽流感或携带禽流感病毒的家禽，另外野禽或猪也可成为传染源。许多家禽都可感染病毒发病：火鸡、鸡、鸽子、珍珠鸡、鹌鹑、鹦鹉等陆禽都可感染发病，但以火鸡和鸡最为易感，发病率和死亡率都很高；鸭和鹅等水禽也易感染，并可带毒或隐性感染，有时也会大量死亡。各种日龄的鸡和火鸡都可感染发病死亡，而对于水禽如雏鸭、雏鹅死亡率较高。

四、传播途径

主要经呼吸道传播，通过密切接触感染的禽类及其分泌物、排泄物、受病毒污染的水等，以及直接接触病毒毒株被感染。在感染水禽的粪便中含有高浓度的病毒，并通过污染的水源泉由粪便—口途径传播流感病毒。还没有发现人感染的隐性带毒者，尚无人与人之间传播的确切证据。

五、易感人群

一般认为任何年龄均具有易感性，但12岁以下儿童发病率较高，病情较重。与不明原因病死家禽或感染、疑似感染禽流感家禽密切接触人员为高危人群。

六、流行特征

禽流感是世界范围分布的，1994年、1997年、1999年和2003年分别在澳大利亚、意大利、中国香港、荷兰等地爆发，2005年则主要在东南亚和欧洲爆发。除鸡群中的禽流感主要发生在冬、春季节外，没有其他明显的规律性。高致病性禽流感疫情的蔓延引起世界关注。我国气象专家对疫情地气候特征的分析表明，禽流感"不喜"晴热天气。

七、适应能力

禽流感病毒对乙醚、氯仿、丙酮等有机溶剂均敏感。常用消毒剂容易将其灭活，如氧化剂、稀酸、十二烷基硫酸钠、卤素化合物（如漂白粉和碘剂）等都能迅速破坏其传染性。

禽流感病毒对热比较敏感，65°C加热30min或煮沸（100°C）2min以上可灭活。病毒在粪便中可存活1周，在水中可存活1个月，在pH<4.1的条件下也具有存活能力。病毒对低温抵抗力较强，在有甘油保护的情况下可保持活力1年以上。

病毒在直射阳光下40~48h即可灭活，如果用紫外线直接照射，可迅速破坏其传染性。

八、预防治疗

1. 疫苗

流感病毒疫苗接种是当前人类预防流感的首选措施，然而，由于流感病毒血清型众多，一旦流感病毒疫苗株和流行株的抗原性不匹配，就会导致疫苗失效，无法提供相应的保护；同时由于流感病毒变异的速度很快，疫苗研发的速度落后于病毒变异的速度，新的流行株出现后，其对应疫苗的制备至少需要6个月的时间，造成疫苗制备一直处于被动状态，故无论传统灭活疫苗，还是基因工程疫苗、核酸疫苗等新型疫苗都无法对所有类型的流感病毒提供交叉保护。

2. 抑制药物

用于治疗流感的化学药物有两大类：一是离子通道抑制剂，即以流感病毒的离子通道蛋白 M2 为靶标，通过干扰流感病毒 M2 蛋白的离子通道活性而阻碍流感病毒的复制，该药有较大的毒副作用，而且已经出现耐药株。二是神经氨酸酶抑制剂，即以流感病毒的神经氨酸酶 NA 为靶标的抑制剂，通过抑制该酶的活性而有效地抑制病毒粒子在宿主细胞膜表面的释放，从而抑制流感病毒感染新的宿主细胞的过程。

因此要做好个人卫生，多洗手、戴口罩、少在公共场合逗留、室内通风，避免接触病人、尽可能少接触动物。发病初的 72h 内为最佳救治期。

复习与思考题

1. 何为病毒、病毒粒子？病毒区别于其他生物的特点是什么？
2. 病毒粒子包括哪些基本结构？
3. 病毒的繁殖过程分几步来完成的？
4. 噬菌体在生产实践和科学研究中有何意义？
5. 何为亚病毒，主要分几类？

第五章 微生物的营养

1. 掌握微生物所需要的营养物质及其功用。
2. 掌握培养基配制的原则、方法与应用。
3. 了解微生物培养基的种类与微生物的营养类型。
4. 了解物质运输的方式和机理。

第一节 微生物的营养物质和营养类型

一、微生物的营养物质

微生物同其他生物一样,生长过程中,必须从外界环境中吸收各种营养物质以满足其为自身提供能量、合成细胞、调节代谢的需要。

凡能被微生物吸收、利用的物质称为微生物的营养物质。

微生物从环境中吸收营养物质并加以利用的过程称为微生物的营养。

营养物质是微生物合成菌体细胞的基本原料,也是获得能量以及维持其他代谢机能必需的物质基础。要了解微生物吸收何种营养物质,必须了解微生物细胞的化学组成和代谢产物的化学组成。

(一)微生物细胞的化学组成

根据对各类微生物细胞化学成分的分析,发现微生物细胞的化学组成和其他生物没有本质上的差异。从元素上讲,都含有碳、氢、氧、氮、磷、硫、钾、钙、镁、铁等主要化学元素和钼、锌、锰、硼、钴、碘、镍、钒等微量元素,其中碳、氢、氧、氮是组成有机物质的四大元素,占干物质的90%~97%;从化合物水平上讲,都含有水分、糖类、蛋白质、核酸、脂肪、维生素、无机盐等物质,其中微生物含水量为70%~90%,有机物约占细胞干重的98%。表5-1所示为微生物细胞中主要物质的含量表。

表5-1　　　　微生物细胞中主要物质的含量　　　　单位:%

微生物	水分	干物质					
		总量	蛋白质	核酸	糖类	脂类	无机盐类
细菌	75~85	15~25	50~80	10~20	12~28	5~20	1.4~14
酵母菌	70~80	20~30	32~75	6~8	27~63	5~10	7~10
霉菌	85~90	5~15	14~52	1	7~40	4~40	6~12

不同种类的微生物，其化学组成含量有明显差异；同一种微生物，在不同的生长时期及不同的生长条件下，各种元素含量也会有一定的差别。如酵母菌含氮量比霉菌高；幼龄菌含氮量比老龄菌高；海洋微生物细胞中含钠高等。

（二）微生物的营养物质及其生理功能

微生物生长所需要的营养物质主要是以有机物和无机物的形式提供的，小部分由气体物质供给。按营养物质在微生物体中的生理作用可将其分为：水、碳源、氮源、无机盐、生长因子和能源六大类营养要素。

1. 水

水分是微生物细胞的主要组分，也是生命活动必需物质，占鲜重的 70%~90%。

微生物所含水分以游离水和结合水两种状态存在。结合水一般不能流动，不易蒸发，不冻结，不能作为溶剂，也不能渗透，但可维持生命状态；游离水则与之相反，具有一般水的特性，能流动，容易从细胞中排出，并能作为溶剂，帮助水溶性物质进出细胞。微生物细胞游离态水同结合态水的平均比大约是 4:1。

水在细胞中的主要生理功能：①多种物质的溶剂与运输介质，营养物质的吸收与代谢产物的分泌必须以水为介质才能完成；②参与细胞内一系列化学反应；③维持蛋白质、核酸等生物大分子稳定的天然构象和酶的活性；④水是热的良好导体，能有效地吸收代谢过程中产生的热并及时地将热迅速排出体外，从而有效地控制细胞内温度的变化；⑤充足的水分是细胞维持渗透压以及正常形态的重要因素；⑥水还能提供氢、氧元素。

水是微生物生命活动的必需物质，微生物生长用水一般用自来水、井水、河水等即可，如有特殊要求可用蒸馏水。

2. 碳源

为微生物生长提供碳素营养的物质称为碳源。碳源是构成微生物细胞的重要物质，微生物细胞中大约含碳 50%。被吸收后，通过细胞内的一系列化学变化，转化为微生物自身的细胞物质及代谢产物，如糖、脂、蛋白质等。

自然界中碳源种类很多，从简单的无机物 CO_2 和碳酸盐到各类的天然含碳有机化合物都可以作为微生物的碳源（表5-2），但不同的微生物利用含碳物质具有选择性，利用能力有差异。

碳源的生理功能主要有：碳源物质通过复杂的化学变化来构成微生物自身的细胞物质和代谢产物；同时多数碳源物质在细胞内生化反应过程中还能为机体提供维持生命活动的能量，但有些以 CO_2 为唯一或主要碳源的微生物生长所需的能源则不是来自 CO_2。

表 5-2　　　　　　　　　　微生物利用的碳源物质

种类	碳源物质	备注
糖	葡萄糖、果糖、麦芽糖、蔗糖、淀粉、半乳糖、乳糖、甘露糖、纤维二糖、纤维素、半纤维素、甲壳素、木质素等	单糖优于双糖，己糖优于戊糖，淀粉优于纤维素，纯多糖优于杂多糖
有机酸	糖酸、乳酸、柠檬酸、延胡索酸、低级脂肪酸、高级脂肪酸、氨基酸等	与糖类相比效果较差，有机酸较难进入细胞，进入细胞后会导致 pH 下降。当环境中缺乏碳源物质时，氨基酸可被微生物作为碳源利用
醇	乙醇	在低浓度条件下被某些酵母菌和醋酸菌利用
脂	脂肪、磷脂	主要利用脂肪，在特定条件下将磷脂分解为甘油和脂肪酸而加以利用
烃	天然气、石油、石油馏分、石蜡油等	利用烃的微生物细胞表面有一种由糖脂组成的特殊吸收系统，可将难溶的烃充分乳化后吸收利用
CO_2	CO_2	为自养微生物所利用
碳酸盐	$NaHCO_3$、$CaCO_3$、白垩等	为自养微生物所利用
其他	芳香族化合物、氰化物、蛋白质、蛋白胨、核酸等	利用这些物质的微生物在环境保护方面有重要作用。当环境中缺乏碳源物质时，可被微生物作为碳源而降解利用

　　糖类是微生物较易利用的良好碳源和能源物质。在实验室中，葡萄糖最常用，其次是各种有机酸、醇和脂类；在微生物发酵工业中，常利用各种农副产品做廉价碳源，如玉米粉、米糠、麦麸、马铃薯、甘薯以及各种野生植物的淀粉等，这类碳源往往还包含了其他几种营养要素。

　　3. 氮源

　　凡是可以为微生物提供氮素营养的物质通称为氮源。氮源对微生物的生长发育有着重要的意义，微生物细胞中含氮 5%~13%。

　　微生物营养要求的氮素物质可以分为三个类型：

　　（1）分子态氮　只有少数具有固氮能力的微生物（如自生固氮菌、根瘤菌）能利用。

　　（2）无机氮化合物　如铵态氮（NH_4^+）、硝态氮（NO_3^-）和简单的有机氮化物（如尿素），绝大多数微生物可以利用。

　　（3）有机氮化合物　大多数寄生性微生物和一部分腐生性微生物需以有机氮化合物（蛋白质、氨基酸）为必需的氮素营养。尿素要经微生物先分解成 NH_4^+ 以后再加以利用。氨基酸能为微生物直接加以吸收利用。蛋白质等复杂的有机氮化合物则需先经微生物分泌的胞外蛋白酶水解成氨基酸等简单小分子化合物后（胨、肽、氨基酸、嘌呤、嘧啶、脲、酰胺、氰化物等）才能吸收利用。

　　氮源的主要生理功能：微生物利用它在细胞内合成氨基酸和碱基，进而合成蛋白质、核酸等细胞成分，以及含氮的代谢产物。无机的氮源物质一般不提供能量，只有极少数的化能自养型细菌如硝化细菌可利用铵态氮和硝态氮作为氮源和能源。

微生物对氮源的利用具有选择性，如玉米浆相对于豆饼粉，NH_4^+ 相对于 NO_3^- 为速效氮源。铵盐作为氮源时会导致培养基 pH 下降，称为生理酸性盐，而以硝酸盐作为氮源时培养基 pH 会升高，称为生理碱性盐。

在实验室和发酵工业生产中，我们常常以铵盐、硝酸盐、牛肉膏、蛋白胨、酵母膏、鱼粉、血粉、蚕蛹粉、豆饼粉、花生饼粉作为微生物的氮源。

4. 无机盐

无机盐也称矿物质，是微生物生长必不可少的一类营养物质，占微生物干重的 3%~10%。根据微生物对矿质元素需要量的不同，分为常量元素和微量元素。

常量矿质元素是磷、硫、钾、钠、钙、镁和铁等。磷、硫的需要量很大，磷是微生物细胞中许多含磷细胞成分，如核酸、核蛋白、磷脂、三磷酸腺苷（ATP）、辅酶的重要元素；硫是细胞中含硫氨基酸及生物素、硫胺素等辅酶的重要组分。钾、钠、镁是细胞中某些酶的活性基团，并具有调节和控制细胞质的胶体状态、细胞质膜的通透性和细胞代谢活动的功能。

微量元素有钼、锌、锰、钴、铜、硼、碘、镍、溴和钒等，一般在培养基中含有 0.1mg/L 或更少就可以满足需要。

无机盐的主要生理功能：①组成细胞成分的重要元素；②是构成酶的活性基团或酶的激活剂；③具有调节细胞的渗透压，调节酸碱度和氧化还原电位以及能量的转移等作用；④有些自养微生物需要利用无机矿质元素作为能源。

微生物生长所需的无机盐一般有磷酸盐、硫酸盐、氯化物以及含有钠、钾、钙、镁、铁等金属元素的化合物。在制作培养基时，使用天然水如井水、河水或自来水以及其他的天然营养物质时，其中微量元素的含量已经足够，无需添加，过量的微量元素反而对微生物起到毒害作用。

5. 生长因子

生长因子是指微生物生长必需但需要量很少，微生物自身不能合成或合成量不能满足机体生长需要的有机化合物。缺少生长因子就会影响各种酶的活力，新陈代谢就不能正常进行。

根据生长因子的化学结构和它们在机体中生理功能的不同，可将生长因子分为维生素、氨基酸、嘌呤与嘧啶三大类。狭义的生长因子仅指维生素（主要指 B 族维生素）。

生长因子的主要生理功能：①维生素主要是作为酶的辅基或辅酶参与新陈代谢；②有些微生物自身缺乏合成某些氨基酸的能力，因此必须在培养基中补充这些氨基酸或含有这些氨基酸的小肽类物质,微生物才能正常生长;③嘌呤与嘧啶作为生长因子在微生物机体内的作用主要是作为酶的辅酶或辅基,以及用来合成核苷、核苷酸和核酸。

在实验室或实际生产中,培养基中一般不需要添加生长因子,因为通常使用的培养基如牛肉膏、酵母膏、马铃薯、玉米浆等天然培养基中含有足够的生长因子供微生物生长需要。

6. 能源

凡是能够提供微生物最初能量来源的营养物质或辐射能称为能源。微生物对能源的利用比较广泛,不同微生物对能源物质的需求不同。异养微生物,碳源就是能源,微生物主要是利用有机碳化物的分解获取能量;多数自养微生物可以利用光能或无机物氧化作为能源。

$$能源谱\begin{cases}化学能\begin{cases}有机物氧化:化能异养微生物的能源——碳源\\无机物氧化:化能自养微生物的能源——还原态无机物\end{cases}\\辐射能(光能):光能异养微生物、光能自养微生物的能源\end{cases}$$

二、微生物的营养类型

微生物种类繁多,营养类型比较复杂。根据微生物所需的碳源、能源及电子供体性质的不同,可将绝大部分微生物分为光能自养型、光能异养型、化能自养型及化能异养型四种类型,如表 5-3 所示。

表 5-3　　　　　　　　　微生物的营养类型

营养类型	电子供体	碳源	能源	举例
光能自养型	H_2、H_2S、S 或 H_2O	CO_2	光能	着色细菌、蓝细菌、藻类
光能异养型	有机物	有机物	光能	红螺细菌
化能自养型	H_2、H_2S、Fe^{2+}、NH_3 或 NO_3^-	CO_2 CO_3^{2-}	化学能(无机物)	氢细菌、硫杆菌、硝化细菌、铁细菌等
化能异养型	有机物	有机物	化学能(有机物)	多数细菌、放线菌、真核微生物

光能自养型和光能异养型微生物可利用光能生长,在地球早期生态环境的演化过程中起重要作用;化能自养型微生物广泛分布于土壤及水环境中,参与地球物质循环;化能异养型微生物所能利用的有机物通常既是碳源也是能源。

1. 光能自养型

光能自养型也称光能无机自养型,是以光为能源,以 CO_2 为唯一碳源或主要碳源进行生长的微生物。它们能利用无机物如水、硫化氢、硫代硫酸钠或其他无机化合物做供氢体,使 CO_2 固定还原成细胞物质,并且伴随元素氧(硫)的释放。代表性微生物有:微藻类、蓝细菌、紫硫细菌、绿硫细菌等,此类微生物细胞内含有光合色素，能利用光能进行光合作用。

藻类、蓝细菌和光合细菌属于这一类营养类型。

$$CO_2 + H_2O \xrightarrow[\text{叶绿素}]{\text{光能}} [CH_2O] + O_2 \uparrow$$

$$CO_2 + 2H_2S \xrightarrow[\text{菌绿素}]{\text{光能}} [CH_2O] + H_2O + 2S$$

2. 化能自养型

化能自养型也称化能无机自养型，这类微生物利用无机物氧化过程中放出的化学能作为它们生长所需的能量，以 CO_2 或碳酸盐作为的唯一或主要碳源进行生长。利用电子供体如氢气、硫化氢、二价铁离子或亚硝酸盐等使 CO_2 还原成细胞物质。

这类微生物的代表：硫化细菌、硝化细菌、氢细菌与铁细菌等。例如氢细菌：

$$H_2 + \frac{1}{2}O_2 \longrightarrow H_2O + 56.7 kcal$$

亚硝酸细菌：

$$2NH_3 + 3O_2 + 2H_2O \longrightarrow 2HNO_2 + 4H^+ + 4OH^- + 能量$$

$$CO_2 + 4H^+ + 能量 \longrightarrow [CH_2O] + H_2O$$

这一类型的微生物完全可以生活在无机的环境中，分别氧化各自合适的还原态的无机物，从而获得同化 CO_2 所需的能量。

3. 光能异养型

光能异养型也称光能有机营养型，这类微生物以光能为能源，利用有机物作为供氢体，还原 CO_2，合成细胞的有机物质。

红螺属的一些细菌就是这一营养类型的代表：

$$2(CH_3)_2CHOH + CO_2 \xrightarrow[\text{光合色素}]{\text{光能}} 2CH_3COCH_3 + [CH_2O] + H_2O$$

深红螺菌利用异丙醇作为供氢体，进行光合作用并积累丙酮，光能有机营养型细菌在生长时通常需要外源的生长因子。

4. 化能异养型

化能异养型也称化能有机营养型，此类微生物生长所需的能源和碳源都来自于有机物，如淀粉、糖类、纤维素、有机酸等，其能源来自这些有机物氧化过程放出的化学能。

目前在已知的微生物中大多数属于化能有机营养型：绝大多数的细菌、全部放线菌、全部真菌、原生动物以及病毒。

如果化能有机营养型微生物利用的有机物不具有生命活性，则是腐生型，如引起腐败的梭状芽孢杆菌、毛霉、根霉、曲霉等；若是生活在活细胞内从寄生体内获得营养物质，则是寄生型，如病毒、噬菌体、立克次氏体，它们是引起人、动物、植物以及微生物病害的病原微生物。

营养类型的划分并非是绝对的。绝大多数异养型微生物也能吸收利用CO_2，可以把CO_2加至丙酮酸上生成草酰乙酸，这是异养生物普遍存在的反应。因此，划分异养型微生物和自养型微生物时的标准不在于它们能否利用CO_2，而在于它们是否能利用CO_2作为唯一的碳源或主要碳源。在自养型和异养型之间、光能型和化能型之间还存在一些过渡类型。例如氢细菌就是一种兼性自养型微生物类型，在完全无机的环境中进行自养生活，利用氢气的氧化获得能量，将CO_2还原成细胞物质；但如环境中存在有机物质时又能直接利用有机物进行异养生活。

第二节 微生物对营养物质的吸收

微生物对营养的吸收和动植物不一样，它们没有专门的摄食器官。它们对营养物质的吸收和代谢物的排出，是通过细胞的表面来完成。

影响营养物质通过细胞表面进入细胞的因素主要有三个：

一是营养物质本身的性质。相对分子质量、溶解性、电负性、极性等都影响营养物质进入细胞的难易程度。

二是微生物所处的环境。温度、细胞内外物质的浓度、pH等都会影响营养物质的吸收。

三是微生物细胞的透过屏障。所有微生物都具有一种保护机体且能限制物质进出细胞的透过屏障，主要由细胞膜、细胞壁、荚膜及黏液层等组成。其中细胞膜在控制物质进入细胞的过程中起着更为重要的作用，它为半透性膜，对跨膜运输的物质具有选择性。

根据物质跨膜运输过程的特点，可将物质的运输方式分为单纯扩散、促进扩散、主动运输、基团转位等。

一、单纯扩散

单纯扩散也称被动运输，是营养物质通过细胞膜上的小孔，由高浓度环境向低浓度环境进行扩散的过程。此过程为纯粹的物理过程，在扩散过程中不消耗能量，不能逆浓度梯度运输，物质扩散的动力是膜内外的浓度差。单纯扩散是细胞内外物质交换最简单的一种方式。

通过单纯扩散进入细胞的物质主要是一些小分子物质，如一些气体（O_2、CO_2）、水、某些无机离子及一些水溶性小分子（甘油、乙醇等）。

二、促进扩散

促进扩散也称帮助扩散，是营养物质与细胞质膜上的特异性载体蛋白结合，从高浓度环境进入低浓度环境的物质运输过程。此过程同样不需消耗能量，不能逆浓度梯度运输，物质扩散的动力是膜内外的浓度差但需载体蛋白参与。特异性载体蛋白，具有较高的专一性，与被运输物质存在一种亲和力，而且这种亲和力胞外大而胞内小；通过被运输物质与相应载体之间亲和力的大小变化，使该物质与载体发生可逆性的结合与分离，导致物质穿过原生质膜进入细胞（图5-1）。被运输物质与载体之间亲和力大小变化是通过载体分子的构象变化而实现的。参与促进扩散的载体蛋白虽能促进物质进行跨膜运输，但自身在这个过程中不发生化学变化，而且在促进扩散中载体只影响物质的运输速率，并不改变该物质在膜内外形成的动态平衡状态，这些性质都类似于酶的作用特征，因此载体蛋白也称为渗透酶。渗透酶大多是诱导酶，只有在环境中存在机体生长所需的营养物质时，相应的渗透酶才合成，从而提高物质的运送速度。

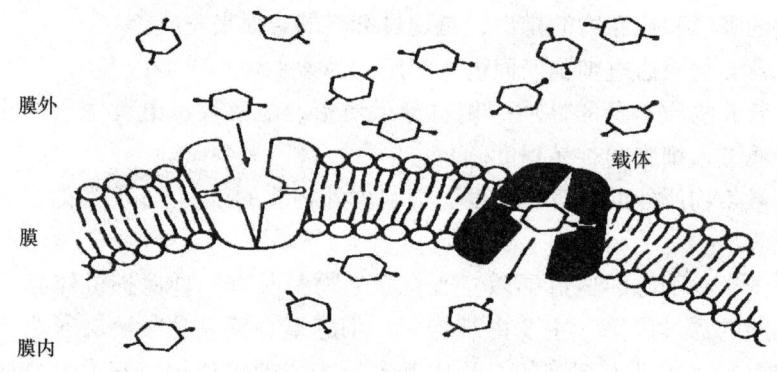

图5-1 促进扩散示意图

通过促进扩散吸收的物质主要有各种单糖、氨基酸、维生素、无机盐等。

三、主动运输

主动运输是广泛存在于微生物中的一种主要的物质运输方式。其特点是需要消耗能量，在能量的推动下与细胞质膜上的特异蛋白结合，逆浓度梯度运输。主动运输与促进扩散类似之处在于物质运输过程中同样需要载体蛋白，载体蛋白通过构象变化而改变与被运输物质间的亲和力大小，使两者之间发生可逆性结合与分离，从而完成相应物质的跨膜运输（图5-2）；区别在于主动运输过程中的载体蛋白构象变化需要消耗能量，可逆浓度梯度运输。主动运输可使微生物在营养缺乏的情况下，积累营养物质。

通过主动运输吸收的物质很多，离子、糖类、氨基酸类等。

四、基团转位

基团转位主要存在于厌氧型和兼性厌氧型细菌中，是微生物营养吸收过程中一种特殊的运输方式。在营养物质吸收过程中，不仅需要特异性载体蛋白、消耗能量，主要是营养物质发生化学变化，这是与主动运输关键性的区别。如许多糖及其糖的衍生物在运输中由细菌的磷酸转移酶系催化，使其磷酸化，磷酸基团被转移到它们分子上，以磷酸糖的形式进入细胞。由于质膜对大多数磷酸化合物无透性，磷酸糖一旦形成便被阻挡在细胞以内了，从而使糖浓度远远超过细胞外。

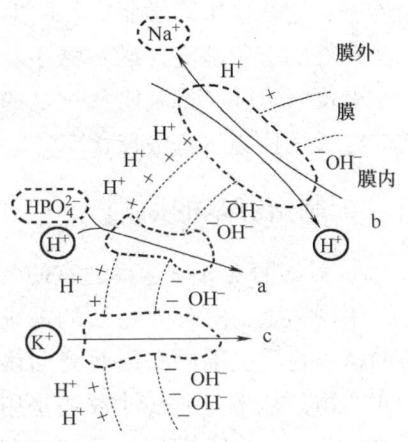

图 5-2　主动运输示意图

这种运输过程的磷酸转移酶系统包括酶Ⅰ、酶Ⅱ和热稳定蛋白（HPr）。酶Ⅰ是非特异性的，它们对许多糖都一样起作用；酶Ⅱ是膜上的结构酶（载体蛋白），它对某一种糖具有特异性，起着渗透酶和磷酸转移酶的作用；HPr 是热稳定的可溶性蛋白质，它在细胞内能够在酶Ⅰ的作用下接受磷酸烯醇式丙酮酸（PEP）的磷酸基形成 HPrP。当膜外的糖开始运输时，首先与酶Ⅱ形成结合并进行运转，当糖被运送到细胞膜内表面时，被 HPrP 激活，糖接受磷酸基并被释放到细胞膜内（图 5-3）。

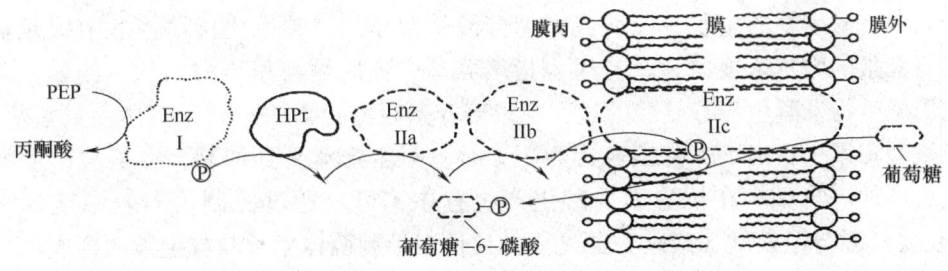

图 5-3　基团转位示意图

第三节　培养基

培养基是指人工配制而成的适合微生物生长繁殖和积累代谢产物所需要的营养基质。无论是研究微生物还是利用微生物，都必须配制适宜微生物生长的培养基,它是微生物学研究和微生物发酵生产的基础。

良好的培养基应含满足微生物生长发育的各种营养源,同时还要注意适宜的酸碱度(pH)、碳氮比及一定的氧化还原电位和合适的渗透压等,可使微生物的生长和代谢达到最佳状态。

一、配制培养基的原则

1. 目的明确——选择适宜的营养物质

不同微生物对营养物质的需求不同;同一种微生物,培养的目的不同,所需的营养物质也不同。因此要明确培养什么微生物:是为了获得菌体还是哪种代谢产物;是为了观察计数还是用于测定理化性质等。根据不同的菌种及其不同的培养目的确定搭配的营养成分及营养比例。例如要培养菌体,就要增加培养基的含氮量;培养自养型微生物,培养基完全可以由简单的无机物组成。

不同类型、不同种类的微生物,所需的培养基各不相同,尽管营养源的种类大致相同。在实验室中常用牛肉膏蛋白胨培养基(或简称普通肉汤培养基)培养细菌;用高氏Ⅰ号合成培养基培养放线菌;培养酵母菌一般用麦芽汁培养基(或马铃薯培养基);培养霉菌则一般用查氏合成培养基(或马铃薯培养基)。

2. 营养协调——营养物质的浓度、配比合适

除选择适宜的营养物质外,培养基中营养物质浓度、各营养物质之间的浓度配比也直接影响微生物的生长繁殖和代谢产物的形成和积累,其中碳氮比(C/N)的影响较大。营养物质浓度过低时不能满足微生物正常生长所需,浓度过高时则可能对微生物生长起抑制作用。例如高浓度糖类物质、无机盐等不仅不能维持和促进微生物的生长,反而起到抑菌或杀菌作用。碳氮比指培养基中碳元素与氮元素的摩尔浓度之比,有时也指培养基中还原糖与粗蛋白之比。例如,在利用微生物发酵生产谷氨酸的过程中,培养基碳氮比为4/1时,菌体大量繁殖,谷氨酸积累少;当培养基碳氮比为3/1时,菌体繁殖受到抑制,谷氨酸产量则大量增加。再如,在抗生素发酵生产过程中,可以通过控制培养基中速效氮(或碳)源与迟效氮(或碳)源之间的比例来控制菌体生长与抗生素的合成。

3. 条件适宜——pH、渗透压等控制

(1) pH 在微生物生长代谢过程中,由于营养物质不断被分解利用和代谢产物逐渐生成与积累,培养基的pH也在不断发生变化,若不对培养基pH条件进行控制,往往导致微生物生长速度下降和代谢产物产量下降。为了尽可能地减缓在培养过程中pH的变化,在配制培养基时,要加入一定的缓冲物质,常用的缓冲物质主要有以下两类:①磷酸盐类(KH_2PO_4和K_2HPO_4组成的混合物)。这是以缓冲液的形式发挥作用的,通过磷酸盐的不同程度的解离,对培养基的pH的变化起到缓冲作用。②碳酸钙。这类缓冲物质是以"备用碱"的方式发挥

缓冲作用的，碳酸钙在中性条件下的溶解度极低，加入到培养基后，由于其在中性条件下几乎不解离，所以不影响培养基的 pH 的变化。当微生物生长，培养基的 pH 下降时，碳酸钙就不断地解离，游离出碳酸根离子，碳酸根离子不稳定，与氢离子形成碳酸，最后释放出 CO_2，在一定程度上缓解了培养基 pH 的降低。

微生物一般都有它们适宜生长的 pH 范围，细菌的最适 pH 一般在 pH 7～8，放线菌要求 pH 7.5～8.5，酵母菌要求 pH 3.8～6.0，霉菌的适宜 pH 为 4.0～5.8。

（2）渗透压　由于微生物细胞膜是半通透膜，所以培养基的渗透压对营养物质的吸收有直接影响。当环境中的渗透压低于细胞原生质的渗透压时，就会出现细胞膨胀，轻者影响细胞的正常代谢，重者出现细胞破裂；当环境渗透压高于原生质的渗透压时，导致细胞皱缩，细胞膜与细胞壁分开，即所谓质壁分离现象。只有在等渗条件下最适宜微生物的生长。

4. 经济节约——选择廉价原料

在配制培养基时，应尽量利用廉价且易于获得（就地取材）的原料。特别是在发酵工业中，培养基用量很大，利用低成本的原料更体现出其经济价值。例如，在微生物单细胞蛋白的工业生产过程中，常常利用糖蜜（制糖工业中含有蔗糖的废液）、乳清（乳制品工业中含有乳糖的废液）、豆制品工业废液及黑废液（造纸工业中含有戊糖和己糖的亚硫酸纸浆）等可作为培养基的原料。再如，工业上的甲烷发酵主要利用废水、废渣作原料，而在我国农村，已推广利用人畜粪便及禾草为原料发酵生产甲烷。另外，大量的农副产品或制品，如谷皮、米糠、玉米浆、酵母浸膏、酒糟、豆饼、花生饼、蛋白胨、淀粉渣等都是常用的发酵工业原料。

5. 灭菌处理——选择适宜方法

要培养某一种微生物，必须避免杂菌污染，对培养基及周围环境，进行严格的灭菌。

二、培养基的类型及其应用

不同微生物，培养基不同；同一种微生物，培养目的不同，对培养基的要求也不同。因此，培养基的种类很多。根据培养基的成分来源、物理状态和用途可将培养基分成多种类型。

（一）按培养基成分来源不同分类

1. 天然培养基

天然培养基是利用天然有机物（动植物）配制而成，化学成分不完全清楚或化学成分不恒定，也称非化学限定培养基。它们的优点是取材广泛，营养全面而丰富，制备方便，价格低廉；缺点是成分复杂，每批成分不稳定。

牛肉膏、蛋白胨、麸皮、马铃薯、玉米浆、麦芽汁、豆饼等都属天然培养基原料。

天然培养基除在实验室经常使用外，也适于用来进行工业上大规模的微生物发酵生产，应用广泛。

2. 合成培养基

合成培养基是利用已知成分和数量的化学试剂配制而成的培养基，也称化学限定培养基。此类培养基优点是成分精确，量易控制；缺点是配制合成培养基时重复性强，微生物生长缓慢，成本较高。

一般用于实验室进行营养代谢、分类鉴定和选育菌种等要求较高的定性、定量测量和研究等工作。高氏Ⅰ号培养基和查氏培养基就属于此种类型。

3. 半合成培养基

半合成培养基是由部分天然有机物和部分化学试剂配制的培养基。通常该培养基营养物质全面，可根据要求添加一些特别需求的营养物质，能使目的微生物生长良好。如马铃薯葡萄糖培养基。

（二）根据培养基物理状态分类

根据培养基中凝固剂的有无及含量的多少，可将培养基划分为液体培养基、固体培养基、半固体培养基三种类型。

1. 液体培养基

液体培养基是将各种营养物质溶于定量的水中，配制成的均匀的营养液。该培养基有利于微生物的生长和积累代谢产物，常用于大规模工业化生产和实验室内微生物的基础理论和应用方面的研究。

2. 固体培养基

固体培养基是指在液体培养基中加入一定量凝固剂，使其成为固体状态的培养基。理想的凝固剂应具备以下条件：①不被所培养的微生物分解利用；②在微生物生长的温度范围内保持固体状态（凝固点温度不能太低）；③凝固剂对所培养的微生物无毒害作用；④凝固剂在灭菌过程中不会被破坏；⑤透明度好，黏着力强；⑥配制方便且价格低廉。常用的凝固剂有琼脂、明胶和硅胶。

对绝大多数微生物，琼脂是最理想的凝固剂。琼脂是从藻类（海产石花菜）中提取的一种高度分支的复杂多糖；明胶是由胶原蛋白制备得到的产物，是最早用来作为凝固剂的物质，但由于其凝固点太低，而且某些细菌和许多真菌产生的非特异性胞外蛋白酶以及梭菌产生的特异性胶原酶都能液化明胶，目前已较少作为凝固剂；硅胶是由无机的硅酸钠（Na_2SiO_3）及硅酸钾（K_2SiO_3）被盐酸及硫酸中和时凝聚而成的胶体，它不含有机物，适合配制分离与培养自养型微生物的培养基。表5-4所示为琼脂与明胶的主要特征比较。

表 5-4　　　　　　　　　　　琼脂与明胶主要特征比较

内容	琼脂	明胶
常用浓度/%	1.5~2	5~12
熔点/℃	96	25
凝固点/℃	40	20
微生物利用能力	绝大多数微生物不能利用	许多微生物能利用

除在液体培养基中加入凝固剂制备的固体培养基外，一些由天然固体基质制成的培养基也属于固体培养基。例如，由马铃薯块、胡萝卜条、小米、麸皮及米糠等制成固体状态的培养基就属于此类。如生产酒的酒曲，生产食用菌的棉子壳培养基。

固体培养基一般是在实验室中，制成培养微生物的平板或斜面。常用来进行微生物的分离、鉴定、活菌计数及菌种保藏等。

3. 半固体培养基

半固体培养基是指凝固剂的含量比固体培养基少，培养基中琼脂含量一般为 0.2%~0.7%。半固体培养基常用来观察微生物的运动特征、分类鉴定及噬菌体效价滴定等。

（三）按培养基用途不同分类

1. 基础培养基

尽管不同微生物的营养需求各不相同，但大多数微生物所需的基本营养物质是相同的。基础培养基是指含有一般微生物生长繁殖所需的基本营养物质的培养基。牛肉膏蛋白胨培养基、高氏Ⅰ号培养基、马铃薯培养基等都是最常用的基础培养基。基础培养基也可以作为一些特殊培养基的基础成分，再根据某种微生物的特殊营养需求，在基础培养基中加入所需营养物质。

2. 加富培养基

加富培养基也称营养培养基，是根据微生物特殊营养要求，在基础培养基中加入某些特殊营养物质，利于微生物快速生长的一类营养丰富的培养基。这些特殊营养物质包括血液、血清、酵母浸膏、动植物组织等。如培养百日咳博德氏菌，需要含有血液的加富培养基；培养纤维素分解细菌，需在培养基中加入纤维素粉。加富培养基还可以用来富集和分离某种微生物，这是因为加富培养基含有某种微生物所需的特殊营养物质，该种微生物在这种培养基中较其他微生物生长速度快，并逐渐富集而占优势，逐步淘汰其他微生物，从而容易达到分离该种微生物的目的。

3. 选择培养基

选择培养基是在基础培养基中加入抑制杂菌生长的某种化学物质的培养基。通过抑制杂菌生长，而实现目标菌从培养基中分离的目的。该种培养基对某种微生物有严格的选择作用。如 SS 琼脂培养基，由于加入胆盐等抑制剂，对沙门菌等肠道致病菌无抑制作用，而对其他肠道细菌有抑制作用；马丁琼脂培养基，加入一定量的链霉素，可抑制土壤中的细菌、放线菌生长，从而选择分离真菌。从某种意义上讲，选择培养基类似加富培养基，两者区别在于，加富培养基是用来增加所要分离的微生物的数量，使其形成生长优势，从而分离到该种微生物；选择培养基则一般是抑制不需要的微生物的生长，使所需要的微生物增殖，从而达到分离所需微生物的目的。

4. 鉴别培养基

鉴别培养基是在培养基中加入某种特殊化学物质，在微生物生长过程中，产生的某种代谢产物，可以与培养基中的特殊化学物质发生特定的化学反应，产生明显的特征性变化，根据这种特征性变化，可将该种微生物与其他微生物区分开来。鉴别培养基主要用于微生物的快速分类鉴定，以及分离和筛选产生某种代谢产物的微生物菌种。是常用于鉴别不同类型微生物的培养基。如伊红美蓝培养基，用于鉴别食品中的大肠杆菌，大肠杆菌存在，其代谢产物与伊红、美蓝结合，使菌落呈深紫色并带有金属光泽。表 5-5 列举了几种常用鉴别培养基。

表 5-5　　　　　　　　　常用鉴别培养基

培养基名称	加入化学物质	微生物代谢产物	培养基特征性变化	主要用途
酪素培养基	酪素	胞外蛋白酶	蛋白水解圈	鉴别产蛋白酶菌株
明胶培养基	明胶	胞外蛋白酶	明胶液化	鉴别产蛋白酶菌株
油脂培养基	食用油、吐温、中性红指示剂	胞外脂肪酶	由淡红色变成深红色	鉴别产脂肪酶菌株
淀粉培养基	可溶性淀粉	胞外淀粉酶	淀粉水解圈	鉴别产淀粉酶菌株
H_2S 试验培养基	醋酸铅	H_2S	产生黑色沉淀	鉴别产 H_2S 菌株
糖发酵培养基	溴甲酚紫	乳酸、醋酸、丙酸等	由紫色变成黄色	鉴别肠道细菌
远藤氏培养基	碱性复红亚硫酸钠	酸、乙醛	带金属光泽深红色菌落	鉴别水中大肠菌群
伊红美蓝培养基	伊红、美蓝	酸	带金属光泽深紫色菌落	鉴别水中大肠菌群

5. 生产用培养基

生产用培养基通常分为三种：孢子培养基、种子培养基、发酵培养基。

孢子培养基是用来使菌种产生孢子的培养基。孢子易于保存，不易变异；因此生产上常常需要培养一些优良孢子。根据适宜孢子生长的条件，孢子培养基一般是固体，营养不能太丰富，尤其是氮源，湿度不宜太大。

种子培养基是使孢子萌发、繁殖，产生大量菌体的培养基。该培养基是为了获得数量多、质量好的健壮菌体，因此需要营养丰富、全面，尤其氮源、维生素量要足，易吸收。注意选择适宜菌体生长繁殖的条件。有固体、液体两种。

发酵培养基是生产中能使微生物积累大量代谢产物的培养基。该培养基的目的是使微生物快速、最大量的产生代谢产物。发酵培养基要求营养及成分总量较高，碳氮比要适宜，一般还可根据实际需要添加一些特定元素、促进剂、抑制剂等。工业生产中，注意原料成本计算，注意发酵性能和发酵条件的控制，有固体、液体两种。

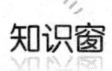

琼脂——从餐桌到试验台的凝固剂

利用固体培养基分离培养微生物的技术，首先是由德国细菌学家罗伯特·科赫及其助手建立的。

最早用来培养微生物的人工配制的培养基是液态的。用液体培养基分离并获得微生物非常困难，需要大量稀释，工作繁琐，易被污染。

1881年，科赫发表论文介绍利用马铃薯片分离微生物的方法，其做法是：用灼烧灭菌的刀片将煮熟的马铃薯切成片，然后用针尖挑取微生物样品在马铃薯片表面划线接种，经培养后可获得微生物的纯培养。上述方法的缺点是一些细菌在马铃薯培养基上生长状态较差。

几乎同时，科赫的助手 Prederick Loeffier 发展了利用肉膏蛋白胨培养基培养病原细菌的方法，科赫决定采取方法固化此培养基。科赫是一个业余摄影家，是他首先拍出细菌的显微照片，具有利用银盐和明胶制备胶片的丰富经验。科赫将其制备胶片方面的知识应用到微生物学研究方面，他将明胶和肉膏蛋白胨培养基混合后铺在玻璃平板上，让其凝固，然后采取在马铃薯片表面划线接种的同样方法在其表面接种微生物，获得纯培养。但由于明胶熔点低，而且容易被一些微生物分解利用，其使用受到限制。

有意思的是，科赫一名助手的妻子 Fannie Eilshemius Hesse，具有丰富的厨房经验，当她听说明胶作为凝固剂遇到的问题后，提议以厨房中用来做果胨的琼脂代替明胶。1882年，琼脂就开始作为凝固剂用于固体培养基的配制，于是琼脂从餐桌走向了实验台，为微生物学发展起到重要作用，一百多年来，一直延用至今，是制备培养基最好的凝固剂。

复习与思考题

1. 解释名词：营养物质，碳源，氮源，能源，培养基。
2. 微生物主要有哪些营养素？功能是什么？
3. 微生物的营养类型有哪几种？划分依据是什么？
4. 简述培养基的配置原则。
5. 根据培养基的成分来源、物理状态和用途可将培养基分成哪些类型？举例说明。
6. 固态培养基常用凝固剂有哪几种？熔点、凝固点是多少？各有什么优缺点？

第六章 微生物的生长及控制

1. 掌握纯培养的概念与分离方法；掌握无菌操作技术。
2. 掌握常用的有害微生物控制方法。
3. 熟悉微生物生长的测定方法。
4. 熟悉微生物群体生长的规律及其生产意义。
5. 了解消毒灭菌的基本概念和主要方法。
6. 了解微生物生长的重要环境因素，控制微生物生长的作用机理及其在食品工业中的应用。

第一节 微生物的生长与培养

生物细胞在适宜的环境条件下，不断将吸收的营养物质转化为自身的物质和能量，使菌体的质量增加、体积增大，这个过程称为微生物的生长。当微生物生长到一定程度，通过特定的方式产生新的生命体，使个体的数目增加，称为繁殖。

一般微生物学中提到的生长主要指群体生长（群体生长＝个体生长＋个体繁殖）。以群体改变为指标，反映微生物的生长情况，这样更利于对微生物的观察、研究。

一、微生物的纯培养

自然界中微生物分布很广，而且都是混杂地生活在一起。要想研究或利用某一种微生物，必须把它与其他微生物分离开来。在无菌条件下，通过分离、培养获得一种微生物的过程，称为纯培养。纯培养物是指从一个细胞或同种细胞群繁殖得到的后代。

（一）无菌技术

微生物个体微小，无处不在。纯培养过程中必须随时注意，防止其他微生物的混入。在分离、转接及培养纯培养物时，防止被其他微生物污染的技术称为无菌技术。它是保证微生物研究及纯种微生物发酵正常进行的关键。

1. 微生物培养的常用器具及其灭菌

试管、玻璃烧瓶、平皿等是最为常用的微生物培养器具，在使用前必须先包扎、灭菌。培养基可以加到器皿中后一起灭菌，也可在单独灭菌后加到无菌的器具中。最常用的灭菌方法是高压蒸汽灭菌，它可以杀灭所有的生物，包括最耐热的某些微生物的休眠体，同时可以基本保持培养基的营养成分不被破坏。玻璃器皿也可采用高温干热灭菌。为了防止杂菌，特别是空气中的杂菌污染，试管及玻璃烧瓶都需采用适宜的塞子塞口，通常采用棉花塞，也可采用各种金属、塑料及硅胶帽，它们只可让空气通过，而空气中的其他微生物不能通过。

2. 接种操作

用接种环或接种针分离微生物。把微生物由一个培养器皿转接到另一个培养器皿进行培养，是微生物研究中最常用的基本操作。由于打开器皿就可能引起器皿内部被环境中的其他微生物污染，因此微生物实验的所有操作均应在无菌条件下进行，其要点是在火焰附近（无菌区）进行熟练的无菌操作，或在无菌箱或操作室内无菌的环境下进行操作。操作箱或操作室内的空气可在使用前一段时间内用紫外灯或化学药剂灭菌。

接种环及接种针，一般采用易于迅速加热和冷却的镍铬合金等金属制备，使用时用火焰灼烧灭菌。转移液体培养物可采用无菌吸管或移液枪。

（二）分离技术

1. 平板划线分离法

将无菌固体培养基熔化再冷却至 45~50℃，以无菌操作方式倒入培养皿中（倒入量 15~20mL，均匀），凝固后即为无菌平板。用接种环以无菌操作蘸取少许待分离的材料，在无菌平板表面进行平行划线、扇形划线或其他形式的连续划线，微生物细胞数量将随着划线次数的增加而减少，并逐步分散开来，如果划线适宜的话，微生物能一一分散，经培养后，可在平板表面得到单菌落。图 6-1 所示为几种常用的划线方法。

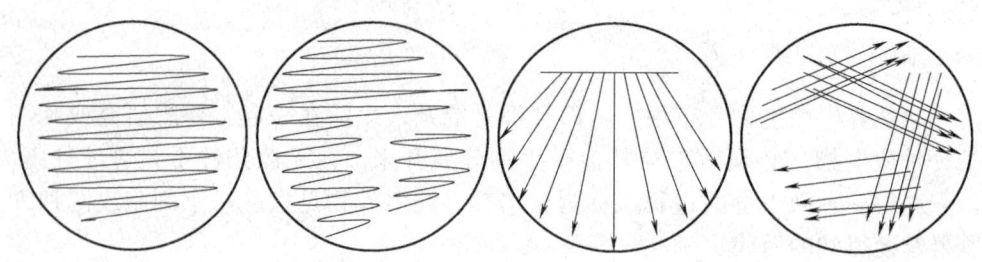

图 6-1 常用的几种划线方法

2. 稀释倒平板法

先将待分离的材料用无菌水作一系列的稀释（如 1∶10、1∶100、1∶1000、1∶10000 …），然后分别取不同稀释液少许，与已熔化并冷却至 45~50℃ 的琼脂培养基混合，摇匀后，倾入灭过菌的培养皿中，待琼脂凝固后，制成可能含菌的琼脂平板，保温培养一定时间即可长出菌落。如果稀释得当，在平板表面或琼脂培养基中就可出现分散的单个菌落，这个菌落可能就是由一个细菌细胞繁殖形成的。随后挑取该单个菌落，重复以上操作数次，便可得到纯培养。

3. 稀释平板涂布法

由于将含菌材料先加到还较烫的培养基中再倒平板易造成某些热敏感菌的死亡，而且采用稀释倒平板法也会使一些严格好氧菌因被固定在琼脂中间缺乏氧气而影响其生长，因此在微生物研究中更常用的纯种分离方法是稀释平板涂布法。其做法是先将已熔化的培养基倒入无菌平皿，制成无菌平板，冷却凝固后，将一定量的某一稀释度的样品悬液滴加在平板表面，再用无菌玻璃涂棒将菌液均匀分散至整个平板表面，经培养后挑取单个菌落。图6-2所示为涂布与划线分离菌种的效果图。

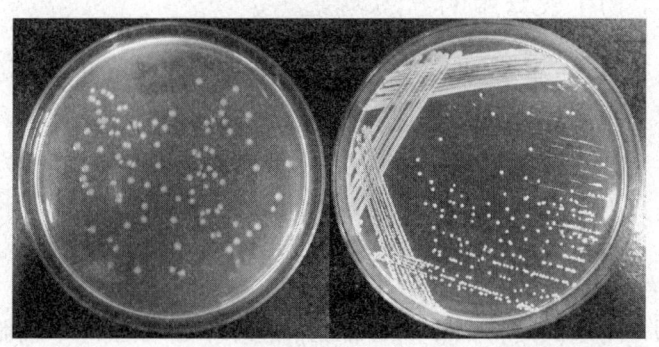

图6-2 涂布与划线分离菌种效果图

4. 单细胞分离法

在显微镜下从混杂群体中直接分离单个细胞或单个个体进行培养以获得纯培养，称为单细胞（单孢子）分离法。在显微镜下使用单孢子分离器进行机械操作，挑取单孢子或单细胞进行培养。也可以采用特制的毛细管在载玻片的琼脂涂层上选取单孢子并切割下来，然后移到合适的培养基进行培养。单细胞分离法操作技术要求较高，多用于高度专业化的科学研究。

5. 利用选择性培养基分离法

各种微生物对不同的化学试剂、染料、抗生素等具有不同的抵抗能力，利用这些特性可配制合适某种微生物而限制其他微生物生长的选择培养基，用它来培养微生物以获得纯培养物。

另外，还可以将样品预处理，消除不希望分离到的微生物。如加温杀死营养菌体而保留芽孢，过滤去除丝状菌体而保留单孢子。

（三）微生物纯培养方法

不同微生物培养方法不同，根据微生物种类、培养目的不同，选择不同的培养方法。无论哪种方法培养,一定要注意防止污染。

1. 选择合适培养基

培养基类型选择,营养搭配选择,都要根据菌种的种类及培养目的而定。如大部分好氧菌和真菌的培养,用固体培养基(普通平板或斜面)都会取得较好的培养效果,这种培养方式可以得到充足的氧气;厌氧菌的培养可以在固体培养基内培养,也可在液体培养基内培养,要注意氧气的清除和避氧。

2. 选择培养条件(温度)

大多数条件在培养基配制时已经注意到,这里主要指培养温度。不同微生物都有最适生长温度,如果培养微生物营养体,最适温度是质量的保证。细菌类微生物最适温度一般在37℃左右;放线菌、霉菌、酵母菌一般在28℃左右。

二、测定微生物生长繁殖的方法

通过微生物生长的测定可以客观地评价培养条件、营养物质等对微生物生长的影响,或评价不同的抗菌物质对微生物产生抑制(或杀死)作用的效果。因此微生物生长的测量在理论上和实践上都有着重要的意义。

微生物生长情况可以通过测定单位时间里微生物数量或生物量的变化来评价。常用测定方法有计数、重量测定和生理指标测定等方法。

(一) 计数法

计数法通常用来测定样品中所含细菌、孢子、酵母菌等单细胞微生物的数量。计数法又分为直接计数和间接计数两类。

1. 直接计数

直接计数法是利用特定的细菌计数板或血细胞计数板,将一定稀释度的菌悬液加到计数板的计数室内,在显微镜下计算一定容积里菌悬液中微生物的数量。此法的优点是简便、快捷,缺点是不能区分死菌与活菌,所以也称全菌计数。计数板是一块特制的载玻片,上面有一个特定的面积$1mm^2$和高$0.1mm$的计数室,在$1mm^2$的面积里又被刻划成25个(或16个)中格,每个中格进一步划分成16个(或25个)小格,计数室都是由400个小格组成。

将稀释的样品滴在计数板上,盖上盖玻片,然后在显微镜下计算4~5个中格的细菌数,并求出每个小格所含细菌的平均数,再按下面公式求出每毫升样品所含的细菌数。

$$每毫升原液所含细菌数 = 每小格平均细菌数 \times 400 \times 10000 \times 稀释倍数$$

2. 间接计数法

间接计数法又称活菌计数法或平板菌落计数法。将待测样品经一系列10倍稀释,然后选择三个稀释度的菌液,分别取一定量(0.2mL)接种到琼脂平板培养基上进行培养,长出菌落后,根据长出的菌落数,利用如下公式计算：

每毫升原菌液活菌数＝同一稀释度三个以上重复平皿菌落平均数×稀释倍数/平板菌液接种量

（二）比浊法

比浊法原理是在一定范围内，菌悬液中细胞浓度与混浊度成正比，即与光密度成正比。因此可以借助于分光光度计，在一定波长下，测定菌悬液的光密度，以光密度表示菌量。实验测量时一定要控制在菌浓度与光密度成正比的线性范围内，否则不准确。

（三）称重法

称重法是直接称量微生物样品的干重或湿重。将一定体积的样品通过离心或过滤将菌体分离出来，经洗涤，再离心后直接称重，即湿重；于105℃烘干至恒重，取出放入干燥器内冷却，再称量，即干重。如果是丝状体微生物，过滤后用滤纸吸去菌丝之间的自由水，再称重求出湿重。此法直接可靠，适用于单细胞、多细胞微生物。

（四）含氮测量法

含氮测量法是通过测定细胞中蛋白质含量，反映细胞物质的量。蛋白质是细胞的主要成分，含量也比较稳定，其中氮是蛋白质的重要组成元素。从一定体积的样品中分离出细胞，洗涤后，按凯氏定氮法测出总氮量。蛋白质含氮量为16%，细菌中蛋白质含量占细菌固形物的50%～80%，一般以65%为代表。因此总含氮量与蛋白质总量之间的关系可按下列公式计算：

$$蛋白质总量 = 含氮量 \times 6.25$$

$$细胞总量 = 蛋白质总量 \div 65\% \approx 蛋白质总量 \times 1.54$$

此种方法较繁琐，主要用于研究工作。

三、微生物生长的规律

前面提到微生物学中微生物的生长主要指群体生长，群体生长规律的把握，对微生物的培养及工业生产有着极其重要意义。

（一）微生物的同步生长

微生物群体中每个个体可能分别是处于个体生长的不同阶段，因而它们的生长、生理与代谢活性等特性不一致，出现生长与分裂不同步的现象，这种现象严重影响微生物菌体或发酵代谢产物的收得率。为了使群体中不同步的细胞转变成能同时进行生长或分裂的群体细胞而采用的培养方式，称为同步培养。以同步培养方法使群体细胞能处于同一生长阶段，并同时进行分裂的生长方式称为同步生长。同步培养物常被用来研究在单个细胞上难以研究的生理与遗传特性和作为工业发酵的种子。

同步培养方法很多，主要可归纳为两大类。

1. 机械方法

根据微生物细胞在不同生长阶段的细胞体积与质量或根据它们同某种材料结合能力不同的原理设计出来的方法。其中常用的有：

（1）离心法　将不同步的细胞培养物悬浮在不被这种细菌利用的糖或葡聚糖的溶液里，通过密度梯度离心将不同细胞分布成不同的细胞带，每一细胞带的细胞大致是处于同一生长期的细胞，分别将它们取出进行培养，就可以获得同步细胞。

（2）过滤法　将不同步的细胞培养物通过孔径大小不同的微孔滤器，从而将大小不同的细胞分开，分别将滤液中的细胞取出进行培养，获得同步细胞。

（3）膜洗脱法　将菌悬液通过垫有硝酸纤维素滤膜的过滤器，细菌能紧紧结合到硝酸纤维素滤膜上，然后翻转滤膜，用新鲜培养基冲洗，新分裂产生的细菌不易与膜结合被洗下，分步收集并通过培养获得同步细胞。

2. 条件诱导法

根据细菌生长与分裂对环境因子要求不同的原理，设计的一类获得同步细胞的方法。

（1）温度控制　最适生长温度有利于细菌生长与分裂，不适宜温度如低温不利于细菌生长与分裂。通过低温培养，使分裂缓慢的细胞逐渐赶上其他细胞，在通过适宜温度培养可获得同步细胞。

（2）培养基成分控制　培养基中的碳源、氮源或生长因子不足，可导致细菌缓慢生长直至生长停止。因此将不同步的细菌在营养不足的条件下培养一段时间，然后转移到营养丰富的培养基里培养，能获得同步细胞。也可以将不同步的细胞转接到含有一定浓度的，能抑制蛋白质等生物大分子合成的化学物质如抗生素的培养基里，培养一段时间后，再转接到完全培养基里培养也能获得同步细胞。

（二）细菌群体生长曲线及其对生产实践的指导意义

我们把少量纯种同步生长细菌接种到一定容积的液体培养基中后，在适宜的温度、通气（厌氧菌则不能通气）等条件下，它们的群体就会有规律地生长起来。如果以细胞数目的对数值作纵坐标，以培养时间作横坐标，就可以画出一条有规律的曲线，这就是微生物（细菌）的群体生长曲线。

根据微生物的生长速率常数，即每小时的分裂代数的不同，一般可把典型生长曲线粗分为延滞期、指数期、稳定期和衰亡期等四个时期，如图 6 - 3 所示。

1. 延滞期

延滞期又称停滞期、调整期或适应期。指少量微生物接种到新培养液中后，在开始培养的一段时间内细胞数目不增加的时期。该时期有几个特点：①生长

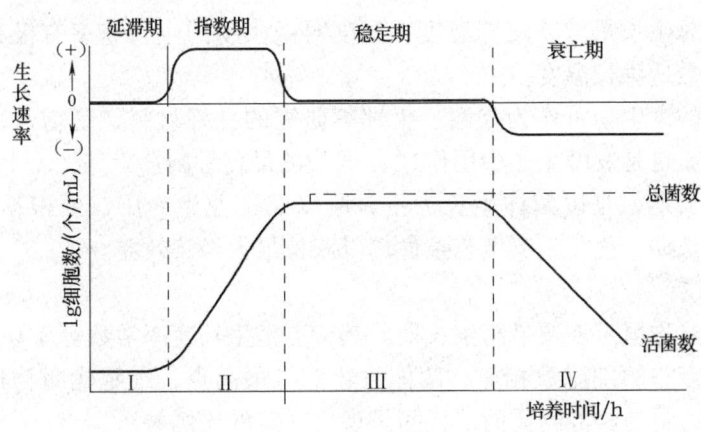

图6-3 细菌生长曲线

速率常数等于零。②细胞形态变大或增长：许多杆菌可长成长丝状。③细胞内RNA尤其是rRNA含量增高，原生质呈嗜碱性。④合成代谢活跃，核糖体、酶类和ATP的合成加快，易产生诱导酶。⑤对外界不良条件例如温度和抗生素等化学药物的变化反应敏感。

影响延滞期长短的因素很多，除菌种外，主要有三个方面：

（1）接种龄　即菌种的群体生长年龄，亦即它处在生长曲线上的哪一个阶段。实验证明，如果以对数期的微生物为菌种，则子代培养物的延滞期就短；反之，则子代培养物的延滞期就长。因此，工业生产中，常选择对数期微生物做菌种，缩短生产周期。

（2）接种量　接种量的大小明显影响延滞期的长短。一般来说，接种量大，则延滞期短，反之则长。因此，在发酵工业上，为缩短不利于提高发酵效率的延滞期，一般加大接种量。

（3）培养基成分　接种到营养丰富的天然培养基中的微生物，要比接种到营养单调的合成培养基中的延滞期短。

在发酵生产中，要缩短延迟期，缩短生产周期，提高生产效率。

2. 指数期

指数期又称对数期，是指在生长曲线中，紧接着延滞期的一个细胞数量以几何级数速度增长的一段时期。

指数期有以下几个特点：①生长速率常数最大，因而细胞每分裂一次所需的代时最短；②细胞进行平衡生长，菌体内各种成分最为均匀；③酶系活跃，代谢旺盛。

在指数生长期中，有三个参数最为重要：繁殖代数、生长速率常数、代时。

影响指数期微生物代时的因素很多，主要有①菌种：不同菌种的代时差别极大，要选择优良菌种。②营养成分：同一种细菌，在营养物丰富的培养基中生长，其代时较短，反之则长。③营养物浓度：营养物的浓度可影响微生物的生长速率和总生长量。④培养温度：温度对微生物的生长速率有极其明显的影响，要选择最适生长温度。

指数期的微生物可作为代谢、生理等研究的良好材料，是增殖噬菌体的最适宿主菌龄，也是发酵生产中用作"种子"的最佳种龄。

指数生长期，是以菌体生长为主，所以在工业生产中，要根据生产目的，把握指数生长期，优化生产工艺条件，以获得最大经济效益。

3. 稳定期

稳定期又称恒定期或最高生长期。其特点是生长速率常数等于0，即新繁殖的细胞数与衰亡的细胞数相等；菌体数达到了最高点；细胞代谢物积累达到最高值；菌体产量与营养物质的消耗间呈现出一定的比例关系。

在稳定期，细胞开始贮存糖原、异染颗粒和脂肪等贮藏物；多数芽孢杆菌在这时开始形成芽孢；有的微生物在稳定期时还开始合成抗生素等次生代谢产物。

稳定期是生产菌体或发酵代谢产物的最佳收获时期，要尽量延长稳定期。在工业生产中，常通过补料，调整温度、pH等措施，延长稳定期，以积累更多的代谢产物。

4. 衰亡期

衰亡期过程中个体细胞死亡的速度超过新生的速度，整个群体呈现出负生长（生长速率常数为负值）。此期特点是，细胞形态多样，出现不规则的退化形态，继而导致菌体死亡；有的微生物因蛋白水解酶活力的增强就发生自溶；微生物在这时产生或释放对人类有用的抗生素等次生代谢产物；在芽孢杆菌中，芽孢释放往往也发生在这一时期。

衰亡期原因主要是：①营养物尤其是生长限制因子的耗尽；②营养物的比例失调，例如C/N比值不合适等；③酸、醇、毒素或H_2O_2等有害代谢产物的累积；④pH、氧化还原势等物化条件越来越不适宜等。

生产上要防止积累更多的代谢毒物，必须把握好时间，适时结束发酵。

第二节
微生物生长控制

一、影响微生物生长的主要环境因素

在微生物生长过程中，环境的变化可引起微生物形态、生理、生长、繁殖等特征的改变，当环境条件的变化超过一定极限，则导致微生物的死亡。了解环境条件与微生物之间的相互关系，有助于指导人们在食品加工中控制微生物的生命活动，保证食品的安全性，延长食品的货架期。

影响微生物生长的主要环境因素有营养物质、温度、氧和 pH 等。

1. 营养物质

营养物质是微生物生长的必要条件。营养物质不足导致微生物缺乏生长必需的能源、碳源、氮源、水、无机盐等成分，此时机体一方面降低或停止细胞物质合成；另一方面机体对胞内某些非必要成分或失效的成分进行降解以重新利用。如在氮源、碳源缺乏时，机体内蛋白质降解速率比正常条件下的细胞增加了 7 倍，同时减少 tRNA 合成和降低 DNA 复制的速率，导致生长停止。

2. 温度

温度是影响微生物生长最重要的因素之一。温度对微生物生长的影响主要表现在：①影响酶活性，从而影响酶促反应速率，最终影响细胞物质合成；②影响细胞质膜的流动性，温度高流动性大，因此最终影响营养物质的吸收与代谢产物的分泌。

每一种微生物都有它最低生长温度、最适生长温度、最高生长温度和致死温度。最适生长温度是指微生物群体生长繁殖速度最快的温度，但不一定是最快发酵温度。致死温度是指使微生物死亡的最低温度。最低生长温度以下，会抑制微生物生长及导致死亡。

根据微生物生长的最适温度不同，可将微生物分为嗜冷、兼性嗜冷、嗜温、嗜热等不同的类型，如表 6-1 所示。

表 6-1　　　　　　　　　　微生物的生长温度类型

微生物类型	生长温度范围/℃			分布
	最低	最适	最高	
专性嗜冷	-12	5~15	15~20	两极地区
兼性嗜冷	-5~0	10~20	25~30	海水及冷藏食品上
嗜温（室温）	10~20	20~35	40~45	腐生菌
嗜温（体温）	10~20	35~40	40~45	寄生菌
嗜热	25~45	50~60	70~95	温泉、堆肥堆、热水加热器等

3. 氧

根据氧与微生物生长的关系，可将微生物分为专性好氧、微好氧、耐氧型、兼性厌氧和专性厌氧五种类型。培养不同类型的微生物时，一定要采取相应的措施保证不同类型的微生物能正常生长。例如培养专性厌氧微生物则要排除环境中的氧，同时通过在培养基中添加还原剂的方式降低培养基的氧化还原电势；培养兼性厌氧或耐氧型微生物，可以用深层静止培养的方式等。

（1）专性好氧菌　必须在有分子氧的条件下才能生长。细胞内有完整的呼吸链，以分子氧作为最终氢受体，细胞内含超氧化物歧化酶（SOD）和过氧化氢酶。绝大多数真菌和许多细菌都是专性好氧菌。培养好氧微生物可以通过振荡、搅拌或通气等方式使之有充足的氧气供它们生长。

（2）兼性厌氧菌　在有氧或无氧条件下均能生长。有两条酶系统，但在有氧情况下生长得更好；在有氧时靠呼吸产能，无氧时借发酵或无氧呼吸产能；细胞含 SOD 和过氧化氢酶。许多酵母菌和许多细菌都是兼性厌氧菌。

（3）微好氧菌　在有氧和无氧条件下，都不能生活。只能在较低的氧分压（1~3kPa，而正常大气中的氧分压为 20kPa）下才能正常生长的微生物。也通过呼吸链并以氧为最终氢受体而产能。如霍乱弧菌、一些氢单胞菌属以及少数拟杆菌等。

（4）耐氧菌　可在分子氧存在下进行厌氧生活的厌氧菌。即它们的生长不需要氧，分子氧对它也无害。它们不具有呼吸链，仅依靠专性发酵获得能量。细胞内存在超氧化物歧化酶和过氧化物酶，但缺乏过氧化氢酶。一般的乳酸菌多数是耐氧菌。

（5）专性厌氧菌　分子氧对它们有毒，即使短期接触空气，也会抑制其生长甚至死亡。专性厌氧微生物细胞内没有 SOD 和过氧化氢酶等，不能把氧产生的 H_2O_2 和自由基 O_2^- 等有毒物质分解。其生命活动所需能量是通过发酵、无氧呼吸、循环光合磷酸化或甲烷发酵等提供。

在微生物世界中，绝大多数种类都是好氧菌或兼性厌氧菌。厌氧菌的种类相对较少，但近年来已找到越来越多的厌氧菌。

4. pH

pH 通过影响细胞质膜的透性、膜结构的稳定性和物质的溶解性等来影响营养物质的吸收，从而影响微生物的生长速率。还可通过影响酶的活性，影响酶促反应速率。微生物生长也有一个最适生长的 pH 范围，还有一个最低与最高的 pH 范围，低于或高出这个范围，微生物的生长就被抑制。微生物不同，生长的最适、最低与最高的 pH 范围也不同，如表 6-2 所示。

除去以上主要影响微生物生长的因素之外，还有其他许多影响因素，像渗透压、辐射等。

表 6-2　　　　　　　　几种微生物的 pH 范围

微生物	最低 pH	最适 pH	最高 pH
细菌	3~5	6.5~7.5	8~10
酵母菌	2~3	4.5~5.5	7~8
霉菌	1~3	4.5~5.5	7~8
放线菌	5	7.0~8.0	10.0

二、有害微生物生长控制

环境中,微生物种类很多。有一些对人类有害,称为有害菌;一些在培养或生产过程中的杂菌也可称有害菌,因为它们影响了人类的健康和正常的生产。工业生产和日常生活中,我们可以通过控制影响微生物生长因素的方法,具体采取适当的措施,控制有害微生物的生长。

(一) 几个基本概念

1. 防腐

一种抑菌作用。防腐是利用某些理化因素,抑制全部微生物的生长繁殖。这是一种防止食品腐败和其他物质霉变的技术措施。如低温、缺氧、干燥、高渗、盐腌、糖渍、防腐剂等。

2. 消毒

消毒是指用较温和的理化方法杀死或消除物体表面或内部病原微生物的措施。一种有效防止微生物传播的方法。如巴氏消毒,皮肤表面消毒等。

3. 灭菌

灭菌是指用强烈的物理或化学方法,杀死物体表面和内部所有微生物。使微生物永久地丧失活力,包括最耐热的细菌芽孢。这是一种彻底的杀菌方式。

4. 化疗

化疗是指利用某些具有选择毒性的化学药物或抗生素,对生物体的深部感染进行治疗,可以有效地消除宿主体内的病原体,但对宿主却没有或基本上没有损害。

(二) 控制微生物生长的物理因素

控制微生物生长的物理因素主要有温度、辐射作用、过滤、渗透压、干燥和超声波等,它们对微生物生长起到抑制或杀灭作用。

1. 高温灭菌

当环境温度超过微生物生长的最高温度(到致死温度)会对微生物产生杀灭作用。常见高温灭菌方法有高压蒸汽灭菌、干热灭菌、煮沸消毒、间(歇)灭菌、巴氏消毒。

(1) 干热灭菌

①火焰灭菌法:其特点是灭菌快速、彻底。常用于接种工具和污染物品,如微生物接种时使用的接种环,就是用火焰灭菌法。

②干热灭菌法:主要在干燥箱中利用热空气进行灭菌。通常171℃加热1h,160℃加热处理2h,可达到灭菌的目的。适用于玻璃器皿、金属用具等耐热物品的灭菌。

(2) 湿热灭菌

①煮沸消毒法：物品在水中100℃煮沸60min以上，可杀死细菌的营养细胞和部分芽孢，如在水中加入1%碳酸钠或2%～5%石炭酸，则效果更好。这种方法适用于注射器、解剖用具等的消毒。

②巴氏灭菌：灭菌的温度一般在60～85℃，处理15～30min，可以杀死微生物的营养细胞，但不能达到完全灭菌的目的，用于不适于高温灭菌的食品，如牛乳、酱腌菜类、果汁、啤酒、果酒和蜂蜜等，其主要目的是杀死其中无芽孢的病原菌（如牛乳中的结核杆菌或沙门杆菌），而又不影响它们的营养与风味。

③超高温瞬时灭菌法：灭菌的温度在135～137℃，3～5s，可杀死微生物的营养细胞和耐热性强的芽孢细菌。超高温瞬时灭菌法现广泛用于各种果汁、牛乳、花生乳、酱油等液态食品的杀菌。

④高压蒸汽灭菌法：高压蒸汽灭菌法是实验室和罐头工业中常用的灭菌方法。高压蒸汽灭菌是在高压蒸汽锅内进行的，锅内蒸汽压力升高时，温度升高。一般采用104kPa的压力，121.1℃处理15～30min，可杀死所有微生物及芽孢。对于体积较大培养基，可通过延长时间或增加温度达到灭菌效果；对于高温易被破坏营养成分的培养基，可采取适当降低温度并延长时间的方法。实验室常用于培养基、玻璃器皿等灭菌。

影响高压蒸汽灭菌效果的因素：灭菌物体含菌量、灭菌锅内空气排除程度、灭菌对象pH、灭菌对象的体积、加热与散热的速度等。

⑤间歇灭菌法：是用流通蒸汽反复灭菌的方法，常常温度不超过100℃，每日一次，加热时间为30min，连续三次灭菌，杀死微生物的营养细胞。每次灭菌后，将灭菌的物品在（28～37℃）培养，促使芽孢发育成为繁殖体，以便在连续灭菌中将其杀死。

在相同温度条件下，湿热灭菌比干热灭菌的效力更高，这是因为菌体在有水的条件下，蛋白质更易凝固，热蒸汽比干空气的穿透力更强。

2. 低温抑菌

在低温条件下，中温和高温微生物的代谢极微弱，基本处于休眠状态。中温微生物通常在低于5℃的温度下不生长，只能维持生命而不发育。因为蛋白质合成的启动受阻，不能合成蛋白质。又由于许多酶在低温时对反馈抑制异常敏感，很易和反馈抑制剂紧密结合，从而影响微生物的生长。处于低温下的微生物一旦获得适宜温度，即可恢复活性，以原来的生长速率生长繁殖。利用这个特性，实验室常用冰箱保存菌种，一般以4℃左右为保存菌种的适宜温度。

在冰点以下时，微生物会部分死亡。主要原因是微生物细胞内的水分结冰，使细胞膜损伤；细胞还可能脱水。如果快速冷冻，或在细胞悬液中加入保护剂，可减少冰冻对细胞的损伤。常用保护剂有甘油、血清蛋白、葡聚糖。

在频繁的反复结冰和解冻时，易使细胞受到破坏而死去。

3. 辐射灭菌

辐射灭菌是利用电磁辐射产生的电磁波杀灭微生物的一种方法。常用的辐射线有紫外线、X射线和γ射线、微波、超声波等。

（1）紫外线　日光中具有杀菌作用的主要成分是紫外线，它的波长范围在200～390nm，其中260nm左右的紫外线杀菌力最强。

紫外线的杀菌作用主要是由于它诱导了同链DNA的相邻嘧啶间形成共价结合的胸腺嘧啶二聚体，二聚体的出现会减弱双链间氢键的作用，并引起双链结构扭曲变形，阻碍碱基间的正常配对，从而可引起突变或死亡。此外，由于辐射能使空气中的O_2变成O_3或使H_2O氧化生成H_2O_2。O_3和H_2O_2均有杀菌作用。

紫外线杀菌的特点：紫外辐射的杀菌效率与强度和时间的乘积成正比。

①穿透性差：紫外线的杀菌力虽强，但穿透性很差，一层普通玻璃都不能透过，因此只有表面杀菌能力及空气杀菌。

②光复活作用：把紫外线照射后的微生物立即暴露在可见光下时，可明显降低其死亡率的现象，称为光复活作用。这是因为含有胸腺嘧啶二聚体的DNA分子在黑暗中会被光激活酶结合，当其暴露在可见光中时，此酶获得光能而发生解离，从而使二聚体重新分解成单体。由于在一般的微生物中都存在着光复活作用，所以在利用紫外线诱变育种时，只能在红光下进行照射及处理照射后的菌液。

紫外线的应用：紫外线消毒杀菌效果较好，使用方便，因此在实验室和工业生产中常用。

①空气消毒：无菌室、无菌操作台、医院手术室均装有紫外辐射杀菌灯进行消毒，无菌室内紫外辐射杀菌灯的功率为30W（无菌箱用15W），在距离照射物1m高度处，照射20～30min即可杀死空气中的微生物。

②表面消毒：对有些不能用热和化学药品消毒的器具，例如胶质离心管、药瓶、奶瓶等可用紫外辐射消毒。

③诱变育种：微生物在低于死亡剂量的紫外线照射下，引起微生物某些特性或性状的改变即诱变，紫外线是诱变剂。

（2）X射线和γ射线　X射线（波长0.1～0.01nm）和γ射线（波长0.1～0.001nm）均能使被照射的物体产生电离作用，故称为电离辐射。它们的穿透力很强。低剂量照射，有促进微生物生长的作用或引起微生物变异；高剂量照射，对微生物有致死作用，原因是辐射引起水分解出游离的自由基（OH—、H—），进而与溶解氧生成O^{2-}、H_2O_2等强氧化剂，使酶蛋白的—SH基氧化，导致细胞各种病理变化。

（3）微波与超声波　微波是指300MHz到300GHz的电磁波。其对微生物杀灭作用是通过热效应进行的。微波产生热效应的特点是：加热均匀，热能利用率高，加热时间短等。微波杀菌的原理一般认为是微生物在微波作用下，可使极性分子发生振动，造成摩擦产生热效应，导致微生物死亡。此外，由于微波造成分子加速运动，而使细胞内部受损致死。

超过20000Hz的声波叫超声波。超声波具有强烈的生物学作用，几乎所有的菌体都会被其破坏，只是敏感程度不一。超声波的杀菌效果与频率、作用时间、细菌的大小、形状、菌量有关。频率高，杀菌效果好。

4. 干燥法

如果环境干燥，则会使微生物细胞内的蛋白质由于缺水变性，造成代谢活动终止。微生物对干燥的抵抗能力强弱与菌种有关。一般没有荚膜、芽孢的细菌对环境的干燥比较敏感；而具有芽孢的细菌、藻类和真菌的孢子、原生动物的胞囊都具有很强的抗干燥能力，在干燥的环境中可以保持休眠状态达几十年（在不受热和其他不利条件的影响下），一旦环境变湿润，即可萌发复活。

由于在极度干燥的环境中微生物不生长，因而人们广泛应用干燥法来保藏食物，防止食品腐败。也可用灭菌后的沙土保存菌种、孢子，或真空冷冻干燥法保存菌种。

5. 渗透压法

微生物细胞的细胞膜是一种半透膜，能调节细胞内外渗透压的平衡。在不同渗透压的溶液中呈现不同的反应。

当细菌周围水溶液的渗透压与其细胞内液体的渗透压相等时，即等渗环境，细菌生长得最好。微生物在质量浓度为 8.5g/L 的 NaCl 溶液中形态及大小均不变，并生长良好。对应的溶液称为等渗溶液。

在低渗溶液（NaCl 质量浓度为 0.1g/L）中，溶液中水分子大量渗入微生物细胞内，使微生物细胞发生膨胀，严重的会导致细胞破裂而死亡。

在高渗溶液（NaCl 质量浓度大于 200g/L）中，微生物体内的水分子大量向细胞外渗出，使细菌的细胞发生质壁分离，从而使细胞出现缺水，造成细胞活动呈抑制状态、甚至死亡。

在日常生活或食品加工业中，常用高渗溶液保存食品，以防止腐败。例如用质量浓度为 50~300g/L 的食盐溶液腌渍鱼、肉，用质量浓度为 300~800g/L 的糖溶液制作蜜饯。

6. 过滤除菌

许多灭菌方法，可以除去培养基中的微生物，但对于空气和不耐热的液体培养基的灭菌是不适宜的，为此设计了一种过滤除菌的方法。过滤除菌有三种类型。一种是在一个容器的两层滤板中间填充棉花、玻璃纤维或石棉，灭菌后空气通过它就可以达到除菌的目的。为了缩小这种滤器的体积，后来改进为在两层滤板之间放入多层滤纸，灭菌后使用也可以达到除菌的作用，这种除菌方式主要用于发酵工业。第二种是膜滤器，它是由醋酸纤维素或硝酸纤维素制成的比较坚韧的具有微孔（$0.22\sim0.45\mu m$）的膜，灭菌后使用，液体培养基通过它就可将细菌除去，由于这种滤器处理量比较少，主要用于科研。第三种是核孔滤器，它是由用核辐射处理的很薄的聚碳酸胶片（厚$10\mu m$）再经化学蚀刻而制成。辐射使胶片局部破坏，化学蚀刻使被破坏的部位成孔，而孔的大小则由蚀刻溶液的强度和蚀刻的时间来控制。溶液通过这种滤器就可以将微生物除去，这种滤器也主要用于科学研究。

（三）控制微生物生长的化学物质

1. 重金属盐类

重金属盐类对微生物都有毒害作用，其机理是金属离子容易和微生物的蛋白质结合而发生变性或沉淀。汞、银、砷的离子对微生物的亲和力较大，能与微生物酶蛋白的—SH 基结合，影响其正常代谢。汞化合物是常用的杀菌剂，杀菌效果好，用于医药业中。重金属盐类虽然杀菌效果好，但对人有毒害作用，所以严禁用于食品工业中防腐或消毒。

2. 有机化合物

对微生物有杀菌作用的有机化合物种类很多，其中酚、醇、醛等能使蛋白质变性，是常用的杀菌剂。

（1）酚及其衍生物　常用的苯酚又称石炭酸，作用原理是使微生物蛋白质变性，并具有表面活性剂作用，破坏细胞膜的通透性，使细胞内含物外溢致死。酚浓度低时有抑菌作用，浓度高时有杀菌作用，2%~5%酚溶液能在短时间内杀死细菌的繁殖体，杀死芽孢则需要数小时或更长的时间。许多病毒和真菌孢子对酚有抵抗力。适用于医院的环境消毒，不适于食品加工用具以及食品生产场所的消毒。

（2）醇类　可使蛋白质脱水、变性，损害细胞膜而具杀菌能力。70%~75%的乙醇杀菌效果最好，超过80%浓度的乙醇杀菌效果较差，其原因是高浓度的乙醇与菌体接触后迅速脱水，表面蛋白质凝固，形成了保护膜，阻止了乙醇分子进一步渗入。

乙醇常常用于皮肤表面消毒，实验室用于玻棒、玻片等用具的消毒。

（3）甲醛　甲醛是常用的杀菌剂，杀菌机理是与蛋白质的氨基结合而使蛋白质变性致死。市售的福尔马林溶液就是37%~40%的甲醛水溶液。0.1%~0.2%的甲醛溶液可杀死细菌的繁殖体，5%的甲醛溶液可杀死细菌的芽孢。甲醛溶液可作为熏蒸消毒剂，对空气和物体表面有消毒效果，但不适宜于食品生产场所的消毒。

3. 氧化剂

氧化剂杀菌的机理是氧化剂放出游离氧作用于微生物蛋白质的活性基团

(氨基、羟基和其他化学基团),造成代谢障碍而死亡。

(1) 臭氧(O_3)　三氧灭菌技术近几年在纯净水生产中应用较广,灭菌的效果与浓度有一定的关系,但浓度大了使水产生异味。

(2) 氯　氯具有较强的杀菌作用,其机理是使蛋白质变性。氯在水中能产生新生态的氧,如下式:

$$Cl_2 + H_2O \longrightarrow HCl + HClO \longrightarrow 2HCl + [O]$$

氯气常常用于城市生活用水的消毒,饮料工业用于水处理工艺中杀菌。

(3) 漂白粉　漂白粉主要成分是次氯酸钙,易水解产生次氯酸,也产生新生态氧。当浓度为0.5%~1%时,5min可杀死大多数细菌,5%的浓度时在1h可杀死细菌芽孢。漂白粉常用于饮水消毒,也可用于蔬菜和水果的消毒。

(4) 过氧乙酸(CH_3COOOH)　过氧乙酸是一种高效广谱杀菌剂,它能快速地杀死细菌、酵母、霉菌和病毒。据报道,0.001%的过氧乙酸水溶液能在10min内杀死大肠杆菌,0.005%的过氧乙酸水溶液只需5min,如杀死金黄色葡萄球菌需要60min,但提高浓度为0.01%只需2min,0.5%浓度的过氧乙酸可在1min内杀死枯草杆菌,0.04%浓度的过氧乙酸水溶液,在1min内杀死99.99%的蜡状芽孢杆菌。能够杀死细菌繁殖体的过氧乙酸浓度,足以杀死霉菌和酵母菌;过氧乙酸对病毒效果也好,是高效、广谱和速效的杀菌剂,并且几乎无毒,使用后即使不去除,也无残余毒,其分解产物是醋酸、过氧化氢、水和氧。适用于一些食品包装材料(如超高温灭菌乳、饮料的利乐包等)的灭菌;也适于食品表面的消毒(如水果、蔬菜和鸡蛋);食品加工厂工人的手、地面和墙壁的消毒以及各种塑料、玻璃制品和棉布的消毒。用于手消毒时,只能用低浓度0.5%以下的溶液,才不会使皮肤有刺激性和腐蚀性。

4. 表面活性剂

表面活性剂是具有降低表面张力效应的物质。如新洁尔灭、除垢剂等。

表面活性剂分为阳离子型、阴离子型和中性型三类。阴离子型的代表是肥皂、高级脂肪酸钠等,电离时形成阴离子,杀菌效果较弱,但能使油脂乳化,携带菌体随水冲走,是很好的乳化剂;新洁尔灭是季铵盐阳离子表面活性剂,它的作用是吸附在菌体细胞表面使菌体细胞膜受伤,是常用的消毒剂。0.05%~0.1%新洁尔灭溶液常用于皮肤、外科手术器械、炊具消毒;中性型表面活性剂主要作为乳化剂使用。

5. 化学治疗剂

(1) 抗代谢药物　有些化合物在结构上与生物的某些代谢物很相似,以至可以代替代谢物和特定的酶结合,从而阻碍了酶的功能,干扰了代谢的正常进行,这些物质称为抗代谢物。

抗代谢物的种类较多,如叶酸对抗物(磺胺类药物)、嘌呤对抗物(6-巯基嘌呤)、氨基酸对抗物(5-甲基色氨酸)、吡哆醇对抗物(异烟肼)等。

磺胺的结构与细菌的生长因子——对氨基苯甲酸(PABA)高度相似,因而两者发生了竞争性拮抗作用。不少细菌要求外界PABA作为生长因子以合成代谢中必不可少的重要辅酶——转移一碳基的四氢叶酸(THFA)。现将其合成过程及代谢拮抗物磺胺和磺胺增效剂三甲基苄二氨嘧啶(TMP)的作用部位见图6-4如下:

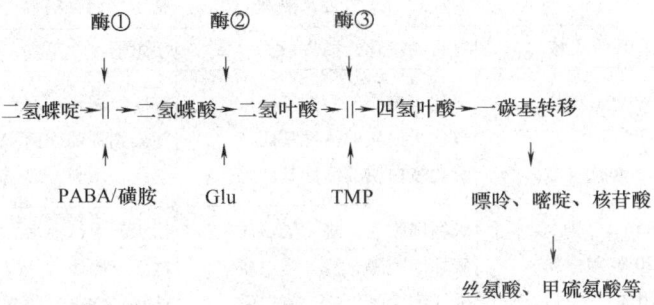

图6-4 磺胺类药物作用机理

因为磺胺药物的存在,阻碍了二氢蝶酸的形成,最终使微生物无法合成四氢叶酸,从而阻碍了转甲基反应,抑制细菌生长。

(2) 抗生素 抗生素是微生物在其生长过程中产生的一种次生代谢产物或其人工合成的衍生物,它们在很低浓度时就能抑制或影响其他微生物的生命活动,因而可用作优良的化学治疗剂。

抗生素的种类很多,应用范围广泛。作用机制分为:①抑制细胞壁的合成如青霉素、杆菌肽和环丝氨酸等;②影响细胞膜的功能如多黏菌素、短杆菌素和制霉菌素、两性霉素等;③干扰蛋白质的合成如卡那霉素、链霉素、红霉素、林可霉素等;④阻碍核酸的合成如丝裂霉素、争光霉素等。表6-3列举了几种常用的消毒剂和防腐剂。

表6-3 常用的消毒剂和防腐剂

类型	名称及使用浓度	作用机制	应用范围
重金属盐类	0.05%~0.1% 升汞	与蛋白质的巯基结合使失活	非金属物品,器皿
	2% 红汞	与蛋白质的巯基结合使失活	皮肤、黏膜,小伤口
	0.01%~0.1% 硫柳汞	与蛋白质的巯基结合使失活	皮肤、手术部位,生物制品防腐
	0.1%~1% AgNO₃	沉淀蛋白质使其变性	皮肤,滴新生儿眼睛
	0.1%~0.5% CuSO₄	与蛋白质的巯基结合使失活	杀灭植物病原真菌与藻类
酚类	3%~5% 石炭酸	蛋白质变性,损伤细胞膜	地面,家具,器皿
	2% 来苏儿	蛋白质变性,损伤细胞膜	皮肤

续表

类型	名称及使用浓度	作用机制	应用范围
醇类	70%~75% 乙醇	蛋白质变性，损伤细胞膜，脱水等	皮肤，器械
酸类	5%~10% 醋酸/m³	破坏细胞膜和蛋白质	房间消毒
醛类	0.5%~10% 甲醛 2% 戊二醛	破坏蛋白质氢键及氨基 破坏蛋白质氢键及氨基	物品消毒，接种箱、接种室的熏蒸 精密仪器等消毒
气体	600mg/L 环氧乙烷	有机物烷化，酶失活	手术器械，毛皮，食品，药物
氧化剂	0.1% KMnO₄ 3% H₂O₂ 0.2%~0.5% 过氧乙酸	氧化蛋白质的活性基团 氧化蛋白质的活性基团 氧化蛋白质的活性基团	皮肤、尿道、水果、蔬菜 污染物件的表面 皮肤，塑料，玻璃，人造纤维
卤素及化合物	0.2~0.5mg/L 氯气 10%~20% 漂白粉 0.5%~1% 漂白粉 0.2%~0.5% 氯胺 4mg/L 二氯异氰尿酸钠 3% 二氯异氰尿酸钠 2.5% 碘酒	破坏细胞膜、酶、蛋白质 破坏细胞膜、酶、蛋白质 破坏细胞膜、酶、蛋白质 破坏细胞膜、酶、蛋白质 破坏细胞膜、酶、蛋白质 破坏细胞膜、酶、蛋白质 酪氨酸卤化，酶失活	饮水，游泳池水 地面，厕所 饮水，空气（喷雾），体表 室内空气，表面消毒 饮水 空气（喷雾），排泄物，分泌物 皮肤
表面活性剂	0.05%~0.1% 新洁尔灭 0.05%~0.1% 杜灭芬	蛋白质变性，破坏膜 蛋白质变性，破坏膜	皮肤黏膜，手术器械 皮肤，金属，棉织品，塑料
染料	2%~4% 龙胆紫	与蛋白质的羧基结合	皮肤，伤口

第三节　食品工业微生物的培养

工业上常见的微生物培养方式有分批（发酵）培养和连续（发酵）培养等，它们适用于不同的发酵生产。

一、分批（发酵）培养

在一个相对独立密闭的容器中，一次性投入培养基并对微生物进行接种培养，最后一次收获产物的方法，称为分批培养。由于它的培养系统相对密闭，也称密闭培养。该种方法的主要特点是培养过程是在一个容器内完成，培养基等在培养前一次性添加完毕，培养过程中一般不再添加任何其他物质。采用分批培养方式，随培养时间的延长，被微生物消耗的营养物得不到及时地补充，代谢产物未能及时排出培养系统，对微生物生长有抑制作用的环境条件得不到及时改善，使微生物细胞生长繁殖所需的营养条件与外部环境逐步恶化，从而使微生物群体生长表现出从细胞对新的环境的适应到逐步进入快速生长，而后较快转入稳定期，最后走向衰亡的阶段分明的群体生长过程。

分批培养是最传统的发酵方法，在微生物学研究与食品发酵工业中广泛应用。

分批培养的优点：由于在相对密闭的容器内进行，过程中一般不添加其他物质，因此操作简单，染菌概率低；每次培养都要重新接种，培养周期相对较短，因此，不会产生菌种老化变异等问题。

分批培养的缺点：由于每次发酵培养结束都要对容器进行清洗、灭菌、加料、接种等，非生产时间较长，设备利用率低。

二、连续（发酵）培养

连续培养是指将培养基料液连续输入培养容器内培养，同时排放含有产物的相同体积的发酵培养液，培养容器内料液量维持恒定，微生物在近似恒定的状态下生长的发酵培养方式。连续培养是相对于分批培养而言的。

连续培养是在克服分批培养营养条件与外部环境逐步恶化的基础上，开放培养系统，不断补充营养液、解除抑制因子、优化生长代谢环境的培养方式。由于培养系统的相对开放性，连续培养也称为开放培养。连续培养的显著特点是，它可以根据研究者的目的，在一定程度上，人为控制典型生长曲线中的某个时期，使之缩短或延长时间，使某个时期的细胞加速或降低代谢速率，从而大大提高培养过程的人为可控性和效率。常用的连续培养方法有恒浊法与恒化法两类。

（一）恒浊法

恒浊法是以培养容器中微生物细胞的密度为监控对象，用光电控制系统（浊度计）来检测培养液的浊度（即菌液浓度），从而控制流入培养器的新鲜培养液的流速，同时使培养器中的含有细胞与代谢产物的培养液也以基本恒定的流速流出，使培养器中的微生物在保持细胞密度基本恒定的条件下进行培养的一种连续培养方式。用于恒浊培养的培养装置称为恒浊器（图6-5）。用恒浊法连续培养微生物，可控制微生物在最高生长速率与最高细胞密度的水平上生长繁殖，达到高效率培养的目的。目前在发酵工业上有多种微生物菌体的生产就是根据这一原理，用大型恒浊发酵器进行恒浊法连续发酵生产的。与菌体相平衡的微生物代谢产物的生产也可采用恒浊法连续发酵生产。

（二）恒化法

恒化法是使培养液流速保持不变，即控制恒定的流速，使营养物质及时得到补充，保持微生物恒定的生长速率的一种连续培养方法。常常通过控制某一

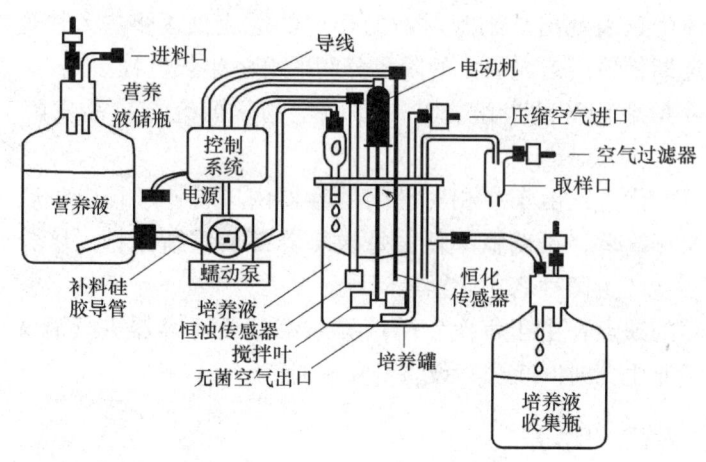

图 6-5　恒浊与恒化培养装置示意图

种营养物的浓度，使其成为限制性因子，而其他营养物均为过量，这样，细菌的生长速率将取决于限制性因子的浓度。随着细菌的生长，菌体的密度会随时间的增长而增高，而限制性生长因子的浓度又会随时间的增长而降低，两者互相作用的结果，出现微生物的生长速率正好与恒速加入的新鲜培养基流速相平衡。这样，既可获得一定生长速率的均一菌体，又可获得虽低于最高菌体产量，但能保持稳定菌体密度的菌体。用于恒化培养的装置称为恒化器。

恒化连续培养主要应用于微生物利用某种底物进行代谢的规律研究方面。

连续培养的优点：①有利于各种仪表进行自动控制；②使装料、灭菌、出料、清洗发酵罐等工艺简化，缩短了生产周期和提高了设备的利用效率；③产品质量较稳定；④节约了大量动力、人力。

连续培养的缺点：①菌种易于退化，使微生物长期处于高速繁殖的条件下，即使是自发突变率很低，也难以避免变异的发生；②容易污染，在连续发酵中，要保持各种设备无渗漏，通气系统不出任何故障，是极其困难的。因此，"连续"是有时间限制的，一般可达数月至一两年；③连续培养中，营养物的利用率低于分批培养。

实际上，分批培养与连续培养是相对的。为了达到某种特殊目的或提高培养效率，常常采取两种方法综合使用的培养方式。如在金霉素、四环素等抗生素发酵生产中，在细胞群体生长进入稳定期，抗生素开始大量合成时进行补料，适当增加发酵液中合成四环类抗生素的底物量和维持细胞生存所需要的低微浓度的营养物，使细胞在非生长繁殖状态下合成抗生素的持续时间延长，从而达到提高单位发酵液中抗生素总量（效价）之目的。这种类型的发酵方式，既不是严格意义的分批培养方式，也不是严格意义的连续培养方式，一般称之为补料分批培养或半连续培养，在发酵工业上也称为半连续发酵。这种半连续发酵方式在当代发酵工业上应用最为广泛。

> **知识窗**
> **食品工业中微生物的控制——管道的消杀**
>
> 　　食品工业中管道消杀的方法种类较多，不同食品企业消杀方法不完全相同。以啤酒生产为例，啤酒生产过程中，管道的消杀需要用清洗剂和杀菌剂。常用的清洗剂有碱性化合物如4%氢氧化钠（主要清洗有机物）等、酸性如4%磷酸（主要清洗无机物沉淀）等，清洗剂同时也有杀菌功能；常用的消毒剂有热水（80~85℃）、过氧乙酸（0.15%）、双氧水（300mg/kg以上）等。一般消杀程序：预洗（回收水）5min→主洗（化学清洗剂）15min→中间清洗（水）10min→杀菌（杀菌剂）10min→终洗（无菌水）15min。
>
> 　　消杀过程中要注意：①注意管道的材料，尽量减少酸性清洗剂和含氯化学物的使用，腐蚀性较大；②注意清洗液的流速，一般要保持在1~1.5m/s，清洗效果较好；③清洗，一般在管道使用前和后。

复习与思考题

1. 解释名词：纯培养，同步培养，群体生长，灭菌，消毒和防腐。
2. 常用的菌种分离方法有哪些？
3. 常用测定微生物生长量的方法有几种？试比较其优缺点。
4. 细菌的典型生长曲线可分几期？其划分的依据是什么？
5. 延滞期的特点是什么？如何缩短延滞期？
6. 对数生长期的特点有哪些？处于此期的微生物有何实际应用？
7. 稳定期有何特点？进入稳定期的原因是什么？
8. 什么是微生物的最适生长温度？温度对同一微生物的生长速度、生长量、代谢速度、代谢产物累积量的影响是否相同？研究它有何实践意义？
9. 从对分子氧的要求来分，微生物可分为哪几种类型？它们各有何特点？
10. 试比较杀菌（灭菌）、消毒、防腐的异同点。
11. 简述高压蒸汽灭菌的方法步骤，灭菌锅中的空气排除度对灭菌效果有何影响？
12. 下列物品各选用什么方法灭菌？试说明理由。
    ①培养基；②玻璃器皿；③室内空气；④酶溶液。

13. 填写下表：

杀菌方法	使用温度	作用时间	应用举例
巴斯德消毒法			
烘箱热空气法			
高压蒸汽锅法			

14. 试就青霉素、链霉素、磺胺类药物的作用机制，说明为什么这些药只作用于细菌而对人体没有毒害作用？

第七章　微生物的代谢

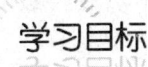

1. 掌握微生物代谢的特点、微生物发酵和呼吸的概念及其主要类型。
2. 掌握微生物生命活动过程中物质与能量的转换机理,进而理解微生物呼吸与发酵的实质。
3. 重点掌握化能异养微生物的产能方式。
4. 了解微生物的代谢活动在人类生活及生产中的应用,理解微生物的代谢调节。

第一节　微生物对自然界有机物质的分解代谢

微生物与其他生物一样,为了自身的生长发育及繁殖后代,需要不断地从外界环境中摄取营养物质,在体内经过一系列的生化反应,转变成能量和构成细胞的物质,并向体外排出不需要的产物,这一系列的生化过程称为代谢。代谢也就是发生在微生物细胞内各种生物化学反应的总称,代谢包括组成代谢(合成代谢)和分解代谢两个部分。

一、含碳有机物(多糖)的分解代谢

分解代谢是复杂的营养物质分解成简单化合物并释放出能量的过程。合成代谢所需要的能量和大多数原料物质都来自分解作用。只有微生物体内进行旺盛的分解作用,才能更多地合成微生物的细胞物质并迅速生长繁殖。可见,分解代谢在微生物代谢作用中的重要性。

从外界进入微生物体内的营养物质种类很多。含碳有机物是异养微生物的主要碳源和能源,包括各种多糖、双糖和单糖。多糖必须在胞外由相应的胞外酶水解,才能被吸收利用;双糖和单糖被微生物吸收后,立即进入分解途径,被降解成简单的含碳化合物,同时分级释放能量,供应细胞合成所需的碳源和能源。

糖类物质是微生物赖以生存的主要碳源物质与能源物质,自然界广泛存在的糖类物质主要是多糖,包括淀粉、纤维素、半纤维素、果胶和几丁质等,其分解的基本过程:

多糖（胞外酶作用下）→单糖、双糖→丙酮酸（进入三羧酸循环）→H_2O、CO_2

1. 淀粉的分解

淀粉是葡萄糖通过糖苷键连接而成的一种大分子物质，淀粉有直链淀粉和支链淀粉两种。一般在自然淀粉中，直链淀粉占 10%～20%，支链淀粉占 80%～90%。以淀粉作为生长碳源与能源的微生物，它们能利用本身合成并分泌到胞外的淀粉酶，将淀粉水解成双糖与单糖后才被微生物吸收，然后再被分解与利用。

2. 纤维素的分解

纤维素是植物细胞壁的主要成分，是世界上最丰富的碳水化合物，它也是由葡萄糖通过糖苷键连接而成的大分子化合物，它与淀粉不同的是，葡萄糖通过 $\beta-1,4-$糖苷键连接起来，而且分子质量更大，更不溶于水，均不能直接被人和动物消化。但是很多微生物，例如木霉、青霉、某些放线菌和细菌均能分解利用纤维素，原因是它们能产生纤维素酶。纤维素酶在为开辟食品及发酵工业原料新来源，提高饲料的营养价值，综合利用农村的农副产品方面将会起着积极的作用。

3. 果胶质的分解

天然的果胶质是一种水不溶性的物质，它通常被称为原果胶。在原果胶酶作用下，它被转化成可溶性的果胶。再进一步被果胶甲酯水解酶催化去掉甲酯基团，生成果胶酸，最后被果胶酸酶水解，切断 $\alpha-1,4-$糖苷键，生成半乳糖醛酸。半乳糖醛酸最后进入糖代谢途径被分解放出能量，可见分解果胶的酶也是一个多酶复合物。

果胶酶广泛存在于植物、霉菌、细菌和酵母中。其中以霉菌产的果胶酶产量高，澄清果汁力强，因此工业上常用的菌种几乎都是霉菌，例如文氏曲霉、黑曲霉等。果胶酶大多属于诱导酶，故生产时必须添加含果胶的物质，才会提高产量。

二、含氮有机物的分解代谢

蛋白质、核酸及其不同程度的降解产物通常是作为微生物生长的氮源物质或作为生长因子（如氨基酸、嘌呤、嘧啶等），但在某些条件下，这些物质也可以作为某些机体的能源物质。例如某些氨基酸就可以作为厌氧条件下生长的梭状芽孢杆菌属（*Clostridium*）的能源物质。

1. 蛋白质的分解

蛋白质是由氨基酸组成的分子巨大、结构复杂的化合物。它们不能直接进入细胞。微生物利用蛋白质，首先分泌蛋白酶至体外，将其分解为大小不等的多肽或氨基酸等小分子化合物后再进入细胞。

$$\text{蛋白质} \xrightarrow{\text{蛋白酶}} \text{多肽} \xrightarrow{\text{肽酶}} \text{氨基酸}$$

许多微生物在生长过程中，可以合成并分泌蛋白酶到胞外环境中，因而它们也就具有分解蛋白质的能力。但是微生物不同，分解蛋白质的能力也不同。一般是真菌分解蛋白质的能力强，并能分解天然的蛋白质，而大多数细菌不能分解天然蛋白质，只能分解变性蛋白以及蛋白质的降解产物，因而微生物分解蛋白质的能力是微生物分类依据之一。例如某些梭状芽孢杆菌属（*Clostridium*）、芽孢杆菌属（*Bacillus*）、变形杆菌属（*Proteus*）、假单胞菌属（*Pseudomonas*）、小球藻属（*Chlorella*）、许多放线菌（*Actionmyces*）、曲霉属（*Aspergillus*）、毛霉属（*Mucor*）等分解蛋白质的能力强，而大肠杆菌（*E. coli*）只能分解蛋白质的降解产物，不能分解蛋白质；在细菌中，一般是革兰氏阳性菌比革兰氏阴性菌分解蛋白质的能力强。

肽酶是一类作用于肽的酶，它使肽水解成氨基酸。根据肽酶作用部位的不同，可以将肽酶分为两种，一种是氨肽酶，它作用于有游离氨基端的肽键；一种是羧肽酶，它作用于有游离羧基端的肽键。肽酶是一种胞内酶，它在细胞自溶后，释放到环境中。

在食品工业中，传统的酱制品，如酱油、豆豉、腐乳等的制作也都利用了微生物对蛋白质的分解作用。目前已能利用枯草芽孢杆菌（*B. subtilis*）、栖土曲霉、放线菌等微生物来生产蛋白酶，用它来进行皮革脱毛、蚕丝脱胶、蛋白胨生产，还可用作抗血栓药物的生产等。

2. 氨基酸的分解

蛋白质分解的产物氨基酸通常是被微生物直接用来作为合成新细胞质的原料，但在厌氧与缺乏碳源的条件下，也能被某些细菌用作能源与碳源物质，维持机体的生长。微生物分解氨基酸的方式很多，但主要是通过脱羧与脱氨两种作用，产生的分解物可进一步参与代谢。

（1）脱羧作用　许多微生物细胞内通常都具有氨基酸脱羧酶，它可以催化氨基酸脱羧生成相应的胺。如酪氨酸脱羧形成酪胺、精氨酸脱羧形成精胺、色氨酸形成色胺。这些物质可以作为确定食品新鲜程度的指标。

$$\text{R—CH(NH}_2\text{)—COOH} \xrightarrow{\text{氨基酸脱羧酶}} \text{R—CH}_2\text{—NH}_2 + CO_2$$

氨基酸脱羧酶具有高度的专一性，基本上是一种氨基酸由一种脱羧酶来催化它的分解。胺在有氧条件下可进一步被氧化成有机酸；在厌氧条件下可以被分解成各种醇和有机酸。

（2）脱氨作用　有机含氮化合物经微生物作用后放出氨的生物学过程，通常称为氨化作用（ammonification）。在氨基酸脱氨作用中，由于微生物类型、氨基酸种类与环境条件不同，脱氨的方式也不同，脱氨作用主要有以下几种：

①氧化脱氨：氨基酸在有氧条件下脱氨生成 α-酮酸和氨，是好氧性微生物进行脱氨的方式。

$$R-CH(NH_2)-COOH + \frac{1}{2}O_2 \longrightarrow R-C(O)-COOH + NH_3$$

生成的酮酸一般不积累，而继续被微生物转化成羟酸或醇。如：丙氨酸氧化脱氨生成丙酮酸，丙酮酸可籍三羧酸循环而继续氧化；所脱下的氨具有高度的还原势，伴随着氨基酸的脱氨反应，发生电子传递磷酸化，生成 ATP，可供微生物生长所需的能量，另一方面也可为微生物生长提供氮源。

②还原脱氨：在无氧条件下，氨基酸经还原脱氨的方式转变成饱和脂肪酸和氨。某些专性厌氧细菌如梭状芽孢杆菌属（*Clostridium*）在厌氧条件下生长时，可以进行还原脱氨。其通式为：

$$RCHNH_2COOH + 2H_2 \longrightarrow RCH_2COOH + NH_3$$

在腐败蛋白质中常分离到饱和脂肪酸便是由相应的氨基酸生成。如梭状芽孢杆菌可使甘氨酸还原成乙酸；使丙氨酸还原为丙酸；使天冬氨酸还原脱氨为琥珀酸。

$$COOHCH_2CHNH_2COOH + 2H_2 \longrightarrow HOOCCH_2CH_2COOH + NH_3$$

③水解脱氨：氨基酸经水解产生羟酸与氨，羟酸经脱羧生成一元醇。因此，氨基酸在水解脱氨过程中同时伴随有脱羧过程并生成一元醇、氨和二氧化碳。有些好氧性微生物可进行此种脱氨方式，如米曲霉（*Aspergillus oryzae*）可使亮氨酸水解脱氨后生成 α-羟基-γ-甲基-戊酸。

$$(CH_3)_2CHCH_2CH(NH_2)COOH + H_2O \longrightarrow (CH_3)_2CHCH_2CH(OH)COOH + NH_3$$

④直接脱氨：氨基酸直接脱去氨基，在脱氨的同时，其 α、β 键减饱和，生成不饱和酸与氨。如在大肠杆菌内有 L-天冬氨酸酶，能催化 L-天冬氨酸直接脱氨生成延胡索酸和氨。在细菌和酵母菌中都存在这种脱氨反应，此反应为可逆反应，也是合成氨基酸途径之一。

$$HOOCCH_2CHNH_2COOH \rightleftharpoons HOOCCH=CHCOOH + NH_3$$

微生物种类不同分解氨基酸的能力也不同，例如，革兰氏阴性的大肠杆菌（*E. coli*）、变形杆菌属（*Proteus*）和铜绿假单胞菌（俗称绿脓杆菌 *Pseudomonas aeruginosa*）几乎能分解所有的氨基酸，而革兰氏阳性的乳杆菌属（*Lactobacillus*）、链球菌属（*Streptococcus*）则分解氨基酸的能力差。微生物对氨基酸的分解方式不同，形成的产物也不同。因此，可根据微生物对氨基酸分解作用不同来进行菌种鉴定。吲哚试验与硫化氢试验是常用的两个鉴定试验。此外，氨基酸的分解产物对许多发酵食品，如酱油、干酪、发酵香肠等的挥发性风味组分有重要影响。

第二节 微生物的能量代谢

生命的存在不仅以物质代谢为基础，同时也以能量代谢为动力，微生物细胞的主动运输、生物合成、细胞分裂、鞭毛运动、分解代谢等都需要能量。微生物生命活动所需要的化学能都是由微生物对环境所提供的能源（或本身储存的能源）进行能量形式的转变而获得的，我们把微生物体内的这种能量转变过程称为微生物的能量代谢。对微生物而言，能量代谢的中心任务，是生物体如何把外界环境中多种形式的最初能源转换成对一切生命活动都能使用的通用能源——ATP。

一、化能异养微生物的生物氧化与产能

化能异养型微生物的产能代谢的实质就是有机物的生物氧化。生物氧化就是发生在活细胞内的一系列产能性氧化反应的总称。而生物氧化的形式包括某物质与氧结合、脱氢或失去电子三种，其过程可分脱氢（或电子）、递氢（或电子）和受氢（或电子）三个阶段。生物氧化的功能则有产能（ATP）、产还原力［H］和产小分子中间代谢物三种。在生物氧化过程中释放的能量可被微生物直接利用，也可通过能量转换贮存在高能化合物（如 ATP）中，以便逐步被利用，还有部分能量以热的形式被释放到环境中。异养微生物氧化有机物的方式，根据氧化还原反应中电子受体的不同可分成发酵和呼吸两种类型。下面以葡萄糖为例来说明有机物的氧化过程。

（一）微生物葡萄糖的降解途径

生物体内葡萄糖分解产能的途径主要有 EMP 途径、HMP 途径、ED 途径、磷酸解酮酶途径。

1. EMP 途径

EMP 途径又称糖酵解途径或二磷酸己糖途径（图 7-1）。这是绝大多数微生物共有的一条基本代谢途径。在这条途径中，葡萄糖所含的碳原子只有部分氧化，所以产能较少。通过 EMP 途径，1 分子葡萄糖转变成 2 分子丙酮酸、2 分子 ATP 和 2 分子 NADH + H^+。总反应式为：

$$C_6H_{12}O_6 + 2NAD^+ + 2ADP + 2Pi \longrightarrow 2CH_3COCOOH + 2NADH + 2H^+ + 2ATP + 2H_2O$$

EMP 途径的特征性酶是 1,6-二磷酸果糖醛缩酶，它催化 1,6-二磷酸果糖裂解生成 2 个磷酸丙糖，其中磷酸二羟丙酮可以转为 3-磷酸甘油醛。2 个磷酸丙糖经磷酸烯醇式丙酮酸生成 2 分子丙酮酸。丙酮酸是 EMP 途径的关键产物，由它出发在不同微生物中可以进行多种发酵。

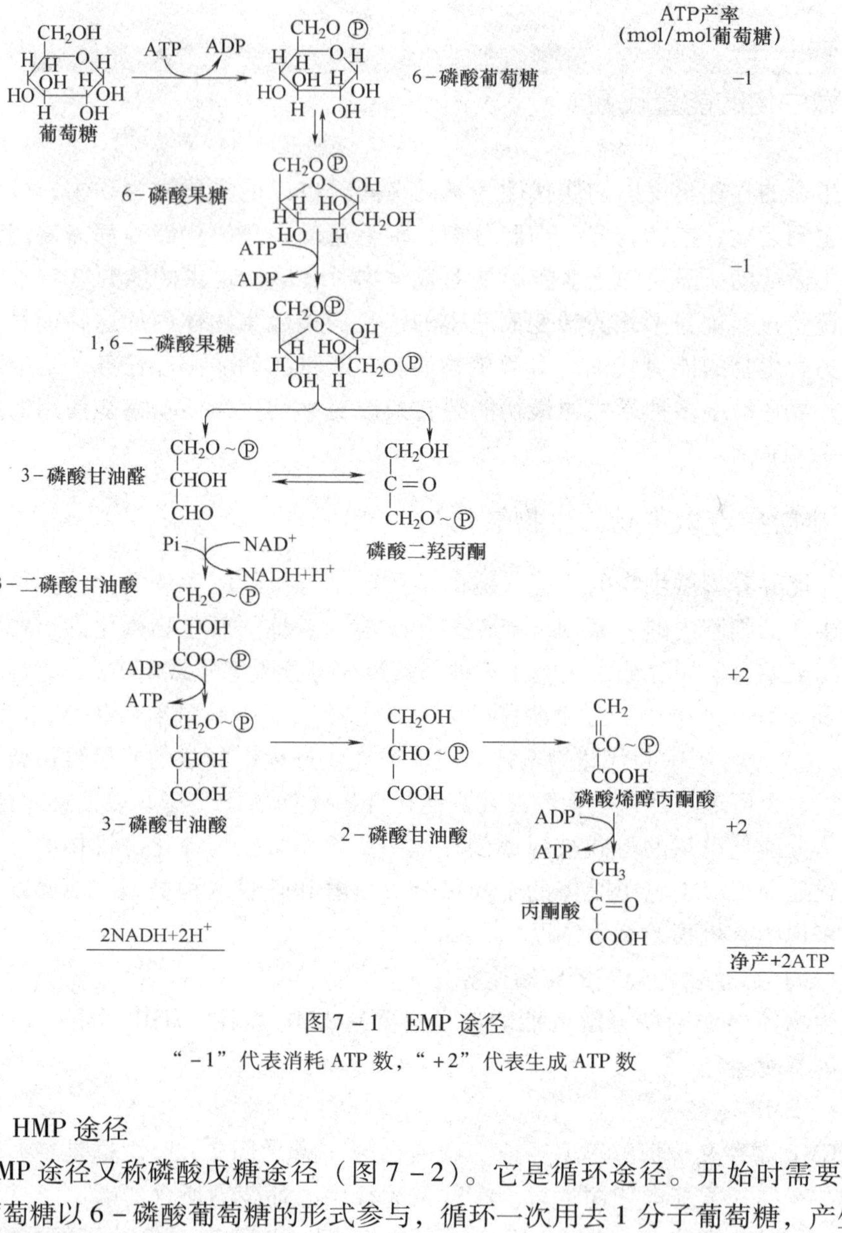

图 7-1 EMP 途径
"-1"代表消耗 ATP 数,"+2"代表生成 ATP 数

2. HMP 途径

HMP 途径又称磷酸戊糖途径(图 7-2)。它是循环途径。开始时需要有 6 分子葡萄糖以 6-磷酸葡萄糖的形式参与,循环一次用去 1 分子葡萄糖,产生大量 NADPH + H^+ 形式的还原力,其总反应式为:

$$6\,6\text{-磷酸葡萄糖} + 12NADP^+ + 6\,H_2O \longrightarrow 5\,6\text{-磷酸葡萄糖} + 12NADPH + 12H^+ + 6CO_2 + Pi$$

HMP 途径主要是提供生物合成所需的大量还原力(NADPH + H^+)和各种不同长度的碳架原料。例如,5-磷酸核糖用于核苷酸、核酸及 NAD(P)$^+$、FAD(FMN)、CoA 等辅酶的合成;4-磷酸赤藓糖用于苯丙氨酸、酪氨酸、色氨酸和组氨酸等芳香族氨基酸的合成。HMP 途径还与光能和化能自养微生物

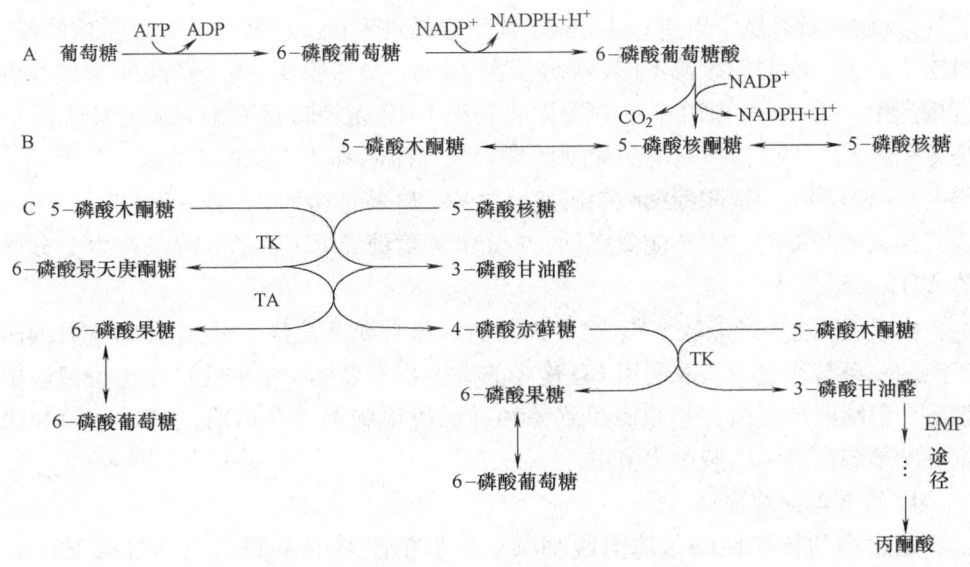

图7-2 HMP途径
TK 为转羟乙醛酶，TA 为转二羟丙酮基酶

的合成代谢密切联系，途径中的 5-磷酸核酮糖可以转化为固定 CO_2 时的 CO_2 受体——1，5-二磷酸核酮糖。

有 HMP 途径的微生物中往往同时存在 EMP 途径。单独具有 HMP 途径的微生物较少见，已知的仅有弱氧化醋杆菌和氧化醋单胞菌。

3. ED 途径

ED 途径又称 2-酮-3-脱氧-6-磷酸葡糖酸裂解途径（图7-3）。总反应式为：

$C_6H_{12}O_6 + ADP + Pi + NADP^+ + NAD^+ \longrightarrow 2CH_3COCOOH + ATP + NADPH + H^+ + NADH + H^+$

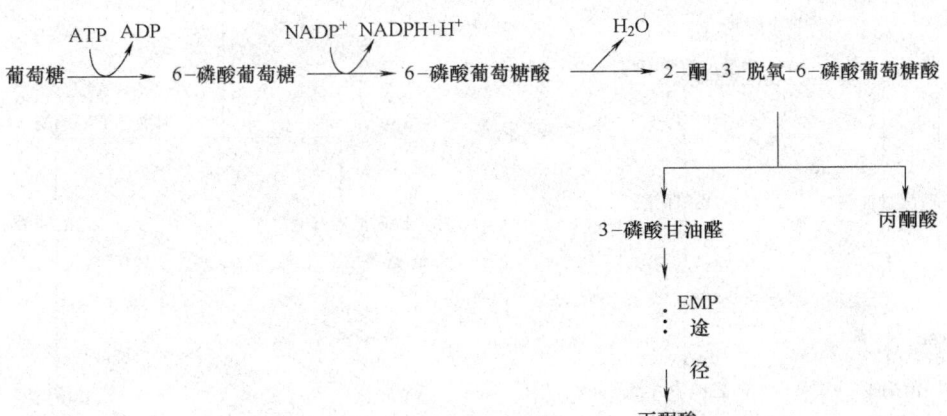

图7-3 ED 途径

ED 途径具有以下特点：①1 分子葡萄糖经过 4 步反应就生成 2 分子丙酮酸。但这 2 分子丙酮酸的来源不同，1 分子由 2 - 酮 - 3 - 脱氧 - 6 - 磷酸葡糖酸裂解直接产生，另一分子则由 3 - 磷酸甘油醛经 EMP 途径转化而来。②特征性反应是 2 - 酮 - 3 - 脱氧 - 6 - 磷酸葡糖酸裂解成丙酮酸和 3 - 磷酸甘油醛，故有 2 - 酮 - 3 - 脱氧 - 6 - 磷酸葡糖酸裂解途径之称。③特征酶为 2 - 酮 - 3 - 脱氧 - 6 - 磷酸葡糖酸醛缩酶。④产能效率低，1 分子葡萄糖经 ED 途径分解只产生 1 分子的 ATP。

由于 ED 途径产能较 EMP 途径少，所以只是缺乏完整 EMP 途径的少数细菌产能的一条替代途径，故利用 ED 途径的微生物不多见，它主要存在于嗜糖假单胞菌、铜绿假单胞菌、荧光假单胞菌和林氏假单胞菌以及运动发酵单胞菌和厌氧发酵单胞菌等一些假单胞菌中。

4. 磷酸解酮酶途径

该途径的特征性酶是磷酸解酮酶，根据解酮酶的不同，把具有磷酸戊糖解酮酶的称为 PK 途径（图 7 - 4），把具有磷酸己糖解酮酶的称 HK 途径（图 7 - 5）。

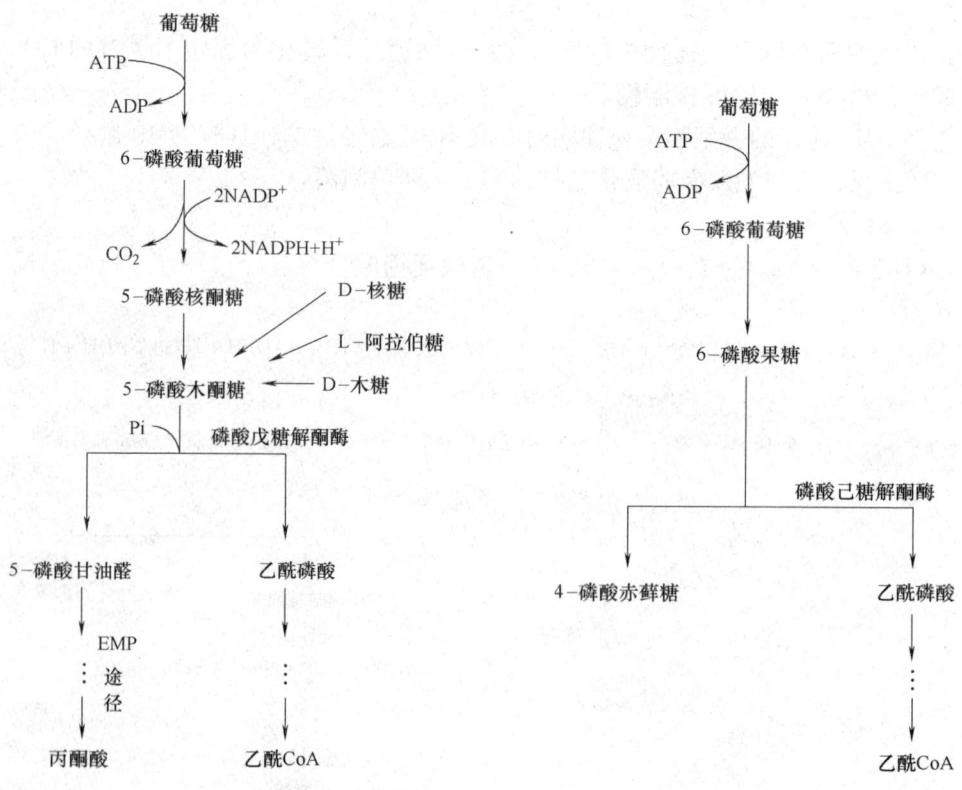

图 7 - 4　磷酸戊糖解酮酶（PK）途径　　图 7 - 5　磷酸己糖解酮酶（HK）途径

肠膜状明串珠菌利用 PK 途径分解葡萄糖。途径中的关键反应为 5 - 磷酸木酮糖裂解成乙酰磷酸和 3 - 磷酸甘油醛，关键酶是磷酸戊糖解酮酶，乙酰磷酸通过进一步反应生成乙醇，3 - 磷酸甘油醛经丙酮酸转化为乳酸。总反应式为：

$$C_6H_{12}O_6 + ADP + Pi + NAD^+ \longrightarrow CH_3CHOHCOOH + CH_3CH_2OH + CO_2 + ATP + NADH + H^+$$

1 分子葡萄糖经 PK 途径产生乳酸、乙醇、ATP 和 NADH + H^+ 各 1 分子。

两歧双歧杆菌利用 HK 途径分解葡萄糖。在这条途径中，由磷酸解酮酶催化的反应有两步。1 分子 6 - 磷酸果糖由磷酸己糖解酮酶催化裂解为 4 - 磷酸赤藓糖和乙酰磷酸；另 1 分子 6 - 磷酸果糖则与 4 - 磷酸赤藓糖反应生成 2 分子磷酸戊糖，而其中 1 分子 5 - 磷酸核糖在磷酸戊糖解酮酶的催化下分解成 3 - 磷酸甘油醛和乙酰磷酸。1 分子葡萄糖经磷酸己糖解酮酶途径生成 1 分子乳酸、1.5 分子乙酸以及 2.5 分子 ATP。

（二）发酵

在生物氧化或能量代谢中，发酵仅是指在无氧条件下，底物脱氢后所产生的还原力［H］不经过呼吸链传递而直接交给某一内源氧化性中间代谢产物的一类低效产能反应。根据发酵产物不同，发酵的类型主要有乙醇发酵、乳酸发酵、丙酮丁醇发酵、混合酸发酵等，如图 7 - 6 所示。

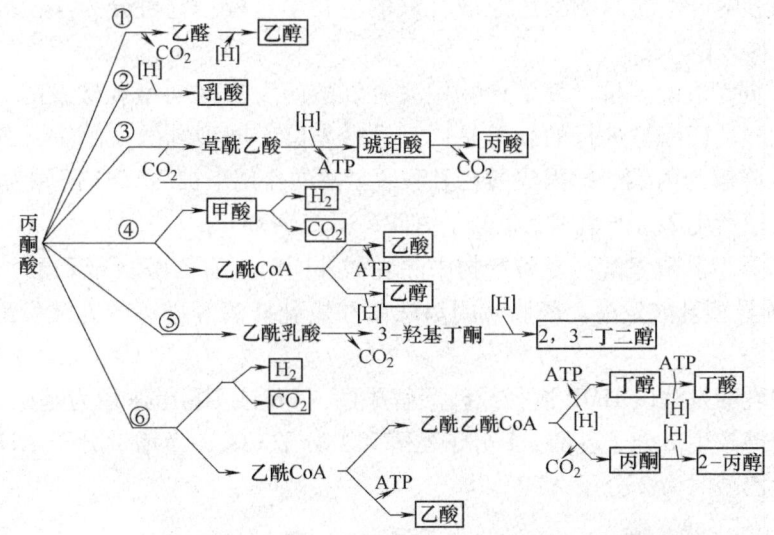

自丙酮酸开始的各种发酵产物（方框内指最终发酵产物）

图 7 - 6 微生物发酵类型

1. 乙醇发酵

乙醇发酵是研究最早而又了解最清楚的一类发酵。乙醇发酵有酵母型乙醇发酵和细菌型乙醇发酵。

（1）酵母型乙醇发酵 进行酵母型乙醇发酵的微生物主要是酵母菌（如酿

酒酵母）。在厌氧和偏酸性（pH 3.5~4.5）的条件下，它们通过 EMP 途径将 1 分子葡萄糖分解为 2 分子丙酮酸。丙酮酸再在丙酮酸脱羧酶的作用下脱羧生成乙醛，然后再以乙醛为氢受体接受来自 NADH + H^+ 的氢生成乙醇。

酵母菌的乙醇发酵应控制在偏酸性条件下，因为在弱碱性条件（pH 7.6）乙醛因得不到足够的氢而积累，两个乙醛分子会发生歧化反应，产生乙酸和乙醇，使磷酸二羟丙酮作氢受体，产生甘油，这称为碱法甘油发酵。这种发酵方式不产生能量。

由此可见，发酵产物会随发酵条件变化而改变。酵母菌的乙醇发酵已广泛应用于酿酒和酒精生产。

（2）细菌型乙醇发酵　细菌也能进行乙醇发酵，既可利用 EMP 途径（如胃八叠球菌和肠杆菌）也可利用 ED 途径（如运动发酵单胞菌和厌氧发酵单胞菌）进行乙醇发酵。经 ED 途径发酵产生乙醇的过程与酵母菌通过 EMP 途径生产乙醇不同，故称细菌乙醇发酵。1 分子葡萄糖经 ED 途径进行乙醇发酵，生成 2 分子乙醇和 2 分子 CO_2，净增 1 分子 ATP。

2. 乳酸发酵

能够利用葡萄糖产生大量乳酸的细菌称乳酸细菌。乳酸发酵是指乳酸细菌将葡萄糖分解产生的丙酮酸还原成乳酸的生物学过程。它可分为同型乳酸发酵和异型乳酸发酵。

（1）同型乳酸发酵　发酵产物中只有乳酸的发酵称同型乳酸发酵。如乳链球菌、乳酸乳杆菌等进行的发酵是同型乳酸发酵。同型乳酸发酵中，葡萄糖经 EMP 途径降解为丙酮酸，丙酮酸在乳酸脱氢酶的作用下被 NADH 还原为乳酸。1 分子葡萄糖产生 2 分子乳酸、2 分子 ATP，不产生 CO_2。

（2）异型乳酸发酵　发酵产物中除乳酸外同时还有乙醇（或乙酸）、CO_2 和 H_2 等，称异型乳酸发酵。肠膜状明串珠菌和短乳杆菌等进行的乳酸发酵是异型乳酸发酵。

异型乳酸发酵以 HMP 途径或磷酸解酮酶（PK 或 HK）途径为基础，发酵 1 分子葡萄糖产生 1 分子乳酸、1 分子乙醇和 1 分子 CO_2，净增 1 分子 ATP（短乳杆菌产生乙酸时为 2 分子 ATP）。

3. 丙酮丁醇发酵

在葡萄糖的发酵产物中，以丙酮、丁醇为主（还有乙醇、CO_2、H_2 以及乙酸）的发酵称为丙酮丁醇发酵。有些细菌如丙酮丁醇梭菌能进行丙酮丁醇发酵。在发酵中，葡萄糖经 EMP 途径降解为丙酮酸，由丙酮酸产生的乙酰辅酶 A 通过双双缩合为乙酰乙酰辅酶 A。乙酰乙酰辅酶 A 一部分可以脱羧生成丙酮，另一部分经还原生成丁酰辅酶 A，然后进一步还原生成丁醇。在此过程中，每发酵 2 分子葡萄糖可产生 1 分子丙酮、1 分子丁醇、4 分子 ATP 和 5 分子 CO_2。

4. 混合酸和丁二醇发酵

埃希氏菌属、沙门氏菌属、志贺氏菌属等肠菌科的一些细菌发酵葡萄糖生成乳酸、甲酸、乙酸、琥珀酸、乙醇、CO_2 和 H_2 等产物。因产物中有多种有机酸，故称混合酸发酵（图7-7）。EMP 途径是混合酸发酵的基础，它的多种产物是由葡萄糖分解生成的丙酮酸，在不同酶的作用下分别转变成乳酸、乙酸、甲酸、乙醇、CO_2 和 H_2，一部分磷酸烯醇式丙酮酸转变为琥珀酸。混合酸发酵时，1 分子葡萄糖产生 2.5 分子 ATP。

肠杆菌属、沙雷氏菌属和欧文氏菌属中的一些细菌发酵葡萄糖的产物中有大量的 2,3-丁二醇、更多的 H_2 和 CO_2 以及少量的乳酸、乙醇等，称丁二醇发酵（图7-7）。丁二醇发酵时，1 分子葡萄糖产生 2 分子 ATP。产气肠杆菌（*Enterobacter aerogenes*）发酵葡萄糖时，大部分丙酮酸由乙酰乳酸合成酶催化成乙酰乳酸，再经乙酰乳酸脱羧酶脱羧成 3-羟基丁酮（乙酰甲基甲醇），然后再被丁二醇脱氢酶还原成为 2,3-丁二醇。

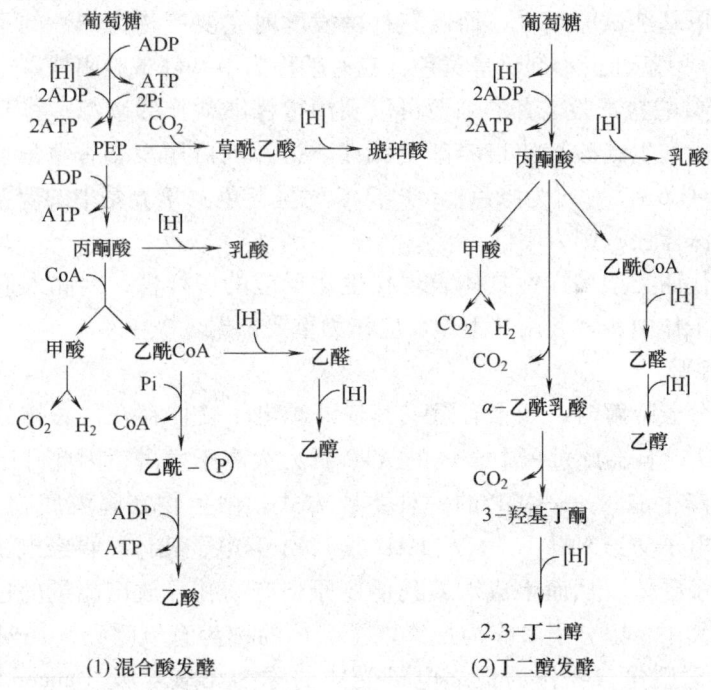

图7-7　混合酸发酵和丁二醇发酵

根据混合酸和丁二醇发酵可对肠道细菌进行多项生理生化指标鉴定。

5. 微生物的生理生化反应试验

（1）糖发酵（产酸产气）试验　不同的细菌分解糖、醇的能力不同，有些细菌分解某些糖产酸并产气，有的分解糖仅产酸而不产气，因此，可根据其分解利用糖的差异作为鉴定菌种的依据之一。

在糖发酵试验中，用溴甲酚紫作为指示剂，pH 6.8 时为紫色，当 pH＜5.2 时变为黄色，若细菌分解糖产酸，则培养液由紫色变为黄色，有无气体产生，可以从德拉姆氏小管中观察。

(2) V.P. 试验　丁二醇发酵是 V.P. 试验的基础。某些细菌在进行发酵时，除一小部分按混合酸发酵外，大部分丙酮酸两分子缩合成乙酰乳酸，再脱羧为 3-羟基丁酮（也即乙酰甲基甲醇，进一步还原为丁二醇），3-羟基丁酮在碱性条件下被空气中的 O_2 作用氧化成（双）乙二酰，它能与培养基成分蛋白胨中的精氨酸所含的胍基反应生成红色化合物。产气杆菌产生大量 3-羟基丁酮，故 V.P. 试验阳性（＋）；大肠杆菌、伤寒杆菌，发酵葡萄糖时产生很少或不产生 3-羟基丁酮，故 V.P. 试验阴性（－）。

(3) 甲基红试验　进行混合酸发酵的微生物（大肠杆菌、伤寒杆菌）因产酸较多，使 pH 低于 4.2，此时用甲基红指示剂（pH 4.4 红～pH 6.0 黄）可显示红色称为甲基红试验阳性；而产气杆菌发酵时主要产物为中性的丁二醇，所以 pH 较高，甲基红指示剂仍呈黄色，我们就称为甲基红试验阴性。

(4) 柠檬酸盐试验　有的细菌可以利用柠檬酸盐作为碳源，将其分解为二氧化碳，最后产生碳酸盐使培养基变碱性。指示剂可用溴麝香草酚蓝（pH＜6 时呈黄色，pH 6～7.6 时为绿色，pH＞7.6 时呈蓝色）培养基中的溴麝香草酚蓝由绿色变为深蓝色，则为阳性。

微生物代谢类型多样性具体表现在生化反应的多样性，因此人们在微生物的分类鉴定工作中，常利用其生化反应作为重要依据。

(三) 呼吸

葡萄糖分子降解时，如果有氧或其他外源电子受体存在，底物分子可被完全氧化为 CO_2，且在此过程中合成的 ATP 量大大高于发酵，因此呼吸是大多数微生物用来产生能量——ATP 的一种主要方式。微生物在降解底物的过程中，将释放出的电子交给 NAD(P)$^+$、FAD 或 FMA 等电子载体，再经电子传递系统传给外源电子受体，从而生成水或其他还原型产物并释放出能量的过程，称为呼吸作用。其中，以分子氧作为最终电子受体的称为有氧呼吸（aerobic respiration），以氧化型化合物作为最终电子受体的称为无氧呼吸（anaerobic respiration）。呼吸作用与发酵作用的根本区别在于：电子载体不是将电子直接传递给葡萄糖分子降解的中间产物，而是交给电子传递系统，逐步释放出能量后再交给最终电子受体。

1. 有氧呼吸

在发酵过程中，葡萄糖经糖酵解作用形成的丙酮酸在厌氧条件下转变成不同的发酵产物。而在有氧呼吸过程中，丙酮酸经三羧酸循环（tricarboxylic acid cycle，简称 TCA 循环）与电子传递链（electron transport chain）两部分的化学作用，前者使葡萄糖完全氧化成 CO_2，后者使脱下的电子交给分子氧生成水并伴随有 ATP 生成。

对于每个经 TCA 循环而被氧化的丙酮酸分子来讲，在整个氧化过程中共释放出 3 个分子的 CO_2。一个是在乙酰辅酶 A 形成过程中，一个是在异柠檬酸脱羧时产生的，另一个是在 α-酮戊二酸的脱羧过程中。同时生成 4 分子的 $NADH_2$ 和 1 分子的 $FADH_2$。另外，琥珀酰辅酶 A 在氧化成琥珀酸时，产生 1 分子 GTP，随后 GTP 可转化成 ATP（图 7-8）。

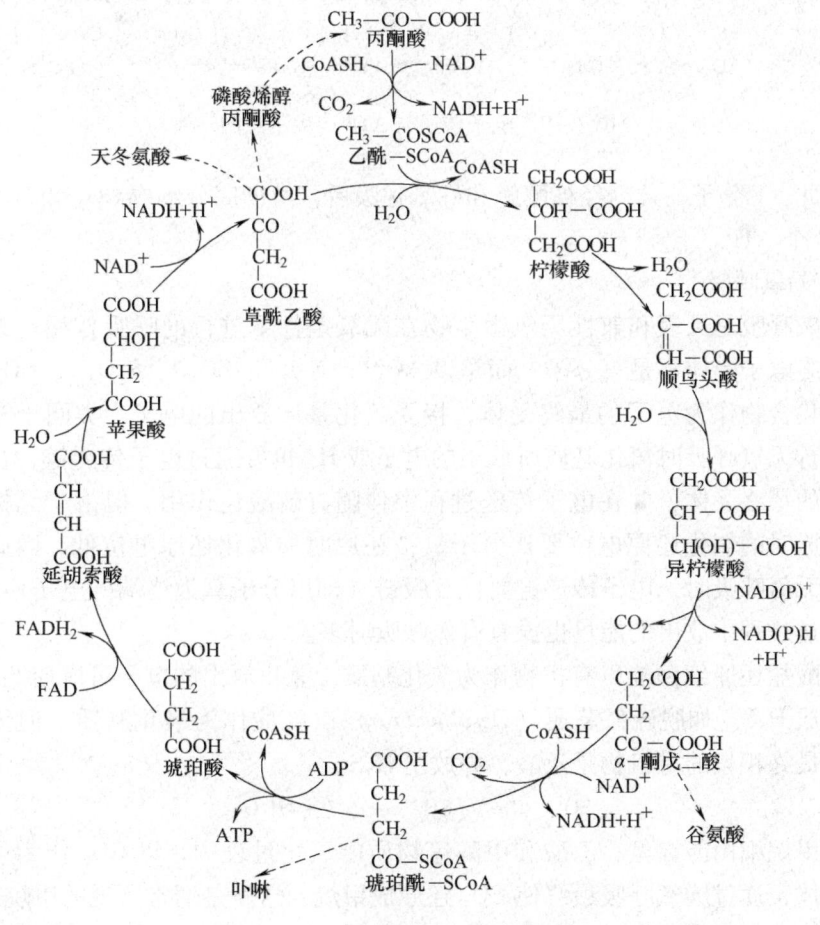

图 7-8 三羧酸循环（TCA 循环）

产生的 $NADH_2$ 和 $FADH_2$ 通过电子传递系统被氧化，每氧化 1 分子的 $NADH_2$ 可生成 3 分子 ATP，每氧化 1 分子 $FADH_2$ 可生成 2 分子 ATP。因此、丙酮酸经 TCA 循环彻底氧化后可形成 15 个分子的 ATP，可为微生物的生命活动提供大量能量。

电子传递系统是由一系列氢和电子传递体组成的多酶氧化还原体系。$NADH_2$、$FADH_2$ 以及其他还原型载体上的氢原子，以质子和电子的形式在其上进行定向传递。其组成酶系存在于原核微生物的细胞质膜上或是在真核微生物的线粒体内膜上。这些系统具有两种基本功能：一是从电子供体接受电子并将电子传递给电子受体；二是通过合成 ATP 把在电子传递过程中释放的一部分能量保存起来（图 7-9）。

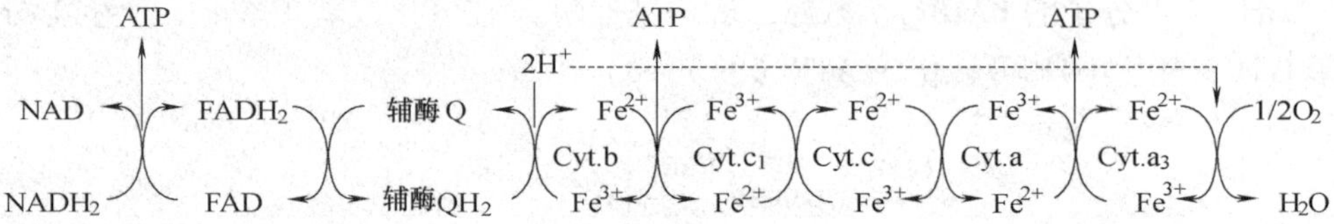

图 7-9 电子传递与 ATP 产生示意图

因此，1 分子葡萄糖经糖酵解和好氧呼吸后，可彻底分解成 CO_2 和 H_2O，并产生 38 个 ATP。

2. 无氧呼吸

无氧呼吸是厌氧和兼性厌氧微生物在无氧条件下进行的呼吸作用。无氧呼吸的最终电子受体不是氧分子，而是以 NO_3^-、NO_2^-、SO_4^{2-}、$S_2O_3^{2-}$、CO_2 等无机含氧化合物作为电子的最终受体，接受氧化基质放出的电子。类同于有氧呼吸，进行无氧呼吸时氧化基质所放出的电子或 H^+ 也要通过电子传递链，被传送到电子的最终受体，并在电子传送过程中伴随有磷酸化作用。但由于无机氧化物被还原时的氧化还原电位要比分子氧被还原时的氧化还原电位低，因此微生物进行无氧呼吸时，电子传递链要比呼吸链（即以分子氧为终端的电子传递链）短，传送过程中放出的能量也没有有氧呼吸时多。

硫酸盐还原细菌能以有机物作为氧化基质，氧化放出的电子可以使 SO_4^{2-} 逐步还原成 H_2S。如脱硫弧菌属（*Desulfovibrio*）以乳酸作为氧化基质，但氧化不彻底，最终积累的有机物是乙酸，并放出 H_2S。

$$SO_4^{2-} + 8e^- + 8H^+ \longrightarrow S^{2-} + 4H_2O$$

产甲烷细菌能在氢、乙酸和甲醇等物质的氧化过程中，以 CO_2 作为最终的电子受体，通过厌氧呼吸最终使 CO_2 还原成甲烷，这就是通常所说的甲烷发酵。

$$4H_2 + CO_2 \longrightarrow CH_4 + 2H_2O$$

二、化能自养微生物的生物氧化与产能

有些微生物可以从氧化无机物中获得能量，同时合成细胞物质，这类细菌称为化能自养微生物，它们在无机能源氧化过程中通过氧化磷酸化产生 ATP。它们分别属于氢细菌、硫化细菌、硝化细菌和铁细菌。这些细菌广泛分布在土

壤和水域中，并对自然界物质转化起着重要的作用。

自养微生物和异养微生物在生物氧化上的本质是相同的，即都包括脱氢、递氢和受氢三个阶段，其间经过磷酸化反应相偶联，就可产生生命活动所需的通用能源——ATP。

1. 氨的氧化

NH_3 同亚硝酸（NO_2^-）是可以用作能源的最普通的无机氮化合物，能被硝化细菌所氧化，硝化细菌可分为 2 个亚群：亚硝化细菌和硝化细菌。氨氧化为硝酸的过程可分为 2 个阶段，先由亚硝化细菌将氨氧化为亚硝酸，再由硝化细菌将亚硝酸氧化为硝酸。由氨氧化为硝酸是通过这两类细菌依次进行的。硝化细菌都是一些专性好氧的 G^+ 细菌，以分子氧为最终电子受体，绝大多数是专性无机营养型。它们的细胞都具有复杂的膜内褶结构，这有利于增加细胞的代谢能力。硝化细菌无芽孢，多数为二分裂，生长缓慢，平均代时在 10h 以上，分布非常广泛。

2. 硫的氧化

硫杆菌能够利用一种或多种还原态或部分还原态的硫化合物（包括硫化物、元素硫、硫代硫酸盐、多硫酸盐和亚硫酸盐）作能源。H_2S 首先被氧化成元素硫，随之被硫氧化酶和细胞色素系统氧化成亚硫酸盐，放出的电子在传递过程中可以偶联产生 4 个 ATP，亚硫酸盐的氧化可分为两条途径，一是直接氧化成 SO_4^{2-} 的途径，由亚硫酸盐 - 细胞色素 c 还原酶和末端细胞色素系统催化，产生 1 个 ATP；二是经磷酸腺苷硫酸的氧化途径，每氧化 1 分子 SO_3^{2-} 产生 2.5 个 ATP。

3. 铁的氧化

从亚铁到高铁状态铁的氧化，对于少数细菌来说也是一种产能反应，但从这种氧化中只有少量的能量可以被利用。亚铁的氧化仅在嗜酸性的氧化亚铁硫杆菌中进行了较为详细的研究。在低 pH 环境中这种菌能利用亚铁氧化时放出的能量生长。在该菌的呼吸链中发现了一种含铜蛋白质，它与几种细胞色素 c 和一种细胞色素 a_1 氧化酶构成电子传递链。虽然电子传递过程中的放能部位和放出有效能的多少还有待研究，但已知在电子传递到氧的过程中细胞质内有质子消耗，从而驱动 ATP 的合成。

4. 氢的氧化

氢细菌都是一些 G^- 的兼性化能自养菌。它们能利用分子氢氧化产生的能量，同化 CO_2，也能利用其他有机物生长。氢细菌的细胞膜上有泛醌、维生素 K_2 及细胞色素等呼吸链组分。在该菌中，电子直接从氢传递给电子传递系统，电子在呼吸链传递过程中产生 ATP。多数氢细菌中有 2 种与氢的氧化有关的酶。一种是位于壁膜间隙或结合在细胞质膜上的不需 NAD^+ 的颗粒状氧化酶，它能够催化以下反应：

$$H_2 \longrightarrow 2H^+ + 2e^-$$

该酶在氧化氢并通过电子传递系统传递电子的过程中,可驱动质子的跨膜运输,形成跨膜质子梯度,为 ATP 的合成提供动力;另一种是可溶性氢化酶,它能催化氢的氧化,而使 NAD^+ 还原,所生成的 NADH 主要用于 CO_2 的还原。

三、光能微生物的能量代谢

光能微生物可从阳光中获取能量,通过光合磷酸化产能。即能将光能转变成 ATP 形式的化学能。

所谓光合磷酸化作用,是指光合细菌(photosynthetic bacteria)以光为能源,利用 CO_2(光能自养)或有机碳化合物(光能异养)作为碳源,通过电子传递生成 ATP 的过程。

光合作用过程比较复杂,已知所有的光合作用都包括两组紧密联系而又不相同的反应。其一为光反应,即光和色素吸收光能,并将它们转化为化学能的能量转换反应;另一为暗反应,是利用由光能转化而产生的化学能,将 CO_2 还原合成细胞有机物质的生物合成反应。

(一)光合细菌类群

根据在光合作用过程中是否有氧气产生,可把光和细菌分为两大类:产氧光合细菌(oxygenic photosynthetic bacteria)和不产氧光合细菌(anoxygenic photosynthetic bacteria)。

(1)产氧光合细菌 好氧菌,以蓝细菌为典型代表。此外还有原绿植物纲的微生物。

(2)不产氧光合细菌 是一个形态和系统上多样化的类群。根据它们所含菌绿素、类胡萝卜素和光合膜系统的类型分为紫色细菌、绿色细菌、阳光细菌以及着色细菌四科不产氧光合细菌。

(二)细菌的光合色素

1. 叶绿素(chlorophyll)

蓝细菌依赖于叶绿素进行光合作用,蓝细菌含叶绿素 a(图 7-10)。叶绿素 a 有两个光反应系统,吸收 680~700nm 处的光量子,将光能转变为化学能。

2. 菌绿素

大多数光合细菌依赖于菌绿素进行光合作用。目前已在光合细菌中发现 6 种菌绿素,分别为菌绿素 a、b、c、d、e 和 g。菌绿素 a 的结构与叶绿素 a 基本相似(图 7-11)。各种菌绿素的功能与叶绿素 a 相似均可以在光反应中心将光能转变为化学能,只不过它们的吸收光谱不同而已。菌绿素 a 的最大吸收波长约在 850nm 处,菌绿素 b 的最大吸收波长在 840nm 和 1030nm 处,其余几种菌绿素的最大吸收波长在 720~780nm 范围内。

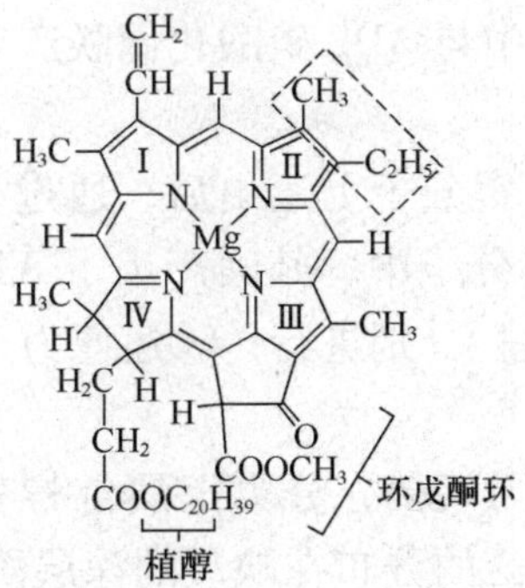

图 7-10 叶绿素 a 的结构 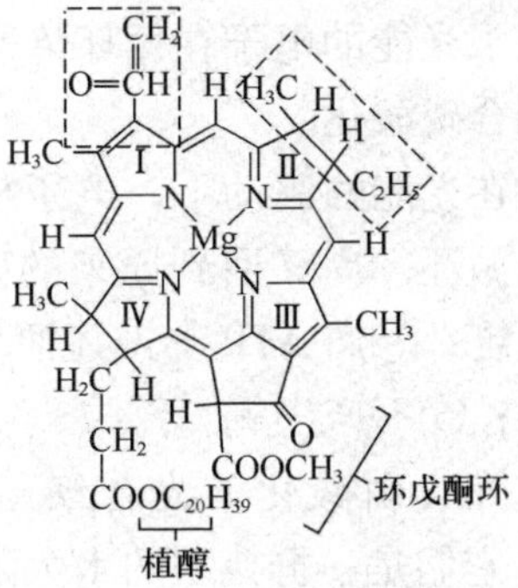　　图 7-11 菌绿素 a 的结构

3. 辅助色素

辅助色素是帮助提高光利用率的色素。菌绿素或叶绿素只能吸收太阳光谱中的一部分光,光合生物依靠辅助色素能够捕获更多可利用的光。即可以将捕捉到的光量子传递给光反应中心将光能转变为化学能。光合细菌中含有类胡萝卜素和 β-胡萝卜素;而藻胆素是蓝细菌的独特的辅助色素。

(三) 细菌的光合作用

光合细菌主要有依赖于菌绿素和叶绿素的光合作用。

1. 依赖于菌绿素的光合作用(循环式光合磷酸化)

不产氧的光合细菌利用 H_2S、H_2 或丁酸、琥珀酸等有机物质为还原 CO_2 的供氢体,依赖于菌绿素与一个光反应系统进行不放氧光合作用。

由于它是存在于厌氧光合细菌中的能利用光能产生 ATP 的磷酸化反应,又由于它是一种在光驱动下通过电子的循环式传递而完成的磷酸化,故称循环光合磷酸化。如紫色细菌的环式光合磷酸化过程(图7-12):菌绿素和类胡萝卜素将捕获的光能传递给其反应中心 P870,使其成为激发态(P870*),激发的结果逐出高能电子,逐出的高能电子被脱镁菌绿素(Bph)所接受,逐出高能电子后激发态的(P870*)成为带正电荷 P870$^+$,高能电子经 CoQ、Cyt b 和 Cyt c 组成的电子传递链返回到带正电荷的 P870$^+$,结果 P870$^+$ 接受电子还原为 P870,

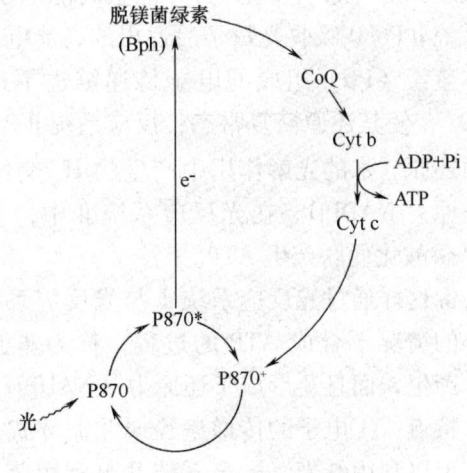

图 7-12 循环式光合磷酸化

电子在由 CoQ 经 Cyt b 和 Cyt c 时与 ADP 磷酸化偶联产生 ATP。

这种吸收了光能的电子在循环传递过程中与 ADP 磷酸化偶联产生 ATP 的过程称为循环光合磷酸化。

特点：①在光能的驱动下，电子从菌绿素分子上逐出后，通过类似呼吸链的传递，电子循环一周又回到原来的菌绿素分子中，其间产生了 ATP；②只有一个光反应系统；③产 ATP 与产还原力［H］分别进行；④还原力来自 H_2S 等的无机氢供体；⑤不产生氧。

具有环式光合磷酸化的光合细菌都是厌氧菌，分类上属红螺菌目（*Rhodospirillales*），它们是一群典型的水生菌，广泛的分布在缺氧的深层淡水或海水。由于细胞内所含菌绿素和类胡萝卜素的量和比例的不同，菌体可呈现红、橙、蓝绿、紫红、紫或等不同颜色。由于光合细菌在厌氧条件下所进行的不产氧光合作用可利用有毒的 H_2S 或污水中的有机物（脂肪酸、醇类等）作为还原 CO_2 的氢（电子）的供体，因此可用于污水处理，所产生的菌体还可作为饵料、饲料或食品添加剂等。

2. 依赖于叶绿素的光合作用（非循环光合磷酸化）

蓝细菌的光合作用具有绿色植物的特征。它们依靠叶绿素 a 和两个光系统（Ⅰ和Ⅱ）进行光合作用，它们利用 H_2O 作为氢供体，由于水的光解作用（photolysis），结果有氧气产生。水分子在 Mn^{2+} 催化下，分解产生电子、H^+ 和 O_2，电子使带正电的叶绿素分子中和，将 O_2 放出。像这种 H_2O 的氧化不是自发的，而是通过光的分解作用，称为水的光解。蓝细菌的非循环光合磷酸化产生 ATP 的过程（图 7-13）：光合系统Ⅰ的叶绿素分子吸收 700nm 处的光量子被激活，逐出高能电子，高能电子经由黄素蛋白和铁氧还蛋白（Fd）传递给 $NADP^+$ 使其形成还原剂（带有负电荷），这里高能电子并没有返回光合系统Ⅰ $P700^+$。光反应系统Ⅱ P680 吸收光量子后逐出的高能电子经由质体醌（PQ）、Cyt b、Cyt f 和质体蓝素（PC）组成的电子传递链也不返回 $P680^+$，而是传递给光合系统Ⅰ $P700^+$，使其还原恢复常态；反应系统Ⅱ $P680^+$ 则接受来自 H_2O 的作用产生的电子而还原。水的光解作用中产生的 H^+ 交给光反应系统Ⅰ带负电荷的 $NADP^-$ 形成还原力 NADPH。在光反应系统Ⅱ中，电子由 PQ 经 Cyt b 传递给 Cyt f 时与 ADP 磷酸化偶联产生 ATP。

像这样通过光反应系统Ⅰ与光反应系统Ⅱ的共同作用，在电子流不断进行循环的情况下合成 ATP 的过程，称为非循环光和磷酸化。在此过程中不仅有 ATP 产生，而且还形成了还原力（$NADPH+H^+$）和释放出氧气。

特点：①电子的传递途径属非循环式；②有两个光合系统，其中的光合系统Ⅰ可以利用红光，光合系统Ⅱ可利用蓝光；③反应中同时有 ATP（产自系统Ⅱ）、还原力［H］（产自系统Ⅰ）和 O_2 产生（产自系统Ⅱ）；④还原力 $NADPH_2$

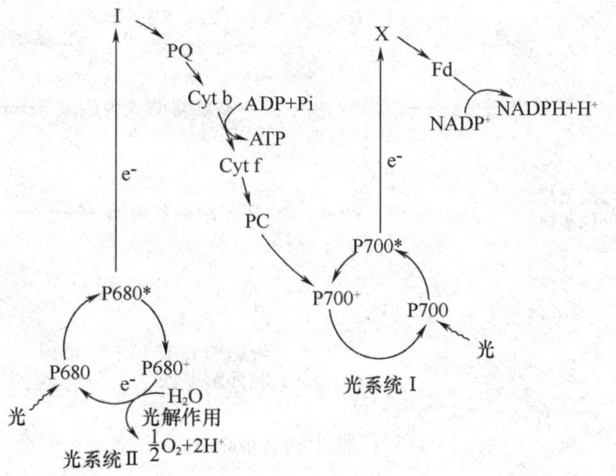

图 7-13 蓝细菌的非循环光合磷酸化

中的 [H] 是来自 H_2O 分子光解后的 H^+ 和 e^-；⑤在有氧条件下进行。

第三节
微生物的合成代谢

所谓合成代谢，是指微生物利用能量将简单的无机或有机的小分子前体物质同化成高分子或细胞结构物质。合成代谢时必须具备三个条件，那就是代谢能量、小分子前体物质和还原基，只有具备了这三个基本条件，合成代谢才能进行。微生物的合成代谢，有其独特的代谢途径，但多数代谢过程与高等生物相同或类似，如蛋白质的合成、核酸的合成。由于微生物蛋白质的合成和核酸的合成与一般生物的生化过程基本相同，限于篇幅，这里主要介绍微生物独特的糖类及氨基酸的生物合成代谢途径。

一、糖类的合成

微生物在生长过程中，要不断地从简单化合物合成糖类，以构成细胞生长所需要的单糖、多糖等。单糖在微生物中很少以游离形式存在，一般以多糖或多聚体形式，或是以少量的糖磷酸酯和糖核苷酸形式存在。单糖和多糖的合成对自养和异养微生物的生命活动十分重要。

无论自养微生物还是异养微生物，其合成单糖的途径一般都是通过 EMP 途径逆行合成 6 - 磷酸葡萄糖，然后再转化为其他的糖（图 7 - 14）。

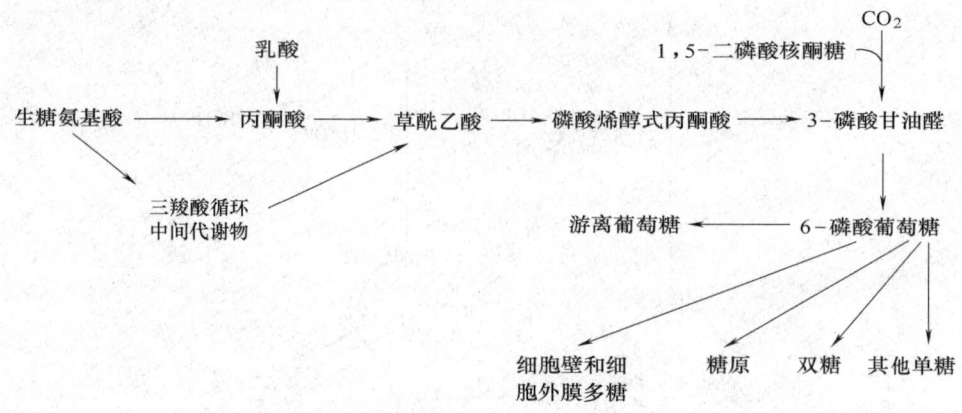

图 7 - 14　己糖生物合成的主要途径

二、微生物特有的合成代谢途径——生物固氮

生物固氮（biological nitrogen fixation）是指大气中的分子氮通过微生物固氮酶的催化而还原为氨的过程称，生物界中只有原核生物才具有固氮的能力。生物固氮反应是一种极其温和的生化反应。人类通过化学的方法固氮，需要在有特殊催化剂和高温（约 300℃）、高压（约 300atm）下才可进行。如果把光合作用看作是地球上最重要的生物化学反应，则生物固氮作用便是地球上仅次于光合作用的生物化学反应，因为它为整个生物圈中一切生物的生存和繁荣发展提供了不可或缺和可持续供应的还原态氮化物的源泉。

（一）固氮微生物的种类

具有固氮作用的微生物近 50 多个属，100 多种，包括细菌、放线菌和蓝细菌。根据固氮微生物与高等植物以及其他生物的关系，可以把它们分为三大类群：

（1）自生固氮菌　这是一类不依赖于它种生物共生而能独立进行固氮的生物。其种类很多，包括好氧的、兼性厌氧的及厌氧的各个种类。

（2）共生固氮菌　必须与它种生物共生在一起才能进行固氮的生物。与自生固氮菌相比共生固氮菌具有更高的固氮效率。

（3）联合固氮菌　这是一类必须生活在植物根际、叶面或动物肠道等处才能进行固氮的生物。它们既不同于典型的共生固氮菌，不形成根瘤等特殊结构；也不同于自生固氮菌，因为它们有较强的寄主专一性，并且固氮作用比在自生条件下强得多。

（二）固氮作用的机制

固氮的总反应式：

$N_2 + 8H^+ + 8e^- + (18\sim24)\ ATP \longrightarrow 2NH_3 + H_2 + (18\sim24)\ ADP + (18\sim24)\ Pi$

1. 固氮反应的条件（6要素）

（1）ATP的供应　固氮作用是一个相当耗能的过程，每固定1分子的N_2需消耗18~24分子的ATP；ATP是由呼吸、厌氧呼吸、发酵或光合磷酸化作用提供。

（2）还原力［H］及其传递载体　固氮作用是N_2的还原反应，需要大量还原力，所需还原力必须以NAD（P）H+H^+的形式提供；［H］由低电位势的电子载体铁氧还蛋白（Fd）或黄素氧还蛋白（Fld）传递至固氮酶上。

（3）固氮酶　是一种复合蛋白，由组分Ⅰ（固氮酶）、组分Ⅱ（固氮酶还原酶）两种蛋白构成。组分Ⅰ和组分Ⅱ都含有铁，但组分Ⅰ还含有钼，所以组分Ⅰ为铁钼蛋白，组分Ⅱ为铁蛋白。

（4）还原底物—N_2。

（5）镁离子。

（6）严格的厌氧微环境。

2. 固氮的生化途径和过程（图7-15）

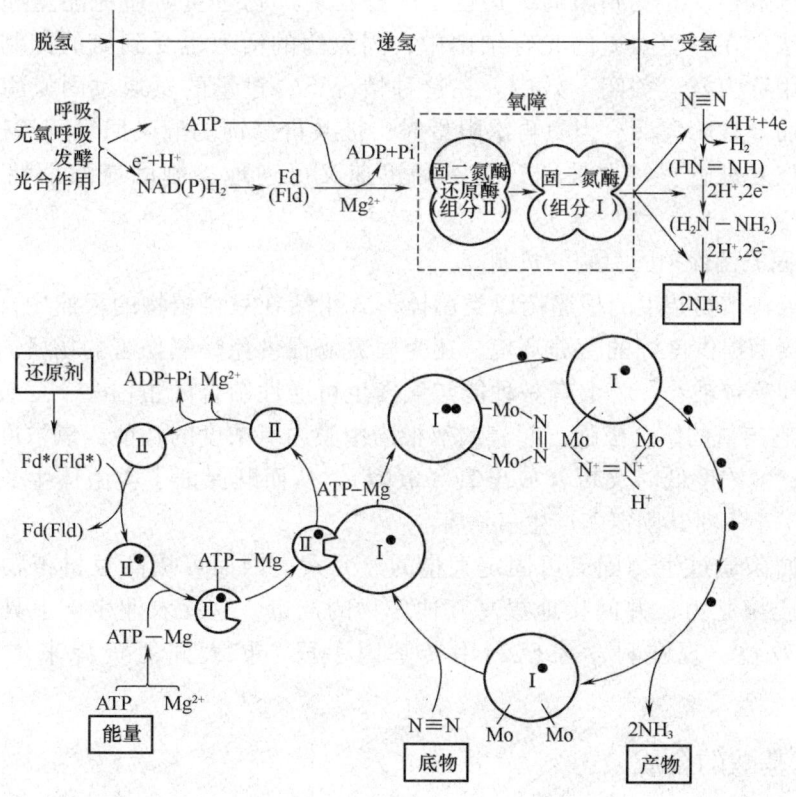

图7-15　固氮的生化途径（上）及固氮过程细节（下）

固氮过程可分为两个阶段。

(1) 固氮酶的形成阶段　还原力的电子经载体铁氧还蛋白（Fd）或黄素氧还蛋白（Fld）传递到组分Ⅱ的铁原子上形成还原型组分Ⅱ；之后与已和 N_2 结合的组分Ⅰ一起形成1:1复合物——固氮酶。

(2) 固氮阶段　固氮酶分子的一个电子从组分Ⅱ复合物转移到组分Ⅰ的铁原子上，由此再转移给与钼结合的活化分子氮。通过6次这样的电子转移，将1分子氮还原成2分子 NH_3。实际上，在1分子氮还原成2分子 NH_3 的过程中有8个电子转移，其中2个以氢气形式用去，H_2 的产生是固氮反应中不可分割的组成部分。

固氮作用的产物 NH_3 与相应的 α-酮酸结合生成相应的氨基酸，然后进一步合成蛋白质或其他有关的化合物。

(3) 固氮作用的调控　固氮酶遇氧失活，所以固氮作用必须在严格的厌氧微环境下进行。好氧性固氮微生物有各种保护其固氮酶不受氧伤害的机制。在正常环境条件下，经固氮酶催化形成的 NH_3 因在一些诸如氨基酸等化合物的合成中用去，所以不阻遏固氮酶的合成。但是在富氨的环境中或氨过量时，固氮酶合成很快的受到阻遏，这也是一种在终产物过量时避免能量和养料浪费的方法。在一些固氮的光合细菌中，固氮酶的活力也受到氨的抑制，这种抑制作用称为氨"关闭"效应。在这种情况下，过量的氨通过固氮酶发生共价修饰而导致酶失活。当氨再次限量时，被共价修饰的酶又回复到活性状态，固氮又恢复进行。氨"关闭"是一种迅速又可逆地控制固氮酶消耗ATP的方法。

3. 固氮菌保护固氮酶的机制

与豆科植物共生的根瘤菌以类菌体形式生活在豆科植物的根瘤中，根瘤不仅为根瘤菌提供良好的营养环境，还为固氮酶提供免受氧伤害的场所。类菌体周围有周膜包被着，膜上有一种能与氧发生可逆性结合的蛋白——豆血红蛋白（Lb），它与氧的结合极强，起着调节根瘤中膜内氧浓度的功能，氧浓度高时与氧结合；氧浓度低时又可释放出氧（氧障）。从而既保证了类菌体生长所需的氧，又不至于对其固氮酶产生氧伤害。

根瘤菌通过生物固氮可固定大量的氮元素，因而可提高豆科植物的产量和加强土壤肥力，并间接地提高其他作物的产量，这在农业生产上具有重大的经济效益。现在科学家已利用转基因手段，扩大固氮资源来增加作物产量。

三、氨基酸的合成

在各氨基酸合成中，主要包括两个方面的问题：氨基酸碳骨架的合成以及氨基的结合。合成氨基酸的碳骨架来自糖代谢产生的中间产物，而氨有以下几种来源：一是直接从外界环境获得；二是通过体内含氮化合物的分解得到；三是通过固氮作用合成；四是由硝酸还原作用合成。另外，在合成含硫氨基酸时，还需要硫的供给。

氨基酸的合成主要有三种方式：一是氨基化作用；二是通过转氨基作用；三是以糖代谢的中间产物为前体合成氨基酸。

1. 氨基化作用

氨基化作用指 α-酮酸与氨反应形成相应的氨基酸。氨基化作用是微生物同化氨的主要途径。

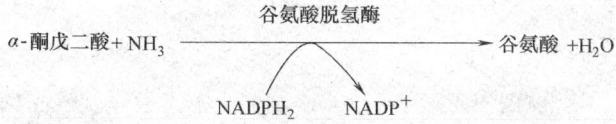

2. 转氨基作用

转氨基作用是指在转氨酶催化下，使一种氨基酸的氨基转移给酮酸，形成新的氨基酸的过程。转氨基作用普遍存在于各种微生物细胞内，是氨基酸合成代谢和分解代谢中极为重要的反应。

$$\text{谷氨酸} + \text{草酰乙酸} \xrightleftharpoons{\text{转氨酶}} \alpha\text{-酮戊二酸} + \text{天冬氨酸}$$

3. 前体转化

前体转化指 20 种氨基酸除了可以通过上述途径合成氨基酸以外，还可通过糖代谢的中间产物，如 3-磷酸甘油醛、4-磷酸赤藓糖、草酰乙酸、3-磷酸核糖焦磷酸等，经一系列的生化反应而合成。根据前体的不同，可将它们分成六组（图 7-16）。

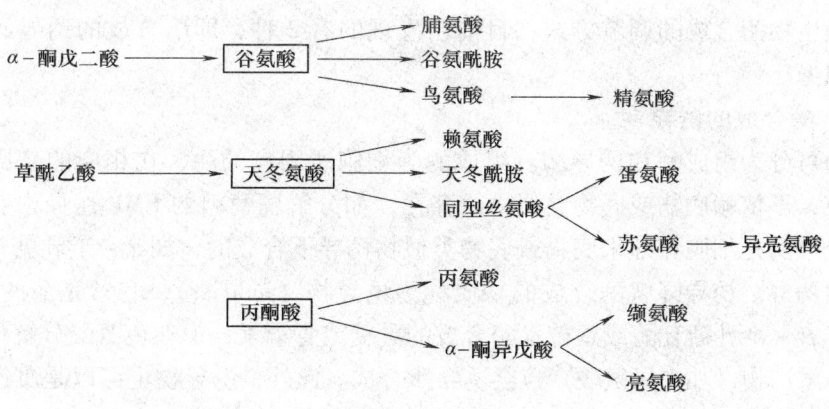

图 7-16

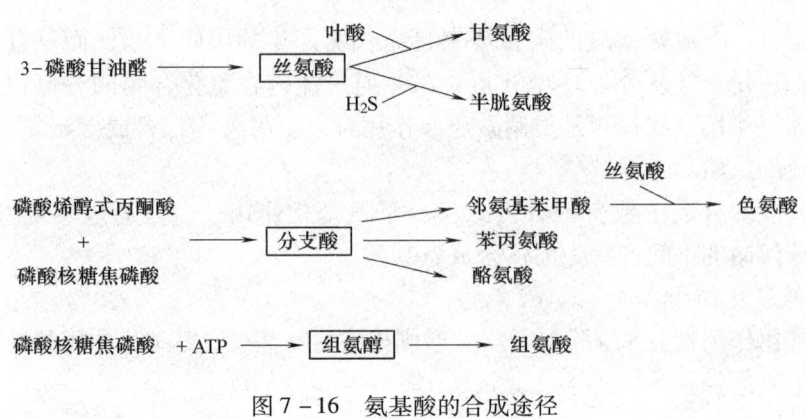

图 7-16 氨基酸的合成途径

第四节
微生物的代谢调控与发酵生产

微生物通过对其代谢的调节，经济地利用有限的养料、能量进行着它所需要的酶促反应，从而使它们的生命活动得以正常进行。在正常情况下，微生物是绝不会浪费能量和原料去进行它不需要的代谢反应的。微生物正是依靠其严格又灵活的代谢调节系统才能有高效、经济的代谢调节，从而在复杂多变的环境条件下生存和发展的。

有两种主要的代谢调节方式：一种是酶合成的调节，即调节酶的合成量，这是一种"粗调"；另一种是酶活力调节，即调节已有的酶活力，这是一种"细调"。微生物通过对其系统的"粗调"和"细调"从而达到最佳的调节效果。

一、酶合成的调节

微生物酶合成的调节方式，目前已发现的有 2 种，即酶合成的诱导和酶合成的阻遏。

1. 酶合成的诱导

酶可分为组成酶和诱导酶。组成酶为细胞所固有的酶，在相应的基因控制下合成，不依赖底物或底物类似物而存在，如分解葡萄糖的 EMP 途径中有关酶类；诱导酶是细胞在外来底物或底物类似物诱导下合成的，如 β-半乳糖苷酶和青霉素酶等。诱导降解酶合成的物质称为诱导物（inducer），它常是酶的底物，如诱导 β-半乳糖苷酶或青霉素酶合成的乳糖或青霉素；但在色氨酸分解代谢中酶的分解产物（如犬尿氨酸）也会诱导酶合成。此外，诱导物也可以是难以代谢的底物类似物，如乳糖的结构类似物硫代甲基半乳糖苷（TMG）和异丙基-β-D-硫代半乳糖苷（IPTG），以及苄基青霉素的结构类似物 2，6-二甲氧基苄基青霉素等。大多数分解代谢酶类是诱导合成的。

诱导有协同诱导与顺序诱导两种。诱导物同时或几乎同时诱导几种酶的合成称为协同诱导，如乳糖诱导大肠杆菌同时合成 β-半乳糖苷透性酶、β-半乳糖苷酶和半乳糖苷转乙酰酶等与分解乳糖有关的酶。协同诱导使细胞迅速分解底物。顺序诱导是先后诱导合成分解底物的酶和分解其后各中间代谢产物的酶。例如，在由色氨酸降解成为儿茶酚的途径中，犬尿氨酸先协同诱导出色氨酸加氧酶、甲酰胺酶和犬尿氨酸酶，将色氨酸分解成邻氨基苯甲酸，后者再诱导出邻氨基苯甲酸双氧酶，催化邻氨基苯甲酸生成儿茶酚。顺序诱导对底物的转化速度较慢。

诱导酶是微生物需要它们时才产生的酶类，所以诱导的意义在于它为微生物提供了一种只是在需要时才合成酶以避免浪费能量与原料的调控手段。

2. 酶合成的阻遏

酶合成的阻遏主要有终产物阻遏和分解代谢产物阻遏。

（1）终产物阻遏 催化某一特异产物合成的酶，在培养基中有该产物存在的情况下常常是不合成的，即受阻遏的。这种由于终产物的过量积累而导致的生物合成途径中酶合成的阻遏称为终产物阻遏，它常常发生在氨基酸、嘌呤和嘧啶等这些重要结构元件生物合成的时候。在正常情况下，当微生物细胞中的氨基酸、嘌呤和嘧啶过量时，与这些物质合成有关的许多酶就停止合成。例如过量的精氨酸阻遏了参与生物合成精氨酸的许多酶的合成。终产物阻遏在代谢调节中的意义是显而易见的。它有效地保证了微生物细胞内氨基酸等重要物质维持在适当浓度，不会把有限的能量和养料用于合成那些暂时不需要的酶。微生物通过终产物阻遏与后面将要讨论的一种调节酶活力的反馈抑制的完美配合有效地调节着氨基酸等重要物质的生物合成。

（2）分解代谢产物阻遏 大肠杆菌在含有能分解的两种底物（如葡萄糖和乳糖）的培养基中生长时，首先分解利用其中的一种底物（葡萄糖），而不分解另一种底物（乳糖）。这是因为葡萄糖的分解代谢产物阻遏了分解利用乳糖的有关酶合成的结果。生长在含葡萄糖和山梨醇或葡萄糖和乙酸的培养基中也有类似的情况。由于葡萄糖常对分解利用其他底物的有关酶的合成有阻遏作用，所以分解代谢产物阻遏又称葡萄糖效应（glucose effect）。分解代谢产物阻遏导致所谓"二次生长"，即先是利用葡萄糖生长，待葡萄糖耗尽后，再利用另一种底物生长，两次生长中间隔着一个短暂的停滞期。这是因为葡萄糖耗尽后，它的分解代谢产物阻遏作用解除，经过一个短暂的适应期，β-半乳糖苷酶等分解利用乳糖的酶被诱导合成，这时细菌便利用乳糖进行第二次生长。葡萄糖对氨基酸的分解利用也有类似的阻遏作用。

3. 酶合成调节的机制

诱导和阻遏都可以用 F. Jacob 和 J. Monod（1961）提出的操纵子理论来解

释。这里以最典型和研究得最清楚的乳糖操纵子和色氨酸操纵子来阐明。

(1) 一些主要术语

①操纵子：是指由启动基因（或称启动子）、操纵基因和结构基因组成的一个完整的基因表达单位，其功能是转录 mRNA。操纵子是受调节基因调控的。启动基因是 RNA 聚合酶识别、结合并起始 mRNA 转录的一段 DNA 碱基序列。操纵基因是位于启动基因和结构基因之间的碱基序列，能与阻遏蛋白（一种调节蛋白）相结合。如操纵基因上结合有阻遏蛋白，转录就受阻；如操纵基因上没有阻遏蛋白结合着，转录便顺利进行，所以操纵基因就像一个"开关"似的操纵着 mRNA 的转录。结构基因是操纵子中编码酶蛋白的碱基序列。

②诱导物与辅阻遏物：诱导物是起始酶诱导合成的物质，如乳糖。阻遏酶产生的物质称为辅阻遏物，如氨基酸和核苷酸等。诱导物和辅阻遏物常被总称为效应物。

③调节蛋白：调节蛋白是由调节基因编码产生的一种变构蛋白，有两个结合位点，一个与操纵基因结合，另一个与效应物结合。调节蛋白与诱导物结合后因变构而失去活性；但是与辅阻遏物结合变构后却变得有活性。

调节蛋白可分为两种：其一称为阻遏蛋白，它能在没有诱导物时与操纵基因相结合；另一种称为阻遏蛋白原，它只能在辅阻遏物存在时才能与操纵基因相结合。

(2) 诱导、阻遏机制

①乳糖操纵子的诱导机制：$E.\ coli$ 乳糖操纵子（lac）由 lac 启动基因、lac 操纵基因和 3 个结构基因所组成。乳糖操纵子是负调节的代表。在缺乏乳糖等诱导物时，其调节蛋白（即 lac 阻遏蛋白）一直结合在操纵基因上，抑制着结构基因进行转录。当有诱导物乳糖存在时，乳糖与 lac 阻遏蛋白相结合，后者发生构象变化，结果降低了 lac 阻遏蛋白与操纵基因间的亲和力，使它不能继续结合在操纵子上。其操纵子的"开关"被打开，转录和转译顺利进行。当诱导物耗尽后，lac 阻遏蛋白再次与操纵基因相结合，这时转录的"开关"被关闭，酶就无法合成，同时，细胞内已转录好的 mRNA 也迅速地被核酸内切酶所水解，所以细胞内酶的量急剧下降。如果通过诱变方法使之发生 lac 阻遏蛋白缺陷突变，就可获得解除调节即在无诱导物时也能合成 β-半乳糖苷诱导酶的突变株。

lac 操纵子还受到另一种调节即正调节的控制。这就是当第二种调节蛋白 CRP（cAMP 受体蛋白）或 CAP（降解物激活蛋白）直接与启动基因结合时，RNA 多聚酶才能连接到 DNA 链上而开始转录。CRP 与 cAMP 的相互作用，会提高 CRP 与启动基因的亲和性。葡萄糖会抑制 cAMP 的形成，从而阻遏了 lac 操纵子的转录。

②色氨酸操纵子的末端产物阻遏机制：色氨酸操纵子的阻遏是对合成代谢酶类进行正调节的例子。在合成代谢中，催化氨基酸等小分子末端产物合成的酶应随时存在于细胞内，因此，在细胞内这些酶的合成应经常处于消阻遏状态；相反，在分解代谢中的 β - 半乳糖苷酶等则经常处于阻遏状态。

E. coli 色氨酸操纵子也是由启动基因、操纵基因和结构基因 3 部分组成的。启动基因位于操纵子的开始处；结构基因上有 5 个基因，分别编码"分支酸→邻氨基苯甲酸→磷酸核糖邻氨基苯甲酸→羧苯氨基脱氧核糖磷酸→吲哚甘油磷酸→色氨酸"途径中的 5 种酶。其调节基因（trp R）远离操纵基因，编码一种称为阻遏蛋白原的调节蛋白。

在没有末端产物色氨酸的情况下，阻遏蛋白原处于无活性状态，因此操纵基因的"开关"是打开的，这时结构基因的转录和转译可正常进行，参与色氨酸合成的酶大量合成；反之，当有色氨酸存在时，阻遏蛋白原可与辅阻遏物色氨酸结合成一个有活性的完全阻遏蛋白，它与操纵基因相结合，使转录的"开关"关闭，从而无法进行结构基因的转录和转译。

二、酶活力的调节

酶活力的调节包括酶活力的激活和抑制两个方面，抑制主要通过反馈抑制。

1. 酶活力的激活

酶活力的激活是指代谢途径中催化后面反应的酶活力被前面的中间代谢产物（分解代谢时）或前体（合成代谢时）所促进的现象。例如，粪肠球菌的乳酸脱氢酶活力为 1, 6 - 二磷酸果糖所促进，粗糙脉孢菌的异柠檬酸脱氢酶活力为柠檬酸所促进，这是分解代谢途径中酶活力激活的例子。在大肠杆菌、节杆菌和深红红螺菌等合成糖原时，1 - 磷酸葡萄糖对焦磷酸酶促反应有激活作用。

2. 酶活力的抑制

酶活力的抑制主要为产物抑制，它发生在酶促反应的产物没有被后面反应用去的时候。一个酶与其底物结合在一起便发生酶促反应，同时有反应产物释放出来。因为酶促反应通常都是平衡反应，所以如果有反应产物积累，催化该步反应的酶活力就受到抑制。抑制大多属反馈抑制类型。

反馈抑制是指生物合成途径的终产物反过来对该途径中第一个酶（调节酶）活力的抑制作用。例如，当细胞内氨基酸或核苷酸等终产物过量而积累的时候，积累的终产物反过来直接抑制该途径中第一个酶的活力，使整个合成过程减慢或停止。从而避免了不必要能量和养料浪费。反馈抑制是酶活力调节的一种主要方式，它具有调节精细、快速以及需要这些终产物时可以消除抑制再重新合成等优点。在从苏氨酸合成异亮氨酸的途径中，异亮氨酸的过多合成抑制该合成途径第一个酶——苏氨酸脱氨酶便是最简单的一个例子。

上述是最简单的直线式生化合成途径中的反馈抑制,很多生化合成过程往往是分支的,比较错综复杂。在分支的合成代谢途径中,为避免一条合成支路的终产物过量而影响其他支路的终产物供应,有各式各样针对特定情况的反馈抑制。例如,天冬氨酸族氨基酸的生物合成受同工酶反馈抑制和协同反馈抑制调节,谷氨酰胺合成受累积反馈抑制调节,核苷酸生物合成受合作反馈抑制调节以及芳香族氨基酸合成受顺序反馈抑制调节等。

3. 酶活力调节的机制

酶活力调节的主要方式是反馈抑制。对于氨基酸和核苷酸等小分子终产物能反馈抑制其合成途径中第一个酶活力的机制没有像诱导与阻遏机制那样了解得清楚。但由于受反馈抑制的酶是变构酶,所以目前一般都用变构酶理论来解释。

变构酶在生物合成途径中普遍存在。它有两个重要的结合部位:一个是与底物结合的活力部位或催化中心;另一个是与氨基酸或核苷酸等小分子效应物结合并变构的变构部位或调节中心,当变构部位上有效应物结合时,酶分子构象便发生改变,致使底物不再能结合在活力部位上而失活。只有当氨基酸或核苷酸等的浓度下降,平衡有利于效应物从变构部位上解离而使酶的活力部位又回复到它催化的构象时,反馈抑制被解除,酶活力恢复,终产物重新合成。

三、代谢调控在发酵工业中的应用

(一) 发酵过程代谢控制

人们研究微生物代谢,不仅仅为了认识和掌握微生物的生命活动的规律,更重要的是解决生产和生活中的问题。

发酵工业中,为了大量积累人们所需要的某一代谢产物,常常人为地打破微生物细胞内的自动代谢调节机制,使代谢朝人们所希望的方向进行。这就是所谓的代谢调控。常用的控制微生物发酵途径的方法有控制发酵条件、改变细胞膜透性以及改变微生物遗传特性等,其目的是突破微生物细胞固有的代谢调控机制,从而大量积累某一代谢产物。

微生物发酵过程控制该从两方面来实现,即微生物菌体本身的性能控制和微生物发酵环境条件控制,上述介绍的打破微生物自我调节的三种措施,属于对微生物本身的性能控制。而在微生物发酵控制中,也存在大量通过控制微生物本身生存环境条件,以达到控制微生物代谢以达到方向和调节微生物代谢的目的。例如,酒精酵母在进行甘油发酵时,控制碱性条件(pH 7.6),使发酵产生的乙醛不能作为正常的受氢体,而是在两个分子的乙醛之间发生歧化作用,生成等量的乙醇和乙酸,再由 3 - 磷酸甘油醛脱氢生成的 NADH 还原磷酸二氢丙酮,进而生成甘油,实现了控制微生物代谢的目的。再例如控制啤酒厌氧条件(封罐),使啤酒酵母通过无氧酵解途径进行乙酸发酵,生成乙醇、二氧化碳及各种啤酒风味物质,然后再通过控制低温发酵促使啤酒酵母缓慢发酵,减少了过多的副产物积累,又提高了啤酒的风味质量,实现了发酵代谢方向和代谢速度的控制。

1. 发酵过程的一般规律

人类利用微生物进行发酵生产已经有几千年的历史,就微生物发酵过程而言,人类已经比较清楚地掌握了工业中常用微生物的发酵代谢机制及其变化规律,为人类进一步开发和利用自然界中的微生物资源奠定了雄厚的理论基础,同时也从大量的生产实践中积累了丰富的生产实践经验。

(1) 发酵的基本过程 发酵工业的产品种类繁多,形制各异,但就其生产过程而言,有共同的基本过程。发酵的基本过程大致可分为以下八大步骤,即原料的预处理、发酵培养基的制备、灭菌、大型发酵、发酵液的预处理和固液分离、发酵液的初步纯化,发酵液的精制及成品加工。整个发酵过程就是一个如何利用微生物的过程,从原料的预处理到大型发酵,包括了微生物的菌种选育、培养基的制备、微生物菌种的生长繁育和微生物的代谢与调节等内容,是细胞水平的生物技术;而从发酵液的预处理到成品加工,主要是一些生物分子的分离纯化技术,属分子水平的生物技术,其中也涉及了细胞结构等方面的微生物知识。

(2) 发酵过程的一般性规律

①发酵用培养基:发酵用培养基不是微生物最适生长培养基,它是供菌种生长、繁殖、合成产物之用,因此必须能够使菌种快速生长,达到发酵所规定的浓度,同时又必须使生长良好的菌种能够迅速合成所需代谢产物。发酵培养基的组成除了含有发酵菌种所必需的营养元素外,还要有产物所需的特定元素、前体物质、促进剂(可提高产物产量的添加剂)和抑制剂(能够抑制某些代谢途径的物质)等。如酒精酵母进行甘油发酵时添加了抑制剂亚硫酸钠,它可与代谢中生成的乙醛生成加成物,从而使乙醇代谢途径中的乙醛不能成为氢的受体,却使磷酸二羟丙酮成了氢的受体,最终使代谢生成甘油,实现了代谢方向的控制。再如控制生物素(促进剂)的加入量,可以促进谷氨酸从细胞内分泌到细胞外,实现了代谢速度的控制。从本质上讲,无论是控制代谢方向还是加快代谢速度,促进剂或抑制剂都是调节微生物代谢的重要物质。除此之外,发酵培养基中还必须加入消沫剂,以加强消沫作用,提高设备利用率。

②种子扩大培养:发酵用菌种扩大培养的目的是为发酵提供数量充足和质量上乘的发酵用菌种。发酵时菌种应处于生长旺盛的对数期的末期,这样最有

利于菌种迅速进行发酵代谢过程,大量积累代谢产物。

③发酵工艺控制:微生物发酵的过程控制主要包括微生物菌种本身的发酵性能控制和微生物发酵工艺条件控制。微生物菌种本身的发酵工艺控制主要是通过菌种的筛选和发酵前的扩大培养实现的。如筛选耐高酒精度的酒精酵母,并进行适宜的种子扩大培养。但在通常情况下的发酵控制,是通过对发酵条件的控制,如进行发酵温度、发酵醪基质浓度、含氧量、pH 及发酵时间等控制,实现发酵代谢途径控制和发酵速度控制。应当指出,发酵菌种生产性能越好,对发酵条件要求越高,发酵条件越难控制。

发酵温度控制主要通过通风或供热、供冷的方式实现;基质的浓度控制主要通过对发酵培养基浓度的控制实现,也可通过补料发酵的方式进行控制,含氧量的控制主要通过是否通风、通风多少或搅拌等方式进行控制;pH 控制主要通过调节培养基的配比、控制发酵生酸和添加酸碱等方式实现控制;在连续发酵过程中,还通过控制发酵醪中菌体浓度,实现控制发酵速度的目的。

总之,无论通过何种方式进行发酵工艺控制,主要解决两大问题:一是解决发酵代谢途径问题,即解决发酵生产和终产物的问题;二是解决发酵代谢速度问题,即解决发酵生成多少产物的问题。

发酵生产受许多因素和工艺条件的影响,即使同一种生产菌种,在不同生产厂家,由于原料来源不同、生产设备不同、工人操作熟练程度不同及生产工艺水平不同,会有不同的发酵结果,也就是产生了多种多样的发酵产物。

2. 发酵过程控制的基本途径

发酵过程的本质是生物氧化作用。当电子供体是有机化合物,而最终电子受体也是有机化合物的生物氧化过程就是发酵作用。在大规模的微生物发酵生产中,有机物既是电子受体又是被氧化的基质,通常这些被氧化的基质都是氧化不彻底的,因此发酵的结果积累了大量的有机物,也就是产生了多种多样的发酵产物。

在无氧条件下,微生物的发酵作用主要以 EMP 和 HMP 途径为基本方式。但有些微生物以 EMP 途径为主,而有些以 HMP 途径为主,还有些微生物一开始就分别利用这两种途径,组成混合途径。

葡萄糖是发酵工业中最常见的碳源物质,经 EMP 途径生成丙酮酸,这一途径是大多数厌氧和兼性厌氧微生物进行葡萄糖无氧分解的共同途径。但不同的微生物再进一步处理丙酮酸上却有很大区别,从而形成了多种发酵类型。如酵母菌厌氧条件下进行酒精发酵生成乙醇,酒精酵母进行甘油发酵生成甘油,乳酸菌发酵生成乳酸等。

能够被微生物利用进行发酵作用的有机物种类繁多、数量巨大、性质各异,且不同微生物发酵相同的有机物也会有不同的发酵途径,进而生成不同的发酵产物。因此，微生物发酵过程需要过程控制，需要根据人的意志从发酵原料到发酵菌种，直至发酵条件实施全程控制，只有如此才能获得人们需要的发酵产物。微生物的工业发酵，就是利用各种微生物的不同发酵特性发酵生产众多有价值的发酵产品。

由于发酵方式的多样性，发酵过程控制也应当是全方位的。发酵过程的控制主要有三个基本途径，即发酵原料的控制、发酵菌种的控制和发酵条件的控制。

（1）发酵原料的控制 发酵原料是微生物进行发酵作用的基础，不同的发酵原料会提供不同的发酵作用基质（有机物），即提供发酵过程中进行生物氧化的对象，不同的发酵对象会提供不同的发酵产物。控制发酵原料的种类和数量，就是控制了发酵的源头、发酵作用的基质和发酵过程中酶合成的种类和数量。为进一步根据人的意志更加深入准确地控制发酵过程奠定了坚实的基础。

在酿造酱油的生产中，分别选择质量分数为70%的蛋白质原料（豆粕）、30%的淀粉质原料（麸皮等），经过蒸料处理和通风制曲可获得成曲，由于酱油生产原料以蛋白质料为主，淀粉质原料为辅，而培养基中的蛋白质又是蛋白酶的诱导物，因此所制得的成曲中含有大量的蛋白酶，为今后在酱醅发酵中加强蛋白质水解，形成酱油鲜味物质（氨基酸）打下了良好的基础。又如在白酒生产中，生产原料以淀粉质（玉米或高粱）为主，所需大曲或麸曲中含有大量的淀粉酶，白酒固态发酵会生成大量的乙醇。如果在白酒制曲过程中，选择了以蛋白质原料作为主要生产原料，那么制曲的结果是白酒大曲变成了酱油曲，之后的白酒发酵也就变成了酱油发酵。

从以上的实例不难看出，发酵原料控制是发酵控制的源头，只有在发酵原料方面加强控制，做好发酵控制的第一步，才能为今后发酵过程控制奠定坚实的基础。

（2）发酵菌种的控制 微生物发酵菌种是发酵的主体，发酵速度快慢和发酵程度如何与微生物菌种有直接关系。微生物不同其生物学特性也不同，如生长速度、代时、抗杂菌能力、代谢特性及变异特性等。如前所述，对于相同的发酵底物，不同的发酵菌种也会有不同的代谢途径，会产生不同的发酵产物，即便有相同的代谢途径，也会有不同的代谢速度。因此选择适宜的发酵菌种，是发酵控制的核心。

在酒精发酵生产中，酒精酵母的酒精耐受度高低直接影响发酵醪的酒精产量与发酵罐的利用率。通常情况下酒精酵母的酒精耐受力为体积分数的8%，对于容积为120t的发酵罐而言，在发酵控制正常的条件下，发酵结束时，发酵罐中会生成酒精10t左右。如果选择酒精耐受力为体积分数15%的酒精酵母，发酵结束时，酒精的产量将会是原来的2倍，也就是接近20t。由此可见，无论前者做怎样的努力，发酵控制如何有效，也很难产生后者的效果，因此，选择适宜的发酵菌种是十分必要的。再例如，某酒精厂在购买酒精酵母时，误将面包酵母购买，并随之将面包酵母投入到发酵罐中，虽然发酵罐中有相同的发酵底物，但面包酵母只能生成大量的二氧化碳和少量的酒精。

在对发酵菌种的控制中，也包括对菌种使用代数的控制。通过对菌种使用代数的控制，可以防止菌种变异，增强菌种的生物学稳定性。在通常情况下，代数较高的菌种衰老速度快，变异性强，很难完成整程的发酵作用。与代数较低的品种相比，其发酵能力低、耐酸能力差、生长速度慢且适应环境能力弱，即对自身代谢的调节能力差，换句话说，也就是酶的合成能力低和酶的活力调节能力差。在发酵生产中选用代数低的强壮菌种，既可以对发酵菌种实施控制，又能实现对发酵代谢方向和代谢速度的控制。

(3) 发酵条件的控制　严格仔细且精确地对发酵条件实施控制是实现发酵过程控制的最后阶段，通过对发酵温度、时间、发酵醪基质浓度、pH和溶解氧等发酵条件实施控制，实现对发酵代谢方向和代谢速度的控制。

例如，就酒精耐受度相同的酒精酵母而言，如果我们不控制厌氧条件而是大量通风供氧，那么酵母菌代谢就会走有氧酵解途径，大量葡萄糖就会走入TCA循环，并彻底氧化成为二氧化碳和水，我们只能获得大量的酵母菌体，而不能获得乙醇。此时，酒精发酵生产变成了单细胞蛋白的生产。如果我们在酒精厌氧发酵的后期，大量通风供氧，那么已经发酵产生的乙醇会被氧化成醋酸，酒精厂就会变成醋厂。那么相同的发酵底物、相同的发酵菌种、不同的发酵条件会有不同的代谢产物生成。

发酵过程控制是一个非常复杂的系统工程，必须兼顾以上三个方面的过程控制，完成发酵原料、发酵菌种和发酵条件的过程控制并注重三者之间的关联性和统一性。

(二) 发酵过程代谢控制实例分析

微生物发酵常因菌种和产品不同而有所不同，但一般过程都基本相同，通常包括菌种制备、原料处理、接种培养、发酵控制和产品提取等环节。菌种制备使菌种从休眠状态转为正常代谢状态。用于活化的培养基一般营养丰富、易于吸收，有利于菌种的生长繁殖。活化后的菌种再进行扩大。菌种接好后，提供必要的生长条件，菌体开始生长繁殖，进行新陈代谢，发酵累积代谢产物。微生物发酵的过程控制应该从两个方面来实现：微生物菌体本身的性能控制及微生物发酵环境条件控制。

1. 酵母菌属乙醇发酵的代谢调控

乙醇是一种重要的原料，广泛用做有机溶媒。它被广泛应用于轻工、食品、化工、医药、农业、能源和国防等部门，成为一种对国民经济有重要影响的工业产品。

酵母菌在厌氧条件下可发酵己糖形成乙醇，其生化过程主要由两个阶段组成。第一阶段己糖通过糖酵解途径（EMP途径）分解成丙酮酸。第二阶段丙酮酸由脱羧酶催化生成乙醛和二氧化碳，乙醛进一步被还原成乙醇，整个过程如图7-17所示。葡萄糖发酵成乙醇的总反应式为：

$$C_6H_{12}O_6 \longrightarrow 2C_2H_5OH + 2CO_2 + 能量$$

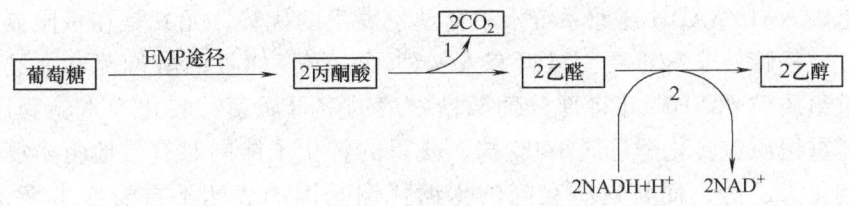

图7-17　酵母菌发酵葡萄糖生成乙醇的生化过程
1—丙酮酸脱羧酶　2—醇脱氢酶

发酵过程中除主要生成乙醇外，还生成少量的其他副产物，包括甘油、有机酸（主要是琥珀酸）、杂醇油（高级醇）、醛类、酯类等。

一般改变微生物代谢调节的方法有如下几种：第一种是采用物理化学诱变，获得营养缺陷型，这是氨基酸生产菌育种的最有效的方法；第二种是应用抗反馈调节突变法；第三种就是控制发酵条件，改变细胞的通透性。

（1）酒精酵母的选育　在传统酒精发酵工艺中，所用的糖质量浓度一般在0.16~0.25范围内，所用的酵母菌只能产生体积分数为6%~12%的乙醇，更高的底物浓度和乙醇浓度对酵母菌生长和发酵会产生抑制作用。所以近年来许多国家的研究者致力于筛选和构建既能发酵又能糖化，同时能抗更高底物浓度和酒精浓度、抗高温的酵母菌。这种酒精生产工艺可以节省发酵和蒸馏过程中的能耗，提高设备利用率，减少劳动力和提高酒精产量。

近年来应用重组DNA技术构建既能糖化又能发酵的酵母已获得成功，它转化淀粉的能力可与添加酶进行糖化的方法相媲美。例如，将由根霉孢子分离出的染色体DNA用HINDIII酶切，并用色层法分级，所得的根霉糖化酶基因含有604个氨基酸，将此基因导入酵母细胞中，获得的基因工程酵母在一种淀粉培养基中可以生成13%酒精，适于由各种淀粉质原料大规模发酵生产酒精。某些工业酵母菌株产酒精速度很快，但是对较高浓度的乙醇却很敏感。其他一些工业酵母菌株产酒精速度很慢，但对较高浓度的乙醇却有抗性。像这样的酵母菌株便可以通过原生质体融合技术进行遗传改造，使融合后的子代细胞获得两个亲本菌株的优良性状。

（2）酵母菌属乙醇发酵途径的改良　利用基因重组或基因扩增技术是进行微生物定向育种的一种新方法，目前已经逐步在推广应用。酵母菌是最安全和最有效的酒精发酵菌，已在酒精工业中长期使用。但现有工业菌株都不能利用木糖和阿拉伯糖等戊糖。酵母能利用木酮糖，当人们向酵母中转入能将木糖转化为木酮糖的毕赤酵母的木糖还原酶、木糖醇脱氢酶时，酵母菌可以利用木糖生长。

在大多数酵母和真菌中，XR 和 XDH 的活性分别依赖于 NADPH 和 NADH。然而，某些酵母菌却具有双辅助因子的特异性，这种类型的酶具有防止细胞内 NAD/NADH 还原系统不平衡现象发生的优势，尤其是在氧限制的条件下，这一特性非常重要。最近有人构建了一组高拷贝的酵母菌－大肠杆菌穿梭重组质粒 pLNH，并将部分葡萄糖发酵的酵母属菌种转化为木糖利用者，将上述重组质粒转化酵母属 1400 株，获得的转化子能同时有效地将木糖和葡萄糖转化为乙醇，而且这些克隆的木糖代谢基因的表达不再需要木糖诱导，也不为葡萄糖所阻遏。

利用基因工程技术改良酵母菌属乙醇发酵过程的内容还包括提高酿酒酵母对木质纤维素水解物中酚抑制剂的抗性。在最近的一研究中，将来自白色腐烂真菌的漆酶编码基因置于 PGK1 启动子的控制下，并转化酿酒酵母。结果表明，漆酶的过量表达赋予了克隆菌对木纤维素水解物中酚抑制剂的高耐受性，从而改善了酿酒酵母由可再生材料生产乙醇的产量。

2. 谷氨酸发酵控制

谷氨酸非人体所必需氨基酸，但它参与许多代谢过程，因而具有较高的营养价值，另外，众所周知的谷氨酸钠盐即味精有很强烈的鲜味，是重要的调味品。

（1）谷氨酸的生物合成途径　L－谷氨酸的发酵生产是以葡萄糖（或糖蜜）和尿素（或氨）等原料，以通气条件下经谷氨酸产生菌的代谢作用而生成的。L－谷氨酸的生物合成途径包括糖酵解途径（EMP 途径）、磷酸己糖途径（HMP 途径）、羧化支路（CO_2 固定反应）、三羧酸循环（TCA）、乙醛酸循环，最后由 α－酮戊二酸还原氨基生成 L－谷氨酸（图 7－18）。

（2）谷氨酸的发酵控制　大多数谷氨酸发酵菌种是生物素缺陷型，生物素是菌种细胞膜透性的控制因子，必须控制生物素亚适量来促进谷氨酸向细胞外大量分泌。在生物素过量条件下，添加表面活性剂、高级脂肪酸仍能进行谷氨酸发酵，其原因是这些物质与生物素相抵抗，抑制不饱和脂肪酸的合成，导致油酸合成量减小，磷脂合成不足，造成细胞膜透性的增加促使生成的谷氨酸排出细胞外，不造成在细胞内的大量积累，也就不引发由于谷氨酸过量引起的反馈抑制和阻遏。在谷氨酸发酵过程中，如果谷氨酸过量，则会对谷氨酸脱氢酶、柠檬酸合成酶和异柠檬酸脱氢酶反馈抑制和阻遏。另外，在谷氨酸发酵过程中减弱 α－酮戊二酸进一步氧化，切断支路代谢，使代谢流向谷氨酸。

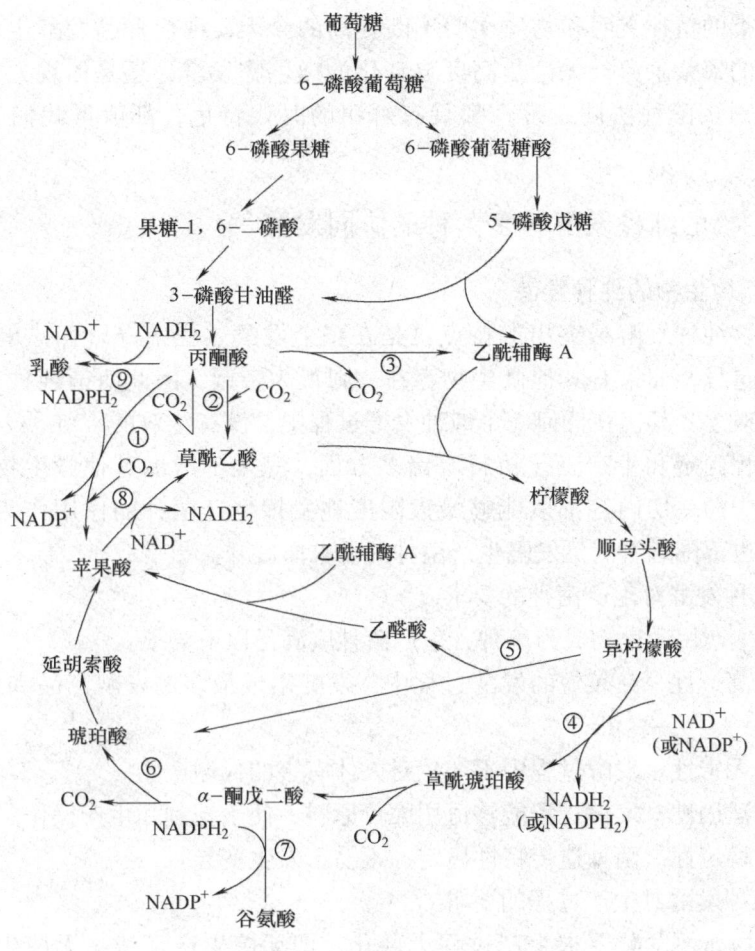

图 7-18 谷氨酸的生物合成途径

第五节
微生物发酵与食品风味物质的形成

在人类真正看到微生物之前,就已经在不知不觉利用微生物发酵的方法从事食品生产。我国在 8000 年以前已经出现了曲蘖酿酒,当时采用的酿酒方法就是多菌种混合发酵法。自从荷兰商人安东·列文虎克发现了微生物,人类才逐步认识了微生物,并能够利用微生物纯种发酵的方法从事食品生产。

在现代食品发酵生产中,微生物纯种发酵的方法以其物质代谢途径清楚、成品回收率高、便于生产自动化控制等诸多优点而被广泛采用,如抗生素生产、啤酒酿造、氨基酸发酵和酶制剂生产等。而多菌种混合发酵方法,也以其成品风味多样、生产环境要求简单且生产方式灵活等优点也被广泛应用。

在人类的精神文明和物质文明不断提高的今天，现代食品发酵生产呈现出丰富多彩的繁荣景象，无论是高度自动化的微生物发酵，还是体现人文个性特色的微生物多菌种协同发酵，都具有鲜明的时代特色，都值得我们去了解和掌握。

一、微生物的纯种发酵与多菌种的协同发酵

（一）微生物的纯种发酵

微生物纯种发酵最突出的特点就是在整个发酵过程中，只有"单一菌种"参与发酵过程，如果有其他微生物存在，则视为杂菌，因此所谓纯种也只是一个相对的概念。其实在任何一个纯种发酵过程中，没有绝对的"纯种"，只不过在生产流程确定和生产工艺执行等诸多方面，完全不考虑其他微生物的需求，生产过程中的一切内容都以能够最大限度地发挥生产菌种的作用作为出发点，一切工作也都围绕着满足发酵生产菌种的需求而展开。

1. 纯种发酵对生产菌种的要求

发酵生产用微生物成为菌种，生产菌种应满足以下要求：

（1）高产性　在较短的发酵过程中，发酵生成最多的发酵产品和最少的副产物。

（2）无害性　发酵过程中不产生对人体有害的代谢产物。

（3）适用性　发酵过程能够适用廉价原料，便于控制和生产操作。

（4）稳定性　菌种遗传特性稳定，不易于发生变异。

2. 纯种发酵对生产过程的要求

微生物纯种发酵要求生产过程无菌化，即无菌生产环境，无菌生产操作，无菌生产设备和无菌生产管理。

3. 纯种发酵的生产特点

相对于多菌种混合发酵而言，具有如下特点：

（1）菌种单一，易于生产控制　由于纯种发酵的整个生产过程仅涉及一个单一菌种，且生产过程中的一切内容都能够最大限度的发挥该菌种的作用作为出发点，因此整个生产过程从原料选择到生产流程确定，从生产工艺制定到发酵过程控制，工作内容简单，易于把握，菌种的物质代谢途径易于了解和便于控制。

（2）液态基质，易于自动化控制　由于微生物发酵大都采用液态基质，而液态基质便于采用封闭管路进行输送，也可方便仪表在线监测，因此非常易于大规模自动化生产。

（3）产品安全，可靠性高　由于纯种发酵生产要求全程无菌化，所以易于对致病菌及细菌毒素实施有效的控制，如对大肠杆菌和黄曲霉毒素的防控与控

制等。

(4) 产品风味纯正　在微生物的各种生命活动中伴随着许多化学变化。在食品生产过程中，微生物改变食品生产原料原始化学组成，促使原本不能直接被人体消化吸收的生产原料变成可以直接食用的食品，同时也赋予食品诱人的风味和香气。就微生物纯种发酵而言，由于菌种单一，且大多数纯种发酵多采用液态基质。从微生物发酵的界面来看，仅有气-液界面一种，所以发酵过程中代谢产物相对较少，绝大多数的产品风味都以口感纯正为主要特色。如饮料中的啤酒和葡萄酒，对感官质量都以口味纯正和落口干净为主要指标，因此采用纯种发酵生产的啤酒，其风味的多样性远不及采用多菌种协同发酵生产的白酒。

(二) 多菌种的协同发酵

多菌种的协同发酵是指多种微生物混合在一起共同在一个培养基中进行的发酵。与纯种发酵相比，多菌种发酵有如下特点：

(1) 多菌种的协同作用　在自然界中存在着多种多样的微生物，它们形状不同，性质各异，且彼此之间相互影响，相互制约，共同组成了一个非常复杂而多样化的群体。在这个群体中的每一个微生物都扮演着自己不同的角色，发挥着不同的作用。微生物之间存在着互生、共生、寄生和拮抗的作用，尤其是共生作用在食品发酵生产中被广泛应用。

固态白酒是最具有我国民族特色的饮料酒，它的生产就采用了多菌种协同发酵的方法。白酒生产用大曲中就含有大量的酿造用微生物，如霉菌中有黑曲霉、根霉和红曲霉等；产酯酵母中有汉逊酵母、球拟酵母；细菌中有芽孢杆菌、乳酸菌和醋酸菌等。在发酵泥窖中也存在着多种的细菌，其中有厌氧的梭状芽孢杆菌属的丁酸菌和鼓槌形的己酸菌，而己酸菌通常与甲烷菌共存，甲烷菌也有杆状、小球状和梨形等，它们共存或共生，共同发酵生成的以己酸乙酯为主体，以乙酸乙酯、乳酸乙酯为辅香的多种香气协调的混合气体，形成了白酒所特有的风味。在长期的生产实践中，人们在酿造浓香型白酒时，糖化剂选取70%的黑曲霉、20%的根霉、10%的根霉、100%的红曲霉；发酵剂选取产酒酵母和产酯酵母各占50%的方法进行白酒生产。所有这些特点都是纯种发酵难以比拟的。

(2) 发酵界面复杂且产品风味多样化　多菌种的协同发酵多采用固态或半固态发酵基质进行发酵，如白酒、酱油、食醋和豆腐乳等。在固态基质中存在三种发酵界面即气-液界面、气-固界面和液-固界面。同一微生物在不同的界面上发酵相同的底物会产生不同的代谢产物，这种现象称为"界面效应"。相同的底物不同的微生物发酵会产生不同的代谢产物。由于"界面效应"和多菌种协同发酵的存在，必然形成发酵产物的多样性，进而形成了风味多样化的发酵产品。

（3）产品的区域性特征显著　不同的地理环境孕育着不同特色的微生物形态，我国南方气候潮湿且年均温度偏高，而北方则气候干燥且年均温度偏低，因此我国南北方的微生物形态组成存在着很大的差异，即使是同一地区，也存在着一些微小的差异。采用多菌种协同发酵进行食品发酵生产，产品具有非常显著的区域性特征，产品之间风味特色很难模仿。

（4）设备投入少、生产灵活性强　多菌种协同发酵生产多数采用固态或半固态发酵基质，生产规模较小，但产品的品种和规格较多。固态或半固态基质远远比液态基质物质浓度高，故设备利用率较高。又由于生产过程无菌条件要求程度低，因此，设备和厂房相对投入较少，生产灵活性明显增强。

（5）发酵机制不清，生产经验性强　在通常情况下，多菌种协同发酵涉及许多微生物，这些微生物还可能分属不同的科或属，且具有不同的代谢途径和不同的代谢调节规律，加之还存在"界面效应"和发酵过程中各微生物的动态生长特点，使得多菌种协同发酵的物质代谢途径调节规律非常难以掌握。比如我国白酒生产，近些年来也发表了大量的科技研究成果，但对窖池内部各种微生物的代谢途径和变化规律还尚未研究清楚。因此在发酵机制尚不清楚，发酵环节又极其复杂的前提下，实施发酵控制难度比较大，生产过程控制主要凭借经验。

二、多菌种协同发酵方法生产应用实例分析

（一）发酵乳制品生产中三株共酵与风味物质形成

随着人们生活水平的不断提高，餐桌上经常会见到发酵乳制品。而牛乳转变成发酵乳制品必须完成如下两大主要变化：其一是将易腐败而营养丰富的鲜牛乳转变成比较稳定的产品形式；其二是选用专门的微生物群发酵牛乳，完成乳体、结构、颜色、风味和营养物质的变化。参与微生物代谢发酵的菌种主要是乳链球菌、乳杆菌和嗜热链球菌，三株共酵，共同完成发酵乳制品的发酵。

1. 三株共酵与牛乳稳定产品的形成

将牛乳转变成为比较稳定的产品形式，必须做到如下四种变化。一是发酵生成乳酸，便于发酵作用的进行和抑制产酸细菌的过度繁殖；二是消耗大量的乳糖，阻断其他微生物赖以生存的能源和碳源；三是除去牛乳中以乳清形式存在的一部分水分，降低水分活度；四是代谢形成可抑制病原微生物和腐败菌群的抗生素，如乳酸链球菌肽、双球菌素和嗜酸素等，抑制病原微生物和腐败菌群的生长和繁殖。

（1）消耗乳糖代谢产生乳酸　乳糖是一种 D - 半乳糖和 D - 葡萄糖残基通过 $1, 4 - \beta -$ 糖苷键结合形成的双糖。乳链球菌、乳杆菌和嗜热链球菌都可以通

过发酵作用将乳糖降解为可以进入微生物细胞的单糖成分，如葡萄糖和半乳糖等。在有氧条件下，葡萄糖再经 EMP 途径降解为丙酮酸，丙酮酸在乳酸脱氢酶的催化下，被 NADH 还原成乳酸；在无氧条件下，葡萄糖经 HMP 途径经多步代谢完成乳酸发酵。

（2）代谢生成可抑制病原微生物和腐败菌群的抗生素　微生物代谢过程中会产生许多种中间代谢产物，这些中间代谢产物也称为初级代谢产物，它还会继续代谢生成次级代谢产物，如多种抗生素等。乳链球菌、乳杆菌和嗜热链球菌在代谢过程中也会产生一些次级代谢产物，如乳链球菌肽、双球菌素和嗜酸素等，它们可以通过多种途径影响细胞壁的生成或细胞膜的功能，以及抑制核酸或蛋白质的生物合成，从而达到防止病原微生物和腐败菌群生长和繁殖的目的。

2. 三株共酵与牛乳风味物质的形成

发酵乳制品风味物质的形成主要包括以下三种风味物质的形成，即双乙酰、乙醛和其他羰基化合物。

（1）双乙酰的形成　双乙酰含量过高会产生浓烈的不愉快味道，但当它的含量在 3~5μg/g 范围时，会产生一种悦人的柔和香气，该香气类似果仁的风味。在发酵乳制品的风味物质中，双乙酰是一种极为重要的基本风味物质，它的产生源于柠檬酸代谢，其产生菌为乳链球菌。这一点与酵母产生双乙酰有明显区别。

（2）乙醛的形成　乙醛是酸牛乳中的重要风味物质，它的生成源于有共生关系的保加利亚乳杆菌和嗜热链球菌以乳糖为前体的共同发酵作用。

（3）其他羰基化合物的形成　除乙醛外，乳酸链球菌还能够生成各种中性和酸性的羰基化合物，它们可以赋予发酵牛乳一种麦芽香味。其次乳杆菌可以通过异型乳酸发酵产生乙醇和二氧化碳，它们的生成对于形成发酵乳制品的风味也起到了积极的作用。

（二）酱油低盐固态发酵过程中多菌协同发酵与风味物质的形成

酱油是人们日常生活中不可缺少的发酵调味品，它以其色泽鲜艳、酱香浓郁和味道鲜美的特点深受消费者喜爱。其色、香、味的形成是多菌协同发酵的结果。

1. 酱油发酵过程中的微生物动态变化

酱醅发酵是曲霉、酵母和细菌的协同行为，在发酵过程中，它们随着发酵的进行时而减少、时而增多，表现出非常明显的动态变化特性。受食盐浓度及其厌氧环境的影响，好氧而不耐高盐的生酸菌很快死亡，枯草芽孢杆菌也不能繁殖。相反，耐盐酵母菌却在发酵前期大量增殖。耐盐性乳酸菌前期表现为迅速增殖，而后却又下降。

2. 多菌协同发酵与风味物质的形成

（1）色泽的形成　酱油的色泽是一种化学成分比较复杂的红色素，亦称类黑素。类黑素合成的前体物质是戊糖和氨基酸，两者在高温条件下（45~50℃）发生化学反应生成类黑素。

酱醅发酵是多菌协同发酵，协同发酵菌种以米曲霉为主，酵母菌和细菌为辅。在酱醅发酵的前期和中期，蛋白质在米曲霉和芽孢杆菌的高活性蛋白酶作用下，被大量分解生成氨基酸，如谷氨酸、酪氨酸和色氨酸等。淀粉在米曲霉淀粉酶的作用下，水解为单糖。在酱醅发酵的后期维持较高温度（45~50℃），促使酱醅中的酪氨酸、色氨酸及苯丙氨酸与戊糖产生美拉德反应，形成类黑素。

（2）香气的形成　酱油的香气是由多种成分形成的混合体，其中包括醇、醛、酸和酯等多种芳香性风味成分。在酱醅发酵中多种酵母菌协同发酵有利于产生浓郁的酱香成分，如酱香成分中最重要的芳香物质 4-乙基苯酚-2-乙基愈创木酚和 2-苯乙醇就是球拟酵母通过发酵作用形成的。而接合酵母、汉逊酵母在高温低盐条件也会发酵生产乙醛、乙醇和杂醇油等芳香性成分。发酵酱醅中同时还有醋酸菌和乳酸菌的存在，但它们只在发酵前期 pH 近中性或微酸性条件下发酵生成醋酸和乳酸成分，而醋酸和乳酸成分又会继续与发酵中期酵母菌酒精发酵生成的乙醇酯化，生成多种芳香性酯类成分，如乙酸乙酯或是乳酸乙酯等。从上述内容不难看出，将酱醅的多菌协同发酵作用是造就酱油香气的根源。

酱油是以鲜味为主，以甜和酸等味道为辅的发酵调味品，其鲜味成分主要是氨基酸的钠盐和氨基酸，甜味成分主要是一定类的糖类、高级醇、甘氨酸和丙氨酸等，酸味成分主要是醋酸和乳酸以及其他有机酸等。

（3）味道的形成　正如香气生成一样，酱油味道的形成同样也是多菌协同发酵的结果。各种氨基酸的形成是米曲霉和芽孢杆菌共同分泌蛋白酶水解蛋白质的结果，高级醇来源于酵母菌的发酵作用，糖类物质是由米曲霉分泌的淀粉酶水解淀粉获得的，而各种酸性物质又是产酸细菌共同发酵的产物。因此没有酱醅的多菌种协同发酵就没有酱油鲜美的味道。

知识窗

微生物发酵工艺控制的五字策略

微生物发酵是一个复杂的生化反应过程，为了提高最终产物的得率，必须保证在整个操作进程中有一个适宜的微生物生长代谢环境，在此基础上对发酵过程控制是极为重要的。整个发酵过程可采取以下五字策略：

（1）进　促进细胞对碳源营养物质的吸收；

（2）通　使来自上游和各个注入分支的碳架物质能畅通地流向目的产物；

（3）节　阻塞与目的产物的形成无关或关系不大的代谢支流，使碳架物质相对集中的流向目的产物；

（4）堵　消除或削弱目的产物进一步代谢的途径；

（5）出　促进目的产物向胞外空间分泌。

复习与思考题

1. 名词解释：生物氧化，呼吸，有氧呼吸，无氧呼吸，发酵，硝化细菌，电子传递链（呼吸链），氧化磷酸化，底物（基质）水平磷酸化
2. EMP、HMP途径、TCA循环在微生物生命活动中有何重要意义？
3. 试述酵母菌乙醇发酵与细菌乙醇发酵之间的不同点？
4. 试述同型乳酸发酵与异型乳酸发酵之间的不同点？
5. 列表比较呼吸、无氧呼吸和发酵的异同点。
6. 试述混合酸和丁二醇发酵在食品检验中的应用？
7. 什么是无氧呼吸？有什么特点？试述硝酸盐呼吸的特点及其作用。
8. 硝化作用与反硝化作用有何不同点？
9. 放氧性光合作用与非放氧性光合作用有何异同点？
10. 试述细菌固氮作用机制和必要条件。
11. 微生物细胞是如何进行代谢调节的？主要方式有哪些？有何特点？
12. 在谷氨酸发酵中如何利用代谢调控来促使谷氨酸的大量分泌？
13. 如何利用代谢调控提高微生物发酵产物的产量？

第八章　微生物的遗传变异与育种

1. 掌握微生物遗传变异的机制和规律。
2. 掌握微生物的突变、细菌的基因重组。
3. 理解微生物育种的基本原理。
4. 掌握微生物育种方法。
5. 掌握微生物菌种复壮和保藏的基本知识与方法。
6. 了解现代育种技术。

第一节　遗传变异的物质基础

一、什么是遗传与变异

遗传和变异是生物体最基本的属性之一，微生物也不例外。微生物通过繁殖，将亲代性状的遗传基因稳定地传递给子代，使之产生与亲代相似的个体，这种现象称为遗传。在各种因素的作用下，在子代中总有少数个体的遗传物质发生改变，而且这种改变稳定且具有可遗传性，从而引起某些性状与亲代有所差异，这种现象称为变异。

遗传和变异既相互矛盾又相互统一，正是它们的这种辩证关系推动生物不断进化。遗传是相对的，变异是绝对的。有了遗传，亲代的性状才能传给子代，从而保持了生物界物种的稳定。而存在变异，子代才能通过改变某些性状来适应外界不断变化的环境，从而使生物不断进化。

二、证明核酸是遗传变异物质基础的三个经典实验

1. 肺炎双球菌转化实验

肺炎双球菌（*Diplococcus pneumoniae*）可以使人患肺炎，也可以使其他哺乳动物如兔、马、小白鼠等患败血病而死亡。肺炎双球菌有很多不同的菌株，但只有细胞外面有多糖类的胶状荚膜包裹的球菌才有致病性，这种外面有荚膜的球菌生长在合成培养基上时，能长成大而明亮的光滑菌落，称为光滑型（S 型）菌株；而那些外面没有多糖类的胶状荚膜包裹的球菌，在合成培养基上生长成的菌落外观粗糙，称为粗糙型（R 型）菌株。

1928 年英国细菌学家格里菲斯（Griffith）研究发现，将活的、有毒的 S Ⅲ

型（有荚膜、菌落光滑型）肺炎双球菌或大量加热杀死的 S Ⅲ 型肺炎双球菌和少量活的、无毒 R Ⅱ 型（无荚膜，菌落粗糙型）肺炎双球菌的混合物分别注射到小白鼠体内中，结果小白鼠患病死亡，并从小白鼠体内分离出活的 S Ⅲ 型细菌；而将无毒、活的 R Ⅱ 型肺炎双球菌或加热杀死的 S Ⅲ 型肺炎双球菌分别注射到小白鼠体内，都不会引起小鼠死亡。这个实验说明加热杀死的 S Ⅲ 型细菌释放出了某种转化因子（transforming principle）到培养基中，然后被某些 R Ⅱ 型细菌所吸收，从而使其转化为 S Ⅲ 型细菌。由于当时的化学与生化分析技术还无法鉴定加热杀死细菌中的成分，因而不知转化因子为何物。直到 1944 年美国的埃弗雷（O. Avery）、麦克利奥特（C. Macleod）、麦克卡蒂（M. Mccarty）等人在格里菲斯工作的基础上，经过多年努力成功证明转化因子是 DNA，即证明了决定细菌遗传类型的物质是 DNA。

2. 噬菌体感染实验

1952 年，赫西（A. Hershey）和蔡斯（M. Chase）发表了进一步证明 DNA 是遗传物质的著名实验——T_2 噬菌体感染大肠杆菌实验。用放射性同位素 ^{32}P 标记噬菌体 DNA，用标记的噬菌体感染大肠杆菌，经短时间保温后，T_2 噬菌体就完成了吸附和侵入的过程。将被感染的大肠杆菌洗净放入组织捣碎器内强烈搅拌，使噬菌体与大肠杆菌分开，再用高速离心机离心使细菌沉淀，分析沉淀物和上清液的放射性。再用 ^{35}S 标记噬菌体的蛋白质外壳，按上述方法进行同样的实验。实验结果表明大多数噬菌体的 DNA 存在于大肠杆菌中，而外壳留在上清液中。将被感染的大肠杆菌培养，有的细菌破裂，释放出很多既有 DNA 核心又有蛋白质外壳的完整噬菌体颗粒。这说明用于复制的遗传信息通过病毒 DNA，而不是通过病毒蛋白质导入大肠杆菌细胞内的，且在病毒 DNA 中含有包括合成蛋白质外壳在内的整套遗传信息。

3. 植物病毒的重建实验

大部分生物的遗传物质是 DNA，但随着对病毒的深入研究，发现很多病毒含有 RNA 和蛋白质而没有 DNA，烟草花叶病毒（TMV）就是其中的一种。1956 年美国学者氟朗克-康勒特（H. Fraenkel - Conrat）将烟草花叶病毒拆成蛋白质和 RNA，分别对烟草进行感染实验，结果发现只有 RNA 能感染烟草，并在感染后的寄主中分离到完整的具有蛋白质外壳和 RNA 核心的烟草花叶病毒。后来法朗克·康勒特又选用烟草花叶病毒的变种霍氏车前花叶病毒（HRV）进行实验。他分别将烟草花叶病毒和霍氏车前花叶病毒的蛋白质外壳与 RNA 相分离，然后再交互重组，即用烟草花叶病毒的 RNA 和霍氏车前花叶病毒的蛋白质外壳混合，用霍氏车前花叶病毒的 RNA 与烟草花叶病毒的蛋白质外壳混合形成杂种病毒，并用这两种重建的杂合病毒分别感染烟草，结果从寄主分离所得的病毒蛋白质均取决于相应病毒的 RNA，也即核酸（这里为

RNA）是病毒的遗传物质。

三、DNA 的结构和复制

1. DNA 的结构

DNA 又称脱氧核糖核酸，是一种高分子化合物，相对分子质量最小为 2.3×10^4，最大达 1×10^{10}。DNA 的基本组成单位是脱氧核苷酸，每个脱氧核苷酸均包括环状碱基、脱氧核酸和磷酸根三种组分。DNA 中四种脱氧核苷酸的差异仅在于碱基的不同，它们的碱基分别是腺嘌呤（A）、鸟嘌呤（G）、胸腺嘧啶（T）和胞嘧啶（C）。1953 年沃森（Watson）和克里克（Crick）由 X 射线衍射结构分析提出了 DNA 分子双螺旋结构模型（图 8-1），确认 DNA 分子是由两条成对的多核苷酸链反向平行盘绕所形成的双螺旋结构，每条长链均由脱氧核糖－磷酸－脱氧核糖－磷酸交替排列构成。每条长链的侧面是与脱氧核糖相连的碱基，两条链上的碱基是严格配对的，即 A 与 T 配对，C 与 G 配对，配对的碱基之间以氢键相连，一个 DNA 分子可含几十万或几百万碱基对。通常，对某一特定菌株的 DNA 分子，其碱基顺序和数量是固定不变的，这保证了遗传的稳定性。

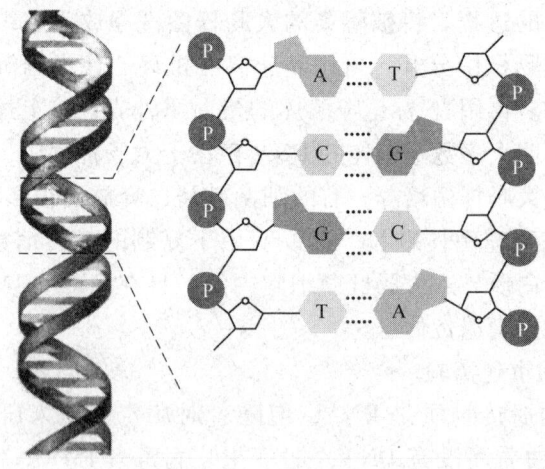

图 8-1　DNA 的双螺旋结构和两条链的结合示意图

基因（gene）是具有特定核苷酸顺序的核酸片段，是具有自主复制能力的遗传功能单位，一个基因约有 1000 个核苷酸对。每 3 个核苷酸组成一个密码子，它是负载遗传信息的基本单位，可指导合成某种特定氨基酸。一个 DNA 分子含有大量不同的基因。不同基因含有的碱基对的数量和排列顺序不一样，这样就能控制不同的遗传性状。如果基因的某个碱基的组成或排列顺序发生改变，这个基因将失去正常功能，可能导致生理缺陷。生物的遗传变异虽然都受基因的控制，但是基因并不等于遗传性状，任何一种遗传性状的表达都是在基因的控制下，通过酶的催化代谢活动才能体现出来，而酶的合成又直接受基因控制。

2. DNA 的复制

DNA 复制是指 DNA 双链在细胞分裂以前进行的复制过程，只有 DNA 十分精确地进行复制，才能保证将亲代的遗传性状一代一代传递下去。DNA 具有独特的半保留复制能力，确保了复制的精确性，从而保证了生物遗传的相对稳定性。DNA 的自我复制过程如下：首先是亲代 DNA 分子的两条多核苷酸链解开，然后分别以两条单链为模板，按照碱基配对的原则形成两个子代 DNA 分子，每一个子代 DNA 分子包含一条亲代链和一条新合成的链，这样形成的两个子代分子与亲代 DNA 分子的碱基排列顺序完全一样。

3. RNA

核酸是一切生物遗传变异的物质基础。核酸包括 DNA 和 RNA（核糖核酸）两种类型。绝大多数微生物的遗传物质是 DNA，只有部分病毒的遗传物质是 RNA。RNA 的结构与 DNA 的结构相似，只是尿嘧啶（U）取代了胸腺嘧啶（T）。

第二节 微生物的突变

突变是指遗传物质突然发生稳定的可遗传的变化。从突变涉及的范围看，可将突变分为染色体畸变和基因突变。染色体畸变是一些不发生染色体数目变化而在染色体上有较大范围结构改变的变异，是由 DNA（RNA）片段的缺失、重复或重排而造成染色体异常的突变。基因突变是指 DNA 链上的一对或几对碱基发生稳定的可遗传的变化。

一、突变率和基因符号

基因突变广泛存在于自然界中，从病毒、细菌到人类都可能发生基因突变，而且同一突变可以重复发生。因此，基因有突变频率，而且各种生物的突变频率在一定条件下是相当稳定的。

在遗传学上把表现突变性状的个体或细胞称为突变体，某一细胞在每一世代中发生某一性状突变的几率称为突变率。在无性繁殖的细菌中，突变率是用每一细胞世代中每一细菌发生突变的概率占观察的总细菌数来表示。不同基因的突变频率是不一样的，据估计，细菌的突变频率是 $1 \times 10^{-10} \sim 1 \times 10^{-4}$，即一万到一万亿个细菌之间，可以看到一个突变型。由于突变率一般都极低，因此，必须采用检出选择性突变株的手段，尤其是采用检出营养缺陷型的恢复突变株或抗性突变株特别是抗药性突变株的方法来加以确定。

基因符号是表示各基因所用的符号，已广泛应用于细菌等微生物。其表示方法如下：首先用 3 个小写字母来表示遗传性状（如精氨酸生物合成基因用 arg，半乳糖发酵基因用 gal，紫外线损伤修复基因用 uvr 来表示），然后再附上一个大写字母以表示与该性状有关的各个基因（如 argA、argB、galE、galK 等）。各基因的野生型均以 – 表示，而突变型则以号数来表示（如 $argA^+$、$argA^{-1}$、$argA^{-2}$ 等）。

二、微生物突变的主要类型

为适应不断变化的外界环境，微生物的各种性状都可能发生突变。按突变体的表型特征不同，可将突变分为以下几种主要类型。

1. 形态突变型

形态突变型指发生细胞形态变化或引起菌落形态变化的那些突变体。如细菌的鞭毛、芽孢、荚膜或色素的有无，放线菌或真菌的产孢子情况和孢子颜色的变异，菌落形态的光滑（S 型）或粗糙（R 型）、大或小以及菌落颜色的种种变异等。

2. 致死突变型

致死突变型指由于基因突变而造成个体死亡的突变类型。造成个体生活力下降的突变型称为半致死突变型。

3. 条件致死突变型

条件致死突变型是在某一条件下呈现致死效应，而在另一条件下却不表现致死效应的突变型，如广泛应用的温度敏感突变型。

4. 抗原突变型

抗原突变型是指细胞成分，特别是细胞表面成分（如细胞壁、荚膜、鞭毛等）的变异而引起抗原性变化的突变型。

5. 营养缺陷突变型

营养缺陷突变型是指由于外界环境改变而使微生物丧失了合成一种或几种营养物质的能力，从而无法在基本培养基上正常生长，只能在添加了相应缺陷营养物质的补充培养基中才能正常生长繁殖。营养缺陷型突变株在生产实践和科学研究等领域中有重要的应用价值。

6. 抗性突变型

抗性突变型是指微生物对某种化学药物或致死物理因子抗性的突变。根据其抵抗对象的不同可分为抗药性、抗紫外线或抗噬菌体等突变型。这些突变类型极易获得，已广泛应用于遗传学基本理论的研究中，主要用作选择性标记菌种。

除上述主要突变类型以外，还有其他一些突变型，如毒力、糖发酵能力、代谢产物的种类和数量以及对某种药物的依赖性突变型等。

三、突变的发生

在各种基因突变中，抗性突变最为常见。例如细菌在含青霉素的环境下，出现了抗青霉素的突变体；在紫外线的作用下，产生了抗紫外线的突变体；在较高的培养温度下，出现了耐高温的突变体等。在过去相当长时间内对这种抗性产生的原因争论十分激烈。一种观点认为，突变是通过适应而发生的，即各种抗性是由其环境（指其中所含的抵抗对象）诱发出来的，突变的原因和突变的性状间是相对应的，并认为这就是"定向变异"；另一种观点则认为，基因突变是自发的，且与环境是不相对的，由于其中有自发突变、诱发突变、诱变剂与选择条件等多种因素错综在一起，所以难以探究问题的实质。从 1943 年起，经过几个严密而巧妙的实验，证明在接触抗性因子前已产生自发突变株，也即证明突变的性状与引起突变的原因间无直接的对应关系。

四、基因突变机制

按基因突变的条件和原因划分，可将其分为自发突变和诱发突变。

1. 自发突变的机制

自发突变是指在没有人工参与下生物体自然发生的突变。通过对诱变机制的研究，启发了人们对自发突变机制的思索。

（1）背景辐射和环境因素的诱变　不少自发突变是由于一些原因不详的低剂量诱变因素的长期综合诱变效应引起的。例如，充满宇宙空间的各种短波辐射或高温诱变效应，以及自然界中普遍存在的一些低浓度诱变物质的作用等。

（2）互变异构效应　染色体中 A、T、G、C 四种碱基的第 6 位上不是酮基（T、G），就是氨基（C、A），因此有人认为 T 和 G 会以酮式或烯醇式两种互变异构的状态出现，而 C 和 A 则会以氨基式或亚氨基式两种互变异构的状态出现。由于平衡一般趋向于酮式或氨基式，因此，在 DNA 双链结构中一般总是以 A∶T 和 G∶C 碱基配对的形式出现。但在偶然情况下，T 也会以稀有的烯醇式形式出现，因此在 DNA 复制到达这一位置的瞬间，通过 DNA 聚合酶的作用，在它的相对位置上就不再出现常规的 A，而是出现 G；同样，如果 C 以稀有的亚氨基形式出现时，在 DNA 复制到达这一位置的瞬间，则在新合成 DNA 单链的与 C 相应的位置上就将是 A，而不是往常的 G。这或许就是发生相应的自发突变的原因。

（3）环出效应　即环状突出效应。有人提出，在 DNA 的复制过程中，如果其中某一单链上偶然产生一个小环，则会因其上的基因越过复制而发生遗传缺失，从而造成自发突变。

2. 诱发突变的机制

诱发突变是人们利用物理或化学因素处理微生物使其发生突变。凡能提高突变率的任何理化因子，都称为诱变剂。诱变剂包括物理诱变剂和化学诱变剂两大类。常用的物理诱变剂有紫外线、X 射线、γ 射线、快中子、α 射线、β 射线、超声波等；常用的化学诱变剂有烷化剂、碱基类似物、吖啶类化合物等。

不同的诱变剂，作用机制也不一样，以下是几种有代表性的诱变剂的作用机制。

（1）碱基置换　对 DNA 来说，碱基置换是指一对碱基被另一对碱基所置换。置换又可分为两个亚类：一类称转换，即 DNA 链中的一个嘌呤被另一个嘌呤或一个嘧啶被另一个嘧啶所置换；另一类称颠换，即一个嘌呤被另一个嘧啶或一个嘧啶被另一个嘌呤所置换。

对某一具体诱变剂来说，既可同时引起转换与颠换，也可只具其中的一种功能。根据化学诱变剂是直接还是间接地引起碱基置换，可把置换的机制分成以下两类。

①诱变剂直接引起碱基置换：亚硝酸、羟胺和各种烷化剂（硫酸二乙酯、甲基磺酸乙酯、N-甲基-N'-硝基-N-亚硝基胍、N-甲基-N-亚硝基脲、乙烯亚胺、环氧乙酸、氮芥等）可直接与核酸的碱基发生化学反应，它们可与一个或几个核苷酸发生化学反应，从而引起 DNA 复制时碱基配对的转换。能引起颠换的诱变剂很少，只有部分烷化剂才能引起颠换。

②诱变剂间接引起碱基置换：引起这类置换的诱变剂都是一些碱基类似物，如 5-溴尿嘧啶（5-BU）、5-氨基尿嘧啶（5-AU）、8-氮鸟嘌呤（8-NG）、2-氨基嘌呤（2-AP）、6-氯嘌呤（6-CP）等。它们是通过活细胞的代谢活动掺入到 DNA 分子中后而引起碱基置换。

（2）移码突变　指诱变剂使 DNA 分子中的一个或少数几个核苷酸增添（插入）或缺失，从而使该部位后面的全部遗传密码发生转录和转译错误的一类突变。由移码突变所产生的突变株，称为移码突变株。与染色体畸变相比，移码突变也只能算是 DNA 分子的微小损伤。吖啶黄、吖啶橙和 α-氨基吖啶等吖啶类染料是移码突变的有效诱变剂。

（3）染色体畸变　是指引起 DNA 分子较大损伤的诱变，包括染色体结构的易位、倒位、缺失、重复等。紫外线、X 射线、γ 射线等射线、亚硝酸及烷化剂等均是引起染色体畸变的有效诱变剂。它们能引起 DNA 分子多处较大的损伤，如 DNA 链的断裂、DNA 分子内 2 条单链的交联、胞嘧啶和尿嘧啶的水合作用及嘧啶二聚体的形成等。发生染色体畸变的微生物往往容易致死，因此在微生物诱变育种中主要利用基因突变来获得某些优良性状。

五、微生物突变的特点

1. 不对应性

不对应性指突变的性状与引起突变的原因间无直接的对应关系。关于这一点前文已述及，在此不再赘述。

2. 自发性

各种性状的突变，可以在没有人为的诱变因素处理下自发地产生。

3. 稀有性

自发突变虽可随时发生，但其突变率却是极低和稳定的，一般在 $10^{-9} \sim 10^{-6}$。

4. 独立性

突变的发生一般是独立的,即在某一群体中,既可发生抗青霉素的突变型,也可发生抗链霉素或任何其他药物的突变型,而且还可发生其他任何性状的突变型。某一基因的突变,既不提高也不降低其他任何基因的突变率。

5. 诱变性

通过诱变剂的作用,可以提高突变的几率,一般可提高 $10 \sim 10^5$ 倍。不论是通过自发突变还是诱发突变所获得的突变株,其间并无本质上的差别,这是因为诱变剂仅起着提高诱变率的作用。

6. 稳定性

由于突变的根源是遗传物质结构上发生了稳定的变化,所以产生的新的变异性状也是稳定的、可遗传的。

7. 可逆性

由原始的野生型基因变异为突变型基因的过程,称为正向突变,相反的过程则称为回复突变或回变。实验证明,任何性状都可发生正向突变,也都可发生回复突变。

六、突变与育种

从自然界直接分离的菌种,其发酵活力一般都比较低,达不到工业生产的要求,在生产实践中常利用微生物的基因突变来提高菌种的生产性能。由于微生物的自发变异率很低,仅为 $10^{-9} \sim 10^{-6}$,因此单靠微生物的自发突变来获得优良菌种的几率很小。为提高微生物的变异率,可采用物理或化学因素诱导其发生突变,这种以诱发突变为基础的育种就是诱变育种。具体来说,诱变育种就是利用物理或化学诱变剂处理均匀而分散的微生物细胞群体,促进其突变率显著提高,然后从变异的菌体中筛选出符合育种目的的突变株,以供工业生产或科学研究之用。由于具有方法简便、工作速度快、效果显著等优点,诱变育种已成为国内外提高发酵工业菌种生产性能的主要手段。诱变育种的一般步骤如图 8-2 所示。

1. 出发菌株的选择

用来进行诱变的起始菌株称为出发菌株。在

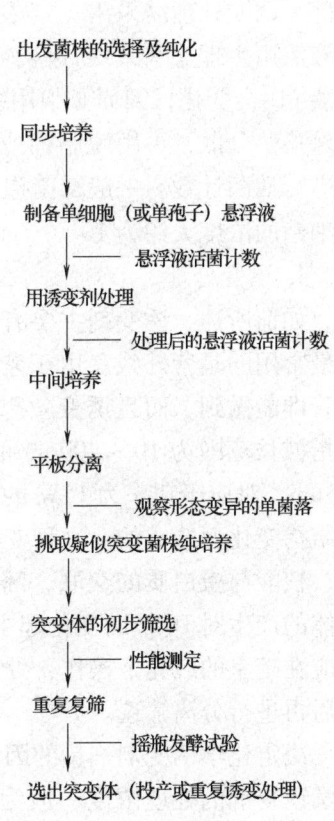

图 8-2 诱变育种的一般步骤

诱变育种中，出发菌株的选择会直接影响到最后的诱变效果，因此必须准确了解出发菌株形态、生理、产量等方面的特点，挑选出对诱变因素敏感、变异幅度广、产量高的出发菌株。出发菌株一般有三种来源。一是选取从自然界新分离的野生型菌株，它们对诱变因素敏感，容易发生变异，且一般都发生正向突变；二是选取生产中由于自发突变而经筛选得到的菌株，与野生型菌株类似，容易得到较好的诱变效果；三是选取经过诱变处理过的菌株作为出发菌株。实践证明，选用每次诱变处理都有一定提高的菌株，往往多次诱变可以效果叠加。

2. 同步培养

在诱变育种中，一般都要求选用生理状态一致的微生物细胞，即菌悬液的细胞在诱变处理前应尽可能达到同步生长状态，这称为同步培养。如细菌一般要求采用对数生长期的细胞，此时群体生长状态比较同步，容易发生变异，且重复性较好；而霉菌处理最好采用分生孢子，处理前将分生孢子在液体培养基中短时间培养，使孢子处于活化状态，并恰好未形成菌丝体，易于诱变。

3. 单细胞（或单孢子）悬浮液的制备

为使被处理的细胞（或孢子）均匀接触诱变剂和避免以后培养时出现不纯菌落，诱变处理需采用一定浓度的分散均匀的单细胞（或单孢子）悬浮液。菌悬液需用生理盐水或缓冲溶液配制，但如果是用化学诱变剂处理，因处理时菌悬液 pH 会变化，因而必须用缓冲溶液。配制菌悬液时为提高分散度，可先用玻璃珠振荡分散，再用脱脂棉或滤纸过滤。菌悬液制好后还要采用平板菌落计数法进行活菌计数。一般霉菌孢子或酵母菌细胞的浓度大约为 10^6 个/mL，放线菌和细菌的浓度大约为 10^8 个/mL。

4. 诱变处理

如前所述，诱变剂主要有物理诱变剂和化学诱变剂两种类型。物理诱变剂中最常用的是紫外线。由于紫外线不需要特殊贵重设备，只要普通的灭菌紫外灯管即能做到，而且诱变效果也很显著，因此被广泛应用于工业育种。紫外线是指波长范围为 10～400nm 的电磁波，多数微生物对紫外线最敏感的波长在 265nm，对应于功率为 15W 的紫外灯。紫外线的诱变作用是由于它引起 DNA 分子结构变化而造成的。这种变化包括 DNA 链的断裂，DNA 分子内和分子间的交联，核酸与蛋白质的交联，嘧啶水合物和嘧啶二聚体的产生等，特别是嘧啶二聚体的产生对 DNA 的变化起主要作用。实验时，为了避免光复活现象，处理过程应在暗室的红光下操作，处理完毕后，将盛菌悬液的器皿用黑布包起来培养，然后再进行分离筛选。

决定化学诱变剂剂量的因素主要包括诱变剂的浓度、处理温度和处理时间。化学诱变剂的处理浓度一般为每毫升几微克至几毫克。一般来说，对于一种化学诱变剂，其对不同微生物的处理浓度都有一个大致范围。在进行预试验时，先确定处理浓度和处理温度,然后测定不同时间的致死率来确定合适的诱变剂量。到确定时间后,可采用稀释法、解毒剂或改变 pH 等方法来终止反应。

总之,无论使用哪种诱变剂,要确定一个合适的剂量,通常要经过多次试验摸索。对一般微生物而言,诱变频率往往随剂量的增高而增高,但达到一定剂量后,再提高剂量反而会使诱变频率下降。大量研究表明,低剂量处理后正突变率较高,而高剂量处理后负突变率较高。因而为取得最佳诱变效果,目前趋向采用低剂量、长时间处理。

在诱变育种时,为提高诱变效果,有时可采用多种诱变剂复合处理的办法。诱变剂的复合处理可用两种或多种诱变剂先后使用或同时使用,也可用同一种诱变剂重复使用。如果能使用不同作用机制的诱变剂来做复合处理,可能会取得更好的诱变效果。

5. 中间培养

刚经诱变剂处理过的菌株需 3 代以上的繁殖才能将突变性状表现出来。因此应将诱变处理后的细胞在液体培养基中培养几小时,使细胞繁殖几代,以得到纯的变异细胞。若不经液体培养基的中间培养,将诱变处理后的细胞直接在平皿上分离就可能出现变异和不变异细胞同时存在的混杂菌落,造成筛选结果的不稳定和将来的菌株退化。

6. 分离和筛选

诱变处理后的菌悬液经中间培养后,采用平板划线法分离出大量较纯的单个菌落。下一步也是最关键的工作就是要从这些菌落中筛选出性能优良的符合育种目的的突变株。筛选一般分初筛和复筛两步进行。初筛一般是定性测定,常采用平皿反应法。平皿反应是指目标菌产生的代谢产物与培养基内的指示物作用后在平皿上出现的生理效应,如变色圈、透明圈、生长圈或抑制圈等的有无及大小,这些效应大小能反映出变异菌株产生相应代谢产物的潜力,可以作为初筛的标志。常用的平皿反应方法有如下几种。

(1) 纸片培养显色法 此法可用于多种生理指标的测定,如淀粉酶变色圈(用碘液使淀粉显色)大小的测定;氨基酸显色圈(转印到滤纸上再用茚三酮显色)大小的测定;柠檬酸变色圈(用溴甲酚蓝作指示剂)大小的测定等。通过观察目标代谢产物与指示物反应后产生变色圈的大小来估计相应代谢产物的产量。

(2) 透明圈法 如蛋白酶产生菌在含酪素的培养基、产酸菌在含碳酸钙的培养基上都可形成透明圈,根据透明圈的大小初步判断目标菌产生代谢产物的能力。

(3) 抑菌圈法 此法是筛选抗生素产生菌的理想方法。此法操作的主要步骤是:将经过诱变处理后的孢子悬液涂布在营养琼脂平板上,待长出稀疏的小菌落后，用打孔器将小菌落连同琼脂一并取出，一个个整齐的放在另一灭过菌的空培养皿中，在适应的温度下培养 4~5d，再将这些琼脂块移到含供试菌（对目标抗生素敏感）的营养琼脂平板上，经培养后，通过观察抑菌圈的大小来判断目标菌产生抗生素的效价。然后取透明圈大的移植到斜面培养基进行培养。

初筛的结果与实际生产上发酵培养的情况可能差别很大。初筛的菌株是否具有生产上的应用价值，还必须经过复筛进一步确定。复筛一般都是对目标菌株产生的代谢产物进行比较精确的定量测定。其操作方法一般都是采用与生产相近的培养基和培养条件，将待测菌做摇瓶培养或置于小发酵罐中进行培养，然后对培养液的代谢产物进行定量测定，以选出适合于工业生产用的菌种。如果筛选出的菌株的代谢产物产量偏低，达不到工业生产的要求，可以留着作为诱变育种的出发菌株。

第三节
细菌的基因转移和重组

基因转移泛指基因或 DNA 片段在不同微生物个体之间的传递，包括横向和纵向两个方向。纵向传递即通过繁殖进行的亲代和子代的基因传递，而横向传递是指在差异微生物个体之间，或单个细胞内部细胞器之间所进行的遗传物质的转移。基因重组，是指由于不同 DNA 链的断裂和连接而产生 DNA 片段的交换和重新组合，形成新 DNA 分子的过程。无论是基因转移还是基因重组都可以在人为设计的条件下发生，使之服务于人类育种的目的。

一、原核微生物的基因重组

原核微生物的基因重组有转化、转导、接合等方式。

1. 转化

受体菌直接吸收了来自供体菌的 DNA 片段，通过交换，把它整合到自己的基因组中，再经复制就使自己变成一个转化子。这种受体菌接受供体菌的 DNA 片段而获得部分新的遗传性状的现象，就称转化或转化作用。

在细菌中，转化是一个较普遍的现象，在肺炎链球菌（*Streptococcus pneumoniae*）、嗜血杆菌属（*Haemophilus*）、芽孢杆菌属（*Bacillus*）、奈瑟氏球菌属（*Neisseria*）、根瘤菌属（*Rhizobium*）、葡萄球菌属（*Staphylococcus*）、假单胞菌属（*Pseudomonas*）和黄单胞菌属（*Xanthomonas*）中尤为多见。

两个菌种或菌株间能否发生转化，与它们在进化过程中的亲缘关系有着密切的联系。但即使在转化率极高的那些种中，其不同菌株间也不一定都可发生转化。研究发现,能进行转化的受体细胞必须处于感受态,亦即受体细胞最易接受外源 DNA 片段并实现其转化的一种生理状态。

已知感受态因子是一种胞外蛋白,据推测,这种蛋白质可能是细胞膜上的一种组分,它可以催化外来 DNA 片段的吸收或降解细胞表面某种成分,以让细胞表面的 DNA 受体显露出来;也可能是一种自溶酶。对不同的细菌而言,其每个细胞上可与 DNA 结合的位点数是不同的。

转化的具体过程以革兰氏阳性菌 S. pneumoniae 研究得最多,主要过程见图 8-3,从图中可以看到转化过程可分以下几个阶段:① 双链 DNA 片段与感受态受体菌细胞表面的特定位点结合;② 在吸附位点上的 DNA 被核酸内切酶分解,形成平均相对分子质量为 $4×10^6 \sim 5×10^6$ 的 DNA 片段;③ DNA 双链中的一条单链被膜上的另一种核酸酶切除,另一条单链逐步进入细胞,这是一个耗能过程;④ 来自供体的单链 DNA 片段在细胞内与受体细胞核染色体组上的

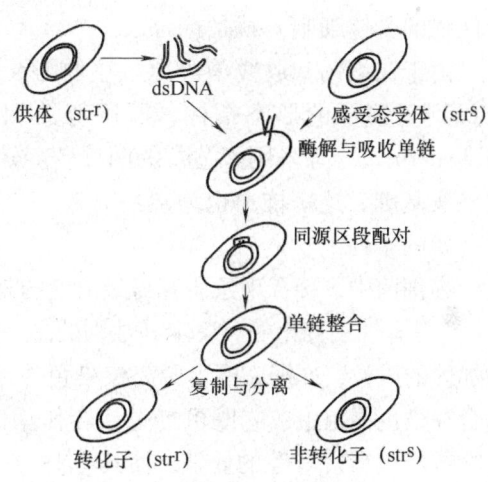

图 8-3 转化过程示意图

同源区段配对,接着受体染色体组上的相应单链片段被切除,并被外来的单链 DNA 交换、整合和取代,于是形成了一个杂合 DNA 区段。在这一过程中,有核酸酶、DNA 聚合酶和 DNA 连接酶的参与;⑤ 受体菌的染色体组进行复制,杂合区段分离成两个,其中之一获得了供体菌的转化基因(str^r,链霉素抗性基因),另一个未获 str^r 基;⑥ 当细胞发生分裂后,一个子细胞含 str^r 基因,这就是转化子;另一细胞与原始受体菌一样,仍是链霉素敏感型(str^s)。

2. 细菌的转导

通过完全缺陷或部分缺陷噬菌体的媒介,把供体细胞的 DNA 小片段携带到受体细胞中,通过交换与整合,从而使后者获得前者部分遗传性状的现象,称为转导。获得新遗传性状的受体细胞,就称转导子。

转导现象是由 J. Lederberg 等(1952)在鼠伤寒沙门氏菌(Salmonella typhimurium)中发现的。以后在许多原核生物中陆续发现,例如在变形杆菌属(Bacillus)、假单胞菌属(Pseudomonas)、志贺氏菌属(Shigella)、葡萄球菌属(Staphylococcus)、弧菌属(Vibrio)和根瘤菌属(Rhizobium)中等。

目前所知道的转导主要有普遍转导和局限转导两种类型。普遍转导是指通过完全缺陷噬菌体对供体菌任何 DNA 小片段的"误包",而实现其遗传性状传

递至受体菌的转导现象。局限转导则是指通过部分缺陷的温和噬菌体把供体菌的少数特定基因携带到受体菌中,并获得表达的转导现象。

3. 接合

接合是指供体菌("雄")通过其性菌毛与受体菌("雌")相接触,前者传递不同长度的单链 DNA 给后者,并在后者细胞中进行双链化或进一步与核染色体发生交换、整合,从而使后者获得供体菌遗传性状的现象。通过接合而获得新性状的受体细胞,就是接合子。

由于在细菌和放线菌等原核生物中出现基因重组的机会极为稀少,而且较难找到重组子的形态指标,所以有关细菌接合的研究直至 1946 年莱德伯格(J. Lederberg)等采用 *E. coli* 的两株营养缺陷型进行实验后,才奠定了方法学上的坚实基础,这一技术也为以后开展一系列其他微生物遗传学问题的研究创造了必要的条件。

在细菌中,接合现象研究得最清楚的是 *E. coli*。根据对接合行为的研究,发现 *E. coli* 是有性别分化的。决定其性别的是一种质粒,即 F 因子。F 因子是一种属于附加体的质粒,亦即它既可脱离核染色体组而在细胞质内游离存在,也可插入即整合在染色体组上;它既可经过接合作用而获得,也可通过吖啶类化合物、溴化乙啶或丝裂霉素 C 等的处理,使其 DNA 的复制受抑制后而从细胞中消除;它是有关细菌性别的决定者,凡有 F 因子的细胞,在其表面就有相应的性菌毛存在。

二、染色体外遗传因子的转移与重组

1. 细菌质粒

细菌质粒是细菌细胞内染色体外能够自我复制的环状双链 DNA 分子,随宿主染色体的复制传给子代,使宿主细胞获得新性状。常见的质粒类型有以下几种。

(1) F 因子 也称致育性因子或 F 质粒,它是有关细菌性别的决定者,凡是有 F 因子的细菌,在其表面就有相应的性菌毛存在。

(2) R 因子 又称抗药性因子或 R 质粒,是细菌对抗生素、金属及其他药物(磺胺)产生抗性的因子。R 因子对多种抗生素有抗性,可作基因载体,作为菌株筛选的标记。

(3) Col 因子 即大肠杆菌素质粒,能编码产生大肠杆菌素的质粒,是除 F 因子外研究历史最长的质粒。根据是否具有转移能力可分为两类:一类是非接合型,是相对分子质量约为 5×10^6 的多拷贝因子,缺乏自身传递的遗传结构,如 ColE1、ColE2、ColE3 等,目前已广泛应用于基因工程;另一类是接合型,相对分子质量为 $5 \times 10^7 \sim 8 \times 10^7$,与 F 因子相似,有使宿主产生性丝的基因,如 ColB、ColV 等。

(4) 降解质粒　具有分解多种特殊有机化合物能力的因子。例如，假单胞菌中含有能分解甲苯基因的 TOL 质粒和能分解樟脑辛烷基因的 CAM – OCT 质粒。

(5) 毒性质粒　携带编码产生毒素基因的质粒。如苏云金杆菌含有能编码 δ 内毒素的质粒，产毒素大肠杆菌中含有能编码肠毒素的质粒等。

质粒的发现，对分子遗传学、分子生物学、基因工程学的建立发挥了重要作用。质粒作为基因工程的载体已被广泛利用，目前已能用人工方法改造天然质粒，构建高效人工载体，如 pBR313、pBR332 等。

2. 可移动遗传因子

可移动遗传因子是生物体细胞中一类能在 DNA 分子内和 DNA 分子间移动位置的一段 DNA 序列，可在 DNA 分子的许多位点插入及整合，又称"跳跃基因"。根据可移动遗传因子分子结构和遗传性质可将其分为插入序列、转座子和转座噬菌体等。

(1) 插入序列（IS）　是在研究大肠杆菌的半乳糖操纵子时发现的，是最早发现的转座因子。目前已搞清全序列的 IS 有 100 多种，长度在 700~2000bp 不等，能在细菌染色体、噬菌体 DNA 和质粒上的许多位点移进移出。IS 只携带与转座有关的基因，可编码特殊酶和调节蛋白，没有表型效应，可干扰基因的正常读码，导致基因失活或突变，频率约为 10^{-7}。

(2) 转座子　转座子与插入序列的主要不同是携带能赋予宿主遗传特性的基因，主要是抗生素的抗性基因。转座子比 IS 因子大，结构复杂，能在同一细胞内从一个质粒移至另一个质粒，也能从质粒移到细胞染色体或噬菌体上。在细菌、植物细胞、动物细胞中都有转座子。

(3) 转座噬菌体　是指具有转座行为的噬菌体，一般整合到宿主染色体的特定位置上，能插入到宿主染色体的任意位置，导致宿主菌编译。Mu 噬菌体是以大肠杆菌为宿主的温和性突变噬菌体，是原核生物中第一个被叙述的可移动因子。Mu 噬菌体与其他温和性噬菌体的不同是其基因组在裂解周期或溶源状态均可整合到宿主染色体上，且整合的部位是随机的，它同时具有温和噬菌体和转座因子的双重特性。与 IS 相比，Mu 可通过诱导产生，便于制备；且由于 Mu 不是细菌基因组的一个正常组分，故能方便地判断出携带或不携带 Mu 的两种细菌。

第四节
工业生产中菌种选育的实例分析

一、啤酒酵母的分离纯化与选育

啤酒酵母的分离、纯化和选育是啤酒生产的重要环节，对啤酒酵母的优良性状及其纯度具有决定作用，优良而健壮的啤酒酵母菌株将直接影响到啤酒发酵液的口味、风味和发酵速度。

1. 啤酒酵母的分离

目前工厂一般都是从酵母泥中分离酵母菌株，采用平板稀释分离法进行纯化。具体过程如下：将采取的酵母泥用无菌水稀释成 10^{-1}、10^{-2}、10^{-3}、10^{-4} 等不同倍数的系列稀释液，每步稀释液均要抽取菌液镜检，当一个视野内酵母数为 1~2 个或无酵母菌时，即可停止稀释。将上述不同倍数稀释后的菌液分别接种于灭菌的培养皿中，并记上稀释倍数以示分辨。将灭菌后的麦汁琼脂培养基冷至 45℃ 左右，倒入上述培养液中，摇匀后于 25℃ 生化培养箱中培养 2~3d，每天检查菌落的生长情况。根据菌落的生长情况，选择形态整齐、大小均匀、菌态饱满的菌落进行镜检，确定没有被细菌污染，将其接种至麦芽汁培养基，为减少优良菌株的漏选，共制作 30~50 个菌株的培养液，25℃ 培养 24h 待用。

2. 啤酒酵母的纯化

对筛选的菌株采用平板分离法进行纯化，对筛选后菌株制作的培养液再进行平板分离，尽力达到单细胞形成菌落的效果。将平板分离法得到的单细胞菌落用接种环接种于斜面试管中，置于 25℃ 恒温培养箱培养 3d。

3. 啤酒酵母的选育

啤酒酵母的选育是将从酵母泥中分离出的酵母进行特性实验，即发酵度、死亡率、凝聚性、发酵速度、死亡温度及小样实验等，筛选出优良健壮的菌株。另外，如果从自然界筛选的菌株生产性能不理想，可以将自然界筛选的野生型菌株作为出发菌株，采用紫外线照射处理等手段提高菌株的突变率，然后从大量突变株中筛选性能更加优良的菌株供生产使用。

二、谷氨酸生产菌的分离纯化与选育

1. 谷氨酸生产菌的分离纯化

我国用发酵法生产谷氨酸始于 1964 年，上海天厨味精厂选用黄色短杆菌（*Brevibacterium flavum*）617 率先进行了谷氨酸发酵生产。经过 30 多年的努力，我国已从自然界筛选出北京棒杆菌 As1.299、钝齿棒杆菌 As1.542、天津短杆菌 T_{6-13} 等一大批谷氨酸高产菌。谷氨酸生产菌分离纯化的操作一般分两步进行。第一步是进行平板稀释分离或平板划线分离，目的是分离培养出单细胞菌落。一般是将待分离的样品用无菌生理盐水制成菌悬液，并在装有玻璃珠的三角瓶中充分振荡，利用玻璃珠的滚动，使菌体细胞达到分离，然后用平板稀释法或平板划线法分离培养。第二步在培养好的琼脂平板上挑选单菌落，挑选生长快、长得大、隆起高、颜色淡白的单菌落移接到试管斜面培养基上培养，然后用三角瓶进行摇瓶发酵试验，比较各菌株产酸能力大小，选择产酸高的菌株供生产使用。

2. 谷氨酸生产菌的选育

生产上选用的菌株，必须具备高的活力和高产性能，以确保在发酵生产中获得高的产酸率和糖酸转化率，从而降低生产成本，提高经济效益。因此在生产过程中，工厂除了要定期做好菌种的复壮工作外，还必须不断选育更加高产稳产的谷氨酸生产菌株，以满足味精生产持续发展的需要。一些高校、科研机构和生产厂家广泛应用自然选育、诱变育种、基因工程育种、原生质体融合育种等手段来选育高产稳产的谷氨酸生产菌株。

（1）自然选育 谷氨酸生产菌株具有较强的自然变异能力，但通常负变异频率高于正变异频率，往往导致菌种衰老退化、菌株活力减退、产酸水平下降、发酵周期延长等不良后果。当然自然变异也会出现生产性能有所提高的正变异。尽管正变异的频率很低，但仍然可以通过分离复壮淘汰掉衰退的菌株，保存优良的菌株，甚至筛选出比原株生产性能更优良的菌株，以供生产使用，达到稳定生产的目的。这种方法已被许多厂家采用，但由于自然选育工作量大且效率很低，在一定程度上限制了它的应用。

（2）诱变育种 20世纪60年代中期至70年代初，国内主要是从自然界中筛选谷氨酸高产菌株（如 AS1.299、AS1.542、T_{6-13} 等），以供生产上使用。20世纪70年代初开始，一些高校、科研院所和生产厂家开始利用诱变育种选育比野生株更加高产稳产的新菌株。具体方法是将野生株谷氨酸生产菌采用物理诱变因子如紫外线、^{60}Co、铜激光等照射处理，或者采用化学诱变因子如硫酸二乙酯（DES）、亚硝基胍（NTG）、氯化锂（LiCl）等进行诱变处理，或者利用某些理化因子进行复合诱变，然后从突变株中筛选出比原株生产性能更加优良的变异菌株。目前在生产上广泛应用的谷氨酸菌株如 WTH-1、FM84-415、S_{9114} 等都是通过诱变育种选育出的活性较强、产酸和转化率都很高的新菌株。

（3）基因工程育种 20世纪70年代后，基因工程技术迅速发展，并在微生物育种方面得到广泛应用。基因工程育种是用人工方法把所需的某一供体微生物的遗传物质 DNA 提取出来，在离体条件下切割后，把它和载体的 DNA 分子连接起来，从而使所需基因从一种微生物转移到另一种微生物。因此，人们可以根据生产需要来精心设计和控制育种，培育出理想的新菌种。在谷氨酸生产菌基因工程育种方面首先取得突破的是日本科学工作者，他们利用基因工程技术，成功培育出比原株产酸能力提高一倍的新菌株。

（4）原生质体融合育种 20世纪80年代以来，国内一些育种工作者开始采用原生质体融合技术培育新的谷氨酸高产菌株。如洪益国等将经过加热灭活的 T_{6-13} 原生质体与 AS1.299 活的原生质体进行融合，在选取的43株稳定融合子中，大部分融合子产率介于两亲株之间，其中 F_3 和 F_4 两株融合子产率高于双亲株。又如张克旭等在不对亲株进行任何诱变的前提下，将天津短杆菌 TG866 和 B_9 的原生质体融合，成功获得兼有两亲株优良遗传性状（细胞个体大、产酸高）的融合子 F_{263} 和 F_{288}。

第五节　菌种的衰退、复壮和保藏

一、菌种的衰退

（一）菌种衰退的现象及原因

1. 菌种的衰退现象

生物的遗传是相对的，而变异是绝对的。随着保藏时间的延长和转接次数的增多，在发酵生产中具有优良性状的菌种可能发生变异，而且往往都是优良性状的劣化，这种现象称为菌种的衰退。常见的菌种衰退现象中，最易觉察到的是菌落形态、细胞形态的改变，如菌落颜色的改变、畸形细胞的出现等；其次是菌株生长变得缓慢，产孢子越来越少直至产孢子能力丧失，例如放线菌、霉菌在斜面上多次传代后产生"光秃"现象，从而造成生产上用孢子接种的困难；还有菌种的代谢活动、代谢产物的生产能力或其对寄主的寄生能力明显下降等，例如黑曲霉糖化能力的下降、抗生素发酵单位的减少、枯草芽孢杆菌产淀粉酶能力的衰退等。所有这些都对发酵生产不利。因此，为了使菌种的优良性状持久延续下去，必须做好菌种的复壮工作。

2. 菌种衰退的原因

菌种衰退的原因非常复杂，主要包括以下几个方面。

（1）有关基因的自发突变　这是菌种衰退的主要原因。自发突变是一种自然现象，任何菌种都会发生。能引起菌种衰退的是有关基因的负突变，开始时可能只有个别细胞发生负突变，但随着移植次数的增加，群体中出现负突变的退化细胞会越来越多，最终由劣势转为优势，从而使整个群体表现出严重的衰退现象。例如当控制产量的基因发生负突变，就会引起产量下降；当控制孢子生成的基因发生负突变，则使菌种产孢子性能下降。

（2）育种后未经很好的分离纯化　在霉菌、放线菌等微生物群体中往往存在一些多核细胞，即在一个细胞中含有两个或两个以上的核。含有多核细胞的微生物群体经诱变处理后容易形成不纯菌落。即使是单核细胞群体经诱变处理也会出现不纯菌落。这些不纯菌落，如果未经很好的分离纯化，在经过多次移植传代后，很容易导致核分离，使生产性状发生变化。

（3）培养条件改变　培养条件包括温度、pH、培养基等。如果一个菌种长期在不适宜的环境中生长，其优良性状很难保持，容易产生衰退。

（4）污染杂菌　如果菌种污染了杂菌或受到噬菌体感染，就很容易发生衰退。

（二）菌种衰退的预防

菌种的衰退是一个由量变到质变的逐步演化的过程，如果及早采取措施，可以有效防止或延缓菌种的衰退。实践证明，以下几种措施对防止菌种衰退有一定的作用。

（1）合理的育种　诱变育种时所处理的细胞应使用单核的，避免使用多核细胞；合理选择诱变剂的种类和剂量或增加突变位点，以减少分离回复；在诱变处理后进行充分的后培养及分离纯化，以保证得到纯的菌种。

（2）控制传代次数　由于微生物存在着自发突变，而且突变都是在繁殖过程中发生的。所以应尽量避免不必要的移种和传代，以降低自发突变的几率，从而降低菌种发生衰退的几率。这就要求不论在实验室还是在生产实践中，都必须严格控制菌种的移种传代次数，并根据菌种保藏方法的不同，确立恰当的移种传代的时间间隔。

（3）创造良好的培养条件　如果菌种长期在不适应的环境中生长，容易产生衰退。因此，在生产实践中，创造适合菌种生长的培养条件可在一定程度上防止菌种的衰退。

（4）利用不同类型的细胞进行移种传代　有些微生物（如霉菌和放线菌）的菌丝细胞内常含有几个核或是异核体，因此用菌丝接种容易出现不纯和衰退。而微生物孢子一般都是单核的，因而用孢子接种时，可有效防止菌种衰退。例如，有人曾采用灭过菌的棉团轻巧地沾取"5406"孢子进行斜面移种，由于避免了菌丝的接入，因而达到了防止衰退的效果。

（5）采用有效的菌种保藏方法　保藏方法的好坏，影响着菌种优良性状的稳定性。在生产实践中，要根据不同菌种的特点选择适合的保藏方法，在条件允许的情况下，尽量选用保藏时间长且效果好的方法，以延缓菌种的衰退。

二、菌种的复壮方法

已退化菌种的群体中仍存在少数尚未退化的个体，可采用一些方法从退化的群体中分离出尚未退化的个体，然后进行扩大培养以恢复菌种的原有典型性状，这就是菌种的复壮。常用菌种的复壮方法如下。

（1）纯种分离　采用平板划线法、稀释平板法等分离方法从已退化的群体中将仍保持原有菌种典型优良性状的单细胞分离出来，经扩大培养即可得到具有优良性状的纯种。若菌种退化是由杂菌污染引起，通过分离纯化可清除杂菌，从而恢复原有菌种的典型优良性状。

（2）通过寄主复壮　寄生性微生物的退化菌株可接种到相应寄主体内，然后从寄主体内分离得到该菌株，可提高菌株的活力。例如，长期人工培养的杀螟杆菌其毒力会减退，杀虫能力降低，若用毒力减退的杀螟杆菌感染菜青虫的幼虫，然后从感病死亡的虫体内重新分离菌株，如此反复多次，可显著增强菌株的毒力，明显提高杀虫能力。

（3）淘汰已衰退个体　退化菌种群体中总是存在少数未退化的适应外界条件能力强的健壮个体。可用物理或化学方法处理菌体（或孢子），使其死亡率达到80%以上，然后从存活的个体中筛选保持原有菌种优良性状的菌株。例如，有人曾用提高培养基的pH来处理退化的乳酸菌菌株，使其菌体大量死亡，然后从存活的个体中分离出未退化的健壮的菌株。

（4）遗传育种　可把退化菌种作为出发菌株，重新进行遗传育种，然后筛选出具有优良性状的高产菌株。

以上是实践中常用的几种菌种复壮方法。在选用复壮方法时应先了解菌种的退化原因，是负突变引起的退化，还是污染杂菌或者仅是由于培养条件的不适引起的表型改变。只有辨清情况，有针对性的采取措施，才能达到好的复壮效果。

三、菌种保藏

在微生物发酵工业中，获得一株具有优良性状的生产菌种十分不易。因而选用合适的微生物菌种保藏方法，尽可能延长菌种的使用寿命，使菌种在长期保藏后仍能保持优良的遗传性状就显得十分重要。微生物菌种保藏方法很多，无论哪种方法其保藏原理基本一致，即挑选优良纯种，最好是它们的休眠体如细菌的芽孢或霉菌的孢子，将其置于低温、干燥、缺氧、缺乏营养、添加保护剂等环境中，使微生物生长代谢活动受到抑制但又不至于死亡。具体来说，按照保藏原理可将微生物保藏方法分为以下几种。

1. 蒸馏水悬浮法

蒸馏水悬浮法是一种最简单的菌种保藏方法，适用于好气性细菌和酵母菌等。将细菌或酵母在无菌操作下悬浮于无菌蒸馏水中，将容器封好口，于10℃保藏即可。

2. 斜面低温保藏法

斜面低温保藏法是将菌种移植到固体斜面培养基上培养，待菌充分生长后，置于4℃冰箱中保藏。此法简单易行，适用于实验室各类微生物的保藏，一般保存时间为3~6个月。该法的缺点是容易发生培养基脱水、菌体自溶、基因突变、菌种退化、菌株污染等不良现象，一般不用于工业生产菌种的长期保藏。

3. 隔绝空气保藏法

隔绝空气保藏法是将菌种移植到斜面培养基或半固体培养基上生长，然后注入经160℃干热灭菌1~2h或湿热灭菌后120℃烘去水分的矿物油，矿物油的用量以高出培养物 1cm 为宜,并以橡皮塞封口,置于室温下或 4℃冰箱中保藏。也可用液体石蜡代替矿物油进行保藏。该方法简便有效,适用于各类微生物菌种的保藏,特别是对难于冷冻干燥的丝状真菌和难以在固体培养基上形成孢子的担子菌的保藏更为有效,保藏时间一般 1~2 年。

4. 干燥载体保藏法

干燥载体保藏法是将菌种接种于适当的载体上(如河砂、土壤、硅胶、滤纸及麸皮等)来保藏菌种。以砂土管保藏法和麸皮管保藏法用得较多。

(1) 砂土管保藏法　取河砂过 60 目筛,用 10%~20% 盐酸浸泡 3~4h,用水漂洗至中性,烘干,装入小试管中,121℃间歇灭菌 3 次。将菌悬液滴入灭菌的砂土管中混合均匀,置于干燥器中抽真空 2~4h,用火焰熔封管口(或用石蜡封口),置于干燥器中,在室温下或 4℃冰箱中保藏。此法适用于产孢子的放线菌、霉菌及形成芽孢的细菌,保藏时间一般 1~10 年。

(2) 麸皮管保藏法　亦称曲法保藏,按照不同菌种对水分要求的不同将麸皮与水以一定的比例 1:(0.8~1.5) 拌匀,装入试管,灭菌后接入新鲜培养的菌种,室温培养至长出孢子即成曲。将试管置于盛有氯化钙等干燥剂的干燥器中,在室温下干燥后置于低温下保藏。此法适用于产孢子的霉菌和某些放线菌,保藏期在 1 年以上。

5. 冷冻保藏法

冷冻保藏是指将菌种置于 -20℃ 以下的温度保藏,是非常有效的菌种保藏方法。在冷冻状态下,微生物的代谢活动基本停止。一般来说,冷冻温度越低,保藏效果越好。为保护菌种不受伤害,冷冻保藏前,通常向培养液中加入适量冷冻保护剂(如甘油、二甲亚砜等),同时还需要认真掌握好冷冻速度和解冻速度。

根据冷冻温度的不同,可将冷冻保藏法分为普通冷冻保藏法、超低温冷冻保藏法和液氮冷冻保藏法。

(1) 普通冷冻保藏法　将菌种培养在试管或培养瓶斜面上,待生长适度后,将试管或瓶口用橡胶塞严密封好,置于温度范围在 -20~-5℃ 的普通冰箱的冷冻室中保存。此法可维持若干微生物的活力 1~2 年,但不适宜多数微生物的长期保藏。

(2) 超低温冷冻保藏法　将微生物菌种置于 -70℃ 超低温冰箱中保藏。若干细菌和真菌菌种可通过此法保藏 5 年而活力不受影响。

(3) 液氮冷冻保藏法　将菌种置于液氮(-196℃)中保藏。经研究发现在液氮中保藏的菌种存活率远比其他保藏方法高,且回复突变的发生率极低。目前液氮保藏已成为工业微生物菌种保藏的最好方法。

6. 真空冷冻干燥保藏法

真空冷冻干燥保藏法是利用低温、干燥、缺氧等原理来抑制微生物的代谢活动，是目前最有效的综合性菌种保藏方法。其基本方法是：将菌种培养到最大稳定期后，混悬于含有无菌脱脂牛乳保护剂的溶液中制成浓度为 $10^9 \sim 10^{10}$ 个/mL 的菌悬液，分装在无菌的安瓿瓶中冷冻，然后于减压条件下抽气干燥，使冻结的细胞悬液中的水分升华至 1%~5%，形成干燥的菌块，最后将管口在真空条件下熔封，在室温下或置于冰箱中保存。此法适合各类微生物菌种的保藏，保藏时间一般为 5~15 年，而且经冻干后的菌株无需进行冷冻保藏，便于运输。本法的缺点是操作过程复杂，并要求一定的设备条件。

7. 寄主保藏法

寄主保藏法适用于一些难于用常规方法保藏的动植物病原菌和病毒。

以上仅列出了常用的一些微生物菌种保藏方法，应用时要根据所保藏微生物的类别及实验室设备条件选用适当的保藏方法。

知识窗
基因工程在葡萄酒酵母选育中的应用

葡萄酒是用新鲜的葡萄或葡萄汁为原料，在一定条件下经酵母部分或完全发酵所得的低度饮料酒。通过酿酒酵母的酒精发酵和自溶，产生了如甘油、醋酸、琥珀酸、丙酮酸、酯类物质、蛋白质和多糖类物质，这些物质的产生对葡萄酒的酒体、颜色、香气和风味，乃至葡萄酒整体质量都具有重要的影响，因此优良葡萄酒酵母的选育工作非常重要。真正优良的葡萄酒酵母应该具备起酵快，拥有连续发酵能力和可描述性，能耐酒精、高压、高 SO_2、高温、能产生甘油和糖苷酶，但不失芳香和口感，并且能使发酵过程进行得完全，残糖少，酒体协调，易于长期储存等优点。

基因工程是在分子水平上对基因进行操作的复杂技术，是将外源基因通过体外重组后导入受体细胞内，使这个基因能在受体细胞内复制、转录、翻译表达的操作。它是用人为的方法将所需要的某一供体生物的遗传物质——DNA 大分子提取出来，在离体条件下用适当的工具酶进行切割后，把它与作为载体的 DNA 分子连接起来，然后与载体一起导入某一更易生长、繁殖的受体细胞中，以让外源物质在其中"安家落户"，进行正常的复制和表达，从而获得新物种的一种崭新技术。基因工程是人工的、离体的、在分子水平上重组 DNA 的新技术，因而它可以突破物种间的遗传障碍，大跨度的超越物种间的不亲和性，是一种可实现远缘杂交的育种新技术。

自 1997 年完成了酿酒酵母全基因组测序工作后，人们对葡萄酒酵母的复杂代谢过程有了越来越多的认识。迄今为止，科学家们相继建立了酿酒酵母基因组数据库和酵母蛋白质组数据库,其中容纳了有关酵母菌的基因和其蛋白质功能、结构和相互间关系等大量信息,再加上近年来 DNA 微矩阵分析的发展,为原子和分子水平的酵母特性研究、优良表型特征基因的鉴定和酵母菌的基因工程构建打下了坚实的基础。

上述葡萄酒酵母基因组学和分子生物学的研究成果以及近些年生物信息学的迅速发展为新型酵母菌株的基因设计和选择提供了更广的适用性和更强的专一性手段,使葡萄酒酵母的分子改良取得了许多进展。有人构建了具有果胶降解、葡聚糖降解和木聚糖降解能力的酿酒酵母,使葡萄酒澄清变得容易。有人通过构建能充分表达甘油磷酸脱氢酶基因的高产甘油酵母菌,酿出了低醇兼有圆润酒体香的葡萄酒。由于酿酒酵母中没有苹果酸乳酸途径,又缺乏苹果酸运输系统,因此有人将乳酸乳球菌中的苹乳酶基因和粟酒裂殖酵母中的苹果酸透性酶基因转入酿酒酵母而成功降酸。随着分子生物学和分子遗传学的发展,利用基因工程技术将会定向地对酿酒酵母进行改造与构建,从而获得具有更加优良酿造特性的葡萄酒酵母。

复习与思考题

1. 名词解释:遗传,变异,基因,基因突变,诱变育种,基因工程。
2. 遗传变异的物质基础是什么?
3. 试述微生物突变的主要类型。
4. 诱变育种的一般步骤有哪些?
5. 基因工程的基本操作程序有哪些?
6. 试比较诱变育种与基因工程育种的异同点。
7. 菌种衰退的原因有哪些?如何防止菌种的衰退?怎样使衰退的菌种复壮?
8. 简述微生物菌种的保藏原理,并列举几种常用的菌种保藏方法。

第九章　微生物生态

学习目标
1. 了解微生物在自然界的分布。
2. 掌握微生物与生物环境之间的相互关系。
3. 了解微生物与环境之间相互作用的规律。

第一节
微生物在自然界中的分布

一、土壤中的微生物

1. 微生物对土壤的作用

（1）分解有机质　作物的残根败叶和施入土壤中的有机肥料，只有经过土壤微生物的作用，才能腐烂分解，释放出营养元素，供作物利用；并且形成腐殖质，改善土壤的理化性质。

（2）分解矿物质　例如磷细菌能分解出磷矿石中的磷，钾细菌能分解出钾矿石中的钾，以利作物吸收利用。

（3）固定氮素　氮气在空气的组成中占4/5，数量很大，但植物不能直接利用。土壤中有一类称做固氮菌的微生物，能利用空气中的氮素作食物，在它们死亡和分解后，这些氮素就能被作物吸收利用。固氮菌分两种：一种是生长在豆科植物根瘤内的，称根瘤菌，种豆能够肥田，就是因为根瘤菌的固氮作用增加了土壤里的氮素；另一种单独生活在土壤里就能固定氮气，称自生固氮菌。另外，有些微生物在土壤中会具有降低土壤肥力的作用。例如反硝化细菌，能把硝酸盐还原成氮气，释放到空气中去，使土壤中的氮素受到损失。实行深耕、增施有机肥料、给过酸的土壤施石灰、合理灌溉和排水等措施，可促进土壤中有益微生物的繁殖，发挥微生物提高土壤肥力的作用。

（4）微生物创造了土壤　土壤并不是地球本来就有的，而是自然界的矿物岩石经风化作用及外力搬运形成母质，母质经成土作用而形成土壤。在成土作用中，有很多因素（如微生物、气候、地形、时间等）都起着十分重要的作用。但微生物是土壤形成的主导因素。微生物除积极参与岩石风化外，还在土壤形成中进行着有机质的合成和分解，可以这么说，只有当母质中出现了微生物时，土壤的形成才真正开始。

2. 土壤是微生物栖息的良好场所

土壤中丰富的矿物质元素为微生物生长提供了矿质原料;土壤中的有机质提供了碳源、氮源和能源;土壤的 pH 多在 5.5~8.5,适合大多数微生物生长;土壤渗透压、持水性、保温性等,使土壤成为微生物生长的天然培养基。所以土壤中存在着大量的微生物,是微生物的大本营,是人类最丰富的"菌种资源库"。

3. 土壤中的微生物及其分布

同一土体由于微环境的通气、水分、营养等状况都存在着差异,致使不同微生物呈立体分布。每克肥土中通常含有几亿至几十亿个微生物,贫瘠土壤每克也有几百万至几千万个微生物。

土壤中的细菌主要是化能型菌,它们多为腐生性菌,分解土壤中的有机质。化能自养型菌,如硝化细菌在一般土壤中也存在。光能自养细菌较少。由于土壤肥力不同,每克土壤中的细菌数可从几千万到几十亿个,按照每亩($667m^2$)耕作土壤质量 15 万 kg 计算,则细菌的生物量可达几十千克到几百千克。

土壤中的放线菌以链霉菌为主,数量仅次于细菌,占微生物总数 5%~30%。放线菌主要分布于碱性,有机质丰富的温暖地带。酸性,贫瘠土地中放线菌少。由于放线菌菌体大,有分支,虽数量少,但生物量与细菌相近(表 9-1)。

表 9-1　　农田土壤上层 15cm 处微生物数量和生物量

微生物	土壤中的数量/(个/g)	生物量/(g/m^2)
细菌	9.8×10^7	160
放线菌	2.0×10^6	160
真菌	1.2×10^2	200
藻类	2.5×20^4	32
原生动物	3.0×10^4	8

每克土壤中有几万至几十万真菌,好氧性,分布于土壤表层。酵母菌在一般土壤中较少,每克土壤中有几个至几千个,在果园中数量较多,可达每克几十万。霉菌在各种土壤中都有存在,如毛霉、根霉、青霉、曲霉等普遍存在于土壤中。虽然霉菌的数量少,但是它们的菌丝在土壤中蔓延,生物量并不少。

微生物在土壤中并不是均匀分布的,从土壤剖面的垂直分布看,土壤表层的微生物数量最多,越往下微生物的数量越少(表 9-2)。

表9-2　　　　　　　　土壤剖面中不同层次中微生物的数量

深度/cm	每克土壤中微生物的数量/10^3 个				
	好氧性细菌	厌氧性细菌	放线菌	真菌	藻类
3~8	7800	1950	2080	119	25
20~25	1800	370	245	50	5
35~40	472	98	49	14	0.5
60~75	10	1	5	6	0.1
135~145	1	0.4	—	3	—

土壤表层比下层微生物数量多是由于土壤垂直温度的增加，养料、水分、空气相对减少，微生物分布逐渐减少。土表由于阳光照射和水分散失易造成微生物死亡；在5~20cm土壤层中微生物数量最多，植物根系附近微生物数量更多；自20cm以下，微生物数量随土层深度增加而减少；100cm以下养料减少。氧气量减少，微生物数量开始减少，减少约20倍；至2m深处，因缺乏营养和氧气每克土中仅有几个微生物。土壤中的微生物种类和数量是土壤环境条件的综合反应。不同土壤，不同气候，都影响微生物体系的组成和分布。

二、水体中的微生物

水具有微生物生命活动适宜的温度、pH、氧气、营养等条件，因此成为微生物栖息的第二大天然场所。

水中的微生物来源除生长于水中的水生微生物外，主要来自空气、土壤、人和动物排泄物、动植物尸体、工业废水、生活废水。在水中生活的细菌大都是光能自养型和化能自养型，如铁细菌、蓝细菌等。

在不同水域中都有微生物存在，但它们的类型、数量和分布都有所不同。习惯上把水体中的微生物分为淡水微生物和海水微生物。

1. 淡水微生物

淡水的来源是陆地水和雨雪，陆地水有地上水和地下水。淡水内的有机物质，如植物的枯枝落叶，腐殖质和其他有机物碎屑，大多数来自邻近的陆地。另外，水生生物的残体也是水中有机质的来源。

雨天初降的雨水中含菌量较大，经过一段时间后随尘埃的减少，雨水中微生物的量也会降低，甚至达到无菌状态。远离居住区的湖泊、水库、小溪中的地上水有机质少，微生物也少，以自养型微生物为主。靠近城市和人口稠密的地区的江河、湖泊、池塘中的地上水很容易被工业污水及生活污水污染（图9-1），特别是在污染源头，其微生物的数量较大，每毫升水可达几千万甚至几亿个，而且致病菌含量也较多，必须经过处理方可使用。目前，在一些缺水城市已经开始试行将饮用水与生活用水分开，生活用水主要是污水的回收品。地上水中的微生物含量还会随季节、气候变动，通常雨季含菌较多。地下水是经深层土壤和石砾过滤后渗出来的，由于缺乏有机质和微生物生长所必需的其他条件，微生物的数量少。

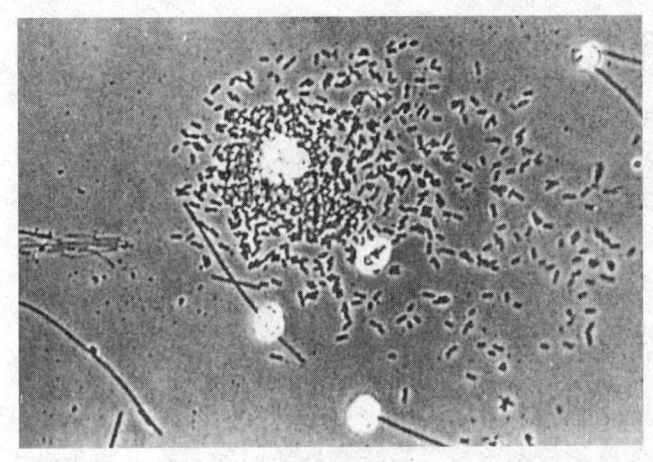

图9-1　浸在小河中载玻片上发育形成的小菌落

2. 海水微生物

与淡水相比，海水中有机质含量低，盐分高，大部分海水的温度较低，使微生物的生长受到一定的限制，但是海水中有丰富的动植物资源。所以海水中，从海面到海底，从近路到远洋都有微生物的存在。而且海水约占地球上总水分的99%，所以海水中微生物的总量远远大于淡水中微生物的总量。

由于海水中含有一定量的盐，所以绝大多数为嗜盐、嗜冷、耐高压的种类。如盐生盐杆菌（*Halobacterium halobium*）、水活微球菌（*Micrococcus aquivivus*）。海水中微生物数量主要取决于有机质的含量，在接近海岸和海底淤泥中由于有机质含量较高，微生物数量也大，离海岸愈远，菌数愈少。另外，潮汐是影响海洋微生物水平分布的主要因素。涨潮时，由于海水的冲淡，则单位容积海水内微生物数量减少，而落潮时，由于海水将港底沉积物翻起，菌数又可增加。

水中微生物的分布无论是海水或淡水都有明显的层次性。表层及浅层水由于受阳光的直射，微生物的数量较少，距表面5~20m的中层水中微生物数量最多，以后随深度的增加而减少，到水底沉积物表层又增多。通常居于水面和上层的微生物是好氧型的，而水底沉积层中的微生物则是厌氧型的，深水处的缺氧环境，使有机物很少被微生物分解利用，大量沉积在水底，经长期的地质作用逐渐形成泥炭、煤炭和石油。

3. 水的细菌学检查及处理

水源常被人和动物的粪便污染，粪便污染物中含腐生性和病原性微生物。

腐生性微生物如梭菌、变形杆菌、大肠杆菌、粪链球菌等，对人体无害，病原微生物能引起传染病的发生。水源一旦被粪便污染就可能被肠道病原菌污染，引起肠道传染病如伤寒、霍乱、脊髓灰质炎和传染性肝炎等。因此，常需要对饮水取样测定，判断是否符合标准。通常包括两个项目：检验水中细菌总数及大肠杆菌群数。

我国规定：细菌总数 <100 个/mL，大肠杆菌 <3 个/L。水污染程度用大肠杆菌群数量来断定。

水质达不到标准，需经处理。防止水体病原微生物污染的主要措施：①一般常加入液态氯或次氯酸盐可以杀死病原菌。另外也可以通过臭氧或紫外线消毒。②加强对污水的处理，对于医院、畜牧场、屠宰场和禽蛋厂等部门的污水，必须处理达标，否则不许排放。

三、空气中的微生物

1. 空气中的微生物及分布

空气缺乏营养物质和水分，易受紫外线照射，故不适于微生物生长繁殖，但空气中也有相当数量的微生物。空气中微生物的来源主要是灰尘、水滴、呼吸道排泄物，体表脱落细胞等。在人口稠密的地方，由于行人和车辆众多，空气中微生物的数量也多（表9-3）。在同一地区，离地面越远，尘土越少，微生物数量也越少。在森林和海洋的上空微生物的数量极少。

表9-3　　　　　　　　不同地点空气中的微生物数量

地点	微生物数量/(个/m³ 空气)
北极（北纬80°）	0
海洋上空	1~2
市区公园	200
城市公园	5000
宿舍	2000
畜舍	1000000~2000000

尘埃是空气中微生物的"飞行器"，由于重力的作用要自然沉降或遇雨沉降。因此，越近地面的空气含菌量越高，微生物在高空中的上限已从20世纪30年代20km上升到近年来的90km。大气中的微生物以真菌的孢子和细菌的芽孢为主。这是由于它们对干燥和阳光中的紫外线抵抗力都比较强的缘故。

室内空气中微生物的数量主要是受人们活动和室内清洁状况的影响，如人们走动频繁或室内不清洁，微生物数量就多。如有各种传染病的患者，也会通过空气传播。因此，在食品加工车间人员要少，且要少走动并保持车间的清洁卫生,以防止微生物污染。

2. 测定空气中微生物的方法

空气中微生物的数量是大气被污染程度的标志之一,检测空气中微生物的含量,对人类健康和环境保护具有重要意义。测定空气中微生物的方法很多,常用的有沉降法和过滤法两种。沉降法方法简单、操作方便,但准确性较差;过滤法手续繁琐但准确性好,一般用于空气中致病菌或空气消毒效果的测定。

(1) 沉降法　主要是利用空气中的微生物自然沉降于牛肉膏蛋白胨培养基表面,经培养后计数其上生长的菌落。按公式:$1m^3$ 空气中所含微生物数 = $1m^3$/培养皿体积×培养皿上的菌落数。柯赫氏沉降法一般在距地面一定高度上打开培养皿盖,暴露 5~10min,其 $100cm^2$ 表面沉降的微生物约等于 $10m^3$ 空气中的数量。

(2) 过滤法　将一定体积的空气通过过滤装置,然后在培养基上培养滤膜上的微生物,计数其菌落数。

需要进行空气消毒的场所,如医院的手术室、病房、微生物接种室或培养室等处可以用紫外线消毒、福尔马林等药物的熏蒸或喷雾消毒等方法进行。为防止空气中的杂菌对微生物培养物或发酵罐内纯种培养物的污染,可用棉花、纱布(8层以上)、石棉滤板、活性炭或超细玻璃纤维过滤纸进行空气过滤。

四、工农业产品中的微生物

1. 农产品上的微生物

各种农产品上均有微生物生存,粮食尤为突出。全世界每年因霉菌而损失的粮食就占总产量的2%左右。

粮食和饲料上的微生物种类以曲霉属、青霉属和镰孢(霉)属为主。以曲霉危害最大,青霉次之。黄曲霉产生的黄曲霉毒素是一种强烈的致肝癌毒物,对热稳定(300℃时才能被破坏),对人、家畜、家禽的健康危害极大。现已发现的黄曲霉毒素有 B_1、B_2、G_1、G_2、B_{2a}、G_{2a}、M_1、M_2、P_1 等 10 种,以 B_1 的毒性和致病性最强,其次是 M_1,G_1、B_2、M_2、G_2 的毒性依次减弱。B_1 的致癌作用比已知的化学致癌物都强,它比二甲基亚硝胺强 75 倍。

2. 食品上的微生物

食品是用营养丰富的动植物原料经过加工后的制成品,其种类繁多,主要有面包、糕点、糖果、罐头、饮料、蜜饯和调味品等。由于在食品的加工、包装、运输和贮藏等过程中,都不可能进行绝对的无菌操作,食品可能会被各种微生物所污染,其中包括病原菌。在合适的温度、湿度条件下,污染的微生物又会迅速繁殖。因此,食品上常常有各种微生物分布着,且保存时间稍长,就会使食品迅速变质。

细菌和霉菌在食品中生长繁殖除了使食品发生腐败变质以外,有些还产生有毒物质,如肉毒梭菌产生的对人畜有剧毒的细菌外毒素——肉毒毒素。它是一种强烈的神经毒素,毒性比 KCN 强 1 万倍,对人的致死量约为 10^{-9} mg/kg。罐头食品常因加工中灭菌不彻底造成污染,为有效防止食品霉变,必须注意加工制造和包装贮藏的环境卫生,并采用低温、干燥、密封(可填充 N_2 气体等)等措施。也可在食品中添加少量无毒的化学防腐剂,如苯甲酸及其钾盐、山梨酸及其钾盐、柠檬酸等。

3. 工业产品上的微生物

许多工业产品是部分或全部由有机物组成,因此易受环境中微生物的侵蚀,引起生霉、腐烂、腐蚀、老化、变形与破坏。即便是无机物如合金、玻璃也可因微生物活动而产生腐蚀与变质,使产品的品质、性能、精确度、可靠性下降。

霉腐微生物通过产生各种酶系来分解产品中的相应组分,从而产生危害,如纤维素酶破坏棉、麻、竹、木等材料;蛋白酶分解革、毛、丝等产品;一些氧化酶和水解酶可破坏涂料、塑料、橡胶和黏接剂等合成材料。此外,微生物还可通过菌体的大量繁殖和代谢产物对工业产品产生危害,如霉腐微生物在矿物油中生长后,不仅因产生的大量菌体阻塞机件,而且其代谢产物还会腐蚀金属器件;硫细菌、铁细菌和硫酸盐还原菌会对金属制品、管道和船舰外壳等产生腐蚀;霉腐微生物的菌体和代谢产物属于电解质,对电讯、电机器材来说会危及其电学性能;有些霉菌分泌的有机酸会腐蚀玻璃,导致显微镜、望远镜等光学仪器的性能下降。全世界每年因霉腐微生物引起的工业产品的损失是巨大的。工业上防止微生物引起的霉变可以从以下几个方面进行:①控制微生物生长繁殖的条件,如温度、湿度、氧气和养料等;②采用高效的化学杀菌剂和防腐剂,杀灭或去除物品上的微生物,并严防杂菌的再污染;③可在工业产品上涂上一层抗微生物腐蚀的材料或涂上含有抗菌杀菌物质的薄膜,保护它们不受损害。

五、正常人体及动物体上的微生物

正常人体及动物的体表和体腔中都有微生物。在一般情况下,这些微生物不侵害机体,故称正常微生物区系(菌群)。

1. 人体的正常菌群

正常人体的体表和体腔(外界相通的器官,如口腔、呼吸道、肠道、生殖泌尿道)中存在一定数量和种类的微生物。皮肤上主要是葡萄球菌,各种好氧杆菌,如微球菌、链球菌、肠杆菌、霉菌等。口腔内温度适宜,营养丰富(唾液、食物残渣等),存在着大量球菌、乳酸杆菌、芽孢杆菌、螺旋体等。呼吸道内经常有类白喉杆菌、葡萄球菌、甲链球菌、肺炎球菌、流感球菌、腺病毒等，肺内基本无菌。胃呈酸性，pH 2，可杀菌，故基本无菌。胃壁上常有乳酸菌、链球菌。肠呈碱性，适于微生物生长，营养物质丰富，有大量细菌，常见的有大肠杆菌、产气杆菌、变形杆菌、粪产碱杆菌、产气荚膜梭菌、乳酸杆菌、螺旋体等。生殖泌尿道中常见微生物有嗜酸乳杆菌、类白喉杆菌、葡萄球菌、链球菌、大肠杆菌。

2. 动物体的正常菌群

动物体也有大量正常菌群，没有正常菌群它们的生命将不可能维持，如反刍动物由于瘤胃中有种类繁多、数量庞大的瘤胃微生物，才能直接食用草料。这些微生物能产生分解纤维素的酶，帮助动物消化纤维素、半纤维素等多聚物，产生相对分子质量较小的脂肪酸、维生素提供给反刍动物。

凡在体内外检测不到任何正常菌群的动物称为无菌动物。它们是将剖腹产的鼠、兔、狗、猪、羊等或特殊孵育的鸡等实验动物放在无菌培养设备中精心培养而成的。用无菌动物实验，可以排除正常菌群的干扰，更深入更精确地研究动物的免疫、营养、代谢、衰老和疾病，以及正常菌群的生理活动规律等。

通过对无菌动物的研究发现：①有时没有正常菌群存在，无菌动物的免疫机能特别低，若干器官变小；②无菌动物的营养要求变得特殊，如需要维生素K等；③无菌动物对非致病的枯草杆菌等变得极为敏感，易得病，这是由于缺乏正常菌群的相对抑制；④阿米巴痢疾在无菌动物中不易患，由于这种原生动物得不到细菌作食物。

第二节
极端环境中的微生物

极端环境是指高温、低温、高盐、高酸、高碱、高压及高辐射等环境，在这些环境中仍有部分微生物存在，如嗜热菌、嗜盐菌等。存在于极端环境中的微生物称为极端环境微生物，简称极端微生物（extreme microorgnism）。它们具有不同于一般微生物的基因类型、生理功能和特殊结构，在生产及科研中有重要的意义。它的存在不仅可以为研究生命起源，系统进化等方面提供重要启示，而且还具有巨大的潜在应用价值，是奠定高效率、低成本生物技术工艺的基础。因此，近年来，极端微生物研究已成为国际研究热点。

一、嗜盐微生物

1. 嗜盐菌和耐盐菌

耐盐菌是指那些能耐受一定浓度的盐溶液，但在无盐存在条件生长最好的菌类，如金黄色葡萄球菌。嗜盐菌专指那些一定浓度的盐为菌体生长所必需，且只有在一定浓度的盐溶液中才生长最好的菌类。后者依嗜盐浓度不同，可又分为轻度嗜盐菌（最适盐浓度为 0.2~0.5mol/L）、中度嗜盐菌（最适盐浓度 0.5~2.0mol/L）和极端嗜盐菌（最适盐浓度 >3mol/L），其中部分极端嗜盐菌为嗜盐菌古细菌。

2. 高盐环境

高盐环境遍及世界，主要是盐湖、盐场、盐矿。这些高盐环境看上去条件严酷，但仍能成为一个高盐生态系统。其中活跃一些极端嗜盐微生物和嗜盐藻类，如杜氏藻。嗜盐微生物在分类上包括以下几个属：盐杆菌属、盐球菌属、富盐菌属、盐深红菌属、嗜盐碱杆菌属、嗜盐碱球菌属和 Halbaculum 等。

嗜盐菌常出现在高盐食物中，如腌鱼、海鱼和咸肉。这些嗜盐菌生长，除了不太美观以外，还可能带来一些不良后果，甚至是严重后果。已报道能在咸鱼中生长的嗜盐菌有盐沼盐杆菌、鳕鱼盐球菌。近年来，我国陆续从进口咸鱼、海鱼中分离出嗜盐性弧菌。有关咸鱼中毒事件也时有发生。

在高盐发酵环境中，嗜盐菌活动是十分重要的。如酱油高盐稀态发酵阶段，起主要作用的是嗜盐性乳酸球菌和嗜盐酵母。它们的代谢产物是酱油风味的主要来源。类似情形也发生在腌酸菜与酱腌菜发酵中。

3. 应用前景

紫膜蛋白能够通过构型改变储存信息，并且有广泛的 pH 和温度耐受范围，是未来制造生物计算机芯片的理想材料。某些嗜盐菌体内含有丰富的类胡萝卜素、γ-亚油酸等成分，可用于开发保健食品。嗜盐菌的酶将是工业上耐盐酶的重要来源。还有的嗜盐菌在一定条件下能大量积累生物塑料，可用于可降解生物材料的开发。此外，嗜盐菌还可用于海水淡化、盐碱地改造利用以及能源开发等。

二、嗜热微生物

1. 嗜热菌和超嗜热菌

细菌是嗜热微生物中最耐热的。按它们最适生长温度不同又可以分为嗜热菌和超嗜热菌。嗜热菌的最适生长温度 65~70℃，40℃以下不能生长。超嗜热菌最适生长温度在 80~110℃，最低生长温度在 65℃左右。大部分超嗜热菌是古细菌，但也有真细菌归属此类。

2. 高温环境

嗜热微生物生长的环境有热泉（温度可达 100℃）、草堆、厩肥、煤堆、热地区土壤及海底火山附近等。在食品环境中，嗜热微生物可存在于排放冷却水中，也可以残存于经过高温灭菌的牛乳或其他食品中，食品加工中最重要的嗜热菌归属芽孢杆菌和梭状芽孢杆菌属。酿造工业中啤酒的巴氏杀菌方式通常为60℃，8～15min。罐头食品的杀菌有时称为商业无菌，它表示在杀过菌的罐头中，采用常规培养方法检不出活菌或残存菌数非常低，保证在罐头食品生产和贮存条件下菌数不会有明显的变化。也就是说在罐头食品中可能残存有嗜热微生物，只不过在贮存过程中由于不适宜的pH、相对湿度或温度使其不能在产品中生长。

3. 应用前景

在基因工程中，它可以为基因工程菌的建立提供特异性基因。此外，从嗜热菌提取出来的一些耐高温酶类，如DNA聚合酶，也是生物工程不可缺少的重要工具。

利用菌体发酵。由于高温反应的优点，加热条件下的操作也较容易，如用极端嗜热菌生产乙醇。

嗜热菌对某些矿物有特殊的浸溶能力，对某些金属具有较强的耐受能力。利用这类微生物，为矿产资源开发提供了广阔的前景。

三、嗜冷微生物

1. 耐冷菌和嗜冷菌

冷适应微生物可根据其生长温度特性分为两类：一类是必须生活在低温条件下且最高生长温度不超过20℃，最适生长温度在15℃，在0℃可生长繁殖的微生物称为嗜冷菌。另一类其最高生长温度高于20℃，最适温度高于15℃，在0～5℃可生长繁殖的微生物称为耐冷菌。这两类微生物的生态分布和适应低温的分子机制存在一定差异。在丰富底物存在条件下，嗜冷菌在0℃的生长要超过耐冷菌。嗜冷菌只能在较窄的温度范围内生长，而耐冷菌则能在较宽的温度范围内生长。

2. 冷环境

嗜冷菌分布于极地、冰窖、高山、深海、冷冻土壤等区域。从这些环境中分离的主要嗜冷微生物有针丝藻和微单胞菌等。

耐冷菌比嗜冷菌分布更加广泛。可从储存在冰箱中的肉、乳、苹果汁、蔬菜和水果中分离它们，耐冷菌的存在往往是造成低温保藏食品腐败的主要根源。食品低温保藏一般在7℃以下，通常是0～7℃，在此温度生长并污染食品的主要是革兰氏阴性菌如单核李斯特菌、沙门氏菌、微单胞菌和弧菌等，在低于−18℃的冻藏温度下，酵母和霉菌比细菌更有可能生长。在食品中微生物生长的最低温度记录是−34℃，它是一种红色酵母。

3. 应用前景

尽管嗜冷微生物有时会引起低温保藏食品腐败，甚至产生细菌毒素。但它们也能在低温条件下对污染物进行降解和转化，使其在工业和日常生活中具有许多潜在的应用价值。如低温发酵可生产出许多风味食品，且可节约能源及减少嗜温菌的污染；分离自嗜冷菌的脂酶、蛋白酶及 β-半乳糖苷酶在食品工业和洗涤剂中具有很大潜力；从海洋嗜冷菌分离的生物活性物质可用于医药和食品等。此外，生命起源于海洋，因此，研究海洋嗜冷菌有可能为生命起源和进化提供有意义的证据。

四、耐辐射微生物

1. 耐辐射微生物

耐辐射微生物只是对高辐射环境更具耐受性，而不是对辐射有特别嗜好。A 型肉毒梭状芽孢杆菌的芽孢是所有梭状孢子中耐辐射能力最强的一种。革兰氏阴性菌中，不动杆菌属存在一些极高耐辐射种。革兰氏阳性球菌是非芽孢菌中抗性最强的一类，包括微球菌、链球菌和肠球菌。要特别提及的是，一种对辐射有极度耐性的奇异球菌属，该属包含 4 个种都是非芽孢菌中耐辐射最强的。该菌形态特征随生长期而变化，即对数生长期，细菌呈二连体，而在稳定期，绝大多数细菌呈四叠体。

2. 高辐射环境

1956 年研究人员首次在经大剂量辐射灭菌的肉罐头中分离出耐辐射奇异球菌。此后，又从以杀菌为目的进行辐射处理食品、医疗器械或饲料等样品中，分离出各种耐辐射细菌。如从牛肉糜、猪肉香肠、动物皮、动物粪便、淡水、黑斑鳕中以及棉花和土壤中分离出耐辐射细菌。我国报道在放射性元素钚表面有抗辐射细菌存在。

3. 应用前景

研究耐辐射菌 DNA 损伤与修复系统具有非常重要的价值。它可能为解决日益严重因辐射过量所致疾病的治疗提供新的线索。另一方面，辐射灭菌已被确定为一种理想的冷杀菌方式。

第三节
微生物的生物环境

同一生态环境中的各种生物之间相互影响，互为环境，相互联系，相互依赖，相互制约，相互影响。一般表现为：互生、共生、竞争、拮抗、寄生、猎食六种关系。

一、互生关系

互生关系是指两种可以单独生活的生物,当它们共同生活在一起时,相互有利或者一种生物生命活动的结果为另一种生物创造了有利的生活条件。即两种生物体共同生活比单独生活更好的相互关系。

自然界中,互生关系在微生物之间广泛存在。如土壤中,分解纤维素的细菌和固氮菌之间。分解纤维素细菌分解纤维素产生有机酸,固氮菌不能利用纤维素,而能利用有机酸为碳源,进行固氮,固定的氮被纤维细菌利用。此外,土壤表层的好氧微生物和厌氧微生物之间也存在互生关系。好氧微生物利用氧气为厌氧微生物创造条件。

根际微生物与高等植物之间也存在互生关系。根系周围的土壤里根际中生活的微生物称为根际微生物。根的脱落物及分泌物为根际微生物提供有机质。根际微生物除加速有机质分解外,还通过固氮为微生物提供无机盐。

微生物与动物及人体间也存在互生关系。人体及动物体内恒定、温和的条件为微生物创造了良好的生态环境。另一方面,微生物的活动又对人体、动物体有益。如肠道内的正常菌群可以合成人体、动物体必需的营养物质如硫胺素、核黄素、烟酸、维生素 B_{12}、维生素 K、生物素及多种氨基酸等。同时,正常微生物群落的定居,在一定程度上可以抑制或排斥外来病原微生物的侵入和寄生,提高人体、动物体的抵抗力。

现代生物技术充分利用微生物间的互生作用进行共固定化。共固定化就是将几种功能不同又具有互生关系的微生物或酶同时固定在一个载体中,形成共固定化细胞系统。使许多单菌株不能合成的物质通过混合菌株得以实现,或是通过混合菌株提高发酵产品的质量和产量。例如,20 世纪为提高发酵酒的产量普遍使用了纯的单菌株,结果发现质量比以前下降。在 21 世纪一开始,使用混合菌种提高发酵质量已提上日程。

二、共生关系

共生关系是指两种生物共同生活在一起,彼此有利,创造相互有利的营养和生活条件,较单独生活时更有利,而且在形态上常常形成特殊共生体,甚至在生理上也产生未共生条件下所没有的生理特征,如图 9-2 所示。

微生物间共生关系最典型的例子是真菌和藻类(包括蓝细菌)形成的地衣,真菌菌丝和藻类细胞紧密缠绕或排列在一起,甚至在繁殖过程中也不分离——它们在形态上已形成统一的整体。在生理上也互为依存,真菌以其产生的有机酸分解岩石中的某些成分,为藻类提供必需的矿质养料;藻类则通过光合作用为自身和真菌提供有机营养——它们互惠互利,共同生活。

图9-2 根瘤菌与豆科植物的共生关系

三、竞争关系

两个或多个群体共同依赖同一个生长基质或环境因素，结果一方或两方的群体大小或生长率受到限制的现象，这种关系称为竞争关系。两种生物之间的竞争包括对食物和生存空间的竞争，竞争的结果对两个群体均产生不利影响，使两个群体的密度下降，生长速度下降，两个关系较近的群体各自分开，不再占据同一生态环境。如将两种微生物在液体培养基中做分别培养和混合培养，然后计数。结果发现分别培养两种微生物个体数多，混合培养个体数少，说明二者混合培养为争夺食物和空间而发生斗争。

四、拮抗关系

一种微生物在生命活动中产生某种代谢产物或改变环境条件（温度、pH）而抑制或杀死另一种微生物的现象。

（1）非特异性拮抗 如泡菜就是利用乳酸菌在乳酸发酵过程中产生乳酸，使环境pH下降，而抑制腐败微生物的发育。因为这种抑制作用没有特定专一性，对不耐酸的细菌均有抑制作用。

（2）特异性拮抗 指微生物生命活动中产生的代谢产物，只对某一种或某一类微生物有杀死或抑制作用。可选择性杀死或抑制其他种微生物生长，这种物质统称为抗生素。许多种真菌、放线菌和细菌都能产生抗生素。目前人类已经发现的抗生素有9000多种（1984年统计），抗生素广泛用于卫生保健、植物疾病防止、食品保藏和畜牧业生产等方面。如青霉素可抑制G^+、部分G^-菌生长。

五、寄生关系

寄生是指一种生物生活在另一种生物体的体表或体内，从寄主中摄取营养物质而进行生长、繁殖，并在一定条件下杀死或伤害寄主。寄生生活的生物称为寄生物，被寄生的生物称为宿主或寄主。根据寄生物在寄主上的位置可分为外寄生和内寄生。

外寄生（ectoparasite）是寄生物寄生在寄主细胞外，其特异性较弱。如黏细菌产生的胞外酶能溶解生活环境中的细菌或藻类细胞并从中获得营养物质。某些细菌产生的几丁质酶和纤维素酶能降解真菌和藻类的细胞壁并使其细胞裂解，细菌则从裂解的细胞原生质中获得营养。

内寄生（endoparasite）是寄生物寄生在寄主细胞内，其特异性较强，有些寄生物具有严格的专一性。病毒就是具有专一性的寄生物。它们寄生在各种微生物（细菌、真菌、放线菌、藻类和原生动物）的细胞中。其寄主专一性可用作细菌分类鉴定的重要特征。

此外，有些真菌能寄生在另一种真菌的菌丝或子实体中，如木霉的菌丝可寄生在立枯丝菌核（*Rhizoctonia solani*）的菌丝可寄生于毛霉的菌丝体中。蛭弧菌寄生于大肠杆菌中是细菌寄生于细菌体内的例子。蛭弧菌是一种很小的细菌，可寄生于大肠杆菌或某些革兰氏阴性细菌的体内，最后使寄主细胞裂解，也形成噬菌斑。因此，常被误认为噬菌体，实际上是细菌寄生于细菌体中的例子。

六、猎食关系

猎食是指一种较大的微生物直接捕捉、吞食另一种较小的微生物的现象。前者称为猎食者（predator），后者称为猎物（prey）。原生动物捕食细菌、真菌、藻类等。如细菌，放线菌，单细胞藻类，真菌孢子是原生动物的食物，为猎食关系。猎食关系在污水净化中具有重要意义。

第四节 微生物生态及其应用

一、生态学的概念

生态学（ecology）是由德国生物学家 Ernest Haeckel 于 1869 年首次提出来的，当时认为这门学科仅仅研究的是动物与有机和无机环境的关系。而现代的生态学则定义为研究生物与其周围生物和非生物环境之间相互关系的一门科学。微生物生态学是研究微生物和环境之间相互关系的科学，是生态学的一个分支。

生命科学研究领域中，从宏观到微观一般可分 10 个层次：生物圈（biosphere）、生态系统（ecosystem）、群落（community）、种群（population）、个体（individual）、器官（organ）、组织（tissue）、细胞（cell）、细胞器（organelle）、分子（molecule），其中前 4 个客观层次都是生态学的研究范围。

研究微生物生态学具有重要的理论意义和实践价值。如研究微生物的分布规律，有助于开发丰富的菌种资源，防止有害微生物的活动；研究微生物间及其与他种生物间的相互关系,有助于发展食品新菌发酵、系列发酵和生态农业。

二、在酿酒业中的作用

酿酒有着悠久的历史,产品种类众多,形成了各种类型的名酒。如贵州茅台、山西汾酒、绍兴黄酒、青岛啤酒、燕京啤酒及张裕葡萄酒等。白酒的酿造是多种微生物共同作用的结果,但其都必须经过酵母菌的发酵。

酿酒常用的酵母菌有大曲、小曲、麸曲、啤酒酵母、葡萄酒酵母、绍兴酒酵母等。酒的品种不同,酿酒所用的微生物也不同。如酿制葡萄酒用葡萄酒酵母,酿制茅台则用大曲等。啤酒发酵的酵母有上面酵母和下面酵母两类,我国多采用下面酵母。啤酒发酵中的酵母菌体作为副产物可生产压榨酵母,用于面包生产、医药、生化试剂或饲料蛋白等。果酒生产有时采用自然发酵,利用水果表皮带有的酵母菌,但由于菌种不纯,发酵不易控制,产品质量得不到保证。因此现在多采用经过选育的优良菌种,如中国食品发酵工业研究院选育的1203号酵母,烟台张裕葡萄酒选育的39号酵母,昌黎葡萄酒厂选出的玫瑰香酵母等。

酒的酿造工艺随着酒的种类不同而不同,各地也有自己独特的工艺,基本的酿造工艺大致如下。

1. 白酒

原料粉碎→配料→蒸煮→加曲、加酒母拌匀→入池发酵→蒸馏→白酒→勾兑→陈酿。

2. 啤酒

大麦→浸泡→发芽→烘焙→去根,贮存→粉碎→糖化→加酒花煮沸过滤→麦芽汁→接种酵母→主发酵→后发酵→过滤或离心,使酒液澄清透明→灌装→成品。

3. 葡萄酒

葡萄去梗、破碎→压榨与澄清→二氧化硫处理→果汁成分调整→接种酵母→主发酵→后发酵→陈酿→成品调配→装瓶保存。

三、微生物与污水处理

水是宝贵的自然资源,人类、动物、植物、工农业生产都离不开水。目前城市用水剧增,且工业废水和生活污水的数量增加。因此水必须经过处理,达到标准后,才能放入天然水系及重复利用。

污水处理方法很多,物理的,化学的,生物的,但以生物处理法效果最佳,应用最普遍。我国普遍采用生物法处理污水。生物法污水处理就是利用微生物的活动去掉污水中的有毒物质。根据利用的微生物不同,可分为需氧处理及厌氧处理。

需氧处理是利用好氧微生物的活动，将污水中的有机物质氧化，最后生成 CO_2、水、硝酸盐、硫酸盐等简单的无机物，使污水得到净化。由于是利用好氧微生物活动，所以，不断补充氧是这种方法的主要措施。具体方法较多，有氧化塘法、活性污泥法、生物转盘法等。氧化塘法是模拟天然水体中的有机物分解，而藻类可利用简单的无机物质和 CO_2 并在阳光下进行光合作用，同时产生氧气，以补充好氧微生物所消耗的氧。

1. 活性污泥法

自 1914 年创建以来一直在国内污水生物处理中占重要地位。活性污泥法是由曝气池、沉淀池、污泥回流和剩余污泥排除系统所组成。污水和回流的活性污泥一起进入曝气池形成混合液。曝气池是一个生物反应器，通过曝气设备充入空气，空气中的氧溶入污水使活性污泥混合液产生好氧代谢反应。曝气设备不仅传递氧气进入混合液，且使混合液得到足够的搅拌而呈悬浮状态。这样，污水中的有机物、氧气同微生物能充分接触和反应。随后混合液流入沉淀池，混合液中的悬浮固体在沉淀池中沉下来和水分离。流出沉淀池的就是净化水。沉淀池中的污泥大部分回流，称为回流污泥。回流污泥的目的是使曝气池内保持一定的悬浮固体浓度，也就是保持一定的微生物浓度。曝气池中的生化反应引起了微生物的增殖，增殖的微生物通常从沉淀池中排除，以维持活性污泥系统的稳定运行。这部分污泥称剩余污泥。剩余污泥中含有大量的微生物，排放环境前应进行处理，防止污染环境。

活性污泥处理流程见图 9-3。

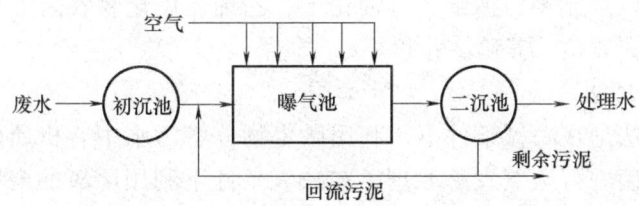

图 9-3 活性污泥处理流程图

2. 生物膜法

生物膜法是以生物膜为净化主体的生物处理法。生物膜是附着在载体表面，以菌胶团为主体所形成的黏膜状物，由于膜中的微生物不断生长繁殖致使膜逐渐加厚。膜的形成有一定规律。初生、生长及老化剥落过程，脱落后再形成新的膜，这是生物膜的正常更新，剥落的膜随水排出。

膜中的微生物相与活性污泥中的基本原理相同，因膜有一定厚度，在膜的表面、底部和中间分布着不同类型的微生物。生物膜的净化原理是：生物膜的表面总是吸附着一层薄薄的污水，称为附着水层或结合水层；其外是能自由流动的污水，称为运动水层；当附着水层中的有机物被生物膜中的微生物吸附、吸收、氧化分解时，附着水层中有机物质浓度随之降低，由于运动水层中有机物浓度高，便迅速地向附着水层转移，并不断地进入生物膜被微生物分解；微生物所需要的氧是从空气→运动水层→附着水层，微生物分解有机物产生的代谢产物及最终生成的无机物以及 CO_2 等，则沿相反方向移动。

根据介质与水接触方式不同，分为生物转盘法、塔式生物滤池法等。

3. 氧化塘

氧化塘也称稳定塘，是利用自然生态系统净化污水的一处大面积、敞开式的污水处理池塘。氧化塘是利用细菌和藻类的共生关系来分解有机污染物的一种废水处理法。细菌利用藻类光合作用产生的氧和空气溶解在水中的溶解氧氧化分解塘内的有机污染物；藻类利用细菌氧化分解产生的无机物和小分子有机物作为营养源繁殖自身。如此不断循环，使有机物逐渐减少，污水得以净化。过多的细菌和藻体易被微型动物捕食。

此外，流入污水中沉淀下来的固体及衰亡的细胞沉入塘底，这些有机物被兼性厌氧菌分解产生有机酸、醇等简单有机物，其中一部分被上层好氧菌或兼性厌氧菌继续分解，另一部分被污泥中的产甲烷细菌分解成 CH_4。只要上述各个环节保持良好的平衡，氧化塘这个生态系统就能相对稳定，污水得以不断净化。效果好的氧化塘，能使污水中 BOD 去除率达到 80%～95%，磷减少 90%，氮去除率 80% 以上。由于供氧量低，处理同量污水同暖气池、生物转盘相比，氧化塘需面积大、时间长，但氧化塘构筑简单，投资少，操作容易。此法适宜处理生活污水以及制革、造纸、石油化工、乙烯、焦化和农药等部门的工业废水，还可养藻、养鱼、养鸭、养鹅等。

4. 厌氧处理法

厌氧处理法是在缺氧条件下，利用微生物分解污水中有机质的方法。主要是利用甲烷细菌进行厌氧发酵原理。在缺氧条件下利用厌氧的产甲烷细菌和非产甲烷细菌，来分解废水中的有机物，分解后的最终产物是：CH_4，H_2，CO，CO_2，H_2S，NH_3 等。在产物中 CH_4 占 60%～70%；CO_2 占 30%～35%。厌氧处理的关键是密封、厌氧。发酵后即可除去有机质又可产沼气。此法主要用于处理农业和生活废弃物或污水厂的剩余污泥，也可用工业废水处理。

四、微生物对污染物的降解与转化

1. 环境中的主要污染物

当前已知的环境污染物达数十万种，其中大量为有机化合物。这些污染物一般可归纳为 4 大类：①无毒有机物：糖类、脂类、蛋白质等有机化合物；②有毒有机物：主要是苯酚、多环芳烃和各种人工合成的具积累性的稳定有机化合物，如多氯联苯和有机农药等；③无毒无机物：主要是酸、碱及一般无机盐和氯、磷等植物营养物；④有毒无机物：主要是各类重金属和氰化物、氟化物等。

2. 微生物对污染物的降解与转化

微生物的一大特点，是代谢类型的多样性，自然界存在的各种物质，特别是有机化合物，几乎都可找到使之降解或转化的微生物。随着工业发展，排入环境引起环境污染的许多人工合成物，由于微生物繁殖迅速，个体微小，比表面积大等特点，它们较其他生物更易适应环境。已有不少证据表明，微生物"正学着"对付众多的"陌生的"人造化合物。可见微生物对污染物的降解和转化具有巨大的潜力。

（1）微生物对无毒有机物的降解　无毒有机物主要是生活废弃物。很多微生物都有能力降解这类污染物。表9-4所示为降解这些物质的主要微生物。

表9-4　　　　　　　　　降解有机物的主要微生物

有机物	微生物
纤维素	嗜纤维菌、纤维单胞菌、纤维弧菌、链霉菌、毛壳霉、芽枝霉、镰孢霉、青霉和木霉
淀粉	假单胞菌、节杆菌、无色杆菌、土壤杆菌、溶淀粉梭菌、产气荚膜梭菌、曲霉、根霉和毛霉
果胶	芽孢杆菌、假单胞菌、欧文氏菌、曲霉、根霉、镰孢霉、轮枝孢、灰绿葡萄孢
半纤维素	芽孢杆菌、假单胞菌、无色杆菌、嗜纤维菌、乳杆菌、弧菌、链霉菌、毛壳霉、青霉
酯类	假单胞菌、无色杆菌、芽孢杆菌、分枝杆菌、球菌、产气荚膜梭菌、青霉、曲霉、枝孢霉、粉孢霉、放线菌
蛋白质	假单胞菌、芽孢杆菌、微球菌、梭菌
木质素	担子菌和某些细菌

（2）微生物对有毒有机物的降解　有毒有机物一般属于难生物降解性物质和不可生物降解性物质。研究这些物质的可降解性，对于保护环境具有重要的意义。

①农药：随着农业发展，农药、化肥等的投入也日益增多，这对提高农作物的产量起了良好的作用。但这些化学物质的使用量过多，或使用不当，也带来一些不利的影响。当今，农产品中农药残留量超标，是影响食品安全性的重要因素之一。

除少数挥发性强的农药之外，进入土壤的农药一般很少散失至大气中，随水流失也不多，主要被土壤吸附。在土壤中，一部分由化学分解消失，绝大部分农药可被微生物转化。有些农药较易被分解，有些则抗分解，能在土壤中持续很长时间。因农药的最小含量不易测定，所以一般采用半衰期表示。也可用消失75%~100%的时间表示。表9-5所示为一些常用农药在土壤中的持留时间。

微生物对农药的主要降解途径是利用农药作为营养物质或能量物质的来源，因而使农药被分解；也有的微生物仅利用农药的某一种成分，改变了农药的结构，因而使农药失去毒性。

表9-5 常用农药在土壤中的持留期

农药	消失75%~100%的时间
DDT	4年
艾氏剂	3年
氯丹	5年
七氯	2年
马拉硫磷	1周
对硫磷	1周
2,4-D	4周

②石油：石油是一种含有烃类和少量其他有机物的复杂混合物，可被多种微生物降解。但是，近年来由于原油或各种精炼石油产品在陆地上就地排放或进入水域中，特别是由于油船失事，或海上钻井失控，引起石油的大规模泄漏，而造成环境污染，给渔业、各种海洋动植物带来严重灾害。

能降解石油的微生物很多，约有100属，200余种。如土壤细菌和真菌、海洋细菌、丝状真菌等。其中以灰绿青霉（*Penicillium glaucum*）、产朊假丝酵母（*Candida utilis*）等真菌，和假单胞菌属、诺卡氏菌属、分枝杆菌属中的一些种类，降解能力最强。同时，由于石油是多种烃类的混合物，一般是由多种微生物共同作用而使其降解。石油中烃最易分解，烷烃次之，芳烃难，多环芳烃最难，脂肪烃基本不分解，苯极难降解。

微生物降解石油，主要是在加氧酶的催化作用下，将分子氧组合入基质中，形成一种含氧的中间产物，然后转化成其他物质而参与代谢过程。例如微生物降解烷烃类的最初产物为相应的醇类，然后被进一步转化为脂肪酸类。另外，微生物降解芳烃类和脂环烃类的起始反应也是加氧。

③表面活性剂：表面活性剂有阴离子型、阳离子型、非离子型、两性电解质四大类。阴离子型表面活性剂包括：脂肪酸衍生物、烷基磺酸盐、烷基硫酸酯、烷基苯磺酸盐、烷基磷酸酯、烷基苯磷酸盐等；阳离子型主要含氨基或季铵盐的脂肪链缩合物，烷基苯与铵基的聚合物；非离子型是一类多羟基化合物与烃链的聚合物，脂肪烃与聚乙烯酚的缩合物；两性电解质为脂肪酸与羧酸、磺酸的缩合物。合成洗涤剂除基本成分为表面活性剂外，尚含有多种辅助剂，如三聚磷酸钠、硫酸钠、碳酸钠、羟基甲基纤维素、荧光增白剂、香料等。

全世界合成表面活性剂年产量2000万t以上，虽对水体污染造成影响，但在水体中的含量未呈明显增加。说明这些表面活性剂能较快被微生物降解。

阴离子表活剂中的高级脂肪酸盐类最易被微生物分解,代谢第一步都发生在烷基链末端的甲基上,使甲基氧化成为相应的醇、醛、羧酸,然后进一步氧化成 CO_2、H_2O。

苯甲酸、苯乙酸可进一步由单氧酶代谢为邻苯二酚,然后二氧酶作用使苯环破裂。苯环与末端甲基距离愈远,其烷基之分解愈快。

3. 微生物对重金属的转化

环境污染中所说的重金属一般指汞、镉、铬、铅、砷、银、硒、锡等。微生物特别是细菌、真菌在重金属的生物转化中起重要作用。微生物可以改变重金属在环境中的存在状态,会使化学物毒性增强,引起严重的环境问题,还可以浓缩重金属,并通过食物链积累。另一方面微生物直接和间接的作用也可以去除环境中的重金属,有助于改善环境。

汞所造成的环境污染最早受到关注,汞的微生物转化及其环境意义具有代表性。汞的微生物转化包括三个方面:无机汞的甲基化;有机汞还原成汞;甲基汞和其他有机汞化合物裂解并还原成汞。包括梭菌、脉胞菌、假单胞菌等和许多真菌在内的微生物具有甲基化汞的能力。能使无机汞和有机汞转化为单质汞的微生物也被称为抗汞微生物,包括铜绿假单胞菌、金黄色葡萄球菌、大肠埃希氏菌等。微生物的抗汞功能是由质粒控制的,编码有机汞裂解酶和无机汞还原酶的是 mer 操纵子。

微生物对其他重金属也具有转化能力,硒、铅、锡、锆、砷、铝、镁、钯、金、钝也可以甲基化转化。微生物虽然不能降解重金属,但通过对重金属的转化作用,控制其转化途径,可以达到减轻毒性的作用。

五、微生物与环境监测

1. 粪便污染指示菌

水体中的病原微生物常因数量较少而难以检出,即使检出结果为阴性,也不能保证无病原微生物存在;同时检出手续也很复杂。所以,在实际工作中常借用检查水体中有无"指示菌"存在及其数量多少来判定水质是否被污染。这在水的卫生学检查方面有较重要的意义。一般将大肠菌群、粪链球菌、产气荚膜杆菌、铜绿假单胞菌、金黄色葡萄球菌等作为粪便污染指示菌,其中以大肠菌群指数最常使用。

大肠菌群指数(coli – index)指 1L 水中含有的大肠菌群数。大肠菌群是一群以大肠埃希氏菌为主的需氧及兼性厌氧,革兰氏阴性,无芽孢杆菌,能在 48h 内发酵乳糖并产酸产气。检测中规定生活饮用水的水质标准为 1L 水中大肠菌群不得超过3个,即大肠菌群指数不得大于3。也可用"大肠菌群值"来表示。即以水样中可检出1个大肠菌群数的最小毫升数表示,两者的关系是:大肠菌群值=1000/大肠菌群指数。大肠菌群指数常用于饮用水、食品、饮料等的卫生检测中。

2. 水体污染指示生物带

自然水体中,腐生细菌数量常与所含有机物浓度成正比。一般根据水体中腐生细菌的数量鉴别其污染程度。

一般根据水体中腐生细菌的数量,将水体划分为多污带、中污带和寡污带,一般中污带较长,又分为甲型带和乙型带(表9-6)。或根据腐生细菌数与细菌总数之比值划分水体为 α - 腐生带、β - 腐生带和多 - 腐生带(表9-7)。

表9-6　　　　　　　　　　　　腐生带的划分及依据

特征污水带	多污带	甲型中污带	乙型中污带	寡污带
腐生细菌数/(个/mL)	$10^5 \sim 10^6$	10^3	10^4	$10 \sim 10^4$
有机物	含大量有机物,主要是蛋白质和碳水化合物	主要是氨和氨基酸有机物含量少	有机物含量极微	有机物含量极微
溶解氧	极低或几乎没有,厌氧	少量,半厌氧	较多,需氧	很多,需氧
BOD_5	非常高	较高	较低	很低

表9-7　　　　　　　　　　　　细菌数与腐生带的划分

样点号	细菌总数/(10^6 个/mL) 波动范围	平均	腐生细菌数/(10^4 个/mL) 波动范围	平均	腐生菌总菌数/%	腐生带
1	1.7~3.3	2.5	0.2~1.9	1.1	0.04	β - 腐生带
2	1.6~3.4	2.4	0.9~3.0	2.0	0.08	β - 腐生带
3	1.9~3.0	2.5	0.2~6.0	2.9	0.11	β - 腐生带
4	4.3~5.0	4.6	9.7~16.5	13.3	0.30	α - 腐生带
5	1.8~3.6	2.6	1.4~6.2	3.0	0.11	β - 腐生带
6	3.5~6.8	4.8	59.2~175.2	116.0	2.42	多 - 腐生带
7	3.1~4.4	3.7	19.2~20.5	20.0	0.54	α - 腐生带
8	2.0~2.7	2.3	10.3~36.2	20.2	0.84	α - 腐生带
9	2.3~6.9	4.0	10.8~147.6	64.9	1.62	多 - 腐生带

3. 致突变物与致癌物的微生物检测

人们在生活中不断地与环境中的各种化学物质相接触，这些物质对人类影响与危害怎样，特别是致癌效应如何，是人们普遍关心的问题。

据了解，80%~90%的人类癌症是由环境因素引起的，其中主要是化学因素。目前世界上常见的化学物质有7万多种，其中致癌性研究较充分的仅占1/10，而每年又至少新增千余种新的化合物。采用传统的动物实验法和流行病学调查法已远远不能满足需要，至今世界上已发展了上百个快速测试法，其中以致突变试验应用最广，测试结果不仅可反映化学物质的致突变性，而且可以推测它的潜在致癌性。应用于致突变的微生物有鼠伤寒沙门氏菌、大肠埃希氏菌、枯草杆菌、脉胞菌、酿酒酵母、构巢曲霉等。目前以沙门氏菌致突变试验应用最广。

Ames 试验，全称沙门氏菌/哺乳动物微粒体试验，亦称沙门氏菌/Ames 试验，是美国 Ames 教授于 1975 年研究与发表的致突变试验法。其原理是利用鼠伤寒沙门氏菌组氨酸营养缺陷型菌株发生回复突变的性能，来检测物质的致突变性。在不含组氨酸的培养基上，它们不能生长。但当受到某致突变物作用时，因菌体 DNA 受到损伤，特定部位基因突变，由缺陷型回复到野生型，在不含组氨酸的培养基上也能生长。

Ames 试验常用纸片法和平板掺入法。Ames 试验，准确性较高、周期短、方法简便，可反应多种污染物联合作用的总效应。通过对亚硝胺类、多环芳烃、芳香胺、硝基呋喃类、联苯胺、黄曲霉毒素等 175 种已知致癌物进行 Ames 试验，结果阳性吻合率为 90%；用 108 种非致癌物进行测定，其阴性吻合率为 87%。有人将 180 种物质进行 Ames 试验，其中已知致癌物有 26 种，经 Ames 试验测得 25 种为阳性，其吻合率达 95%。人们称此法是一种良好的潜在致突变物与致癌物的初筛报警手段。

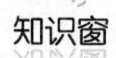

知识窗

EM 技术呵护青山绿水

当今，水污染的问题是全球各个国家都面临的新问题。据统计，目前水中污染物已达 2000 多种，主要为有机化合物、碳化物、金属物。在不知不觉之中，使用干净、健康的水已经成为人们的一种奢望，许多人都在担忧：50 年之后，孩子们是否只能在画面中看到"清水"。

一些国家为了解决水资源的重复污染，使用了更加合理的方法使得水质不断净化、恢复如初，这就是用微生物原理治理水源的 EM 技术。

什么是 EM 技术？它是一种复合微生物菌及相关技术，发明者日本琉球大学比嘉照夫教授取"Effective"（有效的）和"Micro-organisms"（微生物群）两个英文字母的缩写来命名这项技术。EM中包含了以乳酸菌、酵母菌、光合菌为主的多种多样有益微生物，通过独特的培养技术，将这些性质不同（好氧、厌氧）的微生物有机地整合在一起，各微生物之间形成互生共长的依存关系，形成一个有机整体，发挥"有益分解"作用、"抗氧化"作用。EM投放到环境中，会形成优势菌群，引导环境中的微生物向有益方向活动，并抑制腐败菌、病源菌的增殖，从而起到改善环境、改良土壤、净化水质、抑制腐败、消除臭味等多方面的作用。据最新统计，全世界已有美国、澳大利亚、泰国等150多个国家和地区引进并推广这种微生物技术。

EM技术除了在环境保护中应用之外，在其他方面也发挥着巨大作用。

（1）用于家庭及人体保健　治疗消化系统（肝、胆、肝腹水、胃肠炎、便秘、腹泻等）、循环系统（气管炎、肺气肿、哮喘、咽炎、喉干口苦等）、多数癌症（包括放疗及化疗者）、风湿、类风湿、神经衰弱、皮肤病、手足癣、妇科病、灰指甲等多方面的疾病，也可用于消炎、治疗烫伤、促进伤口快速愈合等。内服或外擦，立见神效。也可用于蔬菜、水果保鲜、清洗以及去污等。

（2）用于养殖业　一切畜禽及特种养殖，包括猪、狗、牛、羊、狐兔、貂、鸡、鸭、鹅、鸽、蚯蚓等。能有效防止疾病，促进生长。

（3）用于种植业　各种农作物，包括稻、麦、豆、薯、玉米、油料、棉、麻、蔗、烟、蔬菜、花卉、茶叶、果树、药材、食用菌等。可使农作物稳产高产、有效防止病虫害。

（4）用于水产业　鱼、鳖、虾、鳗、鳝、螺、蚌、泥鳅等。能提高生命力、缩短生长周期、提高产量。

复习与思考题

1. 什么是生态学？什么是微生物生态学？
2. 简述研究微生物生态的理论意义和实践价值。
3. 简述不同的自然环境中微生物的分布状况。
4. 简述食品环境中微生物以及各类微生物对食品和人类的影响。
5. 简述微生物在酿酒中的作用。
6. 名词解释：互生关系，共生关系，拮抗关系，寄生关系。
7. 什么是活性污泥，活性污泥净化污水的原理是什么？
8. 活性污泥法、生物膜法、氧化塘法之间有何异同？
9. 试述生物膜法净化污水的原理。
10. 什么是大肠菌群？大肠菌群指数与大肠菌群值有什么关系？

第十章 微生物与机体免疫

1. 理解传染、免疫、非特异性免疫、特异性免疫等基本概念。
2. 了解细菌性传染的机制和人体的免疫过程。
3. 了解免疫学防治的应用知识。

第一节 概述

一、传染与免疫的概念

能引起人体或动物体发生传染病的微生物，称为病原微生物或致病微生物。传染（infection）是指病原微生物侵入机体后，在一定的部位生长、繁殖或（和）产生酶及毒素，并引起一系列病理生理的过程。有时不表现临床症状，称为隐性传染或带菌状态，有时则表现出临床症状称为传染病。食源性传染病常见的有霍乱、甲肝、戊肝、伤寒、菌痢等。食源性腹泻和肠道传染病病人的粪便及呕吐物有很强的传染性，常常导致疫情的暴发和扩散。

机体具有抵抗病原微生物的能力。微生物与机体互相作用，互相改变对方的活性与功能，因此能否引起传染病，一方面取决于病原微生物的致病能力即致病性或毒力，另一方面还取决于机体的抵抗力即免疫（immunity）。经典的免疫概念是指机体免除传染性疾病的能力，而现代免疫概念认为，免疫是机体识别和排除抗原性异物的一种保护性功能。

二、决定传染的三大因素

（一）病原微生物

病原微生物的数量、致病特性和侵入方式是决定传染中的最主要因素，这三者在引起传染病过程中的作用，将在第二节中以细菌性病原体为例详细讲述。在这里，仅将常见食源性病原微生物及其导致疾病做列示（表10-1）。

（二）宿主

同种生物的不同个体，与同样的病原微生物接触后，有的患病，而有的却安然无恙,其原因在于不同宿主的免疫力不同。这种免疫力既包括非特异性免疫(先天免疫),也包括特异性免疫(获得性免疫)。正常条件下,免疫对机体有利;但异常条件下,也可损害机体。

表 10-1　　　　　常见食源性病原微生物及其导致疾病

分类	代表菌	所致疾病
细菌	沙门菌、志贺菌、致病性大肠埃希菌、变形杆菌、小肠结肠炎耶尔森菌、坂崎肠杆菌、副溶血性弧菌、霍乱弧菌、金黄色葡萄球菌、链球菌、李斯特菌和空肠弯曲菌等	伤寒、霍乱、痢疾、出血性腹泻;次发感染如脑膜炎、败血症、孕妇流产、溶血性尿毒综合征等
真菌	黄曲霉、部分镰刀霉等	真菌毒素性食物中毒甚至致癌
病毒	轮状病毒、星状病毒、腺病毒、诺若病毒、甲型肝炎病毒和戊型肝炎病毒等	病毒性胃肠炎和病毒性肝炎
寄生虫	弓形体、吸虫等	弓形体病、肝吸虫病、肺吸虫病等

一般认为,免疫作用有以下三大功能。

1. 免疫防御

正常情况下,免疫防御作用使机体能够排除和消灭侵入的病原微生物,发挥有利作用;异常情况下,如超敏反应,则对机体有害。

2. 免疫稳定

免疫作用可以排除自身在代谢过程中产生的废物和破损的细胞,并进行免疫调节,维持体内环境的恒定。若此功能异常,则会导致自身免疫病的发生,例如红斑狼疮。

3. 免疫监视

某些免疫细胞可以发现并清除突变的细胞,若此功能异常,会导致癌或持续性感染的发生。

(三) 环境因素

环境因素可通过影响病原微生物的毒力、数量、侵入途径和宿主的免疫力进而影响传染结局。环境因素中的温度、湿度等对病原微生物的致病性经常有重要的影响,如冬季和春季易流行呼吸道传染病,而夏、秋季则消化道传染病高发。又如霍乱的暴发具有明显的季节性,在雨季(夏季)经常最为严重。洁净的环境因素,尤其是生活用水,可以有效控制病原微生物的传播;而不洁的环境因素,则有大规模疫情的隐患。2010 年 1 月海地地震后,卫生条件恶劣,尤其是生活用水卫生得不到保障,以致霍乱得以急速肆虐,导致超过 12 万人被感染,超过 2500 人死亡。

第二节
病原微生物的致病作用——细菌性传染机制

细菌是食源性传染病中最常见和最重要的致病因素。影响细菌性传染的因素主要有细菌的毒力、侵入数量和侵入途径。此外环境因素对细菌性传染亦有所影响。

一、毒力

毒力又称致病力，表示致病菌致病能力的强弱。主要表现为菌体对宿主体表的黏附，向体内侵入，在体内定殖，向周围组织扩散蔓延，抵御宿主防御功能，以及产生损害宿主的毒素等一系列能力。不同的细菌毒力组成有很大的差别，构成毒力的诸多因素可归结为侵袭力和毒素两个方面。

（一）侵袭力

侵袭力指病原菌所具有的突破宿主防御功能，并在其中进行生长繁殖和实现蔓延扩散的能力。细菌表面的特化结构——菌毛，在多种细菌黏附宿主过程中起主要的作用，如沙门菌和多种弧菌可通过菌毛黏附于肠道上皮。黏附的细菌有的会进一步侵入细胞并在胞内生长，如痢疾志贺菌；有的则穿透上皮细胞间的紧密连接侵入下部组织或向血液中进一步扩散，如溶血性链球菌引起的化脓性感染，李斯特菌引起的脑膜炎等。部分病原菌可产生一些特殊的酶来促进其扩散或保护病原菌免受宿主免疫清除，例如链球菌属的若干种可产生透明质酸酶，水解机体结缔组织中的透明质酸，引起组织松散、通透性增加，有利于病原体扩散。金黄色葡萄球菌常产生血浆凝固酶，能使血浆加速凝固成纤维蛋白屏障，保护病原菌免受宿主吞噬细胞和抗体的作用。伤寒沙门菌的 Vi 抗原以及某些大肠杆菌的 K 抗原等也具有抗吞噬作用及抵御抗体和补体的作用。

（二）毒素

细菌毒素可分为外毒素和内毒素两大类。

外毒素是指病原菌生长过程中产生并释放至周围环境的一类毒性蛋白质。产生外毒素的主要是革兰阳性菌，也有少数为革兰阴性菌，如痢疾志贺菌。外毒素根据其作用原理，可分为肠毒素、神经毒素、细胞毒素等。用 0.4% 甲醛处理，可使外毒素的毒性完全丧失，获得仍保留有抗原性的产物，这种产物称为类毒素。将类毒素注射机体后，可刺激机体产生具有中和相应外毒素作用的抗体称为抗毒素。类毒素和抗毒素分别用于人工主动免疫和紧急预防（人工被动免疫）。

内毒素是革兰阴性菌细胞壁外层的组分之一，其化学成分为脂多糖（LPS）。

因其不能分泌到周围环境中，仅在病原菌死亡后自溶或人工裂解后才释放，故称为内毒素。内毒素毒性较弱，常引起发热、白细胞增多、出血性休克等症状。内毒素与外毒素的主要区别见表10-2。

表10-2 　　　　　　　　　　　　外毒素与内毒素的比较

性质	外毒素	内毒素
存在部位	由活的细菌释放至细菌体外	为细菌细胞壁结构成分，菌体崩解后释出
细菌种类	革兰阳性菌多见	革兰阴性菌多见
化学组成	蛋白质	脂多糖
稳定性	不稳定，60℃以上能迅速破坏	耐热，60℃耐受数小时
毒性作用	强，对组织器官具有选择毒性	稍弱，无选择毒性。引起发热、白细胞增多、弥漫性血管内凝血等症状
抗原性	强，经甲醛处理可制成类毒素	弱，不能经甲醛处理成为类毒素

二、病原菌的侵入数量

不同病原菌的毒力有所差别，因此引起宿主致病所需的个体数量也有所不同。不同致病菌的感染剂量差别巨大，如伤寒沙门菌的感染剂量为 $10^8 \sim 10^9$ 个，而痢疾志贺菌则约为10个。

三、病原菌的侵入途径

病原菌侵入机体的途径常具有专一性，但也有些病原菌的侵入途径是多种的。举例来说，伤寒沙门菌必须经口进入人体，先定位在小肠淋巴结中生长繁殖，然后进入血液循环而致病；传染性胃病的致病菌——幽门螺旋杆菌的传染途径也是经过口腔；肺炎链球菌、流感病毒等经由呼吸道传染；结核分枝杆菌则可通过呼吸道、皮肤创伤和消化道等多种途径侵入。侵入途径常常决定了感染的初发部位，因此食源性致病菌引起的常见症状为消化道疾病。

第三节　人体对传染的非特异性免疫

非特异性免疫，也称先天免疫或自然免疫，是生物在长期进化过程中逐渐建立起来的一系列天然防御功能。其"非特异性"主要是指没有专一性，对所有入侵的病原微生物均发生作用。人的非特异性免疫主要由人体的屏障结构、非特异性免疫细胞和体液因素三部分构成。

一、人体的屏障结构

人体的屏障结构是阻挡病原微生物侵入的"第一道防线",主要包含三部分:皮肤与黏膜、血脑屏障和胎盘屏障。机体的皮肤与黏膜等表面结构能起屏障作用以阻挡病原微生物的侵入,但是当这一屏障中某个位置破损时,病原微生物则可由此进入。血脑屏障则是一种保护中枢神经系统的结构,由软脑膜、脉络丛、脑血管及星状胶质细胞组成,可阻挡微生物进入脑组织或脑脊液。胎盘屏障由母体子宫内膜的底蜕膜和胎儿的绒毛膜共同组成,在母体发生感染时可阻止病原微生物和有害产物通过胎盘进入胎儿。

二、非特异性免疫细胞防护作用

病原体一旦突破"第一道防线"后,就会引发非特异性免疫细胞的防护作用。吞噬细胞的吞噬作用是"第二道防线"的重要组成部分。

吞噬细胞是一类存在于血液、体液或组织中,能进行变形虫运动,吞噬、杀灭和消化病原微生物等异常抗原的白细胞,主要包括嗜中性粒细胞和以巨噬细胞为代表的各种单核吞噬细胞。嗜中性粒细胞首先到达感染部位并阻止病原微生物的进一步侵入,同时释放信号物质。随后巨噬细胞赶到并吞噬病原微生物,杀灭、消化被吞入的病原微生物,并对外来抗原物质加工,完成抗原的递呈,把抗原提交给淋巴细胞,为特异性免疫奠定基础。除了抗原递呈作用,巨噬细胞还可以分泌各种细胞因子,调节免疫功能。

三、正常体液中的抗微生物因素

正常体液和组织中含有多种抗菌物质,主要有补体系统、乙型溶素、溶菌酶和干扰素等。在此择要介绍其中两类:补体和干扰素。

(一) 补体

补体是指人和动物血清中的一组与免疫相关的非特异性蛋白质。在免疫反应中,由于它具有能扩大和增强抗体的补助功能,故称补体。一般情况下,补体在体液中以无活性的酶原形式存在,当存在抗原——抗体复合物时即被激活。激活后的补体能够参与攻击已被抗体结合的抗原或细胞,发挥其溶胞作用、病毒灭活、促进吞噬细胞的吞噬和释放组胺等免疫功能。补体极不稳定,对热、紫外线照射、机械振荡、酸、碱、醇类等多种理化因素敏感。

补体系统的激活是一系列复杂的酶促级联反应,按补体激活物质及激活反应顺序的不同,可分为3条途径,即经典途径、凝集素途径和替换途径。

(二) 干扰素

A. Issacs 等于1957年首先发现受到病毒感染的细胞能产生一种物质,可以保护其他细胞抵御多种病毒的感染，并命名为干扰素。干扰素是高等动物细胞在病毒或 dsRNA 等诱导剂的刺激下，所产生的一种蛋白质，具有高活性、广谱抗病毒等功能。干扰素在病毒性疾病的治疗上有着广泛的应用前景。

第四节 人体对传染的特异性免疫

一、特异性免疫的概念

特异性免疫，也称获得性免疫，是指个体出生后，与抗原物质接触过程中所建立起来的免疫力。其主要特点是针对性，即特异性的对某一种或几种入侵的病原微生物或其他抗原物质起反应。特异性免疫通过机体免疫应答过程实现，包括体液免疫系统和细胞免疫系统。

二、特异性免疫的物质基础

（一）免疫器官

人体的免疫器官分为中枢免疫器官和外周免疫器官。

中枢免疫器官，又称一级免疫器官，是免疫细胞发生、分化和成熟的部位。主要包括：①骨髓，形成各类淋巴细胞、巨噬细胞和血细胞的部位，同时是 B 细胞的成熟场所；②胸腺，是 T 细胞分化和成熟的场所。

外周免疫器官主要是脾脏和淋巴结。由中枢免疫器官产生的 T 淋巴细胞、B 淋巴细胞至外周免疫器官定居，在遇到抗原刺激后开始增殖，并进一步分化为致敏淋巴细胞或产生抗体的浆细胞，分别执行细胞免疫或体液免疫功能。

（二）免疫活性细胞

免疫活性细胞，特指能特异性识别抗原，即能接受抗原刺激，并随后进行分化、增殖和产生抗体或淋巴因子，以发挥特异性免疫应答的一类细胞，主要包括 T 细胞和 B 细胞。

T 细胞，即 T 淋巴细胞，又称胸腺依赖性淋巴细胞，是一种参与特异性免疫应答的小淋巴细胞，主要执行细胞免疫功能，包括细胞介导的细胞毒作用和迟发型超敏反应，也参与抗体的形成和炎症反应。根据 T 细胞的发育阶段、表面标志和 T 细胞免疫功能的不同，T 细胞可分为调节性 T 细胞（包括辅助性 T 细胞，T_H 和抑制性 T 细胞，T_S）和效应性 T 细胞（包括迟发型超敏 T 细胞，T_{DTH} 或 T_D 和细胞毒 T 细胞，T_C）。

B 细胞，即 B 淋巴细胞，又称骨髓依赖性淋巴细胞，是一种在细胞膜表面带有自己合成的免疫球蛋白的淋巴细胞。根据 B 细胞产生抗体时是否需 T 细胞的辅助分成两个亚群。需要 T 细胞辅助才可产生抗体的称为 T 细胞不依赖性亚群（B-1），只有初级免疫应答反应（产生 IgM），无次级免疫应答反应。而 T 细胞依赖性亚群（B-2），必须在 T 细胞的辅助下才产生 IgG 和 IgM 等抗体，有次级免疫应答反应。

三、抗原

抗原是一类能诱导机体发生免疫应答并能与相应抗体或 T 淋巴细胞受体发生特异性反应的大分子物质。抗原具有两个突出特性：①免疫原性，即能刺激机体产生免疫应答的特性；②免疫反应性，即能与其诱导产生的免疫应答产物发生特异反应的特性。

（一）抗原的特性

1. 异物性

一般的抗原都是异种或至少是异体的物质。种属关系越远，组织结构差异越大，则免疫原性越强。正常状况下，机体的自身物质不能刺激自身免疫系统发生免疫应答，但自体内隔绝成分和自体变异成分会被识别为"异己"成分。

2. 相对分子质量大

相对分子质量大小对免疫原性有很大影响。一般来说，相对分子质量越大，抗原性越强。相对分子质量大于 10000 的物质是良好的免疫原。

3. 结构复杂

各类大分子中，蛋白质的免疫原性最强，其次是复杂多糖，再次是核酸，而类脂类物质最差。蛋白质中又以含大量芳香族氨基酸尤其是含酪氨酸者的免疫原性最强。

4. 特异性

抗原的特异性由分散于抗原分子上面具有免疫活性的特定化学基团决定。这类化学基团称为抗原决定簇，又称抗原表位。一个抗原的表面可存在一种至多种不同的表位，由此产生一种至多种相应的特异性。抗原上能与抗体结合的表位的总数，称为抗原结合价。

（二）抗原的类别

既具有免疫原性又具有反应原性的抗原称为完全抗原。很多小分子物质如类脂、寡糖或核酸等，单独无免疫原性，但与蛋白质或其他载体结合后表现出免疫原性，这类物质称为半抗原。

（三）病原微生物抗原

现以细菌为例，介绍主要的病原微生物抗原。

1. 表面抗原

表面抗原指包围在细菌细胞壁外层的抗原，主要是荚膜抗原或微荚膜抗原。

某些菌种的表面抗原常有习惯名称，如大肠埃希菌、痢疾志贺杆菌的表面抗原常称为 K 抗原，伤寒沙门菌的表面抗原称为 Vi 抗原。

2. 菌体抗原

菌体抗原包括细胞壁、细胞膜与细胞质上的抗原，如大肠埃希菌 O 抗原。细菌含有多种菌体抗原。若某一抗原为某种细菌特有，称为特异性抗原；几种细菌共有的抗原则称为共同抗原或类属抗原。抗原结构是微生物分类鉴定的重要依据之一。

3. 鞭毛抗原

鞭毛抗原指存在于鞭毛上的抗原，成分为蛋白质，又称 H 抗原。

4. 菌毛抗原

菌毛抗原成分为菌毛蛋白。

5. 外毒素和类毒素

外毒素是抗原性很强的蛋白质，而类毒素保留有强抗原性但无毒性，参见本章第二节。

四、抗体与体液免疫

（一）抗体

抗体是机体在抗原物质刺激下，由浆细胞产生的一类能与相应抗原发生特异结合的免疫球蛋白（Ig）。目前，将免疫球蛋白（抗体）分为五类，即 IgG、IgA、IgM、IgD 和 IgE。

典型的 Ig 分子具有 Y 型四链基本结构（图 10-1）。两条相同的长链称为重

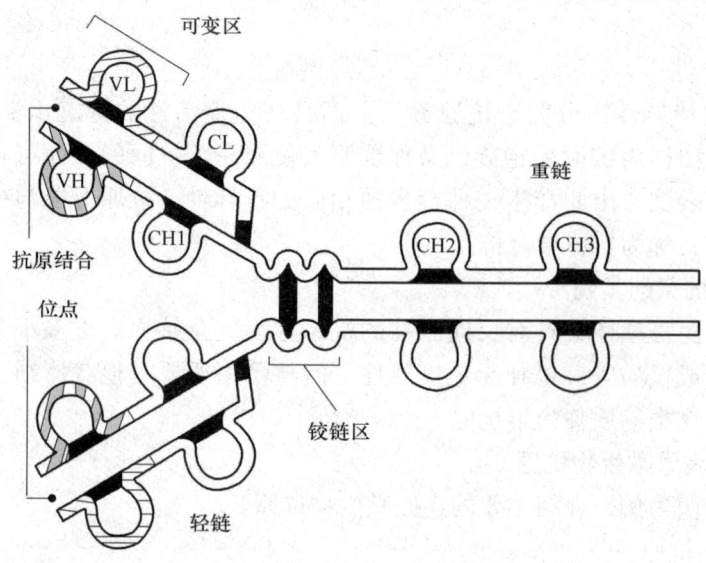

图 10-1 Ig 分子的 Y 型四链基本结构

链（H 链），由二硫键连接成 Y 字型；两条相同的短链称为轻链（L 链），通过二硫键连接在 Y 字的两侧。在多肽链的羟基端（C 端），占重链的 3/4 与轻链的 1/2 区段，氨基酸的种类、数量、排列顺序及含糖量较为恒定，称为稳定区（C 区）；而氨基端（N 端）重链的 1/4 与轻链的 1/2 区段，氨基酸的排列顺序因抗体种类不同而有所变化，称为可变区（V 区）。可变区决定抗体的多样性与特异性，与结合抗原的特异性有关。另外，在重链的居中处有一含脯氨酸较多的区域能使 Ig 分子自由曲折，称为铰链区。

1. 抗体的种类、分布与作用

①IgG：为血清中浓度最大的一类球蛋白，约占免疫球蛋白含量的 70%～80%，50% 分布于血浆。机体受到抗原初次刺激后，其产生时间仅次于 IgM。在抗体介导的抗感染免疫中起主要作用。IgG 是球蛋白单体，相对分子质量 $1.6 \times 10^5 \sim 1.8 \times 10^5$。在体内可以有效地抵抗细菌、病毒等微生物侵袭。在体外的血清学反应中，参与沉淀反应、凝集反应、补体结合反应和中和反应。②IgM：由 5 个球蛋白单位组成的五聚体，在血清中的含量仅次于 IgG，相对分子质量 9.0×10^5，是体内最大的球蛋白。抗原初次刺激机体后，IgM 出现最早，在血清中含量仅次于 IgG，主要分布在血管内，可以通过激活补体发挥溶菌、溶细胞及中和病毒的作用。因其是五聚体，免疫作用很强，是 IgG 的 100 倍，但由于含量仅为 IgG 的 1/10，且持续时间短，所以在抗感染免疫中不能起主要作用。在体外的血清学反应中，参与凝集反应和补体结合反应。③IgA：有单体和双体两种形式。单体存在于血清中，相对分子质量约为 1.7×10^5，亦称为血清型 IgA，有抗菌和抗病毒作用。双体主要存在于外分泌液中，如唾液、泪液、初乳、气管分泌液，以初乳中的含量最高。双体 IgA 亦称为分泌型 IgA，由存在于黏膜和组织上的浆细胞产生，相对分子质量 4.0×10^5，含量较单体高 6～8 倍，是黏膜的重要防御因素，可以阻止细菌或病毒吸附于黏膜表面。④IgE：为一种特殊的糖蛋白，为单体结构，相对分子质量 1.9×10^5，由消化道、呼吸道黏膜固有层及局部淋巴结中的浆细胞所形成，在血清中含量甚微，是一种致敏抗体，容易吸附在细菌表面，当与相应抗原结合时引起过敏反应。在机体抵抗细菌和病毒的感染中几乎无作用。⑤IgD：分布于血液、淋巴和淋巴细胞表面，主要是作为 B 细胞表面的重要受体，在识别抗原激发 B 细胞和调节免疫应答中起重要作用。

2. 抗体形成的一般规律

①初次应答：当抗原第一次进入机体时，需经一定的潜伏期才能产生抗体，且抗体产生的量也不多，在体内维持的时间也较短。

②再次应答：当相同抗原第二次进入机体后，开始时，由于原有抗体中的一部分与再次进入的抗原结合，可使原有抗体量略为降低。随后，抗体效价迅速大量增加，可比初次反应产生的多几倍到几十倍，在体内留存的时间亦较长。

③回忆反应产生抗体：由抗原刺激机体产生的抗体，经过一定时间后可逐渐消失。此时若再次接触抗原，可使已消失的抗体快速上升。如再次刺激机体的抗原与初次相同，则称为特异性回忆反应；若与初次反应不同，则称为非特异性回忆反应。非特异性回忆反应引起的抗体的上升是暂时性的，短时间内即很快下降。

基于抗体形成的一般规律，预防接种常采用二次或多次接种法，以增加免疫效果。

（二）体液免疫

体液免疫是指以 B 细胞产生抗体来达到保护目的的免疫机制（图 10 - 2）。体液免疫的抗原多为相对分子质量在 10000 以上的蛋白质和多糖大分子，病毒颗粒和细菌表面都带有不同的抗原，所以都能引起体液免疫。B 细胞表面的受体分子与互补的抗原分子结合后，活化、长大，并迅速分裂产生一个有同样免疫能力的细胞群。其中一部分成为浆细胞，产生抗体；一部分发展为记忆细胞。浆细胞一般停留在各种淋巴结。每一个浆细胞每秒钟能产生 2000 个抗体，它们寿命很短，经几天大量产生抗体之后就死去，而抗体则进入血液循环发挥生理作用。记忆细胞也分泌抗体，它们寿命长、对抗原十分敏感，能"记住"入侵的抗原。当同样抗原第二次入侵时，能更快地做出反应，很快分裂产生新的浆细胞和新的记忆细胞，浆细胞再次产生抗体消灭抗原。这就是二次免疫反应。它比初次反应更快，也更强烈。

五、细胞免疫

T 细胞受到抗原刺激后，分化、增殖、转化为致敏 T 细胞，当相同抗原再次进入机体，致敏 T 细胞对抗原的直接杀伤作用及致敏 T 细胞所释放的淋巴因子的协同杀伤作用，统称为细胞免疫（图 10 - 2）。

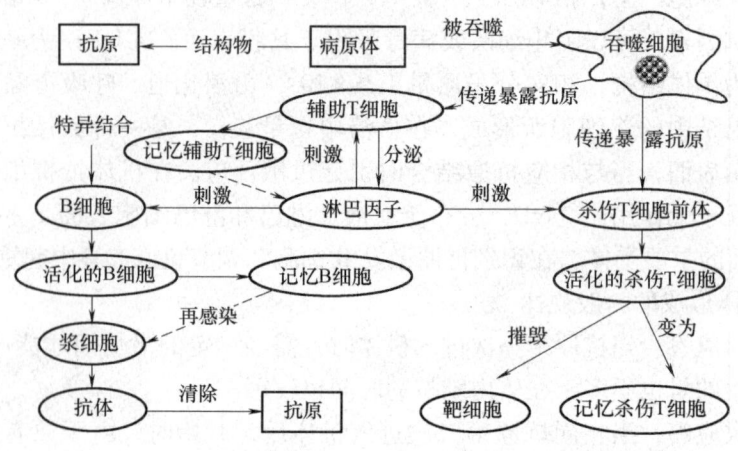

图 10 - 2 体液免疫与细胞免疫过程示意图

第五节 免疫学的应用

一、生物制品

人工免疫中，可用于预防、治疗和诊断的来自生物体的各种制剂，都称为生物制品。现择要介绍其中几种。

（一）疫苗

疫苗是指为了预防、控制传染病的发生、流行，用于人体预防接种的疫苗类预防性生物制品。常用于人工主动免疫。依据不同的分类方法，疫苗可分为活疫苗与死疫苗，也可分为常规疫苗与新型疫苗。

1. 活疫苗

用人工定向变异方法，从自然界筛选出毒力减弱或基本无毒的活微生物制成活疫苗或减毒活疫苗。常用活疫苗有卡介苗（BCG，结核病）、麻疹疫苗、脊髓灰质炎疫苗（小儿麻痹症）等。接种后在体内有生长繁殖能力，接近于自然感染，可激发机体对病原的持久免疫力。活疫苗用量较小，免疫持续时间较长，免疫效果优于死疫苗。例如，水痘疫苗是减毒活疫苗，麻风、腮腺炎疫苗都是属于活疫苗。

2. 死疫苗

选用免疫原性好的细菌、病毒、立克次体等，经人工培养，再用物理或化学方法将其杀灭制成。此种疫苗失去繁殖能力，但保留免疫原性。死疫苗进入人体后不能生长繁殖，对机体刺激时间短，要获得持久免疫力需多次重复接种。例如，甲肝灭活疫苗为死疫苗。

伴随生物科技发展，陆续开发了一些独特的新型疫苗，如只含流感病毒血凝素和神经氨酸酶成分的流感亚单位疫苗、肺炎链球菌荚膜多糖疫苗等。其中，DNA疫苗被称为继灭活疫苗和弱毒疫苗、亚单位疫苗之后的"第三代疫苗"，具有广阔的发展前景。

（二）类毒素

细菌的外毒素经甲醛（0.3%~0.4%）处理后，失去毒性而仍保留其免疫原性，能刺激机体产生保护性免疫的制剂。常用的类毒素有白喉类毒素，破伤风类毒素。类毒素在体内吸收较慢，能较长时间刺激机体，增强免疫效果。类毒素也可与死疫苗混合制成联合疫苗。如百白破三联疫苗，就是由百日咳死菌苗、白喉类毒素、破伤风类毒素混合制成的。

（三）免疫血清

免疫血清亦称抗血清，是含有抗体的血清制剂。种类很多，包括抗毒素、抗菌血清、抗病毒血清等。其中，抗毒素是将类毒素多次免疫动物（常用马）后，采取动物的免疫血清，经浓缩纯化后制得，主要用于治疗细菌外毒素所致疾病。常用的有白喉抗毒素、破伤风抗毒素等。

二、抗原抗体技术在食品检验中的应用

抗原与相应抗体相遇可发生特异性结合，并在外界条件的影响下呈现某种反应现象。依据这一特性，可设计开发多种免疫学方法，用于病原微生物、毒素等的特异、高效和快速检测。

（一）凝集反应

凝集反应指颗粒性抗原（细菌、细胞等）与相应的抗体，或可溶性抗原（亦可用抗体）吸附于与免疫无关的载体形成致敏颗粒（免疫微球）与相应的抗体（或抗原），在有适量电解质存在下，形成肉眼可见的凝集小块。常用已知抗体检测未知抗原，应用于菌种鉴定，或检测待检血清中有无相应抗体及其相对含量，以帮助临床诊断和分析病情。例如，临床实验室常用的诊断伤寒或副伤寒的肥达氏试验、诊断布鲁氏菌病的瑞特氏实验等；食品卫生微生物检验中，沙门菌的血清学鉴定与分型。

以金黄色葡萄球菌为载体，利用其细胞壁中的 A 蛋白（SPA）具有结合人及多种哺乳动物 IgG Fc 段（可结晶片段）的特性。将特异性抗体结合至金黄色葡萄球菌菌体，其 Fab 段（抗原结合片段）暴露于菌体表面，遇到相应抗原时与之结合，即可导致金黄色葡萄球菌凝集，称为协同凝集试验。常用于早期诊断流脑、伤寒、菌痢及布鲁氏菌病。

（二）沉淀反应

可溶性抗原与相应抗体在有适量电解质存在下，出现肉眼可见的沉淀现象，称为沉淀反应。参与反应的抗原称沉淀原，可以是多糖、蛋白质、类脂等。

（三）免疫标记技术

为提高抗原和抗体检测的敏感性，将已知抗体或抗原标记上易显示的物质，通过检测标记物，反映有无抗原抗体反应，从而间接测出微量的抗原或抗体。常用的标记物有酶、荧光素、放射性同位素、胶体金及电子致密物质等。这种抗原或抗体标记上显示物所进行的特异性反应称为免疫标记技术。

1971 年，Engrall 等用碱性磷酸酶标记抗原或抗体，建立了酶联免疫吸附试验（ELISA），这一技术具有高度的准确性、特异性、应用范围广、检测速度快以及费用低等优点，原理如图 10-3 所示。ELISA 技术把抗原抗体特异性与酶反应的敏感性相结合，使食品在未经分离提取的情况下，即可进行定性和定量分析。近年来，该技术在食品安全检测中正逐步推广应用，用于细菌及其毒素、真菌及其毒素、病毒、寄生虫的检测。GB 4789.10—2010 中，葡萄球菌肠毒素

的检验即采用的 ELISA 方法。

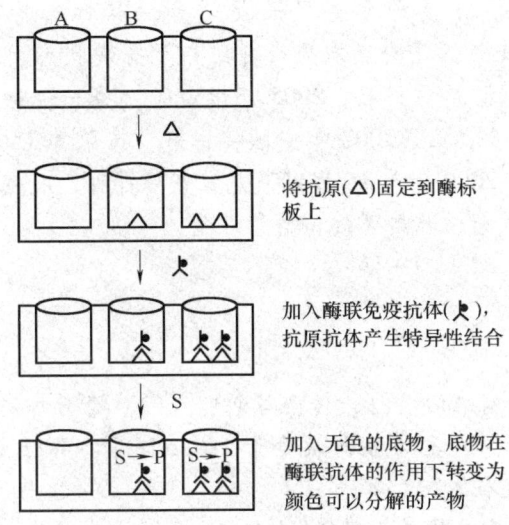

图 10-3 ELSIA 原理图

胶体金免疫标记技术常用于致病菌的快速检测，如食品中大肠埃希菌 O157、李斯特菌、霍乱弧菌的快速检测。其检测程序一般为增菌过夜，然后采用胶体金检测条检测，约 10min 完成，无需专门的检测仪器。

近年来发展的免疫磁珠法，主要通过一定处理将抗体结合在磁珠上，使磁珠成为抗体的载体。磁珠上的抗体和特异性抗原物质结合后形成抗原-抗体-磁珠免疫复合物，这种复合物在磁场作用下发生移动，从而使复合物从复杂的环境中高效分离出来，达到分离特异性抗原的目的，可以显著减少环境中对细菌培养和检测的干扰因素。

知识窗

关于儿童计划免疫接种

预防接种是指根据疾病预防控制规划，利用预防性生物制品（俗称疫苗），按照国家和省级规定的免疫程序，由合格的接种单位和接种人员给适宜的接种对象进行接种，以提高人群免疫水平，达到预防和控制针对传染病发生和流行的目的。

《中华人民共和国传染病防治法》规定：国家对儿童实行预防接种证制度。其接种免疫程序为：乙肝疫苗：出生24h内第一针，1个月第二针，6个月第三针；卡介苗：出生24h内一针；小儿麻痹糖丸疫苗：2个月第一粒，3个月第二粒，4个月第三粒，4岁加强一粒；百白破疫苗：3个月第一针，4个月第二针，5个月第三针，1.5~2岁加强一针；麻疹疫苗：8个月第一针，1.5~2岁加强一针；白百破疫苗：6岁加强一针。

近年来，我国预防接种取得了长足进步，其标志性的几件事情包括：一、2000年中国本土消灭了脊髓灰质炎并维持无脊灰状态至今；二、2002年乙肝疫苗纳入新生儿预防接种；三、2005年出台了《疫苗流通和预防接种管理条例》，法制进一步健全；四、2007年中国将甲肝、流脑等15种传染病疫苗纳入国家免疫规划；五、2009年为15岁以下儿童查漏补种乙肝疫苗；六、2010年的麻疹疫苗强化免疫；七、开展了疫苗监管评估。

复习与思考题

1. 试比较以下各对名词：(1) 传染与免疫；(2) 毒力与侵袭力；(3) 外毒素与内毒素；(4) 类毒素与抗毒素；(5) 非特异性免疫与特异性免疫；(6) 细胞免疫与体液免疫。
2. 什么是抗原？它应该具备哪些条件？
3. 试列表比较五类Ig的名称、结构特点和主要功能。
4. 疫苗分为哪些种类？试举例加以说明。
5. 抗原抗体技术在食品检验中有哪些应用？

第二篇 微生物学技能训练

第十一章 微生物学实验室简介与实验安全

第一节 微生物学实验须知

一、微生物学实验室

微生物实验室是进行微生物实验的重要场所，应当设有包括无菌接种室、预备实验室、培养基配制与灭菌室、微生物菌种培养室、菌种保藏室和仪器室等场所。但由于微生物实验室所属单位的工作性质差异，也可根据实际具体情况，酌情设立适用于自己工作的微生物实验室格局。

1. 实验室的基本条件

（1）光线明亮，但阳光不可直射室内，以防射线影响微生物生长繁殖，影响实验结果。

（2）室内洁净，地面与四壁平滑，便于清洁和消毒，应最大限度地防止杂菌污染。

（3）空气清新，室内应设有防风和防尘装置。

（4）设有充足的电源和清洁的水源。

（5）安装有牢固、整洁、耐酸碱且抗腐蚀的实验台。

（6）显微镜、其他实验常用工具以及药品应当设有相应的存放橱柜。

2. 无菌室条件

无菌室通常包括准备（缓冲）间和工作间两个部分，无菌室准备（缓冲）间或工作间的大小以 2~3 人同时进行相关无菌实验操作为宜。在无菌室内应当设有固定的工作台、紫外线杀菌灯、空气净化装置以及空调设备等，以确保无菌实验室无尘和无菌。准备间与工作间的内门避免相对，力求迂回缓冲，防止工作人员进出工作间或准备间时带入微生物。

3. 实验室工作守则

在微生物实验室进行实验时应当遵循如下工作守则：

（1）在进行微生物实验前应当做好充分物质准备和技术准备。

（2）进入实验室应当穿着已经消毒过的工作衣，戴口罩和帽子，换上工作鞋。

（3）实验室内应当安静，秩序井然。

（4）在进行微生物实验时应当严格遵守实验操作规程，防止生物材料被杂菌污染。

（5）根据微生物实验性质，每一项微生物实验应当尽量一次性完成，防止实验中途间断。

（6）做好实验记录。

二、微生物学实验室主要仪器

1. 常用的玻璃仪器

常用玻璃仪器主要是指盛装液体试样的玻璃仪器、盛装固体样品的玻璃容器、量取液体试样的玻璃仪器、测量用玻璃仪器和具有其他用途的玻璃仪器等。玻璃仪器的材质必须是中性硬质，游离性碱性物质含量少，且能够耐受高温灭菌处理。

（1）盛装有液体试样的玻璃仪器　试管是最常见的盛装液体试样的玻璃仪器，它通常要求管壁坚厚、管直而口平，常见规格有 15mm×150mm，18mm×180mm，22mm×180mm。还有一些特殊用途的离心管（10mL，50mL）、比色管及发酵管（5mm×30mm，0.3mm×2.5mm）等。

实验室中还有许多类型的盛装容器，如三角瓶（50mL，100mL，150mL，250mL，500mL，1000mL）、烧杯（50mL，100mL，250mL，500mL，1000mL）、滴瓶（30mL，60mL）、圆底烧瓶（500mL，1000mL）、蒸馏烧瓶（500mL，1000mL）、碘量瓶（250mL，100mL）、试剂瓶（100mL，500mL，1000mL）等。

（2）盛装固体样品的玻璃容器　表面皿（直径 9cm，12cm，15cm）、培养皿（直径 9cm，12cm，15cm）、干燥器（内径 100mm，180mm，300mm）、用于称量固体试样的称量瓶（40mm×25mm，25mm×40mm）等。

（3）量取液体试样的玻璃仪器　刻度吸管是精确吸取液体试剂的玻璃仪器，通常规格 0.1mL，0.2mL，0.5mL，1mL，2mL，5mL，10mL，吸管尖直径大于 1mm，这样便于吸取和稀释样品，同时也不能太细，以防样品中的颗粒阻塞吸管尖或不能吸取带有颗粒的样品。容量吸管则是定量精确吸取液体试样的玻璃仪器，通常有 1mL、5mL、10mL、20mL、25mL、50mL、100mL 七种规格，还有可以精确量取较大液体试样的容量瓶（10mL、25mL、100mL、500mL、1000mL）和用于移取微量试样的微量移液器（5μL、10μL、20μL、25μL、50μL、100μL、1000μL）等。

除此之外，还有主要用于粗略量取液体试样的量筒、量杯，其常用规格有 10mL、50mL、100mL、250mL、500mL、1000mL。

（4）测量用玻璃仪器 测量用玻璃仪器主要有测量计数用的血球计数板、计数板盖片、载玻片（厚 1.0mm）、盖玻片（20×20mm）等。

（5）其他用途的玻璃仪器 过滤漏斗（60mm）、染色缸、玻璃珠（直径 3.6mm）、玻璃管、玻璃棒等。

2. 常用仪器及设备

在微生物实验室里，有许多用途各异的实验仪器，如培养箱、超净工作台等，具体常用仪器及其用途如表 11-1 所示。

表 11-1　　　　　　　　微生物常用仪器及其用途一览表

仪器及设备名称	规格	用途
培养箱	450mm×400mm×400mm	微生物恒温培养箱（0~50℃）
电冰箱	130~250L	试验材料冷藏和微生物菌种的保藏
显微镜	单目、双目	观察微生物的微观结构及生命活动
离心机	约 4000r/min	依据粒子相对分子质量大小进行沉降分离
超净工作台	单人、双人	无菌条件下用于微生物接种操作
滤菌器	孔径 0.22μm、0.3μm、0.45μm、0.8μm、1.2μm	用于过滤除菌
鼓风干燥箱	450mm×400mm×400mm	300℃烘干样品和干热灭菌
紫外线杀菌灯		杀死空气中的微生物
高压灭菌器	手提式 18L；立式 30L、50L	用于物品高压湿热灭菌

第二节 微生物学实验安全

微生物实验室是一个特殊的场所，所有参与微生物实验的人员都必须在健康和安全的环境下从事实验工作，在进行实验之前应当接受安全操作的宣传和培训，每一名从事微生物实验的人员都有为自己和他人健康安全负责的责任与义务。

一、安全知识

在进行微生物实验时，经常使用一些毒性较强、腐蚀作用大或易燃烧的化学物品，也常常遇到易破碎的玻璃器皿等危害人身安全的因素。因此，掌握实验室安全知识与技能是每一名从事微生物实验工作的人员必须具有的基本素质。

（1）进入实验室开始工作时，应当了解所在实验室的煤气、水和电的总阀门所在位置，以便遇到紧急事件时及时采取措施。

（2）使用煤气灯时，应当先点燃火柴，后打开煤气灯的开关，继而点燃煤气灯。实验结束或人离开时一定要熄灭火焰，关上开关。

（3）使用电器时，严防漏电，不可用湿手触摸电器开关。如果遇到电器故障应当请专业人员进行维修。

（4）使用浓硫酸或浓碱等具有腐蚀性的化学试剂时，应当使用防护手套，穿工作服进行实验。避免在过分拥挤的环境下使用强腐蚀性试剂或进行危险性较大的实验。

（5）使用易燃性化学试剂时，应当远离火焰。如果发生火灾应当采取如下处理措施：

①立即切断电源和火源，拿开一切可燃性物品防止火势扩大。

②对酒精及其他可溶于水的液体着火时，可用水灭火；汽油、乙醚或甲苯等有机溶剂着火时，应当使用湿棉布或砂土灭火；电源线着火时，应当切断电源或用四氯化碳灭火；衣服着火时，不可奔跑，可及时脱下或用其他湿衣服包裹灭火。

③如果火势较强，应当果断地拨打119火警。

（6）要防止可燃性试剂泄漏。如果出现泄漏，应当立即关闭室内所有火焰和电加热器，再用湿棉布擦拭或用其他用具收集。

（7）不得将对周围环境造成污染的化学试剂倒入下水道中，可用大量的水稀释或委托专业人员处理。

（8）不可将有毒性物品或微生物培养物直接倒入垃圾袋中，微生物培养物可采用灭菌处理，对于特殊性有毒物品也应委托专业人员处理。

二、实验室工作注意事项

有害物质进入人体一般有四条途径，即吸入、误食、皮肤感染及吸收。具体防护措施如下：

（1）在进入实验室开始实验前，应当熟悉处理常见危害人身安全事件的方法，时刻注意着装整齐，如清洁的实验服和胶皮手套等；

（2）严禁在实验室吸烟、饮食或嬉戏等；

（3）小心使用玻璃仪器，远离危险品存放地；

（4）在使用化学药品时了解警示标志，注意用量不要超出规定用量；

（5）实验室内所有使用的化学药品、试剂、菌种等，要贴有标签并标明接种日期；

（6）在进行致病微生物实验时严防致病微生物泄漏；

（7）操作时应当做到干净利落、有条不紊，并严格按照实验操作规程进行实验操作。

实验结束后要彻底清理实验台和实验室，为下次进行实验做好充分准备，同时也培养实验人员对实验工作负责的责任感。

三、实验室意外事故的处理

在进行微生物实验时，如果不慎发生意外受伤事故，可采用如下措施。

1. 火险

立即关闭电源、煤气阀门，使用灭火器、砂土和湿布灭火，如酒精、乙醚或汽油等着火，慎勿以水灭火，衣服着火可就地或靠墙滚转。

2. 破伤

先除尽外物，用蒸馏水洗净，涂以碘酒或红汞。

3. 火伤

可涂5%鞣酸、2%苦味酸或苦味酸铵苯甲酸丁酯油膏，或尤胆紫液等。

4. 灼伤

（1）强酸、溴、氯、磷或其他酸性化学药品所致的灼伤，先以大量清水洗涤，再用5%重铬酸钠或5%氢氧化铵溶液洗涤以中和之。

（2）强碱、氢氧化钠、金属钠、钾或其他碱性化学药品所致的灼伤，先以大量清水洗涤，再用5%硼酸溶液或醋酸溶液洗涤以中和之。

（3）石炭酸灼伤以浓酒精洗涤。

（4）眼灼伤先以清水冲洗。因碱灼伤以5%硼酸溶液洗涤；因酸灼伤以5%重碳酸钠溶液洗涤，然后再滴入橄榄油或液体石蜡1~2滴以滋润之。

5. 食入酸碱或腐蚀性物质

（1）食入酸立即以大量清水漱口，并服乳或催吐药。

（2）食入碱立即以大量清水漱口，并服用5%醋酸、食醋、柠檬汁或服油类、脂肪以化之。

（3）食入石炭酸或来苏儿，以30%~40%酒精漱口，并喝大量烧酒或5%酒精，再服用催吐剂使其吐出。

6. 吸入菌液

（1）吸入非致病性菌液，立即以大量清水漱口，再以 1∶1000 高锰酸钾溶液漱口。

（2）吸入葡萄球菌、链球菌、肺炎球菌等，立即以大量热水漱口，再以消毒液 1∶5000 米他芬，3% 过氧化氢或 1∶1000 高锰酸钾溶液漱口。

（3）吸入白喉菌，经上法处理后，并注射 1000 单位的白喉抗毒素以预防，吸入伤寒、霍乱、痢疾、布氏等菌液，经上法处理，并注射疫苗及抗生素以预防患病。

第十二章 微生物基础实验

必做实验

实验一 玻璃器皿的清洗、包扎与干热灭菌技术

一、技能目标

(1) 学会常见玻璃器皿的清洗与包扎。
(2) 了解干热灭菌的原理和应用范围。
(3) 学习干热灭菌的操作技术。

二、基本原理

为了保证实训实践顺利进行,要求把实验实训用玻璃器皿清洗干净,保持灭菌后的无菌状态,需要对培养皿、吸管等进行妥善包扎,试管和三角瓶要做棉塞。这些工作看来很普通,如操作不当或不按规定要求去做,会导致实验的失败,因此应看作是微生物实验实训的基本训练操作。

干热灭菌是利用高温使微生物细胞内的蛋白质凝固变性而达到灭菌的目的。细胞内的蛋白质凝固变性与其自身的含水量有关,当环境和细胞内含水量越大,则蛋白质凝固就越快,反之则慢。因此,与湿热灭菌相比,干热灭菌所需温度较高(160~170℃),时间长(1~2h)。但干热灭菌温度不能超过180℃,否则包扎器皿的纸或者棉塞就会烧焦炭化,甚至引起燃烧。干热灭菌使用的电烘箱的壁有双层金属壁、中间有隔热的石棉板,顶端有调气阀及插温度计的小孔,下面夹层装有供通电加热的电炉丝。

干热灭菌使用范围:常用于玻璃器皿、金属用具和其他耐高温物品的灭菌。其优点是灭菌器皿保持干燥。但带有胶皮、塑料的物品、液体及固体培养基均不能用干热灭菌。

三、实验用品

三角瓶、试管、吸管、纸绳、牛皮纸或旧报纸、电烘箱等。

四、操作步骤

（一）玻璃仪器的清洁方法

1. 新玻璃仪器

新置备的玻璃器皿，均含有游离碱，故应将其浸于洗液或2%的盐酸溶液内数小时，再用自来水充分洗干净，待干燥后，灭菌备用。

2. 用过的玻璃仪器

（1）一切使用过的玻璃器皿，用完后应先用清水冲洗干净，然后用热肥皂水洗刷清洁，再用清水冲数次，蒸馏水冲洗两次，自然风干，备用。如果经肥皂水洗刷仍未清洁，可用洗液浸泡，取出后用清水冲洗5次以上，再用蒸馏水冲洗2次。

（2）吸管、滴管等一般用完后应立即用清水和蒸馏水冲洗即可，如附有污物可用洗液浸泡。

（3）带有脂肪油污的器皿，若用热肥皂水不能洗净时，切不可用洗液浸泡，而应先用热酒精、汽油或丙酮洗涤；或用NaOH热溶液（1g NaOH 溶于50mL水中）浸泡10~15min，然后用水冲洗，再用稀盐酸洗一次，用水冲数次油污如仍未除去，再重复以上操作一次。

（4）装有强碱或强酸的容器，用毕后立即将容器倾于盛有大量水的缸（槽）内，待酸（碱）冲稀后再倒入水池中。再用水多次冲容器，最后蒸馏水洗2次。

3. 洗涤工作注意事项

（1）任何洗涤方法，都不应对玻璃器皿有所损伤，所以不能使用对玻璃有腐蚀作用的化学药剂，也不能使用较玻璃硬度大的物品来擦玻璃器皿。

（2）用过的器皿应立即洗涤，有时放置太久会增加洗涤困难，及时洗涤还可以提高器皿的使用率。

（3）凡是装有对人、畜有传染性或者是属于植物检疫范围内的微生物的试管、培养皿及其他容器，应先浸在5%石炭酸溶液内或蒸煮灭菌后，再进行洗涤。

（4）盛过有毒物品的器皿，不要与其他器皿放在一起。

（5）难洗涤的器皿不要与易洗涤的器皿放在一起，以免增加洗涤的困难，有油的器皿不要与无油的器皿混放在一起，否则会使本来无油的器皿粘上油污。

（6）强酸、强碱、氧化物及有挥发性的有毒物品，都不能倒在洗涤槽内，必须倒在废液缸中。

（二）洗液的配制、使用及注意事项

1. 洗液的配制和使用

（1）溶解80g重铬酸钾于1000mL温水中，待凉后，徐徐加入粗制浓硫酸100mL于水中，即含硫酸10%的清洗液。使用时，将玻璃器皿先浸于这种清洗液中24h，然后用清水和蒸馏水冲洗。

（2）溶解60g重铬酸钾于300mL热水中，冷却后，慢慢加入粗制浓硫酸460mL，边加边用玻璃棒搅拌，因为此溶液产生大量热，在配制时应用耐热的容器，并放在水槽中以便冷却，一般玻璃器皿在这种洗液中浸泡6h以上即可。

（3）在35mL重铬酸钾饱和液（重铬酸钾180g溶于100mL水中，或63g重铬酸钾溶于35mL水）中，慢慢加入粗制浓硫酸1000mL。玻璃器皿一般在这种洗液中浸泡2h以上即可除污，如将其加热至80~100℃（但不可加热至发烟或煮沸，此时温度达240~250℃），浸泡10~15min，效力更大。

2. 洗液的作用和使用注意事项

洗液的主要作用是将有机污物氧化成为能溶解的物质，所以它对还原剂的作用最好，脂肪类物质遇洗液后将变成不溶于溶液和水的脂肪酸，更难洗净。所以需先用热酒精、汽油或碱来洗。凡士林油则应用汽油或乙醚拭洗。

洗液有很强的破坏作用，所以在使用时应特别小心，避免溅到器具、衣服，特别是眼睛上，如有溅污应立刻用水冲洗，洗液可反复使用，直至红色的重铬酸盐变为绿色的铬离子为止。

（三）玻璃器皿包扎

为了灭菌后仍保持无菌状态，各种玻璃器皿均需包扎。

1. 培养皿

洗净烘干后每10套叠在一起，用牛皮纸或双层旧报纸卷成一筒，然后进行灭菌备用。

2. 吸管

取洗净烘干后的吸管，在口吸的一端用尖头镊子或针塞入少许棉花，以防止菌体误吸口中，同时防止口中或外界的微生物吸入管口而进入吸管造成污染。塞入棉花的量要适宜，棉花不宜露在吸管口的外面，暴露在吸管外的棉花可用酒精灯的火焰把它烧掉。

每支吸管用一条宽4~5cm的纸条，以约45°螺旋形卷起来，吸管的尖端在头部，吸管的另一端用剩余纸条迭打结，不使散开，按容量做好标记（图12-1）。将同容量的若干支吸管扎成一束，灭菌备用。使用时，从吸管中间拧断纸条抽出吸管即可。

3. 试管和三角瓶

试管和三角瓶都要制作合适的棉塞。棉塞的作用是起过滤作用，避免空气

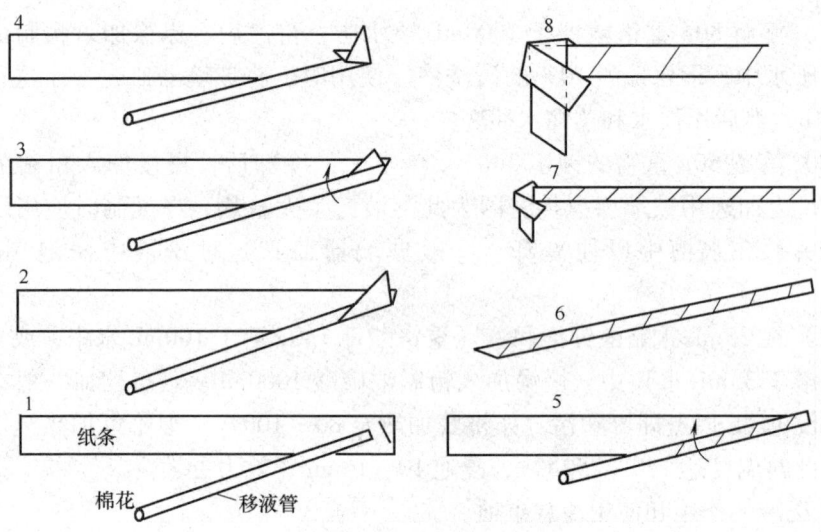

图 12-1 吸管包扎法

中的微生物进入试管或三角瓶。棉塞的制作要求使棉塞紧贴玻璃壁，没有皱折和缝隙，不能过紧或过松，过紧易挤破管口并不易塞入，过松易掉落和污染。棉塞的长度不少于管口直径的 2 倍，约 2/3 塞进管口或瓶口。若干支试管用绳子扎在一起，在棉塞部分用牛皮纸或双层旧报纸包上，再用纸绳扎紧，三角瓶单独用双层旧报纸包扎。

（四）干热灭菌

1. 火焰灭菌

主要用于实验室接种针、接种环、试管口和玻璃棒等的灭菌。

2. 干热灭菌

用干热空气灭菌的方法。常用的设备是电热干燥箱，温度 160~170℃，维持 2h，干热灭菌时，一定要专人看管，切勿同时做其他事情，以免发生事故。具体操作步骤：

（1）装入待灭菌物品　将包好的待灭菌物品放入电烘箱内，关好箱门。物品不要摆的太挤，以免妨碍空气流通。灭菌物品不能用油纸包扎，不要接触电烘箱内壁的铁板，以防包装纸烧焦起火。

（2）升温　接通电源，打开开关，转动恒温调节器至红灯亮，让温度逐渐上升。在升温过程中，如果红灯熄灭，表示箱内停止加热，此时如果还未达到所需的温度（160~170℃），则需转动温度调节器使红灯再亮。如此反复调节，直至达到所需温度。

（3）恒温　当温度升到 160~170℃ 时，借助恒温调节器的自动控制，保持此温度 2h。干热灭菌过程中严防恒温调节器的自动控制失灵而造成安全事故。万一电烘箱内有焦糊味，应立即切断电源。

(4) 降温　切断电源，自动降温。

(5) 开箱取物　待电烘箱内温度降到70℃以下后，打开箱门，取出灭菌物品。电烘箱内温度未降到70℃以前，切勿自行打开箱门，以免骤然降温导致玻璃器皿炸裂。取出灭菌物品时，应小心不要打破箱顶的温度计。万一打破，要立刻报告教师并切断电源，用硫磺铺在水银污染的地面和仪器上，清除水银，以防水银蒸发中毒。

五、实验报告

(1) 记录玻璃器皿的清洗与包扎方法。
(2) 检查灭菌物品灭菌是否彻底。

六、分析与讨论

(1) 器皿包扎过程中应注意哪些问题？
(2) 在干热灭菌的操作过程中应注意哪些问题？为什么？
(3) 为什么干热灭菌比湿热灭菌所需要的温度高、时间长？

实验二　普通光学显微镜的使用

一、技能目标

(1) 熟悉普通光学显微镜的构造及各部分的功能。
(2) 学习并掌握油镜的原理和使用技术。
(3) 观察常见微生物的形态。

二、显微镜的基本结构及油镜的工作原理

现代普通光学显微镜利用目镜和物镜两组透镜系统来放大成像，故又常被称为复式显微镜。它们由机械装置和光学系统两大部分组成，结构如图12-2所示。

在显微镜的光学系统中，物镜的性能最为关键，它直接影响着显微镜的分辨率。而在普通光学显微镜通常配置的几种物镜中，油镜的放大倍数最大，对微生物学研究最为重要。与其他物镜相比，油镜的使用比较特殊，需在载玻片与镜头之间加滴香柏油，这主要有如下两方面的原因：

1. 增加照明亮度

油镜的放大倍数可达100×，放大倍数这样大的镜头，焦距很短，直径很小，但所需要的光照强度却最大。从承载标本的玻片透过来的光线，因介质密

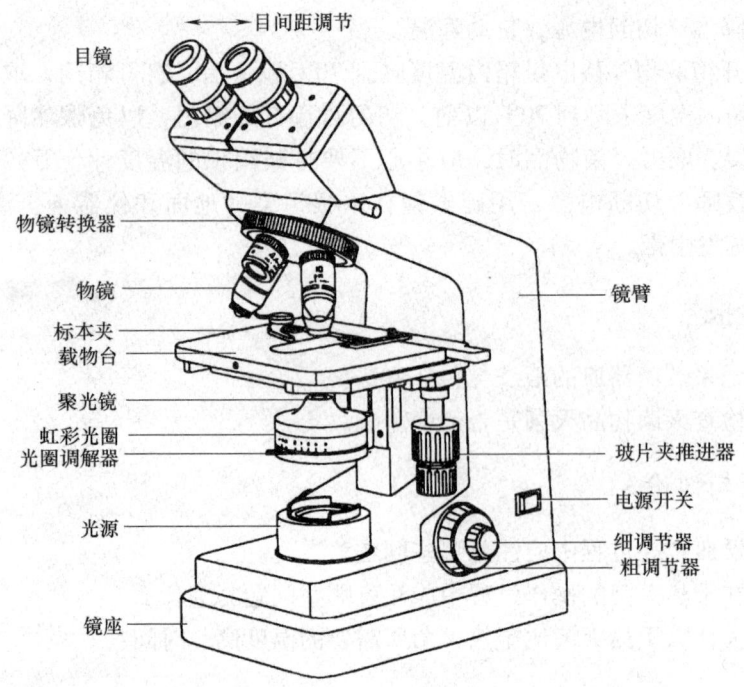

图 12-2 显微镜的结构

度不同（从玻片进入空气，再进入镜头），有些光线会因折射或全反射，不能进入镜头，致使在使用油镜时会因射入的光线较少，物像显现不清。所以为了不使通过的光线有所损失，须在油镜与玻片之间加入与玻璃的折射率（$n = 1.50$）相仿的介质（通常用香柏油，其折射率 $n = 1.51$）。

2. 增加显微镜的分辨率

显微镜的分辨率或分辨力（resolution or resolving power）是指显微镜能辨别两点之间最小距离的能力。从物理学角度看，光学显微镜的分辨率受光的干涉现象及所用物镜性能的限制，可表示为：

$$能辨别两点之间的最小距离 = \frac{光波长度}{2 \times 数值孔径} = \frac{\lambda}{2N_A}$$

式中 λ——光波波长；

N_A——物镜的数值孔径值。

光学显微镜的光源不可能超出可见光的波长范围（$0.4 \sim 0.7 \mu m$），而数值孔径值则取决于物镜的镜口角和玻片与镜头间介质的折射率，可表示为：$N_A = n \cdot \sin\alpha$。式中 α 为光线最大入射角的半数，它取决于物镜的直径和焦距，一般来说在实际应用中最大只能达到 $90°$，而 n 为介质折射率。由于香柏油的折射率（1.51）比空气及水的折射率（分别为 1.0 和 1.33）要高，因此以香柏油作为介质的油镜所能达到的数值孔径值（N_A 一般在 $1.2 \sim 1.4$）要高于低倍镜、高倍镜等干镜（N_A 都低于 1.0）。若以可见光的平均波长 0.55μm 来计算，数值孔径通常在 0.65 左右的高倍镜只能分辨出距离不小于 0.4μm 的物体，而数值孔径为 1.25 的油镜的分辨率却可达到 0.2μm 左右。

三、实验用品

（1）示玻片　放线菌、细菌三型、青霉菌、曲霉菌染色玻片标本。
（2）试剂　香柏油、二甲苯。
（3）其他器材　显微镜、擦镜纸、吸水纸等。

四、操作步骤

1. 观察前的准备

（1）显微镜的安置　置显微镜于平整的实验台上，镜座距实验台边缘 5～10cm。镜检时姿势要端正。取、放显微镜时应一手握住镜臂，一手托住底座，使显微镜保持直立、平稳，切忌用单手拎提。不论使用单筒显微镜或双筒显微镜均应双眼同时睁开观察，以减少眼睛疲劳，也便于边观察边绘图或记录。

（2）调节目镜　双筒显微镜的目镜间距可以适当调节，以适应眼距不同的观察者。

（3）光源调节　安装在镜座内的光源灯可通过调节电压以获得适当的照明亮度，调节光源时，先将光圈完全开放，升高聚光镜至载物台同高，否则使用油镜时光线较暗，然后转下低倍镜观察光源强弱。而使用反光镜采集自然光或灯光作为照明光源时，应根据光源的强度及所用物镜的放大倍数选用凹面或凸面反光镜并调节其角度，使视野内的光线均匀，亮度适宜。

2. 显微镜观察

在目镜保持不变的情况下，使用不同放大倍数的物镜所能达到的分辨率及放大率都是不同的。一般情况下，特别是初学者，进行显微镜观察时应遵守从低倍镜到高倍镜再到油镜的观察程序，因为低倍数物镜视野相对大，易发现目标及确定检查的位置。

（1）低倍镜观察　将染色标本玻片置于载物台上，用标本夹固定，移动推进器使观察对象处在物镜的正下方。抬升载物台，使其接近标本，用粗调节器慢慢将载物台降下，使标本在视野中初步聚焦，再使用细调节器调节图像至清晰。通过玻片夹推进器慢慢移动玻片，认真观察标本各部位，找到合适的目的物，仔细观察并记录所观察到的结果。任何时候使用粗调节器聚焦物像时，必须养成先从侧面注视，小心调节物镜靠近标本，然后用目镜观察，慢慢调节物镜离开标本进行聚焦的习惯，以免因一时的误操作而损坏镜头及玻片。

（2）高倍镜观察　在低倍镜下找到合适的观察目标并将其移至视野中心后，

轻轻转动物镜转换器将高倍镜移至工作位置。对聚光器光圈及视野亮度进行适当调节后微调细调节器使物像清晰，利用推进器移动标本，仔细观察并记录所观察到的结果。

在一般情况下，当物像在一种物镜中已清晰聚焦后，转动物镜转换器将其他物镜转到工作位置进行观察时，物像将保持基本准焦的状态，这种现象称为物镜的同焦作用。这种同焦现象，可以保证在使用高倍镜或油镜等放大倍数高、工作距离短的物镜时仅用细调节器即可对物像清晰聚焦，从而避免由于使用粗调节器时可能的误操作而损坏镜头或玻片。

（3）油镜观察　在高倍镜或低倍镜下找到要观察的样品区域后，用粗调节器将载物台降下，然后将油镜转到工作位置。在待观察的样品区域加滴香柏油，从侧面注视，用粗调节器将载物台小心地抬升，使油镜浸在香柏油中并几乎与标本相接。将聚光器升至最高位置并开足光圈，调节照明使视野亮度合适，用粗调节器将载物台徐徐降下，直至视野中出现物像并用细调节器使其清晰准焦为止。

有时按上述操作还找不到目的物，则可能是由于油镜头还未到位，或因载物台下降太快，以致眼睛捕捉不到一闪而过的物像。遇此情况，应重新操作。另外应特别注意不要因在抬升载物台时用力过猛，或调焦时误将粗调节器向反方向转动而损坏镜头及载玻片。任何时候都要养成物镜镜头与观察玻片接触，然后使镜头与玻片标本离开聚焦的习惯，以免损坏镜头及玻片。

3. 显微镜用毕后的处理

（1）降下载物台，取下载玻片。

（2）用擦镜纸拭去镜头上的香柏油，然后用擦镜纸蘸少许二甲苯（香柏油溶于二甲苯）擦去镜头上残留的油迹，最后再用干净的擦镜纸擦去残留的二甲苯。切忌用手或其他纸擦拭镜头，以免使镜头沾上污渍或产生划痕，影响观察。

（3）用擦镜纸清洁其他物镜及目镜；用绸布清洁显微镜的金属部件。

（4）将各部件还原，反光镜垂直于镜座，将物镜转成"八"字形，再向下旋。同时把聚光镜降下，以免物镜与聚光镜发生碰撞危险。

五、实验报告

分别绘出在显微镜下所观察到的放线菌、细菌三型、青霉菌、曲霉的形态特征图像。

六、分析与讨论

（1）用油镜观察时应注意哪些问题？在载玻片和镜头之间加滴什么油？起什么作用？

(2) 比较低倍镜、高倍镜及油镜的差异。为什么在使用高倍镜及油镜时应特别注意避免粗调节器的误操作？

(3) 什么是物镜的同焦现象？它在显微镜观察中有什么意义？

(4) 影响显微镜分辨率的因素有哪些？

(5) 根据你的实验体会，谈谈应如何根据所观察微生物的大小，选择不同的物镜进行有效的观察。

实验三　细菌的单染色法

一、技能目标

(1) 学习微生物涂片、染色的基本技术。

(2) 掌握细菌的单染色法。

(3) 初步学会无菌操作技术。

(4) 巩固显微镜油镜的使用方法。

二、基本原理

染色技术是细菌学上一个主要而基本的操作技术，由于细菌体积微小，较透明，如未经染色往往不易识别。因此，借助于染色法可使细菌着色，与背景形成鲜明的对比，易于在显微镜下观察。

所谓单染色法是利用单一染料对细菌进行染色的方法。因细菌蛋白质等电点较低，当它生长于中性、碱性或弱酸性溶液中时常带负电荷，所以通常采用碱性染料进行染色。碱性染料并不是碱，和其他染料一样是一种盐，电离时染料离子带正电，易与带负电荷的细菌结合而使细菌着色。此法操作简单，适用于菌体一般形态的观察。

三、实验用品

(1) 菌种　枯草芽孢杆菌、金黄色葡萄球菌、大肠杆菌。

(2) 试剂　0.85%生理盐水、吕氏碱性美蓝染液（或草酸铵结晶紫染液）、齐氏石炭酸复红染液。

(3) 其他器材　显微镜，酒精灯，载玻片，接种环，双层瓶（内装香柏油和二甲苯），擦镜纸、滤纸等。

四、操作步骤

涂片→干燥与固定→染色→水洗→干燥→镜检

1. 涂片

取载玻片，于玻片中央滴一小滴生理盐水，用接种环以无菌操作分别从枯草芽孢杆菌（或金黄色葡萄球菌）及大肠杆菌斜面上沾取少许菌苔于水滴中，混匀并涂成均匀的一薄层（图12-3）。若用菌悬液（或液体培养物）涂片，可用接种环挑取2~3环直接涂于载玻片上。载玻片要洁净无油迹；滴生理盐水和取菌不宜过多；涂片要均匀，不宜过厚。

2. 干燥与固定

涂面朝上，通过火焰数次（图12-3）。此操作过程称热固定，其目的是使细胞质凝固，以固定细胞形态，并使之牢固附着在载玻片上。热固定温度不宜过高（以玻片与手背接触感到不烫手为宜），否则会改变甚至破坏细胞形态。

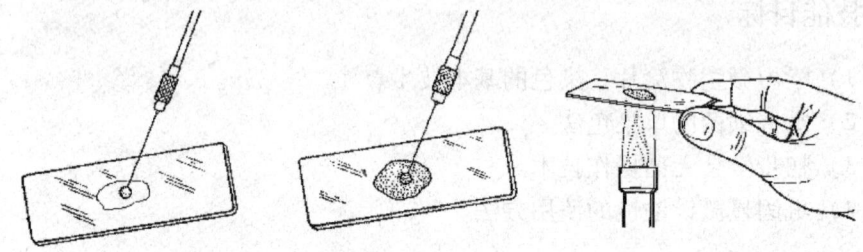

图12-3　涂片制备过程

3. 染色

将玻片放于水平位置，滴加染液于涂片薄膜上（染液刚好覆盖涂片薄膜为宜）。吕氏碱性美蓝染色1~2min；齐氏石炭酸复红染色1min。

4. 水洗

染色后，用自来水冲洗玻片背面，直至冲下的水无色为止。注意：水洗时，不要直接冲洗涂面，而应使水从载玻片的一端流下。水流不宜过急、过大，以免涂片薄膜脱落。

5. 干燥

冲洗后可用吸水纸吸净玻片上多余的水分，待玻片完全干燥后镜检。

6. 镜检

先由低倍镜观察，再依次转高倍镜、油镜进行观察。

五、实验报告

根据观察结果，绘出两种细菌的形态图。

六、分析与讨论

（1）你认为制备细菌染色标本时，尤其应该注意哪些环节？
（2）为什么要求制片完全干燥后才能用油镜观察？

（3）如果你的涂片未经热固定，将会出现什么问题？如果加热温度过高、时间太长，又会怎么样呢？

附：无菌操作

①点燃酒精灯。

②右手拿接种环柄，先使接种环（或接种针，图12-4）直立于酒精灯火焰部位灼烧接种环铂金丝，然后斜向横持将接种环金属杆部位来回通过火焰数次（图12-5），注意铂金丝与杆衔接处的螺纹要彻底灼烧。

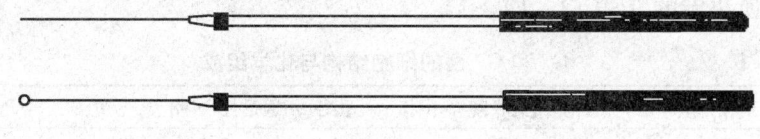

图12-4　接种针和接种环

③待接种环冷却后准备取菌。

④左手拿试管菌种，以右手拇指、食指、中指拿接种环；先用右手将试管棉塞松动以利拔出，再用右手小指、无名指和手掌拔下棉塞并夹紧，棉塞下部应露在手外，勿放在桌上以免污染。

⑤将试管口迅速在酒精灯火焰上灼烧一周。

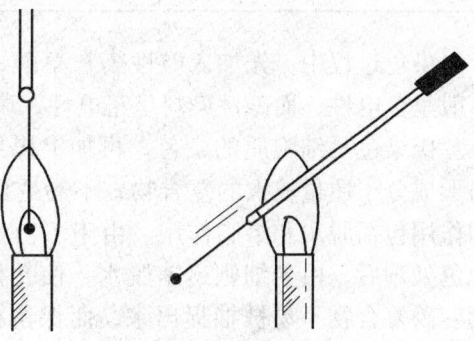

图12-5　接种环的灭菌

⑥取菌：将灼烧过的接种环伸入菌种管内，可先将环接触一下没长菌的培养基部位或试管壁，使其冷却以免烫死菌体；然后用环轻轻取菌少许，将接种环慢慢地从试管中抽出。

注意：整个操作都要使试管口靠近火焰（即在无菌区内）进行。

⑦取菌后，将棉塞和试管口同时灼烧后加塞并塞紧，将菌种放回原处。

⑧涂菌。

⑨涂菌完毕，将接种环彻底灼烧灭菌后，放回原处。

⑩熄灭酒精灯。

实验四　革兰氏染色法

一、技能目标

了解革兰氏染色的原理，学习并掌握革兰氏染色的方法。

二、基本原理

革兰氏染色法是 1884 年由丹麦病理学家 Christin Gram 创立的。用革兰氏染色法（Gram stain）不仅能观察到细菌的形态而且还可将所有细菌区分为两大类：染色反应呈蓝紫色的称为革兰氏阳性细菌，用 G^+ 表示；染色反应呈红色（复染颜色）的称为革兰氏阴性细菌，用 G^- 表示。为什么通过革兰氏染色会出现这两种不同反应的细菌呢？这主要是由于这两类细菌的细胞壁结构和化学成分的不同所决定的（表 12-1）。

表 12-1　　　　　　　　G^+ 和 G^- 菌的细胞结构与化学组成

	肽聚糖	壁厚度	结构	交联度	网格	孔径	通透性	脂类	垣酸	Pro	脂多糖
G^+	45%~90%	厚	简单	高	致密	小	低	2%	+	-	-
G^-	5%~20%	薄	复杂	低	疏松	大	高	20%	-	+	+

染色过程中，先加入碱性染料草酸铵结晶紫，使细胞着色。因为细菌胞外一般呈负电性，而碱性染料呈正电性，菌体与染料亲和力强，很容易进入细胞。革兰氏染色是细胞质的染色，再加上媒染剂碘液的助染，使结晶紫和碘在细胞内形成分子质量较大的复合物，不易透出细胞壁，然后经 95% 乙醇脱色，乙醇的作用包括脱水和溶脂作用。由于 G^+ 菌肽聚糖层厚且交联度高，脂类含量少，脱色处理后，由于细胞迅速脱水，使孔径缩小，透性进一步降低，因此，结晶紫-碘复合物不易被抽提出来，而保留在细胞内，当用番红复染时，不会染上番红的颜色，而仍呈现初染的深紫色。G^- 菌细胞壁中含有较多的脂类，而且交联度低，肽聚糖层薄，透性高，经乙醇处理后，由于脂类被溶解而进一步加大了孔径和通透性，故使结晶紫-碘复合物很容易被抽提出来，结果被脱色，再经番红复染色后，就着上了番红的红色。

革兰氏染色法不仅是微生物学中最常用的一种染色方法，而且它也是细菌学中重要的一种鉴别性染色的方法。

三、实验用品

（1）菌种　35~37℃ 培养的大肠杆菌、枯草芽孢杆菌、金黄色葡萄球菌。

（2）试剂　0.85% 生理盐水、草酸铵结晶紫、路哥氏碘液、95% 乙醇、沙黄或番红复染液。

（3）其他器材　显微镜、载玻片、酒精灯、吸水纸、接种环、镜头纸、双层瓶等。

四、操作步骤

涂片→干燥与固定→草酸铵结晶紫 1min→水洗→碘液助染 1min→水洗→95% 乙醇脱色

20~25s→水洗→番红复染1~2min→水洗→干燥→镜检

1. 涂片

无菌操作蘸取少量的新培养的枯草芽孢杆菌（或金黄色葡萄球菌）和培养24h的大肠杆菌分别制作涂片（注意涂片切不可过于浓厚），也可在同一张载玻片上，用玻璃铅笔划线，分为两个区域而分别制作涂片。

2. 干燥、固定

干燥、固定时通过火焰，不可过热，以玻片不烫手为宜。

3. 染色

（1）初染　加草酸铵结晶紫一滴，染色约1min，水洗。

（2）媒染　滴加碘液，并覆盖约1min，水洗。

（3）脱色　将载玻片上面的水吸净，并衬以滤纸为白色背景，用95%酒精脱色20~30s，此步骤为关键一步，必须严格掌握时间，到时立即用水冲洗载玻片背面。

（4）复染　用番红染液复染1~2min，水洗。

4. 干燥

同本章实验三。

5. 镜检

干燥后，用油镜观察，革兰氏阴性菌呈红色，革兰氏阳性菌呈深紫色，以分散开的细菌的革兰氏染色反应为准，过于密集的细菌，常呈假阳性。

同法在同一载玻片上同一区域，无菌操作以大肠杆菌与枯草芽孢杆菌或金黄色葡萄球菌混合制片，作革兰氏染色对比。

革兰氏染色的关键在于严格掌握酒精脱色程度，如脱色过度，则阳性菌可被误染为阴性菌；而脱色不够时，阴性菌可被误染为阳性菌。此外，菌龄也影响染色结果，如阳性菌培养时间过长，或已死亡及部分菌自行溶解了，都常呈阴性反应。

五、实验报告

列表报告结果并绘图。

六、分析与讨论

（1）在你所作的革兰氏染色制片中，大肠杆菌和枯草芽孢杆菌（或金黄色葡萄球菌）各染成何色？它们是革兰氏阴性菌还是革兰氏阳性菌？

（2）制作革兰氏染色涂片为什么不能过于浓厚？其染色成败的关键一步是什么？

（3）对一株未知菌进行革兰氏染色时，怎样能确定你的染色技术操作正确，结果可靠?

实验五 细菌的芽孢染色

一、技能目标

学习并掌握细菌的芽孢染色方法。

二、基本原理

芽孢是细菌细胞的特殊结构,是芽孢细菌的重要特性。因芽孢壁厚,透性差,故不易染色。

芽孢染色法是利用细菌的芽孢和菌体对染料亲和力不同的原理,用不同的染料进行染色使芽孢和菌体呈现不同的颜色而便于区别。由于芽孢壁厚,通透性差,着色和脱色均较困难,根据这一特点,所有的芽孢染色法都基于同一个原则:除了用着色力强的染料外,还需要加热,以促进染料渗入芽孢使芽孢着色。在加热条件下,先用一种弱碱性染料染色,使染料进入菌体和芽孢。菌体中的染料经水洗洗脱,而进入芽孢的染料则难以透出。再用复染液处理,从而使菌体和芽孢呈现出不同的颜色,便于观察。芽孢染色在细菌鉴定上有重要意义,本实验介绍以下几种染色方法供使用。

三、实验用品

(1) 菌种　35~37℃培养 20~24h 的枯草芽孢杆菌(*Bacillus subtilis*)。

(2) 试剂　5%孔雀绿水溶液、番红水溶液、生理盐水、冰乙酸、95%乙醇。

(3) 其他器材　接种环、擦镜纸、显微镜、酒精灯、木制夹子、双层瓶等。

四、操作步骤

1. 改良 Scharffer – Fulton 法

(1) 取一支洁净的小试管,加入 2~3 滴生理盐水,用接种环挑取 2~3 环培养 18~24h 的枯草芽孢杆菌菌苔,制成浓菌悬液。

(2) 在菌悬液中加入 2~3 滴孔雀绿溶液,充分混合。于沸水浴中加热染色 15~20min。

(3) 用接种环取试管底部菌液于载玻片上,涂薄,过火焰 3 次温热固定,再用自来水冲洗。

(4) 用番红水溶液复染 2~3min,水洗,自然干燥后,油镜观察,芽孢呈绿色，菌体呈红色。

2. 改良 Moeller 法

（1）在载玻片上加 1 滴冰乙酸，涂片。

（2）涂层上再补加 2~3 滴冰乙酸，酒精灯上方微火加热干燥，火焰固定。

（3）孔雀绿染液染色 3min，水洗。

（4）95% 乙醇脱色 15s。

（5）番红复染 1min，水洗干燥；油镜观察，芽孢呈绿色，菌体呈红色。

3. 传统方法

涂片→干燥与固定→染色→水洗→番红染液复染 1~2min→水洗→干燥→镜检

（1）涂片　将培养 20~24h 的枯草芽孢杆菌或其他芽孢菌涂片（注意涂片切不可过于浓厚）。

（2）干燥、固定　同前。

（3）染色　用木制夹子夹住载玻片，将孔雀绿染液覆盖于涂片上，在酒精灯火焰上方加热至冒汽，但不必沸腾，并随时补加染料（勿使染料蒸干），染色 5~6min（从加热至冒汽时开始计时）。

（4）水洗　倾去染液，待玻片冷却后水洗至孔雀绿不再退色为止。

（5）番红复染　用沙黄或番红及碱性复红等复染 1min，水洗。

（6）镜检　干燥后，显微镜观察，芽孢呈绿色，菌体呈红色。

（7）注意事项

①供芽孢染色用的菌种应控制菌龄。

②加热染色时勿使染料蒸干。

③加热染色后不要立即用冷水冲洗玻片，以防载片炸裂。

建议：教学实践中使用改良法较好。

五、实验报告

按比例绘图，并说明枯草杆菌的形态，芽孢的形状及其着生位置。

六、分析与讨论

1. 若涂片中观察到的只是大量游离芽孢，很少看到营养细胞，这是为什么？
2. 芽孢染色中成败的关键点在哪里？

实验六　放线菌的形态观察

一、技能目标

（1）学习并掌握用玻璃纸培养放线菌的方法。

（2）学习印片染色，观察放线菌气生菌丝、孢子丝着生及排列方式。

（3）观察放线菌的培养特征。

（4）初步了解放线菌的个体形态特征。

二、基本原理

放线菌是指一类能形成分枝菌丝体的一类 G^+ 菌，是介于细菌和霉菌之间的一类原核微生物。放线菌同细菌一样，同属原核微生物，它是由不同长短且纤细的菌丝所形成的单细胞菌丝体。根据其菌丝形态和功能分为三类：潜入培养基中的菌丝，称营养菌丝，其功能为吸收营养和排泄废物，菌丝无隔，可产生各种水溶性或脂溶性色素；由培养基内伸展到空间即生长在培养基表面的菌丝称为气生菌丝，其功能是传递营养和繁殖；气生菌丝生长到一定阶段可分化形成孢子丝，呈螺旋形、波浪形或分枝状等。放线菌孢子丝的形状和孢子排列情况是放线菌分类的重要依据。

玻璃纸具有半透膜性，其透光性与载玻片基本相同。将灭菌的玻璃纸覆盖在琼脂平板表面，然后将放线菌接种于玻璃纸上，经培养使放线菌生长在玻璃纸上。观察时，将长菌的玻璃纸剪取小片，贴放在载玻片上，直接镜检。这种方法可观察到放线菌的自然生长状态，也便于观察不同生长期的形态。

三、实验用品

（1）菌种　球孢链霉菌、紫色链霉菌。

（2）培养基　高氏一号培养基。

（3）试剂　齐氏石炭酸复红染液、0.05%的吕氏美蓝染液。

（4）其他器材　无菌平皿、无菌玻璃纸、无菌盖玻片、无菌玻璃涂棒、1mL无菌吸管、盛有4.5mL无菌水试管若干支、无菌镊子、酒精灯、接种环、剪刀、载玻片、显微镜等。

四、操作步骤

（一）放线菌形态观察

1. 玻璃纸灭菌

将玻璃纸和滤纸剪成与培养皿大小相同的圆形纸片，用水浸泡后把湿滤纸和玻璃纸交互重叠地放在培养皿中，使滤纸和玻璃纸隔开，然后进行湿热灭菌，备用。

2. 制备琼脂玻璃纸平板培养物

（1）制作平板　将高氏一号琼脂培养基熔化后在超净工作台的酒精灯火焰旁倒约15mL于平皿内，待凝固后，无菌操作用镊子将玻璃纸覆盖在琼脂平板上,并展平。

(2) 稀释菌液 将放线菌斜面菌种制成 10^{-3} 的孢子悬液。

(3) 接种 用 1mL 无菌吸管取 0.2mL 孢子悬液滴加在玻璃纸平板上,然后用无菌涂棒涂抹均匀。也可用接种环挑取菌种斜面菌苔在玻璃纸上划线。

(4) 培养 将平板倒置于 28~30℃ 下培养 5~7d。

3. 自然生长状态的观察

在洁净载玻片上加一滴水,用剪刀剪取小片玻璃纸,菌面朝上平贴在玻片的水滴上(勿产生气泡),先用低倍镜观察,再用高倍镜找到适宜部位,仔细观察。

区别基内菌丝、气生菌丝、孢子丝及孢子的形态、菌丝的粗细和颜色的差异。

注意事项:

①接种时注意玻璃纸与培养基间不宜有气泡,以免影响其表面放线菌的生长。

②操作过程,勿碰动玻璃纸菌面上的培养物。

(二) 放线菌印片染色

1. 放线菌菌丝体的观察

(1) 用接种(铲)或解剖针连同培养基挑取放线菌菌落置载玻片中央;

(2) 用另一载玻片将其压碎,弃出培养基,制成涂片、干燥、固定(同细菌制片);

(3) 用石炭酸复红染色 1min,水洗;

(4) 干燥后,用油镜观察放线菌的菌丝体形态。

2. 气生菌丝、孢子丝及孢子的观察

(1) 将放线菌接种培养至 4~5d,无菌操作在平皿中放入无菌的盖玻片,继续培养 2~3d,以观察气生菌丝、孢子丝的生长状况。

(2) 打开平皿用镊子小心地取盖玻片一块,将长有菌丝的一面朝下,放在滴有 0.05% 美蓝染液的载玻片上,将菌丝、孢子等印浸在染液中,制成印片,观察气生菌丝、孢子的排列、孢子丝的形状等。

五、实验报告

绘出你所观察到的放线菌自然生长的个体形态图并注明各部分名称。

六、分析与讨论

(1) 为什么在培养基上放了玻璃纸后放线菌仍能生长?

(2) 玻璃纸法可否用于其他微生物?为什么?

(3) 印片法成败关键在哪里？
(4) 比较放线菌和细菌的群体培养特征与个体特征。

实验七 酵母菌的形态观察及死活细胞的鉴别

一、技能目标

(1) 观察酵母菌的形态结构及出芽繁殖方式。
(2) 学习制作水浸片，掌握区别死活细胞的方法。
(3) 掌握酵母菌的一般形态特征及其与细菌的区别。

二、基本原理

酵母菌是单细胞的微生物，细胞核与细胞质有明显的分化，个体直径比细菌大 10 倍左右，多为圆形或椭圆形。酵母菌的繁殖方式也较复杂，无性繁殖主要是出芽生殖。有的在特殊条件下能形成假菌丝，有性繁殖是通过接合产生子囊孢子。用美蓝染色液制成水浸片，不仅可以观察其外形，还可以区分死活细胞。

美蓝是一种无毒性的染料，它的氧化型呈蓝色，还原型无色。用美蓝对酵母菌的活细胞进行染色时，由于细胞的新陈代谢作用，活细胞具有较强的还原能力，能使美蓝由蓝色的氧化型变为无色的还原型。因此，具有还原能力的活酵母菌细胞是无色的；而死细胞或代谢能力微弱的衰老细胞则无还原力或还原力弱，使细胞呈蓝色或淡蓝色。

三、实验用品

(1) 菌种 酿酒酵母（*Saccharomyces cerevisiae*）、热带假丝酵母。
(2) 试剂 0.05% 和 0.015% 吕氏碱性美蓝染色液。
(3) 其他器材 显微镜，载玻片，盖玻片等。

四、操作步骤

（一）死、活细胞的观察

载片中央加一滴美蓝染液→无菌操作蘸取少许酵母菌于染液中→用镊子夹一洁净的盖玻片，由一侧小心地盖于液滴上（避免产生气泡）→静置 3min→镜检→计死细胞数（30min 后观察死细胞是否增加），也可计算出芽率（死细胞呈蓝色，活细胞透明无色）

(1) 按无菌操作取少量酵母菌与 0.015% 吕氏碱性美蓝染色液混合均匀，放置约 3min 后，先用低倍镜后用高倍镜观察酵母的形态和出芽情况，并用颜色区别死、活细胞。

（2）用 0.05% 吕氏碱性美蓝染色液重复上述操作。

（3）染色 0.5h 后再次观察，注意视场中死、活细胞的变化。

（二）假菌丝的培养与观察

将假丝酵母菌划线接种在麦芽汁琼脂平板上，并在划线处盖上盖片，置 25~28℃ 培养 2~3d 后。从培养假丝酵母菌的平板上取出盖片，制作水浸制片，放在低倍镜和高倍镜下观察，所见呈树枝状分支的细胞即为酵母菌的假菌丝。

（三）酵母菌培养特征的观察

观察酿酒酵母、热带假丝酵母的菌苔即菌落特征情况。

五、实验报告

（1）描述酵母菌的培养特征（群体特征）。

（2）描述酵母菌的个体特征。

（3）根据观察结果绘图。

六、分析与讨论

（1）吕氏碱性美蓝染液浓度和作用时间的不同，对酵母菌死细胞数量有何影响？

（2）随时间的迁移，视场中被染成蓝色的酵母菌细胞数有何变化？试分析其原因？

（3）在显微镜下，酵母菌有哪些突出的特征区别于一般细菌？

（4）比较酵母菌和细菌的培养特征。

实验八　霉菌形态的观察

一、技能目标

（1）学习并掌握观察霉菌形态的基本方法。

（2）观察常见霉菌的基本形态。

二、基本原理

霉菌的营养体是分支的丝状体，分为基内菌丝和气生菌丝。气生菌丝又可分化出繁殖丝。不同霉菌的繁殖丝可形成不同的孢子。霉菌的个体比细菌和放线菌大得多，故用低倍镜即可观察，常用的观察方法有直接制片观察法、载玻片湿室培养观察法和玻璃纸透析培养法三种。

霉菌菌丝较粗大，细胞易收缩变形，且孢子容易飞散，所以制片观察时常用乳酸石炭酸棉蓝染色液，此染色液制成的霉菌标本玻片的特点是：细胞既不变形，又具有杀菌防腐作用，且不易干燥，能保持较长时间，还能防止孢子飞散。染液的蓝色能增强反差，使物像更清楚。

霉菌自然生长状态下的形态，常用载玻片湿室培养观察法。此法是接种霉菌孢子于载玻片上的适宜培养基上，培养后于显微镜下观察。

为了得到清晰、完整、保持自然状态的霉菌还可以利用玻璃纸透析培养法进行观察（同放线菌）。

三、实验用品

（1）菌种　黑曲霉（*Aspergillus niger*），青霉（*Penicillium* sp.），根霉（*Rhizopus* sp.），毛霉（*Mucor* sp.）。

（2）试剂　乳酸石炭酸棉蓝染色液。

（3）其他器材　载玻片、盖玻片、显微镜、解剖针、镊子、酒精灯等。

四、操作步骤

1. 观察示范片

观察曲霉、青霉、根霉、毛霉标本示范片。

2. 制片观察

（1）于洁净载玻片上，滴加一滴乳酸石炭酸棉蓝染色液，用解剖针以菌落边缘处取少量带有孢子的菌丝于染液中，小心地剖开菌丝，直到全部浸湿，然后盖上盖片，应尽量避免产生气泡。

（2）置显微镜下先用低倍镜观察，必要时再换高倍镜。

五、实验报告

把观察到的四种霉菌的形态绘制成图，并注明各部分名称。

六、分析与讨论

（1）比较毛霉、根霉、曲霉、青霉在形态结构上有何不同？

（2）比较酵母菌和细菌，放线菌和霉菌形态上的异同。

实验九 四大类微生物菌落形态的观察比较

一、技能目标

学习识别和区分四大类微生物的菌落特征。

二、基本原理

菌落形态是指某种微生物在一定的培养基上单个菌体形成的群体形态。细菌、放线菌、酵母菌和霉菌,每一类微生物在一定培养条件下形成的菌落各具有某些相对的特征,通过观察这些特征,来区分各大类微生物及初步鉴别、鉴定微生物,方法简便快捷,在科研和生产实践中常被采用。

三、实验用品

大肠杆菌,枯草芽孢杆菌,拟霉芽孢杆菌,灵杆菌,钾细菌,5406细黄链霉菌,紫色直丝链霉菌,黑化链霉菌,小单胞菌,诺卡氏菌,白酵母,红酵母,啤酒酵母、青霉菌、赤霉菌、黑曲霉、根霉、毛霉等四大类微生物菌种。

牛肉膏蛋白胨培养基、高氏1号合成培养基和马铃薯蔗糖培养基酵母菌合成培养基;无菌平皿,接种环(针)等。

四、操作步骤

1. 制备菌落平板

分别用上述不同培养基制成平板,然后用上述的细菌、放线菌、酵母菌以划线法制成已知菌平板,而霉菌则用点种法(一点或三点均可)制成已知菌平板。

2. 细菌菌落特征的观察

观察菌落的大小、表面状况、透明度、色泽、边缘、隆起度、透光性、是否分泌色素等特点来掌握细菌菌落的形态特征。

3. 放线菌菌落特征的观察

观察菌落的大小、表面形状(呈崎岖、褶皱或平滑)、气生菌丝的形状(呈绒状、粉状或茸毛状),有无同心环以及菌落的颜色等特点,以便掌握放线菌菌落的形态特征。

4. 酵母菌菌落特征的观察

大多数酵母菌形成的菌落与细菌的相似,但较细菌的菌落大而厚些,湿润、黏稠、易被挑起。菌落多呈乳白色,少数为红色(如红酵母)。酵母菌菌落的颜色、光泽、质地、表面和边缘特征均为识别时的重要依据。

5. 霉菌菌落特征的观察

霉菌菌落通常以扩散方式向四周蔓延，菌丝较粗而长，形成的菌落较疏松，呈绒毛状、絮状或蜘蛛网状，一般比细菌菌落大几倍到几十倍，菌落背面呈现不同颜色。

五、注意事项

（1）在观察过程中应注意比较并区分放线菌与霉菌、酵母菌与细菌的菌落特征。

（2）制备菌落平板时应注意培养基的选择和培养时间的控制。

六、实验报告

（1）制备四大类菌落平板的培养基温度和培养时间各为多少？

（2）简述放线菌、霉菌、酵母菌及细菌的菌落特征。

选做实验

实验十　细菌的荚膜染色

一、技能目标

学习并掌握细菌的荚膜染色方法。

二、基本原理

由于荚膜与染料间的亲和力弱，不易着色，通常采用负染色法染荚膜，即设法使菌体和背景着色而荚膜不着色，从而使荚膜在菌体周围呈一透明圈。由于荚膜的含水量在90%以上，故染色时一般不加热固定，以免荚膜皱缩变形。

三、实验用品

（1）菌种　圆褐固氮菌（*Azotobacter chroococcum*）。

（2）试剂　Tyler法染色液、用滤纸过滤后的绘图墨水、复红染色液、黑素、6%葡萄糖水溶液、1%甲基紫水溶液、甲醇、20% $CuSO_4$ 水溶液。

（3）其他器材　显微镜、载玻片、玻片搁架、擦镜纸、接种环、酒精灯、双层瓶等。

四、操作步骤

推荐以下四种染色法，其中以湿墨水法较简便，并且适用于各种有荚膜的细菌。如用相差显微镜检查则效果更佳。

1. 负染色法

（1）制片　取洁净的载玻片一块，加蒸馏水一滴，取少量菌体放入水滴中涂布混匀。

（2）干燥　将涂片放在空气中晾干或用电吹风冷风吹干。

（3）固定　滴加 1~2 滴 95% 乙醇固定。

（4）染色　在涂面上加复红染色液染色 2~3min。

（5）水洗　用水洗去复红染液，至流下的水无色为止。

（6）干燥　将染色片放空气中晾干或用电吹风冷风吹干。

（7）涂黑素　在染色涂面左边加一小滴黑素，用一边缘光滑的洁净载玻片轻轻接触黑素，使黑素沿玻片边缘散开，然后向右一拖，使黑素在染色涂面上成为均匀一薄层，并迅速风干。

（8）镜检　先低倍镜，再高倍镜至油镜观察。

结果：背景灰黑色，菌体红色，荚膜无色透明。

2. 湿墨水法

（1）制菌液　加 1 滴墨水于洁净的载玻片上，无菌操作挑取少量菌体与墨水充分混合均匀。

（2）加盖玻片　取一清洁盖玻片于混合液一侧，轻轻放下以不产生气泡为宜，然后在盖玻片上放一张滤纸，轻轻按压，吸去多余的菌液。

（3）镜检　先用低倍镜，再用高倍镜至油镜观察。

结果：背景灰色，菌体较暗，在菌体与背景之间呈现一明亮的透明圈即为荚膜。

3. 干墨水法

（1）制备菌液　加 1 滴 6% 葡萄糖水溶液于洁净载玻片一端，挑少量菌体与其充分混匀，再加一环墨水，充分混匀。

（2）制片　左手执带菌液的玻片，右手另拿一边缘光滑的载玻片，将载玻片的一边与菌液接触，使菌液沿玻片接触处散开，然后以 30° 角，迅速而均匀地将菌液推向玻片的另一端，使混合菌液铺成一薄膜（图 12-6）。

（3）干燥　空气中自然干燥或冷风吹干。

（4）固定　用甲醇浸没涂片，固定 1min，立即倾去甲醇。

（5）干燥　在酒精灯上方，用文火干燥。

（6）染色　用 1% 甲基紫染 1~2min。

（7）水洗　用自来水轻轻冲洗后，自然干燥或吸水纸吸干多余水分。

（8）镜检　先用低倍镜再用高倍镜至油镜观察。

结果：背景灰色，菌体紫色，荚膜在菌体周围呈一清晰透明圈。

4. Tyler 法

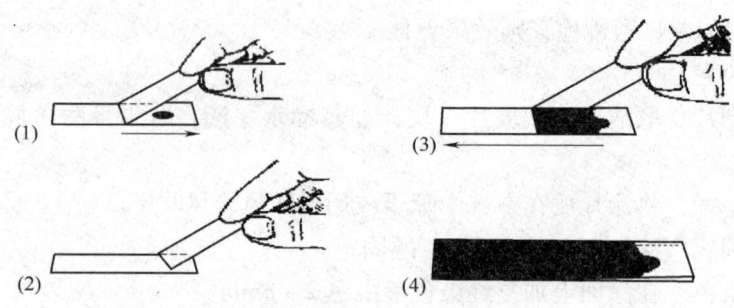

图 12-6 荚膜干墨水染色法的图片方法

（1）涂片　按常规法涂片，可多挑些菌体与水充分涂抹混合，并将黏稠的菌液尽量涂开，但涂布的面积不宜过大。

（2）干燥固定　在空气中自然干燥、固定，不可加热。

（3）染色　用 Tyler 染色液染 5~7min。

（4）脱色　用 20% $CuSO_4$ 水溶液洗去染液（一般冲洗 2 遍）。用吸水纸吸干，并立即加 1~2 滴香柏油于涂片处，以防止 $CuSO_4$ 结晶的形成。

（5）镜检　先用低倍镜再用高倍镜至油镜观察。观察完毕后注意用二甲苯擦去镜头上的香柏油。

结果：菌体深紫色，荚膜无色或浅紫色。

注意事项：
①加盖玻片时不可有气泡，否则会影响观察。
②应用干墨水法时，涂片要放在火焰较高处并用文火干燥，不可使玻片发热。
③在采用 Tyler 法染色时，标本经染色后不可用水洗，必须用 20% $CuSO_4$ 冲洗。

五、实验报告

绘出圆褐固氮菌的形态图，并注明各部位的名称。

六、分析与讨论

（1）试比较四种荚膜染色法的优缺点。
（2）荚膜染色后，为什么被包在荚膜里的菌体着色而荚膜不着色？

实验十一　细菌的鞭毛染色法及活细菌运动性观察

一、细菌的鞭毛染色实验

（一）技能目标

学习并掌握细菌的鞭毛染色法及观察细菌鞭毛的着生情况。

(二) 基本原理

细菌的鞭毛极细,直径一般为 10~20nm,只有用电子显微镜才能观察到。但是,如采用特殊的染色法,则在普通光学显微镜下也能看到它。鞭毛染色方法很多,但基本原理相同,即在染色前先用媒染剂处理,让它沉积在鞭毛上,使鞭毛直径加粗,然后再进行染色。常用的媒染剂由单宁酸和氯化高铁或钾明矾等配制而成。现推荐以下两种染色法。

(三) 实验用品

(1) 菌种 枯草芽孢杆菌、培养 12~16h 的水稻黄单胞菌、黏质赛氏杆菌或荧光假单胞菌斜面菌种。

(2) 试剂 硝酸银染色液、Leifson 染色液。

(3) 其他器材 载玻片、擦镜纸、吸水纸、记号笔、玻片搁架、镊子、接种环、显微镜、双层瓶。

(四) 操作步骤

1. 硝酸银染色法

(1) 清洗玻片 选用新的载玻片放入洗衣粉溶液中煮沸 20min,用清水冲洗干净,沥去水分后置 95% 乙醇中,用时取出在火焰上烘干。

(2) 活化菌种与菌液的制备 作鞭毛染色和运动性的观察,所用培养菌最好处于生长活跃幼龄期,因此在染色观察前应将细菌进行活化。方法有两个,一个是在新配的营养琼脂斜面上(培养基表面湿润,斜面基部有冷凝水)连续转接 2~3 代,每次于 30℃ 培养 12~16h,以增强细菌的运动力。最后用接种环挑取斜面与冷凝水交接处菌苔数环,移至盛有 1~2mL 无菌水的试管中,使其成混浊液。将该试管置于 37℃ 恒温箱中静置 10min,让幼龄菌的鞭毛松展开,立即制片。另一个是在新制备的营养琼脂(含 0.6%~0.8% 的琼脂)平板上用接种环在平板中央点接活化 2~3 代的细菌,恒温培养 12~16h,取扩散菌落的边缘制成菌液或直接涂片。

(3) 制片 方法一是取一滴菌液于载玻片的一端,立即将玻片倾斜,使菌液缓缓流向另一端,用吸水纸吸去玻片下端多余菌液,室温(或 37℃ 恒温)自然干燥。方法二是在干净载玻片的一端滴一滴无菌水,按无菌操作用接种环从活化菌种中取少量菌苔(不要带培养基)于水滴中轻轻蘸几下,稍倾斜载玻片,使菌液随水流缓缓流到另一端,自然干燥。

(4) 染色

①在玻片涂面上滴加硝酸银染色 A 液 3~5min,用蒸馏水充分洗净 A 液。

②用硝酸银染色 B 液冲去残水,再加 B 液覆盖于涂面上,用酒精灯微火加热至冒蒸气,维持 0.5~1min(加热时应不断补充染料,切勿干涸),显褐色时立即用蒸馏水冲洗,自然干燥。

（5）镜检　先低倍，再高倍，最后用油镜检查。

结果：菌体呈深褐色，鞭毛呈浅褐色。

2. 改良 Leifson 染色法

（1）清洗玻片　同硝酸银法。

（2）活化菌种与菌液的制备　同硝酸银法。

（3）制片

①用记号笔在涂片背面将玻片划分 3～4 个等分区。

②在每一小区的一端放 1 滴菌液，将玻片倾斜，让菌液流向小区的另一端，然后用滤纸吸去多余的菌液。

③室温或 37℃温室自然干燥。

（4）染色

①加 Leifson 染色液于第一区，隔数分钟后再将染料加入第二区，依此类推（相隔时间自行决定），其目的是确定最佳染色时间，且节约材料。

②在染色过程中仔细观察，当整个玻片都出现铁锈色沉淀和染料表面出现金色膜时，直接用蒸馏水轻轻冲洗染料，否则会增加背景的沉淀，染色时间大约 10min。

③自然干燥。

（5）镜检　先低倍镜，再高倍镜，最后用油镜观察，观察时要多找一些视野，不要企图在 1～2 个视野中就能看到细菌的鞭毛。

结果：菌体和鞭毛均染成红色。

注意事项：

①所用的载玻片、凹玻片、盖玻片都要洁净无油，否则会影响观察效果。

②要用适宜菌龄作为观察材料，且在操作时小心仔细，以防鞭毛脱落。

③所用鞭毛染色液最好是现用现配，否则观察效果差。

④在用硝酸银染色时，要充分洗去 A 液再加 B 液，掌握好 B 液的染色时间是鞭毛染色成败的重要环节。

（五）实验报告

绘出鞭毛菌的鞭毛特征及位置。

（六）分析与讨论

1. 你所观察的三种细菌是否都有鞭毛？
2. 哪些因素影响鞭毛染色结果？如何控制？

二、细菌的运动性观察

（一）技能目标

学习用压滴法和悬滴法观察细菌的运动性。

(二) 基本原理

细菌是否具有鞭毛是细菌分类鉴定的重要特征之一。采用鞭毛染色法虽能观察到鞭毛的形态、着生位置和数目,但此法既费时又麻烦。如果仅须了解某菌是否有鞭毛,可采用悬滴法或水封片法(即压滴法)直接在光学显微镜下检查活细菌是否具有运动能力,以此来判断细菌是否有鞭毛。此法较快速、简便。

悬滴法就是将菌液滴加在洁净的盖玻片中央,在其周边涂上凡士林,然后将它倒盖在有凹槽的载玻片中央,即可放置在普通光学显微镜下观察。水封片法是将菌液滴在普通的载玻片上,然后盖上盖玻片,置显微镜下观察。

大多数球菌不生鞭毛,杆菌中有的有鞭毛有的无鞭毛,弧菌和螺菌几乎都有鞭毛。有鞭毛的细菌在幼龄时具有较强的运动力,衰老的细胞鞭毛易脱落,故观察时宜选用幼龄菌体。

(三) 实验用品

(1) 菌种 枯草芽孢杆菌、培养 12~16h 的水稻黄单胞菌、黏质赛氏杆菌或荧光假单胞菌斜面菌种。

(2) 试剂 香柏油、二甲苯、凡士林等。

(3) 其他器材 凹载玻片、盖玻片、镊子、接种环、滴管、擦镜纸、显微镜。

(四) 操作步骤

制备菌液→涂凡士林→滴加菌液→盖凹玻片→镜检

1. 制备菌液

在幼龄菌斜面上,滴加 3~4mL 无菌水,制成轻度混浊的菌悬液。

2. 涂凡士林

取洁净无油的盖玻片 1 块,在其四周涂少量的凡士林。

3. 滴加菌液

加一滴菌液于盖玻片的中央,并用记号笔在菌液的边缘做一记号,以便在显微镜观察时,易于寻找菌液的位置。

4. 盖凹玻片

将凹玻片的凹槽对准盖玻片中央的菌液,并轻轻地盖在盖玻片上,使两者粘在一起,然后翻转凹玻片,使菌液正好悬在凹槽的中央,再用铅笔或火柴棒轻压盖玻片,使玻片四周边缘闭合,以防菌液干燥。若制水封片,在载玻片上滴加一滴菌液,盖上盖玻片后即可置显微镜下观察。

5. 镜检

先用低倍镜找到标记,再稍微移动凹玻片即可找到菌滴的边缘,然后将菌液移到视野中央换高倍镜观察。由于菌体是透明的,镜检时可适当缩小光圈或降低聚光器以增大反差,便于观察。镜检时要仔细辨别是细菌的运动还是分子运动（即布朗运动），前者在视野下可见细菌自一处游动至他处，而后者仅在原处左右摆动。细菌的运动速度依菌种不同而异，应仔细观察。

结果：有鞭毛的枯草杆菌和假单胞菌可看到活跃的运动，而无鞭毛的金黄色葡萄球菌不运动。

注意事项：

①检查细菌运动的载玻片和盖玻片都要洁净无油，否则将影响细菌的运动。

②制水封片时菌液不可加得太多，过多的菌液会在盖玻片下流动，因而在视野内只见大量的细菌朝一个方向运动，从而影响了对细菌正常运动的观察。

③若使用油镜观察，应在盖玻片上加香柏油一滴。

（五）实验报告

绘出所看到的细菌的形态图，并用箭头表示其运动方向。

（六）分析与讨论

（1）悬滴法中为什么要涂凡士林？

（2）如果发现显微镜视野内大量细菌向一个方向流动，你认为是什么原因造成的？

第十三章 微生物学实训

必做项目

实训一 棉塞的制作、培养基的制备与高压蒸汽灭菌

一、实训技能

（1）学会制作棉塞。
（2）明确培养基的配制原理，学习制备方法。
（3）熟悉高压蒸汽灭菌的应用范围。
（4）学会高压蒸汽灭菌锅的使用及操作方法，掌握使用过程中的注意事项。

二、基本原理

（一）培养基的制备

培养基是人工配制的适合微生物生长繁殖或积累代谢产物的营养基质，主要用于微生物的分离、培养、鉴定、菌种保藏或积累代谢产物等方面。任何培养基中均需含有微生物生长所必需的能源、碳源、氮源、矿质元素、水和生长因素，但不同营养类型、不同种类的微生物对营养元素的要求又有很大差异。不同微生物对 pH 要求不同，应将培养基调节到一定的 pH 范围。目前使用的各种培养基都是经前人反复实践、比较设计的成果。

根据微生物的种类和实验目的的不同，培养基的分类如下：

（1）按成分的不同分为天然培养基、合成培养基和半合成培养基；
（2）按培养基的物理状态分为液体培养基、固体培养基和半固体培养基；

常用的凝固剂是琼脂（又称洋菜）。市售琼脂为条状、片状或粉末状，主要成分为多聚半乳糖的硫酸酯，绝大多数微生物不能将其分解，在培养基中仅起支撑作用。其熔点约98℃，凝固点42℃，固体培养基其琼脂含量为1.5%～2%，固体培养基广泛应用于微生物的分离培养、菌种鉴定和保藏。

液体培养基中加入0.2%～0.8%琼脂制成半固体培养基。用于观察细菌的运动、菌种鉴定及测定噬菌体的效价等。

（3）按用途分为基础培养基、营养培养基（加富培养基）、选择培养基和鉴

别培养基等。

此外，由于配制培养基的各种营养物质和所使用的容器等含有各种各样的微生物，因此当培养基的各种组分配制好后必须立即灭菌，若来不及灭菌，应暂存冰箱内，以防其中的微生物大量生长繁殖而消耗养分和改变培养基的酸碱度所带来的不利影响。

（二）高压蒸汽灭菌

高压蒸汽灭菌是将待灭菌的物品放在一个密闭的加压灭菌锅内，通过加热，使灭菌锅隔套间的水沸腾而产生蒸汽。待水蒸气急剧地将锅内的冷空气从排气阀中驱尽，然后关闭排气阀，继续加热，此时由于蒸汽不能溢出，而增加了灭菌锅内的压力，从而使沸点增高，得到高于100℃的温度。导致菌体蛋白质凝固变性而达到灭菌的目的。

在同一温度下，湿热的杀菌效力比干热大。其原因有三：一是湿热中细菌菌体吸收水分，蛋白质较易凝固，因蛋白质含水量增加，所需凝固温度降低（表13-1）；二是湿热蒸汽的穿透力比干热空气大（表13-2）；三是湿热的蒸汽有潜热存在。1g水在100℃时，由气态变为液态时可放出2.26kJ的热量，这种潜热，能迅速提高被灭菌物体的温度，从而增加灭菌效力。

表13-1　蛋白质含水量与凝固所需温度的关系

蛋白质含水量/%	蛋白质凝固点/℃
50	56
25	74~80
18	80~90
6	145
0	160~170

表13-2　不同加热方式穿透力及灭菌效果比较

加热方式	加热时间	透过纱布层的温度/℃			灭菌
		20层	10层	100层	
干热	4	86	72	70.5	不完全
湿热	3	101	101	101	完全

在使用高压蒸汽灭菌锅灭菌时，灭菌锅内冷空气的排除是否完全极为重要，因为空气的膨胀压大于水蒸气的膨胀压，所以，当水蒸气中含有空气时，在同一压力下，含空气的蒸汽温度低于饱和蒸汽的温度。灭菌锅内留有不同体积空气时，压力与温度的关系见表13-3。

现在法定压力单位已不用磅和kg/cm^2表示，而是用Pa或bar表示，其换算关系为：$1kg/cm^2 = 98066.5Pa$；$1lb/in^2 = 6894.76Pa$。

表 13 – 3　　灭菌锅留有不同体积空气时，压力与温度的关系

压力数			全部空气排出时的温度/℃	2/3 空气排出时的温度/℃	1/2 空气排出时的温度/℃	1/3 空气排出时的温度/℃	空气全不排出时的温度/℃
MPa	kg/cm^2	lb/in^2					
0.03	0.35	5	108.8	100	94	90	72
0.07	0.70	10	115.6	109	105	100	90
0.10	10.5	15	121.3	115	112	109	100
0.14	1.40	20	126.2	121	118	115	109
0.17	1.75	25	130.0	126	124	121	115
0.21	2.10	30	134.6	130	128	126	121

一般培养基用 0.1MPa（相当于 15 lb/in^2 或 1.05kg/cm^2），121.5℃，15～30min 可达到彻底灭菌的目的。灭菌的温度及维持的时间随灭菌物品的性质和容量等具体情况而有所改变。例如含糖培养基用 0.06MPa（8lb/in^2 或 0.59kg/cm^2）112.6℃灭菌 15min，然后以无菌操作手续加入灭菌的糖溶液。又如盛于试管内的培养基以 0.1MPa，121.5℃灭菌 20min 即可，而盛于大瓶内的培养基最好以 0.1MPa，122℃灭菌 30min。实验中常用的非自控高压蒸汽灭菌锅有卧式和手提式两种，其结构和工作原理相同。本实验以手提式高压蒸汽灭菌锅为例，介绍其使用方法。有关自控高压蒸汽灭菌锅的使用可参照厂家说明书（图 13 – 1）。

三、实训用品

棉花、纱布、pH 试纸、细菌培养基、酵母菌培养基、放线菌培养基、霉菌培养基，分装培养基的试管，手提式或立式全自动高压蒸汽灭菌锅等。

四、配方

1. 细菌培养基

牛肉膏 3.0g；蛋白胨 10.0g；氯化钠 5.0g；琼脂 18～20g；水 1000mL；pH 7.4～7.6。

2. 高氏 I 号合成培养基（放线菌培养基）

可溶性淀粉 20g；KNO_3 1.0g；$K_2HPO_4 \cdot 3H_2O$ 0.5g；$MgSO_4 \cdot 7H_2O$ 0.5g；NaCl 0.5g；$FeSO_4 \cdot 7H_2O$ 0.01g；琼脂 18～20g；水 1000mL；pH 7.4～7.6。

3. 酵母菌培养基

蛋白胨 20g；酵母膏 10g；葡萄糖 20g；琼脂 18～20g；水 1000mL；自然 pH。

4. 查氏培养基

$NaNO_3$ 2g；K_2HPO_4 1g；KCl 0.5g；$MgSO_4 \cdot 7H_2O$ 0.5g；$FeSO_4 \cdot 7H_2O$ 0.01g；蔗糖 30g；琼脂 18～20g；蒸馏水 1000mL；自然 pH。

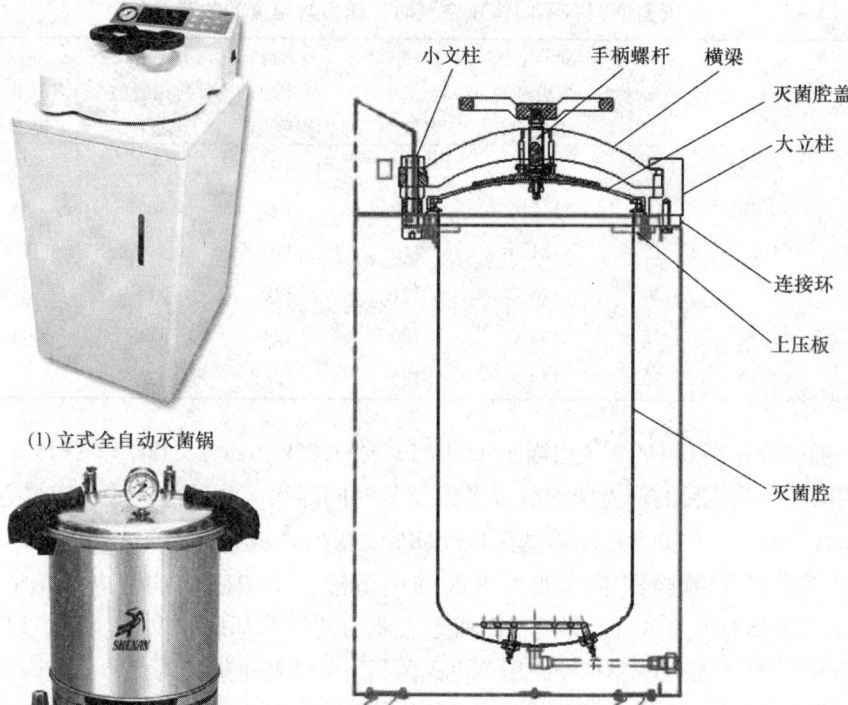

(1) 立式全自动灭菌锅

(2) 手提式高压灭菌锅（申安）

(3) 立式全自动灭菌锅腔体结构简图

图 13-1　常见高压灭菌锅

将各组分药品精确称量，置于盛有少于所需水量的烧杯中，加热搅拌均匀（其中可溶性淀粉称量后加入小烧杯中，加入少许水，调成糊状，待上述溶液沸腾时加入大烧杯中，边加边搅拌，以防糊底），待所有药品完全溶解后，补充水分到所需的总体积。

五、操作步骤

（一）制作棉塞

棉塞的作用主要在于阻止外界微生物进入培养基，防止由此可能造成的污染。同时，还可以保证良好的通气性能，使微生物不断地获得无菌空气（也可用硅胶、橡胶塞或聚丙烯塑料试管帽）。

制备过程（图 13-2）：

(1) 取棉花整理（注：脱脂棉易吸水，不宜用于制作棉塞）。

(2) 将纱布根据棉塞的大小剪成方块状，将棉塞包裹于纱布中，四角包好，自此棉塞不仅无菌操作过火时不易着火，而且可以反复使用。

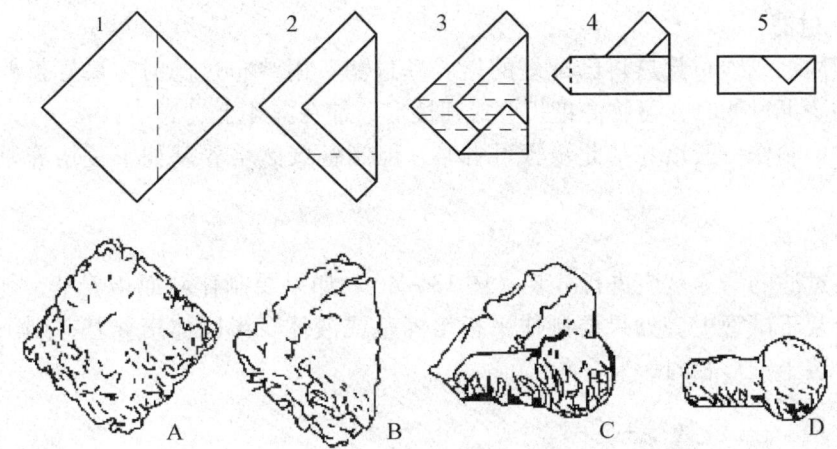

图 13-2 棉塞的制作过程

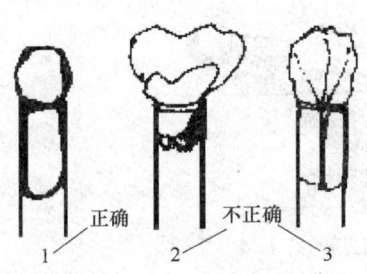

图 13-3 棉塞的制作标准

(3) 检验棉塞制作适合度的方法（图 13-3）：将棉塞塞入试管 2/3，手拔棉塞，有清脆响声，即为适合；手拔困难，太紧，妨碍空气流通，不易拔出；棉塞过松，微生物会从缝隙处进入试管，导致培养基被污染。在大批制作棉塞以前，应先试制 1 个，塞在试管口上，用手提棉塞，如果试管不脱落下来，就以这个棉塞的大小为准制作其余的棉塞。

（二）培养基的制备

1. 称量配料

按培养基配方比例依次准确称量各种药品（物料），置于盛有少于所需水量的烧杯中（注意：称量牛肉膏、酵母膏常用玻璃棒挑取，放在称量纸上，称量后直接放入水中，稍微加热后，牛肉膏、酵母膏便会与称量纸分离，用玻璃棒取出纸片即可）。

2. 溶解、熔化

向容器内加入所需水量的一部分，按照培养基的配方，称取各种原料，依次加入使其溶解，最后补足所需水分。对蛋白胨、牛肉膏等物质，需加热溶解，加热过程所蒸发的水分，应在全部原料溶解后加水补足。

配制固体培养基时，先将上述已配好的液体培养基煮沸，再将称好的琼脂加入，继续加热至完全融化。并不断搅拌，以免琼脂糊底烧焦。

3. 调节 pH

用 pH 试纸（或 pH 电位计、氢离子浓度比色计）测试培养基的 pH，如不符合需要，可用 1mol/L HCl 或 1mol/L NaOH 进行调节，直到调节到配方要求的 pH 为止。

4. 过滤

用滤纸或纱布趁热将已配好的培养基过滤。用纱布过滤时，最好折叠成六层，用滤纸过滤时，可将滤纸折叠成瓦棱形，铺在漏斗上过滤。

注：制作一般培养基此步骤可省略，但制备天然培养基如土豆培养基必须过滤。

5. 分装

已过滤的培养基应进行分装（图13-4）。如果要制作斜面培养基，须将培养基分装于试管中。如果要制作平板培养基或液体、半固体培养基，则须将培养基分装于锥形瓶内。

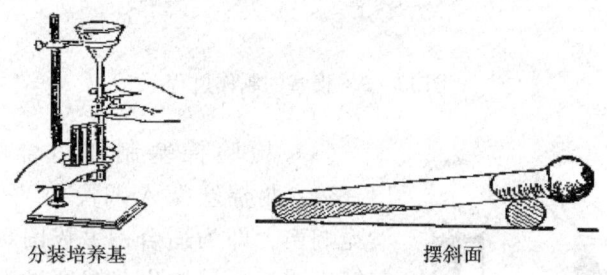

图13-4 分装培养基及摆斜面

分装试管高度：固体试管的1/5~1/4；液体试管的1/4~1/3。

6. 加棉塞

分装完毕后，需要用棉塞堵住管口或瓶口。棉塞不要过紧或过松。塞好后，以手提棉塞，管、瓶不下落为合适。

7. 包扎

以6~10支试管为一捆，用双层旧报纸包扎；将装有培养基的三角瓶加棉塞用双层旧报纸包扎，并做好标记。

8. 灭菌

将灭菌物品放入灭菌锅内，121℃灭菌20~30min。

9. 摆斜面

培养基灭菌后，如制作斜面培养基和倒平板，须趁热进行。

（1）制作斜面培养基　在实验台上放1支长0.5~1m的木条，厚度为1cm左右。将试管头部枕在木条上，使管内培养基自然倾斜（图13-4），凝固后即成斜面培养基。

（2）制作平板培养基　将灭菌的培养基倒入无菌培养皿中，每皿约倒入15mL左右，以铺满皿底为度。待培养基凝固后，倒置平放在恒温箱里，24h后检查，如培养基未长杂菌，即可用来培养微生物。

（三）高压蒸汽灭菌

（1）首先将内层锅取出，再向外层锅内加入适量的水，使水面与三角搁架相平为宜。切勿忘记加水，同时水量不可过少，以防灭菌锅烧干而引起炸裂事故。

（2）放回内层锅，并装入待灭菌物品。注意不要装得太挤，以免妨碍蒸汽流通而影响灭菌效果。三角烧瓶与试管口端均不要与锅壁接触，以免冷凝水淋湿包口的纸而透入棉塞。

（3）加盖，并将盖上的排气软管插入内层锅的排气槽内。再以两两对称的方式同时旋紧相对的两个螺栓，使螺栓松紧一致，切勿漏气。

（4）用电炉或煤气加热，并同时打开排气阀，使水沸腾以排除锅内的冷空气。待冷空气完全排尽后，关上排气阀，让锅内的温度随蒸汽压力增加而逐渐上升。当锅内压力升到所需压力时，控制热源，维持压力至所需时间。本实验用 0.1MPa，121.5℃，20min 灭菌。

灭菌的主要因素是温度而不是压力。因此锅内冷空气必须完全排尽后，才能关上排气阀，维持所需压力。

（5）灭菌所需时间到后，切断电源或关闭煤气，让灭菌锅内温度自然下降，当压力表的压力降至"0"时，打开排气阀，旋松螺栓，打开盖子，取出灭菌物品。

压力一定要降到"0"时，才能打开排气阀，开盖取物。否则就会因锅内压力突然下降，使容器内的培养基由于内外压力不平衡而冲出烧瓶口或试管口，造成棉塞沾染培养基而发生污染，甚至灼伤操作者。

（6）将取出的灭菌培养基，需摆斜面的则摆成斜面，然后放入 37℃ 温箱中培养 24h，经检查若无杂菌生长，即可待用。

六、实训作业

（1）记录棉塞制作过程。
（2）检查培养基灭菌是否彻底。

七、分析与讨论

（1）棉塞制作过程中应注意哪些问题？
（2）高压蒸汽灭菌开始之前，为什么要将锅内冷空气排尽？灭菌完毕后，为什么待压力降低至"0"时才能打开排气阀，开盖取物？
（3）在使用高压蒸汽灭菌锅灭菌时，怎样杜绝一切不安全的因素？
（4）灭菌在微生物实验操作中有何重要意义？
（5）为什么湿热灭菌比干热灭菌效果好？请设计干热灭菌和湿热灭菌效果比较的方案。

实训二　啤酒生产中麦芽汁的制备

一、实训技能

（1）能够在生产环境下进行规范的液体培养基配制生产操作。

（2）进一步理解食品生产过程中原料热处理与微生物培养基制备之间的内在联系。

二、基本原理

啤酒生产过程中，麦芽汁制备包括原料糖化、麦醪过滤、麦汁煮沸和沉淀冷却等几个过程。麦汁糖化是利用麦芽所含的酶系，将麦芽和辅助原料中的不溶性高分子物质，逐步分解为可溶性的低分子物质，这个过程即称为糖化，由此制备的浸出物溶液就是麦芽汁，麦芽汁就是啤酒酵母生长繁殖的营养基质。生产中麦芽汁制备的过程就是啤酒酵母培养基制备的放大过程。

1. 啤酒生产麦芽汁制备工艺流程（12°P 麦芽汁制备工艺流程）

大米→称量→粉碎→投料于糊化锅中→加入耐高温α-液化酶→升温至沸腾并保持→兑醪

大麦芽→称量→粉碎→投料于糖化锅中→升温→兑醪→保温糖化→麦芽汁过滤→煮沸→

回旋沉淀→冷却→麦芽汁

2. 麦汁制备生产工艺

（1）糖化总投料量　大麦芽 0.8kg，大米 0.2kg。

（2）粉碎要求　大麦芽粉碎要求——麦皮破而不碎，麦心粉碎；大米粉碎要求——通过 20 目筛网。

（3）糊化锅投料量　水（62℃）1.2kg、大米粉 0.2kg。

（4）糊化工艺条件　时间 25min、温度 102℃。

（5）糖化锅投料量　水（52℃）3.0kg、大麦芽粉 0.8kg。

（6）糖化工艺条件

①酸水解：温度 42℃，时间 5~10min。

②糖化蛋白休止：温度 52℃，时间 20~25min。

③糖化：温度 65~68℃，时间 40min。

④灭酶：温度 78℃，时间 3min。

⑤糖化醪过滤：时间 60min，温度 78℃，头号麦芽汁浓度 16°P。

⑥用 78℃，2kg 水洗涤麦糟，并回收稀麦汁。

⑦麦芽汁煮沸：酒花添加量 4g、煮沸时间 1.2h、煮沸强度 10%、麦芽汁定

型 12P。

⑧回旋沉淀：静止时间 20min。

⑨麦芽汁冷却：冷却温度 7~8℃。

三、实训用品

（1）原料　大麦芽、啤酒花、耐高温 α-液化酶、大米（市售）、1%碘液及乳酸（分析纯）。

（2）器材　1000mL 大烧杯若干个、铝锅两个（可容纳10L）水、铝锅两个（可容纳5L水）、可调式恒温水浴锅（4孔或6孔）两个、粉碎机一台、20目筛网一个、漏斗、脱脂棉、滤纸、量筒（100mL）、玻璃棒、天平（精度为0.01kg）、可调式电炉（1500W）、糖度计、温度计若干支及计时表等。

四、操作步骤

1. 原料准备与粉碎操作

（1）检查原料感官质量，了解原料是否发霉或失光等，然后除去其中杂草、铁屑、砂石等杂质。

（2）用粉碎机进行原料粉碎。

2. 麦芽汁制备操作

（1）量取 1.2kg 水，并将之置于铝锅（5L）中，置于电炉上加热，待锅中水温达62℃时，边搅拌边加入大米粉 0.2kg，然后缓慢升温至102℃，如果醪液黏度较高，可加入适量的耐高温 α-液化酶，以降低黏度，保持102℃、25min，得糊化醪。

（2）与步骤（1）同时操作，量取水 3.0kg 置于铝锅（10L）中，置于电炉上加热，待铝锅中的水温为 42℃ 时，边搅拌边加入大麦芽粉 0.8kg，保温 5~10min，加入乳酸调节 pH 5.2~5.5，然后升温至 52℃、保持 20~25min（蛋白休止）。

（3）将步骤（1）所获得的糊化醪与步骤（2）中的醪液快速混合（兑醪），并搅拌均匀，然后升温至 65~68℃，维持 65~68℃、40min（糖化）左右，待碘液检验无显色反应时（糖化终点），得糖化醪。

（4）升温至 78℃，保持时间 3min（灭酶）。

（5）用漏斗进行糖化醪过滤（两层纱布，中间夹一层脱脂棉），操作时间控制在 60min，并保持过滤温度 78℃，头号麦芽汁浓度应为 16°P。

（6）用 78℃ 的 2kg 洗糟水洗涤麦糟，并回收稀麦汁。

（7）将麦芽汁合并，并置于电炉上升温至麦芽汁煮沸，煮沸时间 1.2h 左右，期间前 10min 和后 10min 分别添加酒花 4g。等待麦芽汁浓度为 12°P 时，停止麦芽汁煮沸，从而应当获得澄清透明的热麦芽汁。

(8) 静止沉降 20min，并冷却至 7～8℃。

3. 小结

实验室用液体培养基的配制与本次实验的麦汁制备在方法和操作过程方面有何异同？并记录。

五、实训报告

(1) 完成麦芽汁制备并对小结进行讨论。

(2) 编写实训报告。

六、分析与讨论

(1) 通过本次实验，你对生产用培养基的制备有何新的认识？

(2) 在本次实验过程中，你遇到了哪些异常问题，是如何处理的？

实训三 啤酒生产中酵母菌质量的鉴别

一、实训技能

(1) 学习掌握啤酒生产中酵母菌质量鉴别的一般方法。

(2) 了解酵母菌质量鉴别在啤酒生产中的意义及作用。

二、基本原理

(一) 死活细胞的鉴别

酵母菌是多形的，不运动的单细胞真核微生物，繁殖方式以无性繁殖的芽殖为主，美蓝染色及制作水浸片不仅可以观察细胞的外形、细胞结构、出芽繁殖方式，而且可以区别死活细胞。美蓝是一种无毒性染料，其氧化型为蓝色，还原型为无色。用它对酵母菌进行染色，因活细胞具有较强的还原能力，能使美蓝由蓝色还原为无色，而死细胞及代谢缓慢的老细胞，则因无此还原能力而被美蓝染成蓝色或浅蓝色。从而可以区别死活细胞。但美蓝的浓度、作用时间对该实训均有影响，应加以注意。水浸片还可以直接观察酵母菌细胞及出芽情况。

啤酒生产中，常检测酵母菌细胞的死亡率，现场使用的良好酵母其死亡率一般在 1%～3%，不应大于 5%（新培养的酵母死亡率应小于 1%）。死亡率高，反映到生产中会导致发酵迟缓；由于细胞的自溶，啤酒中有酵母味。

(二) 糖原染色

糖原含量取决于酵母菌的生理状态、生长强度、营养组成成分、贮存时间、温度及其他因素。啤酒生产中健壮的酵母细胞中始终含有糖原，衰老的细胞及酵母菌长时间在酵母贮存槽的无菌水中贮存（3~5d），则积累的糖原完全消失。因为糖原作为酵母细胞的贮备物质，在外界营养不足或缺乏的条件下而被消耗，另外在酶促催化分解下，有一部分也会转移到水中。

该实训应用于啤酒生产中作为酵母菌质量鉴别的方法之一，来判定啤酒酵母的营养生理状态及贮存时间。

发酵强盛阶段（主酵、对数后期至稳定期）的酵母菌细胞中，糖原染色一般有80%以上的细胞染成深褐色（芽细胞色浅或无色）；经洗涤，贮存3~5d后，细胞中糖原含量明显减少，则应尽快使用。

（三）类核染色

类核又称异染颗粒，是细胞贮藏物质，在细胞中较恒定，一般在稳定期后逐渐形成，不因贮存时间而过快消耗。

在老熟的酵母菌细胞中，积累有异染颗粒（类核）。在啤酒生产中，常以生产周期计代时（生产一个周期循环，为啤酒酵母的一个生产世代），代数越高的酵母，其中类核含量也越高。生产中常以此指标作为判断啤酒酵母细胞的衰老或退化标志。另外，类核还与发酵力有一定关系。

在啤酒生产中，为保证使用酵母的活性和强度，需经常进行镜检及某些生理特性试验。

（1）形态观察

①液体培养观察：优良菌种大小均一、整齐一致、细胞质透明、贮藏颗粒少，液泡小。

②固体培养观察：灰白色、米黄或蜡黄色，表面光滑，菌落（苔）大厚而圆整。

③直接制作水浸片，观察啤酒酵母菌的出芽率、死亡率等。

除上述鉴定指标外，还要观察酵母菌的出芽率，细胞内液泡的大小及结合生产中酵母使用的情况等。由于镜检直接、迅速，可起到辅助检测和诊断生产中啤酒酵母质量的作用。

（2）生产中的啤酒酵母质量要求

①死细胞：在1%~3%，小于等于5%，高于5%则不能使用。

②糖原：旺盛生产的啤酒酵母，排放清洗后存放3d内的健壮酵母一般在>70%左右。

③类核：与发酵力有关，大于80%说明群体酵母细胞较老熟，已近衰退。

④出芽率：因不同生长发酵时期而不同。

（3）生理特性检验

①凝集性试验；②发酵力；③发酵速度；④死亡温度；⑤对维生素的需要；

⑥啤酒的整体口感风味等。

在大生产中判别酵母菌的质量不能依据一个指标，而是根据多个检验指标结合大生产情况进行综合分析来进行判定。

三、实训用品

（1）菌种　啤酒酵母。
（2）染液　0.015%美蓝，碘液，类核染液，40%甲醛，1%硫酸溶液。
（3）其他器材　显微镜，载玻片，盖玻片，镊子，滤纸，擦镜纸。

四、操作步骤

1. 死活细胞的鉴别

载玻片中央加一滴0.015%美蓝→无菌操作沾取少许酵母菌于染液中→用镊子夹一洁净盖玻片由一侧小心盖于液滴上（避免产生气泡）→静置3min→镜检→计死细胞数（死细胞呈蓝色，活细胞透明无色。30min后观察死活细胞的变化。），也可计算出芽率。

2. 糖原染色

载玻片中央加一滴碘液→无菌操作取少许酵母菌于碘液中→盖上盖玻片→静置1min→镜检→可计算糖原的百分比（糖原呈棕褐色，不含糖原的细胞呈浅黄色）。

3. 类核染色

取1小滴市售甲醛（约40%）于载玻片上→将酵母于甲醛液中固定＋类核染液混合→盖片（静置5min）→吸去多余的染液→从盖玻片一侧加入1%硫酸，在另一侧放一长条滤纸，在滤纸的吸力下，使1%硫酸缓缓通过标本玻片。

镜检：细胞内蓝色的点状颗粒即为类核，细胞内容物及其他部分不被染色。

五、实训作业

（1）计数死细胞率、出芽率、糖原含量及含类核百分率。
（2）绘出啤酒酵母的形态图，并注明各部位的名称。

六、分析与讨论

（1）啤酒生产中酵母菌质量的快速鉴别有哪些指标？它们在生产中有何意义？
（2）类核染色中，1%的硫酸主要起什么作用？

实训四 微生物的无菌操作与接种技术

一、实训技能

（1）了解微生物无菌操作的意义。

（2）掌握微生物的接种技术以及各种微生物的培养温度。

二、基本原理

在微生物的研究应用中，不仅需要通过分离纯化技术从混杂的天然微生物群中分离出特定的微生物，而且还必须随时注意保持微生物纯培养物的"纯洁"，防止其他微生物的混入。在分离、转接及培养纯培养物时防止其被其他微生物污染的技术称为无菌操作技术，这是保证微生物生产科研能否正常进行的关键。

接种技术是微生物实验、科学研究及生产实践中的一项最基本的操作技术。无论微生物的分离、培养、纯化、制种或鉴定以及有关微生物的形态观察和生理研究都必须进行接种。接种的关键是要严格的进行无菌操作，如操作不慎引起污染，则结果就不可靠，影响生产及下一步工作的进行。

将微生物的培养物或含有微生物的样品移植到培养基上的操作技术称之为接种。其方法是用接种环或接种针分离微生物，或将纯种微生物在无菌操作下由一个培养器皿移植到盛有已灭菌并适宜该微生物生长繁殖所需培养基的另一器皿中。由于打开器皿就可能引起器皿内部被环境中的其他微生物污染，因此微生物所有实验的所有操作均应在无菌条件下进行，其要点是在火焰附近进行熟练的无菌操作。接种箱或无菌室内的空气可在使用的前一段时间内用紫外光灯或化学药剂灭菌，有的无菌室通过无菌空气保持无菌状态。

根据不同的实验目的及培养方式可以采用不同的接种工具和接种方法。常用的接种工具有接种针、接种环、接种铲、无菌玻璃涂棒、无菌移液管、无菌滴管或移液枪等（图13-5），接种环和接种针一般采用易于迅速加热和冷却的镍铬合金等金属制备，使用时用火焰灼烧灭菌。常用的接种方法有斜面接种、液体接种、穿刺

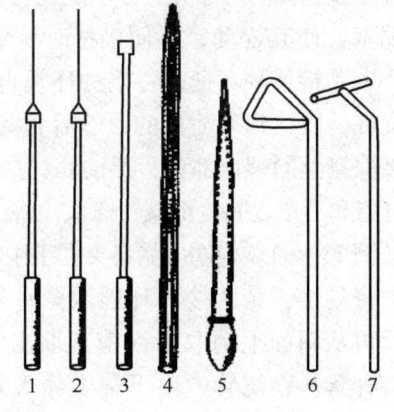

图13-5 接种工具

1—接种针 2—接种环 3—接种铲
4—移液管 5—滴管 6,7—玻璃涂棒

接种和平板接种等。

三、实训用品

（1）菌种　大肠杆菌（*Escherichia coli*），枯草芽孢杆菌（*Bacillus subtilis*），金黄色葡萄球菌（*Staphylococcus aureus*），酿酒酵母（*Saccharomyces cerevisiae*）或卡尔酵母（*Saccharomyces calsbergensis*），405（球孢链霉菌），4029（紫色链霉菌），黑曲霉（*Aspergillus niger*），青霉等。

（2）培养基　牛肉膏蛋白胨培养基，高氏 I 号培养基，查氏培养基，酵母菌培养基，普通琼脂斜面和平板。

（3）其他器材　恒温水浴锅，无菌玻璃涂棒，无菌吸管，无菌培养皿，酒精灯，玻璃铅笔，火柴，试管架、接种环、接种针、接种钩、滴管、移液管、三角形接种棒等接种工具。

四、操作步骤

（一）接种

1. 斜面接种法

斜面接种法主要用于接种纯菌，使其增殖后用以鉴定或保存菌种。通常先从平板培养基上挑取分离的单个菌落，或挑取斜面、肉汤中的纯培养物接种到斜面培养基上。操作应在无菌室、接种柜或超净工作台上进行，先点燃酒精灯。

将菌种斜面培养基（简称菌种管）与待接种的新鲜斜面培养基（简称接种管）持在左手拇指、食指、中指及无名指之间，菌种管在前，接种管在后，斜面向上管口对齐，应斜持试管呈 30°~45°。并能清楚地看到两个试管的斜面，注意不要持成水平，以免管底凝集水浸湿培养基表面。以右手在火焰旁转动两管棉塞，使其松动，以便接种时易于拔出。

右手持接种环柄，将接种环垂直放在火焰上灼烧。镍铬丝部分（环和丝）必须烧红，以达到灭菌目的，然后将除手柄部分的金属杆全用火焰灼烧一遍，尤其是接镍铬丝的螺口部分，要彻底灼烧以免灭菌不彻底。用右手的小指和手掌之间及无名指和小指之间拨出试管棉塞，将试管口在火焰上通过，以杀灭可能沾污的微生物（图 13-6）。棉塞应始终夹在手中如掉落应更换无菌棉塞或过火焰灭菌后再用。

将灼烧灭菌的接种环插入菌种管内，先接触无菌苔生长的培养基上，待冷却后再从斜面上刮取少许菌苔取出，接种环不能通过火焰，应在火焰旁迅速插入接种管。在试管中由下往上做 S 形或之字形划线。接种完毕，接种环应通过火焰抽出管口，灼烧棉塞、并迅速塞上棉塞。再重新仔细灼烧接种环后，放回原处，并塞紧棉塞（图 13-7）。将接种管贴好标签或用玻璃铅笔划好标记后再放入试管架，即可进行培养。

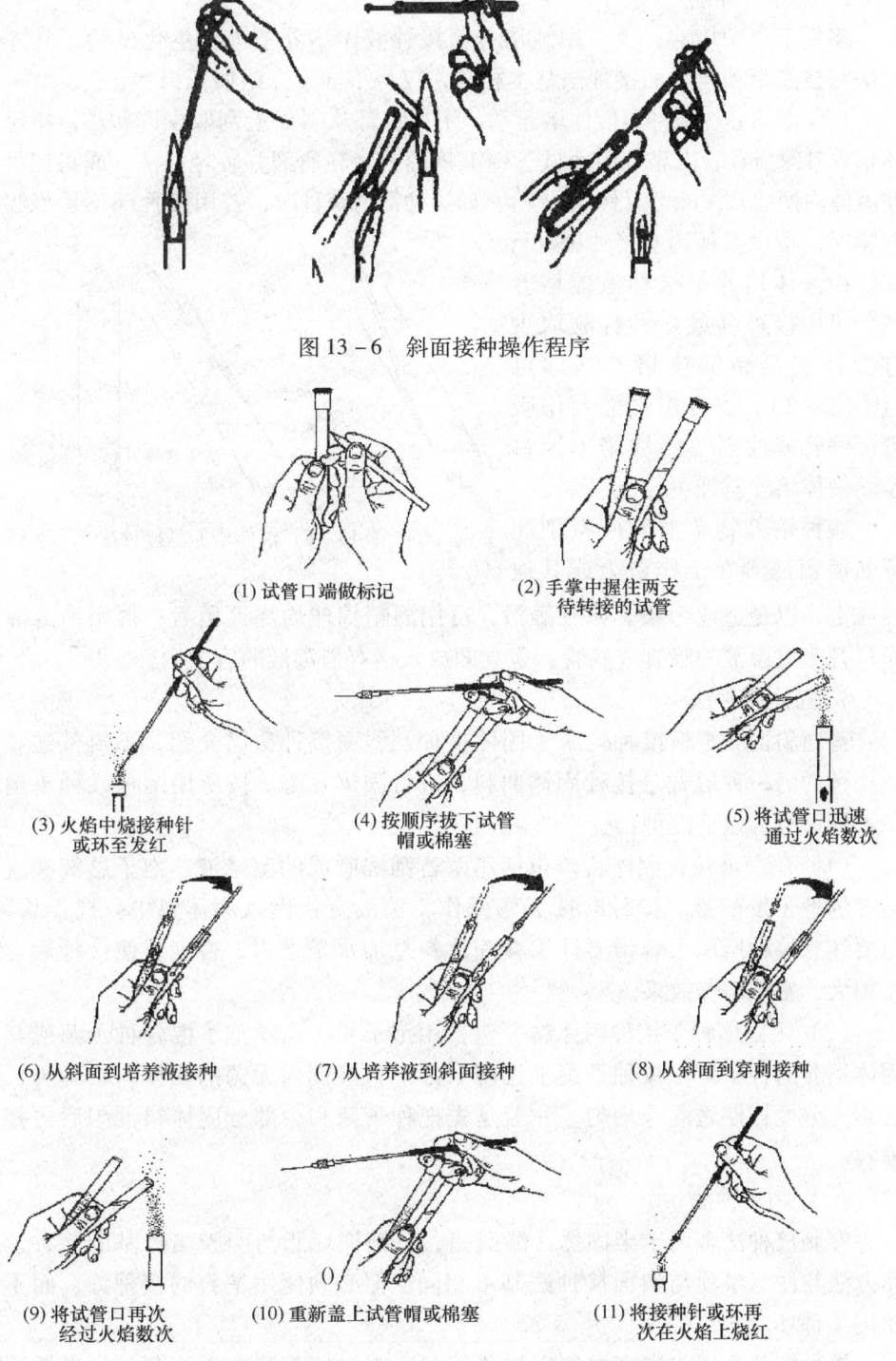

图 13-6 斜面接种操作程序

(1) 试管口端做标记
(2) 手掌中握住两支待转接的试管
(3) 火焰中烧接种针或环至发红
(4) 按顺序拔下试管帽或棉塞
(5) 将试管口迅速通过火焰数次
(6) 从斜面到培养液接种
(7) 从培养液到斜面接种
(8) 从斜面到穿刺接种
(9) 将试管口再次经过火焰数次
(10) 重新盖上试管帽或棉塞
(11) 将接种针或环再次在火焰上烧红

图 13-7 各种无菌操作接种技术示意图

2. 液体接种法

多用于增菌培养，也可用纯培养菌接种液体培养基进行生化试验，其操作方法与注意事项与斜面接种法基本相同，仅将不同点介绍如下：

由斜面培养物接种至液体培养基：用接种环从斜面上刮取少许菌苔，接至液体培养基时应在管内靠近液面试管壁上将菌苔轻轻研磨并轻轻振荡，或将接种环在液体内振摇几次即可（图13-7）。如接种霉菌菌种时，若用接种环不易挑起培养物时，可用接种钩或接种铲进行。

由液体培养物接种液体培养基：可用接种环或接种针蘸取少许液体移至新液体培养基即可（图13-8）。也可根据需要用吸管、滴管或注射器吸取培养液移至新液体培养基即可。

接种培养物菌液时应特别注意勿使菌液溅在工作台上或其他

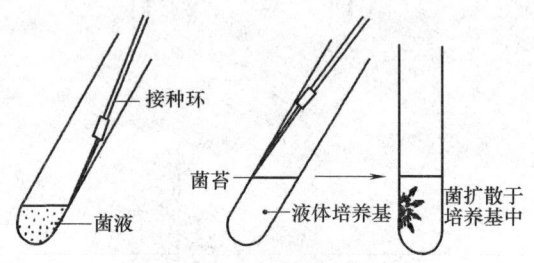

图13-8 液体培养基接种法

器皿上，以免造成污染。如有溅污，可用酒精棉球灼烧灭菌后，再用消毒液擦净。凡吸过菌液的吸管或滴管，应立即放入盛有消毒液的容器内。

3. 固体接种法

普通斜面和平板接种均属于固体接种，斜面接种法已介绍，不再赘述。固体接种的另一种形式是接种固体曲料，进行固体发酵。按所用菌种或种子菌来源不同可分为以下两种：

（1）用菌液接种固体料　包括用菌苔刮洗制成的菌悬液、孢子悬液和直接培养的种子发酵液。接种时按无菌操作将菌液直接倒入固体料中，搅拌均匀。但要注意接种所用水容量要计算在固体料总加水量之内，否则会使接种后含水量加大，影响培养效果。

（2）用固体种子接种固体料　包括用孢子粉、菌丝孢子混合种子菌或其他固体培养的种子菌。将种子菌于无菌条件下直接倒入无菌的固体料中即可，但必须充分搅拌使之混合均匀。一般是先把种子菌和少部分固体料混匀后再拌大堆料。

4. 穿刺接种法

穿刺接种法多用于半固体、醋酸铅、三糖铁琼脂与明胶培养基的接种，操作方法与注意事项与斜面接种法基本相同。但必须使用笔直的接种针，而不能使用接种环。

接种柱状高层或半高层斜面培养管时，应向培养基中心穿刺，一直插到接近管底，再沿原路抽出接种针（图13-9）。

注意勿使接种针在培养基内左右移动，使穿刺线整齐，便于观察生长结果。

（二）培养

将上述接种试管与平板放入恒温箱中培养。

（1）细菌　放入 35～37℃ 培养 24h，观察记录结果，其中金黄色葡萄球菌，35～37℃培养48h 后，观察记录结果。

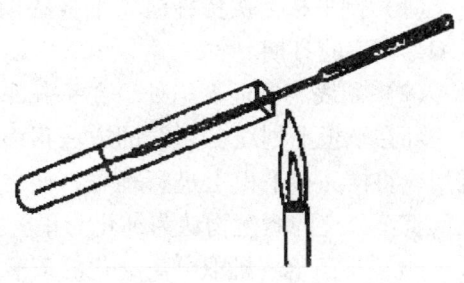

图 13-9　穿刺接种

（2）酵母菌　放入 25～28℃，培养 3～5d，记录结果。

（3）放线菌、霉菌　放入 25～28℃，培养 5～7d，记录结果。

五、实训作业

（1）分别观察记录并描绘斜面和半固体接种的微生物生长情况和培养特征。

（2）观察并记录不同微生物的培养温度。

六、分析与讨论

（1）试述如何在接种中，贯彻无菌操作的原则？

（2）以斜面上的菌种接种到新的斜面培养基为例说明操作方法和注意事项。

实训五　制备无菌平板与划线训练

一、实训技能

（1）了解几种常用的分离纯化微生物的基本操作技术。

（2）学习并掌握倒平板的方法和平板划线。

二、基本原理

常用的分离纯化微生物的基本操作技术有以下几种方法。

1. 稀释涂布平板法

稀释涂布平板法是一种常用的分离纯化方法。该方法通过将原菌样制作成菌悬液后，通过多次稀释，然后用不同稀释度的菌悬液在平板上涂布，通过培养以得到单个菌落。

2. 平板划线分离法

(1) 倒平板　按稀释涂布平板法倒平板，并用记号笔标明培养基名称，检样编号和实验日期。

(2) 划线　在近火焰处，左手托拿平皿，右手拿接种环，挑取待分离的材料一环在平板上划线。划线的方法很多，但无论采用哪种方法，其目的都是通过划线将样品在平板上进行稀释，使之形成单个菌落。此过程可经几个重复过程，直至分离的微生物认为纯化为止。

(3) 挑菌落　挑取分离纯化的菌落接种到试管斜面上，培养，待存备用。

3. 富集培养法

富集培养法的方法和原理非常简单。我们可以创造一些条件只让所需的微生物生长，在这些条件下，所需要的微生物能有效地与其他微生物进行竞争，在生长能力方面远远超过其他微生物。所创造的条件包括选择最适的碳源、能源、温度、光、pH、渗透压和氢受体等。在相同的培养基和培养条件下，经过多次重复移种，最后富集的菌株很容易在固体培养基上长出单菌落。如果要分离一些专性寄生菌，就必须把样品接种到相应敏感宿主细胞群体中，使其大量生长。通过多次重复移种便可以得到纯的寄生菌。

4. 厌氧法

在实验室中，为了分离某些厌氧菌，可以利用装有原培养基的试管作为培养容器，把这支试管放在沸水浴中加热数分钟，以便逐出培养基中的溶解氧。然后快速冷却，并进行接种。接种后，加入无菌的石蜡于培养基表面，使培养基与空气隔绝。另一种方法是，在接种后，利用 N_2 或 CO_2 取代培养基中的气体，然后在火焰上方把试管口密封。有时为了更有效地分离某些厌氧菌，可以把所分离的样品接种于培养基上，然后再把培养皿放在完全密封的厌氧培养装置中。

本次训练主要实践制备无菌平板和平板划线分离操作。

三、实训用品

(1) 菌种　大肠杆菌，枯草芽孢杆菌，酿酒酵母。

(2) 培养基　牛肉膏蛋白胨培养基，酵母菌培养基。

(3) 其他器材　恒温水浴锅，无菌培养皿，酒精灯，玻璃铅笔，火柴，试管架、接种环、接种针等。

四、操作步骤

1. 制备无菌平板训练

熔化培养基→放入50℃左右恒温水浴中→点燃酒精灯→左手拿灭菌的平皿，右手拿熔化的培养基，在酒精灯上方注入培养基约15mL→盖上皿盖→从桌沿边缘轻轻推入桌面内→静置，待其凝固备用（图13-10）。

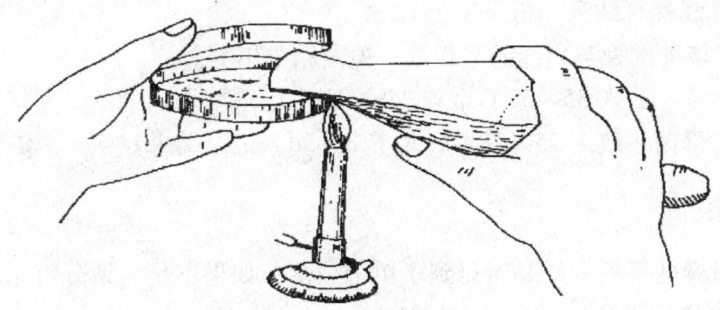

图 13-10　倒平板操作法示意图

2. 平板划线训练

灼烧接种环→左手持菌种管，右手持接种环→将冷却的接种环伸入菌种管内轻轻蘸取菌苔→取出菌苔并将棉塞过火→加棉塞，放入试管架上→左手取冷却凝固的无菌平板→打开皿盖→在固体培养基上轻轻划线（图 13-11）→盖上皿盖，灼烧接种环→贴标签（注明菌种名称、接种日期、组别等）→放入恒温箱培养。

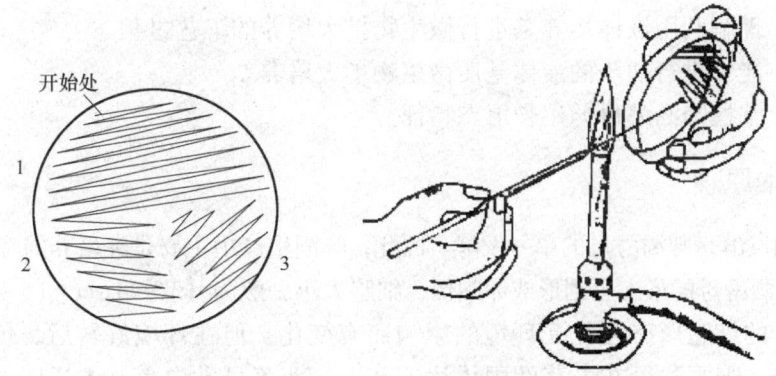

图 13-11　平板划线过程

可选用不同的划线方法进行训练（图 13-12）。

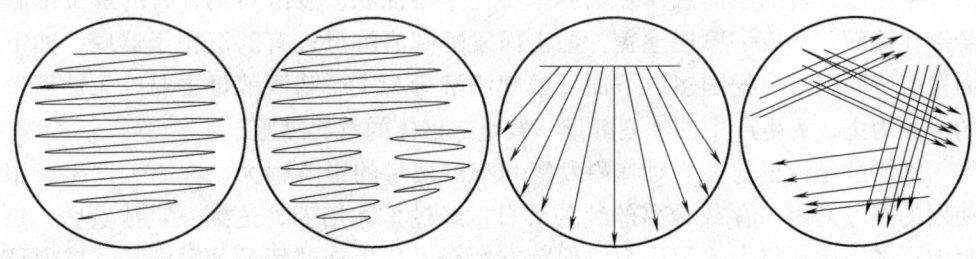

图 13-12　常见的平板划线法

3. 培养观察与结果分析

将上述接种试管与划线的平板放入恒温箱中培养。

（1）细菌　放入 35~37℃ 培养 24h，观察记录结果。

（2）酵母菌　放入 25~28℃，培养 3~5d，记录结果。

五、实训报告

（1）所做的平板划线是否得到了单个菌落，如果不是，请分析原因。

（2）细菌、酵母菌的菌落各有何特征？

六、分析与讨论

平板划线有哪几种方法，比较不同划线方法的特点。

实训六　啤酒酵母扩大培养与生长特征观察

一、实训技能

（1）理解利用液体培养基进行微生物扩大培养的工艺过程。

（2）能够进行初步的液体基质微生物扩大培养。

（3）掌握啤酒酵母的生长形态特征。

二、基本原理

啤酒发酵是啤酒酵母的单一发酵。因此，啤酒生产中主要是纯培养的啤酒酵母。典型的啤酒酵母的形态呈圆形或卵圆形，细胞大小一般为 $(3~7)\mu m \times (5~10)\mu m$。啤酒酵母的细胞形态往往受环境的影响而变化，但在环境好转后，仍可恢复原来形态。啤酒酵母在麦芽汁固体培养基上，菌落呈乳白色，不透明，但有光泽，菌落表面光滑、湿润、边缘较整齐，随培养时间的延长，菌落光泽逐渐变暗。菌落一般较厚，易被接种针挑起。啤酒酵母在液体培养基中，会在液体表面产生泡沫，常因菌体悬浮在培养基中而呈混浊状。发酵后期，有的酵母细胞悬浮在液面，形成一厚层泡盖，如上面发酵啤酒酵母；有的沉积于器底，如下面发酵啤酒酵母。我国多以下面发酵啤酒酵母为主。啤酒酵母主要以无性繁殖的芽殖为主，大生产中的啤酒酵母一般是二倍体的营养细胞。

啤酒酵母纯正与否，对啤酒发酵和啤酒质量的影响很大。啤酒工厂生产中使用的酵母是由保存或分离的纯种酵母，经过扩大培养，达到一定数量后，供生产现场使用。每个啤酒厂都应保存有适合本厂生产使用的纯种酵母，以保证生产的啤酒具有稳定的风格和特性。

1. 啤酒酵母的扩大培养工艺流程

斜面试管（原菌种）→试管培养→三角瓶培养→卡氏罐培养→种子繁殖罐→酵母繁殖池（槽）

2. 啤酒酵母扩大培养技术要求

（1）一切培养用具必须彻底刷洗干净，塞好棉塞，高温灭菌。

（2）培养用麦汁培养基应当使用现场加酒花的麦芽汁，加热煮沸去除蛋白质凝固物，并冷却至25℃保存。

（3）每次扩大稀释倍数20倍左右。

（4）每次移植接种后，要镜检酵母细胞的发育情况。

（5）随着每阶段的扩大培养，培养温度逐步降低，以适应发酵生产现场环境。

3. 啤酒酵母大生产中的扩大培养

在卡氏罐培养后，酵母进入现场扩大培养。酵母扩大培养的方法可根据工厂具体条件进行。大型啤酒厂，一般都有汉生罐培养设备，可连续使用一种酵母，反复培养而不换种，在正常情况下，汉生罐每1~2年培养一次即可。小型啤酒厂，没有专用的酵母培养设备，可根据工厂具体情况，直接利用卡氏罐内的酵母在繁殖桶内进行扩大培养，也可得到质量较好的酵母。缺点是开口繁殖的阶段多，容易污染，另外，在酵母使用到6~7代后，即须重新培养酵母，每次从实验室阶段开始，非常繁琐。

三、实训用品

（1）菌种　啤酒酵母菌种。

（2）培养基　11°P麦芽汁培养基。

（3）其他器材　富氏瓶（或20mL试管），巴氏瓶（或500mL三角瓶，平底烧瓶），卡氏培养罐（10~20L），恒温培养箱，接种环，棉塞及电炉（1000W可调式）。

四、操作步骤

1. 麦芽汁培养基的准备

（1）使用现场加酒花的麦芽汁培养基，加热煮沸30min，使其中蛋白质凝聚沉淀。

（2）冷却至25℃备用。

2. 啤酒酵母接种与扩大培养

（1）富氏瓶中加入10mL麦芽汁培养基，灭菌煮沸后，冷却至25℃接种1~2环啤酒酵母，塞好棉塞，于25~27℃温度下恒温培养2~3d。在培养一定时间后，摇动，使酵母上浮或在振荡培养箱中培养，以防止酵母沉淀，培养结束时进行酵母细胞计数。

(2) 在 500mL 三角瓶中加入 250mL 麦芽汁，加热 30min 灭菌，塞好棉塞，并冷却至 25℃ 备用。接入培养成熟的富氏瓶啤酒酵母种子，于 25℃ 温度下恒温培养 2d。如果培养温度采用 20℃，则培养时间可适当延长。培养结束时进行酵母细胞计数。

(3) 加入卡氏罐一半体积的麦芽汁，同样加热灭菌煮沸 30min，冷却至 15~20℃，接入 1~2 个三角瓶啤酒酵母种子（接种量约 10%），充分摇均，于 15~20℃ 温度下培养 2~3d，备用。培养结束时进行酵母细胞计数（注：啤酒酵母菌种液态培养形态观察）。

在酵母扩大培养过程中，主要通过观察酵母生长过程中培养液混浊快慢，澄清程度，酵母沉淀情况，检查酵母繁殖快与慢，凝聚性等；通过镜检检查酵母形态大小是否均匀和酵母衰老程度以及是否感染杂菌等。

3. 生产现场扩大培养阶段

卡氏罐培养结束后，酵母进入现场扩大培养。啤酒厂一般都用汉生罐、酵母罐等设备来进行生产现场扩大培养。

(1) **麦芽汁杀菌** 取麦芽汁 200~300L 加入杀菌罐，通入蒸汽，在 0.08~0.10MPa 汽压下保温灭菌 60min，然后在夹套和蛇管中通入冰水冷却，并以无菌压缩空气保压。待麦芽汁冷却至 10~12℃ 时，先从麦芽汁杀菌罐出口排出部分沉淀物，再用无菌压缩空气将麦芽汁压入汉生罐内。

(2) **汉生罐空罐灭菌** 在麦芽汁杀菌的同时，用高压蒸汽对汉生罐进行空罐灭菌 1h，再通无菌压缩空气保压，并在夹套内通冷却水冷却备用。

(3) **汉生罐初期培养** 将卡氏罐内酵母培养液以无菌压缩空气压入汉生罐，通无菌空气 5~10min。然后加入杀菌冷却后的麦芽汁，再通无菌空气 5~10min，保持品温 10~13℃，室温维持 13℃。培养 36~48h 左右，在此期间，每隔数小时通风 10min。

(4) **汉生罐旺盛期培养** 当汉生罐培养液进入旺盛期时，一边搅拌，一边将 85% 左右的酵母培养液移植到已灭菌的一级酵母扩大培养罐，最后逐级扩大到一定数量，供现场发酵使用。

(5) **汉生罐留种再扩培** 在汉生罐留下的约 15% 的酵母培养液中，加入灭菌冷却后的麦芽汁，待起发后，准备下次扩大培养用。保存种酵母的室温一般控制在 2~4℃，罐内保持正压（0.02~0.03MPa），以防空气进入污染。在下次再扩培时，汉生罐的留种酵母最好按上述培养过程先培养一次后再移植，使酵母恢复活性。

汉生罐保存的种酵母，应每月换一次麦芽汁，并检查酵母是否正常，是否有污染、变异等不正常现象。正常情况下此种酵母可连续使用半年左右。

4. 扩大培养过程的讨论

在酵母菌扩大培养过程中,讨论酵母菌培养温度变化趋势,酵母菌繁殖速度,扩大培养过程中酵母菌形态的变化,生产菌种的扩大培养与单纯微生物菌种的培养之间的异同点,每级扩大培养酵母菌细胞数目增加的情况等。

五、实训报告

(1) 完成麦芽汁制备及啤酒酵母的扩大培养,并仔细观察酵母菌在培养过程中的形态变化。

(2) 完成实训报告的编写。

六、分析与讨论

(1) 通过在酵母菌扩大培养过程中酵母菌形态的观察,你得出什么结论?

(2) 生产菌种的扩大培养与单纯微生物的培养之间有何异同点?

(3) 根据啤酒酵母扩大培养过程中的细胞计数,你能否绘制出啤酒酵母各生长阶段的生长曲线?

(4) 根据绘制的生长曲线,试分析物料的消耗与啤酒酵母生长代谢的关系。

选做项目

实训七 化学药剂对微生物的作用

一、实训技能

(1) 了解化学药剂的杀菌和消毒作用。

(2) 掌握常用消毒剂的浓度和使用方法。

二、基本原理

一些化学药剂对微生物的生长有抑制或杀死作用。因此,在实验室内和生产上常利用某些化学药剂进行杀菌或消毒。不同的药剂或同一药剂对不同微生物的杀菌能力不同,此外,药剂浓度、作用时间及环境条件不同,其效果也不相同。应用前需进行试验,灵活选择。

三、实训用品

(1) 菌种 培养 24~28h 的大肠杆菌(*Escherichia coli*)、金黄色葡萄球菌

（Staphylococcus aureus）、枯草芽孢杆菌（Bacillus subtilis）的斜面培养物。

（2）培养基和试剂　牛肉膏蛋白胨培养基，1g/L HgCl$_2$，200μg/L 链霉素，200μg/L 青霉素，50g/L 石炭酸。

（3）其他器材　无菌平皿，无菌水，无菌吸管（1mL），玻璃刮铲，无菌镊子，直径0.6cm 的无菌圆形滤纸片。

四、操作步骤

1. 制平板

取无菌平皿3套，将已熔化并冷却至50℃左右的牛肉膏蛋白胨培养基无菌操作倒入平皿中，使其冷凝制成固体平板。

2. 制备菌悬液

取无菌水3支，用接种环分别取大肠杆菌、金黄色葡萄球菌和枯草芽孢杆菌各1～2环接入无菌水中，混匀，制成菌悬液。

3. 接种

用无菌吸管分别吸取上述菌悬液0.1ml/L 接种于平板上，用无菌玻璃刮铲涂匀。注意做好标记。

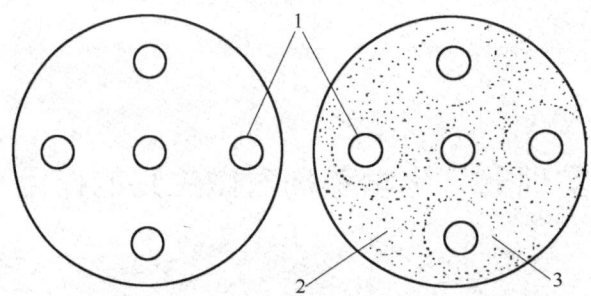

图13-13　圆滤纸片法测定药物杀菌作用
1—滤纸片　2—细菌生长区　3—抑菌区

4. 浸药

将无菌滤纸片浸入供试药剂中。

5. 加药剂

用无菌镊子夹取浸药滤纸片（注意把药液沥干），分别平铺于同一含菌平板上，注意药剂之间勿互相沾染（图13-13）。并在平皿背面做好标记。

6. 培养

将平皿置于30℃恒温培养48～72h 后观察结果。

五、实训报告

取出培养平皿，观察滤纸片周围有无抑菌圈产生，并测量抑菌圈的大小。

将测量结果填入表 13-4 中。

表 13-4　　化学药剂对细菌的抑制效果（抑菌圈直径）

细菌	化学药剂			
	氯化汞（1g/L）	链霉素（200μg/L）	青霉素（200μg/L）	石炭酸（50g/L）
大肠杆菌				
金黄色葡萄球菌				
枯草芽孢杆菌				

六、分析与讨论

（1）试分析比较上述几种化学药物的抑菌和杀菌效果。

（2）测定化学药物的制菌作用为什么要选大肠杆菌、金黄色葡萄球菌、枯草杆菌作为指示菌？

实训八　菌种保藏

一、实训技能

学习和掌握菌种保藏的基本原理，比较几种不同的菌种保藏方法。

二、基本原理

菌种保藏的目的在于使菌种经过较长时间的保存后仍然保持着生命力，不污染其他杂菌，保持其形态特征和生理性状，以便于今后使用（如科研、生产及其他试验等）。因此，它是一项十分重要的工作。

菌种保藏的原理是选用优良的菌株，最好是它们的休眠体，然后创造一个适合于休眠的环境条件，即干燥、低温、缺乏氧气和养料等，使微生物菌体的代谢活动处于最低的状态，但又不至于死亡，从而达到保藏的目的。

菌种保藏的方法很多。常用的方法有斜面保藏、麸皮保存法、石蜡油封存、沙土管法和冰冻干燥保存法等。

三、实训用品

（1）菌种　各种细菌、酵母菌、放线菌和霉菌菌种。

（2）培养基或试剂　灭菌培养基，无菌水，灭菌除水的液体石蜡，甘油，95%酒精。

（3）其他器材　灭菌吸管，灭菌滴管，00 号、1 号灭菌胶塞等。

四、操作步骤

以下几种保藏方法可以根据实验室具体条件选作。

(一) 定期移植法

定期移植法也称传代培养保藏法，包括斜面培养、穿刺培养、液体培养等，是指将菌种接种于适宜的培养基中，最适条件下培养，待生长充分后，于4~6℃进行保存并间隔一定时间进行移植培养的菌种保藏方法。操作步骤如下。

1. 接种

（1）斜面接种

点接：把菌种点接在斜面中部偏下方处。适用于扩散型生长及绒毛状气生菌丝类霉菌（如毛霉、根霉等）。

中央划线：从斜面中央自下而上划一直线。适用于细菌和酵母菌等。

稀波状蜿蜒划线法：从斜面底部自下而上划"之"字形线。适用于易扩散的细菌，也适用于部分真菌。

密波状蜿蜒划线法：从斜面底部自下而上划密"之"字形线。能充分利用斜面获得大量菌体细胞，适用于细菌、放线菌和酵母菌等。

挖块接种法：挖取菌丝体连同少量培养基，转接到新鲜斜面上。适用灵芝等担子菌类真菌。

（2）穿刺接种　用接种针从原菌种斜面上挑取少量菌体，从柱状培养基中心自上而下刺入，直到接近管底（勿穿到管底），然后沿原穿刺途径慢慢抽出接种针。适用于细菌和酵母菌等。

（3）液体接种　挑取少量固体斜面菌种或用无菌滴管等吸取原菌液接种于新鲜液体培养基中。

2. 培养

将接种后的培养基放入培养箱中，在适宜的条件下培养至细胞稳定期或得到成熟孢子。细菌培养温度一般为30~37℃，放线菌、真菌培养温度一般为25~28℃。

3. 保藏

将培养基用油纸将棉塞部分包扎好（斜面试管用带帽的螺旋试管为宜。这样培养基不易干，且螺旋帽不易长霉，如用棉塞，塞子要求比较干燥），置4℃冰箱中保存。

保藏时间依微生物的种类而异。霉菌、放线菌及有芽孢的细菌保存2~4个月移种一次，普通细菌最好每月移种一次，假单胞菌两周传代一次，酵母菌间隔两个月。斜面菌种应保藏相继三代培养物以便对照，防止因意外和污染造成损失。

（二）液体石蜡覆盖保藏法

液体石蜡覆盖法适用于霉菌菌种保存外，对酵母菌也适用。

（1）将液体石蜡分装于试管或三角瓶中，塞上棉塞，用121℃灭菌30min或采用间歇灭菌2~3次，然后放在40℃恒温箱中，使水汽蒸发后备用。

（2）将需保藏的菌种在最适宜的斜面培养基中培养，直到菌体健壮或孢子成熟。

（3）用无菌吸管吸取无菌的液体石蜡，加入已长好菌的斜面上，其用量以高出斜面顶端约1cm为宜，使菌种与空气隔绝。

（4）将试管直立，置低温或室温下保存（有的微生物在室温下比在冰箱中保存的时间还要长）。

（5）保藏期间应定期检查，如培养基露出液面，应及时补充无菌的液体石蜡。

此法实用而且效果较好。产孢子的霉菌、放线菌、芽孢菌可保藏2年以上，有些酵母菌可保藏1~2年，一般无芽孢细菌也可保藏1年左右，甚至用一般方法很难保藏的脑膜炎球菌，在37℃温箱内，亦可保藏3个月之久。此法的优点是制作简单，不需特殊设备，且不需经常移种。缺点是保存时必须直立放置，所占位置较大，同时也不便携带。

（三）胶塞替代棉塞常规保藏法

用无菌胶塞代替棉塞，既可防止污染，又可隔绝氧气，避免斜面干燥。具体做法是：选择大小合适的橡皮胶塞，洗净晾干，在75%酒精液中杀菌1h，用无菌纱布吸去酒精，在火焰上烧去残留的酒精液。于无菌条件下，将试管口在火焰上灼烧灭菌，拔去棉塞，换上胶塞，再用石蜡密封。放入4℃左右的电冰箱内保存，也可在常温下长期保存。此方法的优点是简便易行，省工省力。

五、实训报告

（1）运用合适的方法进行保存菌种并进行观察记录。

（2）完成实训报告的编写。

六、分析与讨论

（1）试比较各类保藏方法的特点及应用范围。

（2）液体石蜡覆盖保藏菌种有何优缺点？

（3）胶塞替代棉塞保藏菌种有何优点？

实训九　米酒的制作

一、实训技能

（1）学会甜酒酿的制作技术。

(2) 熟悉自甜酒药中分离根霉并初步鉴定的方法。

二、基本原理

米酒，也称甜酒酿、醪糟，是我国民间广泛食用的一种高糖、低酒精含量的发酵食品，由优质大米（糯米）经小曲中的根霉和酵母的糖化和发酵制成的。米酒的发酵主要分为两个阶段：①糖化：根霉的孢子在米饭基质上发芽后，迅速萌发出大量菌丝体，它们分泌的几种淀粉酶将基质中的淀粉水解为葡萄糖；②酒精发酵：由根霉和多种酵母菌继续将其中一部分葡萄糖转化为乙醇。一般优质的甜酒酿要求甜味浓郁、酒味清淡、香味宜人、固液分明。

米酒发酵采用的小曲又称白药，传统的制法是用早籼糙米粉加辣蓼草和适量水后经自然发酵和干燥而成，一般制成球状或方块状，白色，有香味，内含丰富的根霉（*Rhizopus* spp.）、毛霉（*Mucor* spp.）和野生酵母等天然发酵菌群。目前市场上出售的"浓缩甜酒药"，实际为纯种根霉经过液体培养后的菌丝体干粉，由于单一菌种发酵，所以制成的米酒一般甜味甚浓而酒味不足。

米酒的发酵是典型的混菌发酵。其他多种发酵食品（如酸奶等）的制作，为了获得良好的口味及营养价值，通常亦采用多种微生物混合发酵。

本训练以发酵食品米酒为例，使学生初步了解发酵食品的生产过程，并通过从甜酒药中分离纯化操作，进一步熟悉真菌的形态学鉴定和显微镜操作。

三、实训用品

(1) 材料　种曲：市售"甜酒药"、"白药"等小曲、酒曲或"浓缩甜酒药"（沪产根霉菌丝粉）；优质糯米。

(2) 试剂　马铃薯葡萄糖琼脂培养基（PDA），无菌水。

(3) 其他器材　烧杯、玻璃棒、培养皿、吸管、试管、接种环、接种针、涂布器、研钵等。

高压蒸汽灭菌锅、酒精灯、无菌 PE 手套等。

四、操作步骤

（一）米酒的制作

1. 选好米料

选择优质糯米作发酵原料。

2. 淘净浸透

糯米用清水淘净后，置于烧杯内，添加适量清水，浸泡 12~24h，倾倒多余水分（浸透糯米高度占烧杯高度 1/2 ~ 2/3）。

3. 蒸煮熟透

以双层纱布覆盖烧杯口，外面加包报纸，用高压蒸汽灭菌锅蒸透糯米。

4. 降温接种

将蒸熟的米饭从灭菌锅中取出、降温（约30℃），再按干米量接种"浓缩甜酒药"。"浓缩甜酒药"每包能接种1.5~2.0kg糯米（或参照说明书）。为使接种时酒药与米饭拌匀，可将酒药先与少量无菌水混合均匀，然后再与米饭拌匀（注意玻璃棒需清洁，蘸取酒精并灼烧灭菌）。若使用的曲种是市售块状或球状酒药，则应按用量先将它在研钵中研细，与少量无菌水搅匀，然后再与大量米饭拌匀。轻度压实米饭（为减少杂菌污染，操作者可戴无菌PE手套），并在接种后的米饭中央留一散热和积液孔道。

5. 保温发酵

在30℃温箱中先培养2d左右。第一天可在米饭表面见到纵横交错的大量菌丝体延伸，接着可见米饭的黏度逐渐下降，积液孔道中糖化液慢慢溢出；至第二天，菌丝体生长与发酵继续进行。这是若发现米醅较干，可适当补加无菌水。

6. 后熟发酵

酿造2d后的酒酿已初步成熟，但口味不佳（酸涩、甜味和酒香味较差），因此必须在8~10℃较低温度下放置数天，进行后发酵，以减少酸味、提高糖度和酒香味。（酒酿保温时间稍长后，表面会产生许多黑色孢子囊，这是根霉成熟后的正常现象。若表面出现红色、黄色或其他颜色的菌落或霉斑，则是污染杂菌的表现，严重时应弃去。）

7. 质量评估

优质的甜酒酿应是色泽洁白、米粒分明、酒香浓郁、醪体充盈、甜醇爽口的发酵食品。

(二) 酒曲中根霉的分离

1. 平板接种

先将若干酒药放入研钵中研细（若用"浓缩甜酒药"则可省略研细步骤），然后采用稀释液平板涂布法或平板划线分离法进行平板菌落分离。

2. 菌落挑选

在28℃培养12~24h后进行菌落挑选。

因根霉的匍匐菌丝在平板表面蔓延极快，故培养时间稍长后即无法区分单菌落，从而影响分离效果。

3. 初步鉴定

在载玻片上滴加一滴乳酸石炭酸棉蓝染色液或蒸馏水，用接种针挑取少量培养物后放入载玻片上的液滴中，仔细地用接种针将菌丝分散开来。盖上盖玻片（勿使产生气泡，且不要再移动盖玻片），用低倍镜观察根霉的形态，并注意假根、孢子囊、孢子的特征。各种甜酒药中的根霉主要是米根霉（*Rhizopus oryzae*）和华根霉（*R. chinensis*）等。

五、实训报告

1. 米酒的感官评价

项目	色泽	米粒清晰度	醪液量	甜度	酸度	酒味	其他	结论
结果								

注：除色泽外，其他指标可以用1~5或"+"表示。

2. 绘出所观察的根霉形态。

六、分析与讨论

1. 米酒的发酵分为哪些阶段？是属单菌发酵还是混菌发酵？
2. 米酒发酵为什么要进行后熟发酵？

第十四章　微生物学综合实验

实验一　土壤中微生物的分离纯化技术

一、技能目标
(1) 了解微生物分离和纯化的原理。
(2) 掌握倒平板的方法和几种常用的分离纯化微生物的基本操作技术。

二、基本原理

从混杂微生物群体中获得只含有某一种或某一株微生物的过程称为微生物的分离与纯化。平板分离法普遍用于微生物的分离与纯化。其基本原理是选择适合于待分离微生物的生长条件，如营养成分、酸碱度、温度和氧等要求，或加入某种抑制剂造成只利于该微生物生长，而抑制其他微生物生长的环境，从而淘汰一些不需要的微生物。

微生物在固体培养基上生长形成的单个菌落，通常是由一个细胞繁殖而成的集合体。因此可通过挑取单菌落而获得一种纯培养。获取单个菌落的方法可通过稀释倾注平板或平板划线等技术完成。值得指出的是，从微生物群体中经分离而生长在平板上的单个菌落并不一定是纯培养。因此，纯培养的确定除观察其菌落特征外，还要结合显微镜检测个体形态特征后才能确定，有些微生物的纯培养要经过一系列分离与纯化过程和多种特征鉴定才能得到。

土壤是微生物生活的大本营，它所含微生物无论是数量还是种类都是极其丰富的。因此土壤是微生物多样性的重要场所，是发掘微生物资源的重要基地，可以从中分离、纯化得到许多有价值的菌株。本实验将采用不同的培养基从土壤中分离不同类型的微生物。

三、实验用品

(1) 培养基　高氏Ⅰ号培养基，牛肉膏蛋白胨培养基，马丁氏培养基，查氏培养基。

(2) 溶液或试剂　10%酚，盛9mL无菌水的试管，盛90mL无菌水并带有玻璃珠的三角烧瓶，4%琼脂。

（3）其他器材　无菌玻璃涂棒，无菌吸管，接种环，无菌培养皿，链霉素（庆大霉素或氯霉素），土样，显微镜，血球计数板等。

四、操作步骤

1. 制备土壤稀释溶液

称取土样 10g，放入盛有 90mL 无菌水并带有玻璃珠的三角烧瓶中，振动约 20min，使土样与水分混合，将细胞分散。用一支 1mL 无菌吸管从中吸取 1mL 土壤悬液加入盛有 9mL 无菌水的大试管中反复吹吸 2~3 次，并振摇使之充分混匀。然后再用另一支无菌吸管从此试管中吸取 1mL 加入另一个盛有 9mL 无菌水的试管中，混合均匀，以此类推制成 10^{-1}，10^{-2}，10^{-3}，10^{-4}，10^{-5}，10^{-6}…的不同稀释度的土壤溶液（图 14-1）。

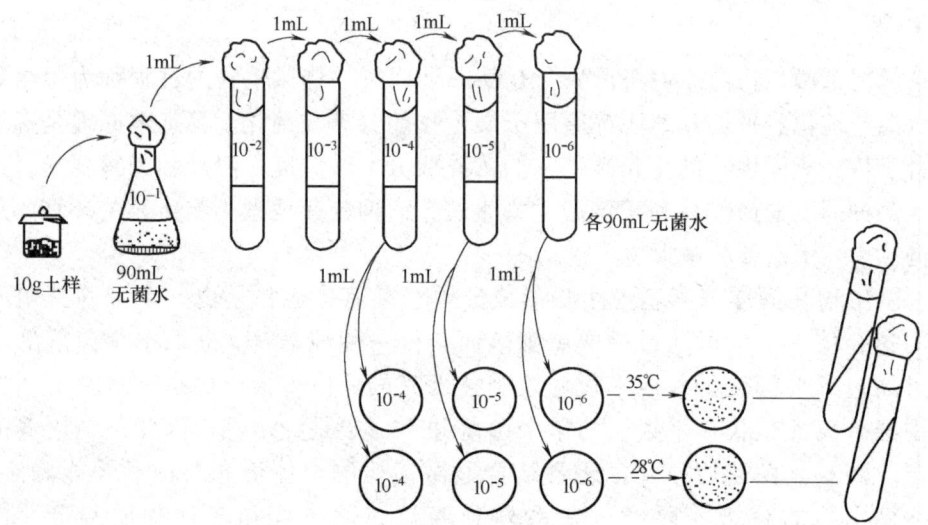

图 14-1　从土壤中分离微生物的具体操作过程

2. 分离方法

纯培养分离方法很多，在本实验中介绍以下三种方法。

（1）稀释倾注倒平板分离法

①取菌液：分别取合适稀释度的稀释液，如取 10^{-4}，10^{-5}，10^{-6} 三种稀释度，标记平皿。用上述稀释过程中相对应的三支 1mL 吸管分别吸取 10^{-4}，10^{-5}，10^{-6} 土壤稀释液 1mL，对号放入已标记好稀释度的平皿中。注意：每种稀释度做 2~3 个平行实验。

②倒平板：将肉膏蛋白胨琼脂培养基，高氏Ⅰ号培养基，马丁氏培养基加

热熔化，待冷却至 45～50℃ 时，高氏 I 号培养基加入 10% 酚数滴，马丁氏培养基加入链霉素溶液，混匀后将培养基分别倒入已有菌液的平皿中，每个平皿注入培养基约 15～20mL，加盖后轻轻摇动平皿，使培养基和菌悬液充分混匀，平置于桌面上，使其凝固。待凝固后，倒置于恒温箱培养。

（2）稀释涂布平板分离法

①制备无菌平板：将牛肉膏蛋白胨培养基，高氏 I 号培养基，马丁氏培养基加热熔化，待冷至 55～60℃，高氏 I 号琼脂培养基加入 10% 酚数滴，马丁氏琼脂培养基加入链霉素溶液，混匀后分别倒平板，每种培养基按所取稀释度、每种稀释度按三个平行实验平皿计，再加上 1～2 个对照平皿。待培养基冷凝后备用。

②涂布菌液：将上述制备的无菌平板按每种稀释度取 2～3 个平板，底面分别用记号笔写上 10^{-4}，10^{-5}，10^{-6} 三种稀释度，然后用上述稀释过程中相对应的三支 1mL 吸管，分别由 10^{-4}，10^{-5}，10^{-6} 三管土壤稀释液中分别吸取 0.1mL 对号放入已写好稀释度的平皿中，用无菌玻璃涂棒在培养基表面轻轻地涂布均匀。

平板涂布的方法：将 0.1mL 菌悬液小心地滴在平板培养基表面中央位置（0.1mL 的菌液要全部滴在培养基上，若移液管尖端有剩余的，需将移液管在培养基表面上轻轻地按一下便可）。右手拿无菌涂棒平放在平板培养基表面上，将菌悬液先沿一条直线轻轻地来回推动，使之分布均匀，然后改变方向沿另一垂直线来回推动，平板内边缘处可改变方向用涂棒再涂布几次。涂布完毕，室温下静置 5～10min，使菌液吸

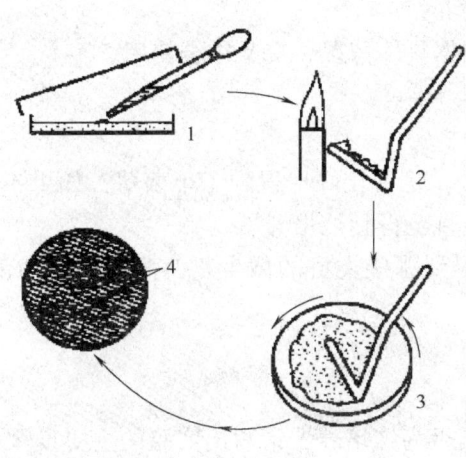

图 14-2　平板涂布

附到培养基上（图 14-2），之后倒置培养。

（3）平板划线分离法

①倒平板：按稀释涂布平板法倒平板，并用记号笔标明培养基名称，土样编号和实验日期。

②划线：在近火焰处，左手拿无菌平板，右手拿接种环，挑取上述的土壤悬液一环在平板上划线。划线的方法很多，但无论采用哪种方法，其目的都是通过划线将样品在平板上进行稀释，使之形成单个菌落。常用的划线方法有下

列两种：

a. 用接种环以无菌操作挑取土壤悬液一环，在平板培养基的一边做第一次平行划线3～4条，再转动培养皿约70°角，并将接种环上剩余物烧掉，待冷却后通过第一次划线部分作第二次平行划线，再用同样的方法通过第二次划线部分作第三次划线和通过第三次平行划线部分作第四次平行划线。划线完毕后，盖上培养皿盖，倒置于恒温箱培养。

b. 用接种环蘸取上述倾注法和涂布法平板上长出的单个菌落，在平板培养基上作连续划线。划线完毕后，盖上培养皿盖，倒置于恒温箱培养。

3. 培养

将高氏Ⅰ号培养基平板、马丁氏培养基平板倒置于25～28℃恒温箱中培养3～5d，牛肉膏蛋白胨平板倒置于35～37℃恒温箱中培养2～3d。

4. 挑菌落

将培养后长出的单个菌落分别挑取少许细胞接种到上述三种培养基的斜面上，分别置28℃和37℃恒温箱培养，待菌苔长出后，检查其特征是否一致，同时将细胞涂片染色后用显微镜检查是否为单一的微生物。若发现有杂菌，需要再一次进行分离、纯化，直至获得纯培养。

以上三种纯培养分离的方法，可根据具体情况，交叉综合使用。

五、实验报告

（1）在本实验中运用三种分离方法，是否较好地得到了单菌落？如果不是，请分析其原因并做进一步的分离纯化，直至得到纯培养。

（2）在三种不同的平板上你分离得到哪些类群的微生物？简述它们的菌落特征。

六、分析与讨论

（1）如何确定平板上某单个菌落是否为纯培养？请写出实验的主要步骤。

（2）如果要分离得到极端嗜盐细菌，在什么地方取样为宜，并说明理由。

（3）如果一项科学研究内容或生产实践中，需从自然界中筛选到能产高温蛋白酶的菌株，你将如何完成？请写出简明的实验方案（提示：产蛋白酶菌株在酪素平板上形成降解酪素的透明圈）。

（4）为什么高氏Ⅰ号培养基和马丁氏培养基中要加入酚和链霉素？如果用牛肉膏蛋白胨培养基分离一种对青霉素具有抗性的细菌，你认为应如何做？

实验二　细菌生长曲线的测定

一、技能目标

（1）了解细菌生长曲线特点及测定原理。
（2）学习并掌握用比浊法测定细菌的生长曲线。

二、基本原理

将少量细菌接种到一定体积、适合的新鲜培养基中，在适宜的条件下进行培养，定时测定培养液中的菌量，以菌量的对数作纵坐标，生长时间作横坐标，绘制的曲线为生长曲线。它反映了单细胞微生物在一定环境条件下于液体培养时所表现出的群体生长规律。依据其生长速率的不同，一般可把生长曲线分为延滞期、对数期、稳定期和衰亡期。这四个时期的长短因菌种的遗传性、接种量和培养条件的不同而有所改变。因此通过测定微生物的生长曲线，可了解各菌的生长规律，对于科研和生产都具有重要的指导意义。

测定微生物的数量有多种不同的方法，可根据要求和实验室条件选用。本实验采用比浊法测定，由于细菌悬液的浓度与光密度（OD 值）成正比，因此可利用分光光度计测定菌悬液的光密度来推知菌液的浓度，并将所测得 OD 值与其对应的培养时间作图，即可绘出该菌在一定条件下的生长曲线，此法快捷、简便。

三、实验器材

1. 菌种

大肠杆菌。

2. 培养基

牛肉膏蛋白胨培养基。

3. 仪器及其他用具

721 分光光度计、比色杯、恒温摇床、无菌吸管、试管、三角瓶等。

四、操作步骤

1. 流程

种子液→标记→接种→培养→测定。

2. 种子液制备

取大肠杆菌斜面菌种 1 支，以无菌操作挑取 1 环菌苔，接入牛肉膏蛋白胨培养液中，静止培养 18h 作种子培养液。

3. 标记编号

取盛有 50mL 无菌牛肉膏蛋白胨培养液的 250mL 三角瓶 11 个，分别编号为 0h、1.5h、3h、4h、6h、8h、10h、12h、14h、16h、20h。

4. 接种培养

用 2mL 无菌吸管分别准确吸取 2mL 种子液加入已编号的 11 个三角瓶中，与 37℃下震荡培养。然后分别按对应时间将三角瓶取出，立即放冰箱中贮存，待培养结束时一同测定 OD 值。

5. 生长量测定

将未接种的牛肉膏蛋白胨培养基倾倒入比色杯中，选用 600nm 波长分光光度计上调节零点，作为空白对照，并对不同时间培养液从 0h 起依次进行测定，对浓度大的菌悬液用未接种的牛肉膏蛋白胨液体培养基适当稀释后测定，使其 OD 值在 0.10~0.65，经稀释后测得的 OD 值要乘以稀释倍数，才是培养液实际的 OD 值。

五、结果报告

（1）将测定的 OD 值填入表 14-1 中。

表 14-1　　　　　　　OD 值测定记录表

时间/h	0	1.5	3	4	6	8	10	12	14	16	20
光密度值（OD_{600}）											

（2）以上表中的时间为横坐标，OD_{600} 值为纵坐标，绘制大肠杆菌的生长曲线。

六、分析与讨论

（1）用本实验方法测定微生物生长曲线，有何优点？

（2）若同时用平板计数法测定，所汇出的生长曲线与用比浊法测定绘出的生长曲线有何差异？为什么？

实验三　环境和人体表面微生物的检验

一、技能目标

（1）证明环境与人体表面存在微生物。

（2）比较来自不同场所，不同条件下细菌的数量和类型。

（3）体会无菌操作的重要性。

二、基本原理

微生物是自然界中分布最广的一群生物，无论是在高山、陆地、淡水、海洋、空气以及动植物体内外，都有它们的存在，可以说我们所生活的环境中有形形色色的微生物。粮、油原料及其制品等工农业产品含有丰富的养分，它们是微生物天然的营养基质，如果其他条件适宜，霉菌、细菌、酵母菌等微生物类群就会迅速地繁殖起来。实验室所制备的平板含有细菌生长所需要的营养成分，当取自不同来源的样品接种于平板上，在适宜温度下培养一定时间，每一菌体即能通过很多次细胞分裂而进行繁殖，由于受固体基质的局限而形成一个个肉眼可见的细胞群体，即称为菌落。每一种细菌所形成的菌落都有它自己的特点，例如菌落的大小，表面干燥或湿润、隆起或扁平、粗糙或光滑、边缘整齐或裂缺，菌落透明、半透明或不透明，颜色以及质地疏松或紧密等。因此，我们可通过平板培养来检验生产车间等环境中微生物的数量和类型，以检验分析其卫生质量情况。

三、实验用品

细菌培养基、查氏培养基、无菌培养皿、100mL无菌水、4.5mL无菌水、无菌移液管、灭菌棉球、灭菌镊子、接种环、试管架、恒温水浴、超净工作台、酒精灯、记号笔等。

四、操作步骤

每组在"环境"和"人体"两大部分中各选择一个内容做实验，或由教师指定分配，最后结果供全班讨论。

1. 写标签

任何一个实验，在动手操作前均需首先将器皿用记号笔做上记号，培养皿的记号一般写在皿底。如果写在平皿盖上，同时观察两个以上培养皿的结果，打开皿盖时，易混淆。用记号笔写上班级、姓名、日期，本次实验还要写上样品来源，字尽量小些，写在平皿底的一边，不要写在当中，以免影响观察结果。

2. 制备无菌平板

详见第十三章实训五。

3. 环境微生物的检验

采用沉降法，即通过自然沉降原理收集在空气中的生物粒子于盛有培养基的平皿中，经若干时间，在适宜的条件下让其繁殖形成肉眼可见的菌落进行计数〔(36 ± 1)℃，培养(48 ± 2)h〕，以平板培养皿中的菌落数来判定环境内的活微生物数，并以此来评定测定环境的洁净度。

可选择实验室、无菌室、校园内、马路旁、车间等场所进行沉降法接收空间微生物。

各小组分别到指定地点，打开平皿盖，暴露在空气中5~10min（这里应注意：采样时间要统一），盖上皿盖。注意留对照。30~37℃倒置恒温培养。

4. 体表和物体表面上微生物的检验

采用稀释平板菌落计数法，即将采集的样品经过一系列稀释，再取一定稀释度的一定量的稀释液接种到平板中，使其均匀分布于平板中的培养基内。经培养后，统计在平板上形成的菌落数，以测定体表和物体表面上所存在的微生物数目。

可选择洗手前、后，硬币，门旋把手，桌面，实验台面等。

（1）实验台和门的旋钮

①取样：取灭菌棉球并蘸取无菌水并将湿棉签在实验台面或门旋钮上擦拭约5~10cm^2的范围。将棉球放入100mL无菌水，制成菌悬液，并将其制成不同稀释度的菌悬液备用。

②接种：取2~3个稀释度的菌悬液0.5（或0.2）mL于无菌培养皿中，将熔化的培养基冷却至45℃左右倒平板，混匀，冷却凝固后倒置培养。每个稀释度至少做两个平行实验，注意要有对照的平板。

具体操作参见本章实验二。

（2）人体表面细菌的检查　以手为例，用灭菌镊子捏取灭菌棉球蘸取无菌水，擦揩手掌面，将棉球放入盛100mL无菌水的三角瓶中，混匀，用灭菌的1mL吸管吸取三角瓶中的1mL溶液，放入没有加入培养基的灭菌平皿中（注意无菌操作），将熔化好的并冷却到45℃左右的培养基倒入平皿中（约15~20mL），在桌面充分混匀，静置，待凝固后于35~37℃恒温培养。

5. 计数

（1）经过一定时间的培养，在平皿培养基表面长出了各种微生物的菌落，若菌落较多可将平皿平分为四等份，统计1/4份的菌落数×4即可。

（2）体表和物体表面上微生物的检验　将平均一个平皿的菌落总数×100即为手上或物体上的所带微生物总数（为什么？）。

若对检测对象进行了稀释，且取稀释度的菌悬液接种时，不是取1mL而是取了0.5（或0.2）mL于无菌培养皿中，此时应如何计数（如实验台和门的旋钮上的微生物检验）？

五、结果统计与记录方法

1. 菌落计数

在平板上，标记或在菌落计数器上点计，必要时可用放大镜检查，以免遗漏或复计。

（1）平均菌落数

$$M = \frac{M_1 + M_2 + \cdots M_n}{n}$$

式中　M——平均菌落数；

　　　M_1——1 号培养皿菌落数；

　　　M_2——2 号培养皿菌落数；

　　　M_n——n 号培养皿菌落数；

　　　n——培养皿总数。

（2）体表和物体表面上微生物的检验的结果计算：

先分别统计计算检测位点（部位）适宜范围稀释度平板上形成的菌落数，再代入下列公式中：

$$N = \frac{\sum C}{(n_1 + 0.1 n_2) d}$$

式中　N——样品中菌落数；

　　　$\sum C$——平板（含适宜范围菌落数的平板）菌落数之和；

　　　n_1——第一稀释度（低稀释倍数）平板个数；

　　　n_2——第二稀释度（高稀释倍数）平板个数；

　　　d——稀释因子（第一稀释度）。

2. 菌落特征描述

在平板上，如果菌落厚而重叠，则数平板 1/4 面积内的菌落。

根据菌落大小、形状、高度、干湿等特征观察不同的菌落类型。但要注意，如果细菌数量太多，会使很多细菌生活在一起，或者限制了菌落生长而变得小，因此外观不典型，故观察菌落的特点时，要选择分离出来的单个菌落。

菌落特征描述方法如下：

（1）大小　大、中、小、针尖状。可先将整个平板上的菌落粗略观察一下，再决定大、中、小的标准，或由教师指出一个大小的范围。

（2）颜色　黄色、金黄色、灰色、乳白色、白色、红色、粉红色等。

（3）干湿情况　干燥、湿润、黏稠。

（4）形态　圆形、不规则等。

（5）高度　扁平、隆起、凹下。

（6）透明程度　透明、半透明、不透明。

（7）边缘　整齐、不整齐。

六、注意事项

（1）经高温灭菌的物品不再有任何活着的微生物，这就排除了实验外其他环境的污染。故对环境等空间微生物的检验时，在实验前不要盲目打开培养皿，以防外界非目的环境中的细菌或真菌孢子等落在培养基上。

（2）实验过程要设置对照，（空间微生物的检验不打开皿盖；体表和物体表面上微生物的检验，在同一实验条件下不加悬液，在无菌操作条件下加入熔化好并冷却到45℃左右的培养基）。

（3）实验中对照组和试验组的培养皿要在同一环境下培养。因为对比不同环境中的细菌和真菌的存在情况，属于单因素比较，所以除了采样地点是变量外，其他条件如采样的时间、培养条件等，要保持相对一致。

（4）细菌和真菌几乎无处不有、无处不在，但在不同环境中分布的多少不同。教室、草地、林中等的环境中的微生物检验，采用的是接收沉降法；手、硬币等物品上存在的微生物的检验采用的是液体涂抹收集法（若数量过多，平皿上菌落连成一片无法计数则需进行稀释）。

（5）经过严格高温灭菌的物品中不可能有细菌和真菌。在检验过程中，一直处于密闭状态的培养皿和严格无菌操作倾倒的不含悬液的平板不可能有细菌和真菌。

（6）细菌和真菌的生活同其他生物一样，也需要水、一定的营养物质、适宜的温度和一定的生存空间等。

七、实验报告

（1）列表统计各环境中及体表和物体表面上微生物的种类并描述其生物学特征。

（2）列表统计各环境中及体表和物体表面上微生物的数目。

自然环境微生物的检验	人体及物体表面检验
采样地点/个菌落或 CFU	采样部位（位点）/CFU/g（mL）

八、分析与讨论

（1）比较各种来源的样品，哪一样品的平板菌落与菌落类型最多？

（2）环境和无菌室（或无人走动的实验室）相比，平板上的菌落数与菌落类型有什么差别？你能解释一下造成这种差别的原因吗？

（3）洗手前后的平板，菌落数有无差别？

（4）通过本次实验，在防止培养物的污染与细菌的扩散方面，你学到些什么？在今后的操作中有什么感悟和启示？

实验四　水体中细菌总数的测定

一、技能目标

（1）学习并掌握水样采集的方法和细菌总数测定的方法。

（2）了解平板菌落计数法的原理。
（3）了解水样中细菌菌落总数测定在水体评价中的意义。
（4）学会检验程序和报告方式。

二、基本原理

微生物广泛存在于自然界中，各种天然水中常含有一定数量的微生物。水中微生物的主要来源有：水中的水生性微生物、土壤径流、降雨携带的外来菌群和下水道的污染物和人畜的排泄物等。水中细菌菌落总数可作为判断水样被有机物污染程度的指标。细菌数量越多，则水中有机质含量越高。

本实验应用平板菌落计数法测定水中细菌总数。微生物在固体培养基上所形成的单菌落是由最初的一个细胞分裂繁殖形成的，即一个菌落代表一个细胞。将水样稀释后接种到培养基中，培养后单个细胞生长成菌落，通过统计菌落数目可计算原水样中含菌数。

由于水中的细菌种类繁多，它们对营养和其他生长条件的要求差别很大，不可能找到一种培养基在相同条件下，使水中所有的细菌均能生长繁殖。因此采用牛肉膏蛋白胨琼脂培养基培养出的细菌总数仅是一种近似值。

三、实验用品

（1）**培养基**　平板计数（PCA）培养基，磷酸盐缓冲液，无菌生理盐水。
（2）除微生物实验室常规灭菌及培养设备外，其他设备和材料如下：
恒温培养箱：36℃±1℃，30℃±1℃；冰箱：2~5℃；恒温水浴箱：46℃±1℃；天平：感量为0.1g；均质器；振荡器；无菌吸管或微量移液器及吸头；无菌锥形瓶；无菌培养皿（直径90mm）；pH计或pH比色管或精密pH试纸；放大镜或/和菌落计数器。

四、检验程序

菌落总数的检验程序见图14-3。

五、实验步骤

（一）水样的采取

选取自然界中的池水、河水、湖水等作为水样采集来源，将灭菌的带塞试剂瓶瓶口向下浸入距水面10~15cm深的水层中，翻转过来除去瓶塞，待水流入瓶中装满后，盖好瓶塞。取出后立即进行检测，或临时存于冰箱中保存。

（二）水样的稀释

（1）以无菌吸管吸取25mL水样置于盛有225mL生理盐水的无菌锥形瓶

（瓶内预置适当数量的无菌玻璃珠）中，充分混匀，制成1：10的样品匀液。

（2）用1mL无菌吸管或微量移液器吸取1：10样品匀液1mL，沿管壁缓慢注于盛有9mL稀释液的无菌试管中（注意吸管或吸头尖端不要触及稀释液面），振摇试管或换用1支无菌吸管反复吹打使其混合均匀，制成1：100的样品匀液。

（3）按上述操作程序，制备10倍系列稀释样品匀液。每递增稀释一次，换用1次1mL无菌吸管或吸头。

（4）根据对样品污染状况的估计，选择2个–3个适宜稀释度的样品匀液（也可包括原液），在进行10倍递增稀释时，吸取1mL样品匀液于无菌平皿内，每个稀释度做两个平皿。同时，分别吸取1mL空白稀释液加入两个无菌平皿内作空白对照。

（5）及时将熔化并冷却至46℃左右琼脂的培养基（可置放于46℃±1℃恒温水浴箱中保温）约15mL–20mL倾注平皿，并转动平皿使其混合均匀。

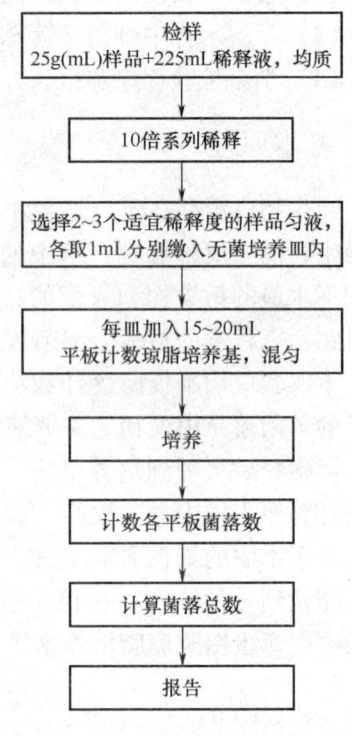

图14–3　菌落总数的检验程序

（三）培养

（1）待琼脂凝固后，将平板翻转，36℃±1℃培养48h±2h。

（2）如果样品中可能含有在琼脂培养基表面弥漫生长的菌落时，可在凝固后的琼脂表面覆盖一层琼脂培养基（约4mL），凝固后翻转平板，按上述条件进行培养。

（四）菌落计数

可用肉眼观察，必要时用放大镜或菌落计数器，记录稀释倍数和相应的菌落数量。菌落计数以菌落形成单位（colony – forming units，cfu）表示。

（1）选取菌落数在30～300cfu之间、无蔓延菌落生长的平板计数菌落总数。低于30cfu的平板记录具体菌落数，大于300cfu的可记录为多不可计。每个稀释度的菌落数应采用两个平板的平均数。

（2）其中一个平板有较大片状菌落生长时，则不宜采用，而应以无片状菌落生长的平板作为该稀释度的菌落数；若片状菌落不到平板的一半，而其余一半中菌落分布又很均匀，即可计算半个平板后乘以2，代表一个平板菌落数。

(3) 当平板上出现菌落间无明显界线的链状生长时,则将每条单链作为一个菌落计数。

(五) 结果与报告

1. 菌落总数的计算方法

(1) 若只有一个稀释度平板上的菌落数在适宜计数范围内,计算两个平板菌落数的平均值,再将平均值乘以相应稀释倍数,作为每克(毫升)样品中菌落总数结果。

(2) 若有两个连续稀释度的平板菌落数在适宜计数范围内时,按以下公式计算:

$$N = \frac{\sum C}{(n_1 + 0.1 n_2)d}$$

式中　N——样品中菌落数;

　　　$\sum C$——平板(含适宜范围菌落数的平板)菌落数之和;

　　　n_1——第一稀释度(低稀释倍数)平板个数;

　　　n_2——第二稀释度(高稀释倍数)平板个数;

　　　d——稀释因子(第一稀释度)。

(3) 若所有稀释度的平板上菌落数均大于300cfu,则对稀释度最高的平板进行计数,其他平板可记录为多不可计,结果按平均菌落数乘以最高稀释倍数计算。

(4) 若所有稀释度的平板菌落数均小于30cfu,则应按稀释度最低的平均菌落数乘以稀释倍数计算。

(5) 若所有稀释度(包括样品原液)平板均无菌落生长,则以小于1乘以最低稀释倍数计算。

(6) 若所有稀释度的平板菌落数均不在30~300cfu之间,其中一部分小于30cfu或大于300cfu时,则以最接近30cfu或300cfu的平均菌落数乘以稀释倍数计算。

2. 菌落总数的报告

(1) 菌落数小于100cfu时,按"四舍五入"原则修约,以整数报告。

(2) 菌落数大于或等于100cfu时,第3位数字采用"四舍五入"原则修约后,取前2位数字,后面用0代替位数;也可用10的指数形式来表示,按"四舍五入"原则修约后,采用两位有效数字。

(3) 若所有平板上为蔓延菌落而无法计数,则报告菌落蔓延。

(4) 若空白对照上有菌落生长,则此次检测结果无效。

(5) 称重取样以cfu/g为单位报告,体积取样以cfu/mL为单位报告。

六、实验报告

将实验数据填入下表中:

水体中细菌菌落总数测定

水体采集地点＿＿＿＿＿＿　　采集日期＿＿＿＿＿＿＿　　水体温度＿＿＿＿＿

稀释度	10^{-1}		10^{-2}		10^{-3}	
平板	A_1	B_1	A_2	B_2	A_3	B_3
菌落数/个						
平均菌落数/个						
细菌总数/(个/mL)						

七、分析与讨论

（1）实验中误差产生的原因主要有哪些？

（2）为什么选取菌落数在 30～300 的平板作为菌落总数测定标准？

（3）通过该实验你能否设计食品中细菌总数检验的程序和操作步骤？

实验五　食品中大肠菌群的检验

一、技能目标

（1）了解大肠菌群在食品检验中的意义。

（2）掌握检验的程序和步骤。

（3）通过检索 MPN 检索表得出实验结果。

二、基本原理

大肠菌群系指一群在 32～37℃下 24h，能发酵乳糖、产酸、产气、需氧或兼性厌氧的革兰氏阴性无芽孢杆菌。该菌群主要来源于人畜粪便，故以此作为粪便污染指标，来评价食品卫生质量，具有广泛的卫生学意义。

食品中大肠菌群的检验主要有两种方式，一是利用其菌群能够使乳糖发酵的特性，通过观察发酵结果，以每克（或毫升）检样内大肠菌群最近似数（the most probable number，简称 MPN）表示其数量；二是通过平板培养、菌落计数，经验证试验后，使用公式计算得到。

三、实验用品

1. 培养基和试剂

月桂基硫酸盐胰蛋白胨肉汤；煌绿乳糖胆盐肉汤；结晶紫中性红胆盐琼脂；磷酸盐缓冲液；无菌生理盐水；无菌 1mol/L NaOH；无菌 1mol/L HCl。

2. 其他器材

除微生物实验室常规灭菌及培养设备外，其他设备和材料如下：

恒温培养箱：36℃±1℃；冰箱：2~5℃；恒温水浴箱：46℃±1℃；天平：感量 0.1g；均质器；振荡器；无菌吸管；无菌锥形瓶（容量 500mL）；无菌培养皿（直径 90mm）；pH 计或 pH 比色管或精密 pH 试纸；菌落计数器。

四、实验步骤

第一法 大肠菌群 MPN 计数法

（一）检验程序

大肠菌群 MPN 计数法检验程序见图 14-4。

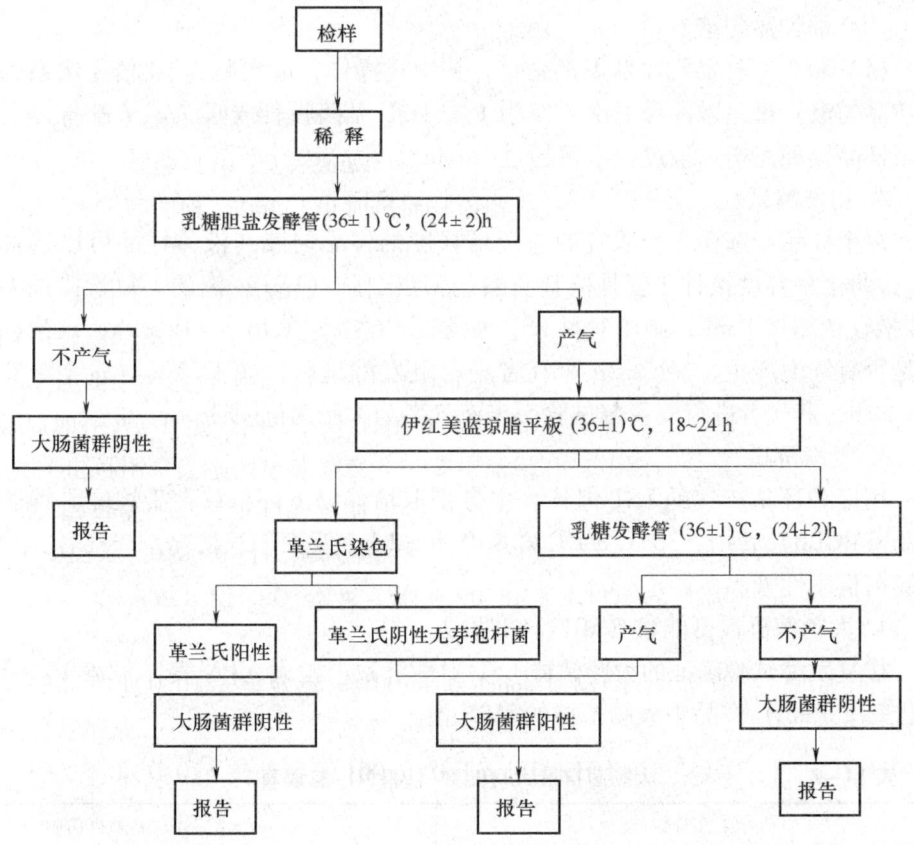

图 14-4 大肠菌群 MPN 计数法检验程序

（二）操作步骤

1. 样品的稀释

（1）固体和半固体样品：称取 25g 样品，放入盛有 225mL 磷酸盐缓冲液或生理盐水的无菌均质杯内，8000～10000r/min 均质 1～2min，或放入盛有 225mL 磷酸盐缓冲液或生理盐水的无菌均质袋中，用拍击式均质器拍打 1～2min，制成 1：10 的样品匀液。

（2）液体样品：以无菌吸管吸取 25mL 样品置盛有 225mL 磷酸盐缓冲液或生理盐水的无菌锥形瓶（瓶内预置适当数量的无菌玻璃珠）中，充分混匀，制成 1：10 的样品匀液。

（3）样品匀液的 pH 应在 6.5～7.5，必要时分别用 1mol/L NaOH 或 1mol/L HCl 调节。

（4）用 1 mL 无菌吸管或微量移液器吸取 1：10 样品匀液 1mL，沿管壁缓缓注入 9mL 磷酸盐缓冲液或生理盐水的无菌试管中（注意吸管或吸头尖端不要触及稀释液面），振摇试管或换用 1 支 1mL 无菌吸管反复吹打，使其混合均匀，制成 1：100 的样品匀液。

（5）根据对样品污染状况的估计，按上述操作，依次制成 10 倍递增系列稀释样品匀液。每递增稀释 1 次，换用 1 支 1mL 无菌吸管或吸头。从制备样品匀液至样品接种完毕，全过程不得超过 15min。

2. 初发酵试验

每个样品，选择 3 个适宜的连续稀释度的样品匀液（液体样品可以选择原液），每个稀释度接种 3 管月桂基硫酸盐胰蛋白胨（LST）肉汤，每管接种 1mL（如接种量超过 1 mL，则用双料 LST 肉汤），36℃±1℃培养 24h±2h，观察倒管内是否有气泡产生，24h±2h 产气者进行复发酵试验，如未产气则继续培养至 48h±2h，产气者进行复发酵试验。未产气者为大肠菌群阴性。

3. 复发酵试验

用接种环从产气的 LST 肉汤管中分别取培养物 1 环，移种于煌绿乳糖胆盐肉汤（BGLB）管中，36℃±1℃培养 48 h±2 h，观察产气情况。产气者，计为大肠菌群阳性管。

4. 大肠菌群最可能数（MPN）的报告

按复发酵试验确证的大肠菌群 LST 阳性管数，检索 MPN 表（见表 14-2），报告每 g（mL）样品中大肠菌群的 MPN 值。

表 14-2　　　　　　大肠菌群最大可能数（MPN）检索表

阳性管数			MPN	95% 可信限	
1mL(g)×3	0.1mL(g)×3	0.01mL(g)×3		下限	上限
0	0	0	<30		
0	0	1	30	<5	90
0	0	2	60		
0	0	3	90		

续表

阳性管数				95%可信限	
1mL(g)×3	0.1mL(g)×3	0.01mL(g)×3		下限	上限
0	1	0	30		
0	1	1	60	<5	130
0	1	2	90		
0	1	3	120		
0	2	0	60		
0	2	1	90		
0	2	2	120		
0	2	3	150		
0	3	0	90		
0	3	1	130		
0	3	2	160		
0	3	3	190		
1	0	0	40		
1	0	1	70	<5	200
1	0	2	110	10	210
1	0	3	150		
1	1	0	70		
1	1	1	110	10	230
1	1	2	150	30	360
1	1	3	190		
1	2	0	110		
1	2	1	150	30	360
1	2	2	200		
1	2	3	240		
1	3	0	160		
1	3	1	200		
1	3	2	240		
1	3	3	290		
2	0	0	90		
2	0	1	140	10	360
2	0	2	200	30	370
2	0	3	260		
2	1	0	150		
2	1	1	200	30	440
2	1	2	270	70	890
2	1	3	340		

续表

阳性管数				95%可信限	
1mL(g)×3	0.1mL(g)×3	0.01mL(g)×3		下限	上限
2	2	0	210		
2	2	1	280	40	470
2	2	2	350	100	1500
2	2	3	420		
2	3	0	290		
2	3	1	360		
2	3	2	440		
2	3	3	530		
3	0	0	230		
3	0	1	390	40	1200
3	0	2	640	70	1300
3	0	3	950	150	3800
3	1	0	430		
3	1	1	750	70	2100
3	1	2	1200	140	2300
3	1	3	1600	300	3800
3	2	0	930		
3	2	1	1500	150	3800
3	2	2	2100	300	4400
3	2	3	2900	350	4700
3	3	0	2400		
3	3	1	4600	360	13000
3	3	2	11000	710	24000
3	3	3	≥24000	1500	48000

（根据 GB 4789.3—2010）

注：①本表采用三个稀释度，即 1mL(g)，0.1mL(g) 和 0.01mL(g)，每稀释度 3 支管。

②表内所列检样量如改用 10mL(g)，1mL(g) 和 0.1mL(g) 时，表内数字应相应降低 10 倍；如改用 0.1mL(g)，0.01mL(g)，和 0.001mL(g) 时，则表内数字相应增加 10 倍，其余可类推。

（三）实验结果

将实验数据填入表 14-3 中。

表 14-3　　　　　　　　　　大肠菌群检验报告表

接种量	管号	发酵反应结果	有无典型菌落	革兰氏染色结果	证实反应结果	最后结论
1mL	1					
	2					
	3					

续表

接种量	管号	发酵反应结果	有无典型菌落	革兰氏染色结果	证实反应结果	最后结论
0.1mL	1					
	2					
	3					
0.01mL	1					
	2					
	3					

第二法 大肠菌群平板计数法

（一）检验程序

大肠菌群平板计数法检验程序见图14-5。

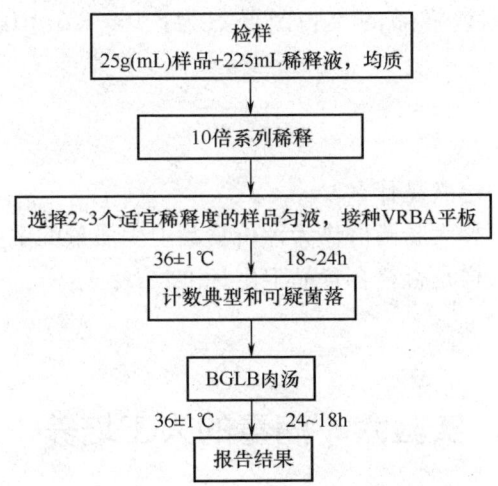

图14-5 大肠菌群平板计数法检验程序

（二）操作步骤

1. 样品的稀释

与第一法同。

2. 平板计数

选取2~3个适宜的连续稀释度，每个稀释度接种2个无菌平皿，每皿1mL，同时取1mL生理盐水加入无菌平皿作空白对照；及时将15~20mL冷至46℃的结晶紫中性红胆盐琼脂（VRBA）约倾注于每个平皿中。小心旋转平皿，将培养基与样液充分混匀，待琼脂凝固后，再加3~4mL VRBA覆盖平板表层。翻转平板，置于36℃±1℃培养18~24h。

3. 平板菌落数的选择

选取菌落数在 15~150cfu 之间的平板,分别计数平板上出现的典型和可疑大肠菌群菌落。

典型菌落为紫红色,菌落周围有红色的胆盐沉淀环,菌落直径为 0.5 mm 或更大。

4. 证实试验

从 VRBA 平板上挑取 10 个不同类型的典型和可疑菌落,分别移种于 BGLB 肉汤管内,36℃±1℃培养 24~48h,观察产气情况。凡 BGLB 肉汤管产气,即可报告为大肠菌群阳性。

5. 大肠菌群平板计数的报告

经最后证实为大肠菌群阳性的试管比例乘以大肠菌群菌落数,再乘以稀释倍数,即为每克(毫升)样品中大肠菌群数。例:10^{-4} 样品稀释液 1 mL,在 VRBA 平板上有 100 个典型和可疑菌落,挑取其中 10 个接种 BGLB 肉汤管,证实有 6 个阳性管,则该样品的大肠菌群数为:$100 \times 6 \times 10 \times 10^4$/g(mL)= 6.0×10^5 cfu/g(mL)。

五、分析与讨论

(1) 大肠菌群的定义是什么?
(2) 为什么要选择大肠菌群作为评价食品卫生质量的重要指标?
(3) 经检验,检样是否符合食品卫生标准?

选做实验

实验六 病毒的人工培养

一、技能目标

掌握鸡胚尿囊腔接种培养新城疫病毒的操作技术。

二、基本原理

孵化 9~10 日龄的鸡胚和实验动物一样,为正在发育中的机体,有神经血管的分布及脏器的结构,可满足病毒为专一活性宿主细胞内寄生的需求,且鸡胚来源充足,比其他方法成本低,操作简便,通常是无菌的,对接种的病毒不长生抗体。鸡胚培养法为许多人类与动物病毒和立克次体常用的方法之一,用于对痘类病毒、黏病毒和疱疹的分离、鉴定、制备抗原、疫苗生产以及研究病毒性质等方面。其优点是鸡胚的组织分化程度低,可选择适当接种途径,接种位点多,病毒易于繁殖,感染,在其内生长繁殖快。但也有某些缺点,主要是除产生痘疱的病毒及引起鸡胚死亡的病毒外,不产生特异性的感染指征,必须利用另一个试验系统(血清学反应)来测定病毒的存在。

三、实验用品

鸡胚;新城疫 1 系疫苗;孵卵器、照蛋箱、蛋架、打孔器、1mL 结核菌素注射器、41/2 号注射针头、镊子、3% 碘酊、75% 酒精棉球、铅笔、酒精灯、剪刀、眼科镊子、灭菌的疫苗瓶、灭菌滴管和固体石蜡等。

四、操作步骤

(一)接种前的准备

1. 鸡胚的准备

(1) 选卵 通常采用新鲜鸡卵,卵壳薄而色白较宜,易于胚胎的生活情况。孵育前,鸡卵必须保存于 10℃ 左右的阴凉处,不宜过冷或过热,保存天数最多不超过 10 天,否则影响孵出率。

(2) 孵育 孵育前的卵,先用清水以毛刷清洗,用干布试干,放入孵箱内进行孵育。适宜的孵育温度是 38~39℃,相对湿度是 45%~60%,并使空气流通,每日翻动鸡卵 1~2 次。

(3) 检卵 孵后第 4 天,用检卵灯检视鸡胚发育情况,检出未受精及死亡鸡卵,以后逐日检查生活情况。鸡胚发育情况如下:

①4 天后仅见卵黄黑影,不见有鸡胚迹象,即剔出不用。

②4 天后可见清晰的血管小团,其中有鸡胚暗影,较大的鸡胚,可见其震颤活动,较优。

2. 病毒材料接种的准备

需分离培养的病毒材料应是无菌的,为达到材料无菌的目的,可在每毫升接种物质中加青霉素和链霉素各 100~500IU,置室温中 1h 或冰箱中 12~24h 处理,或经滤器除菌。

(二)接种

绒毛尿囊腔内注射:用 6 号针头的 1mL 注射器吸取新城疫 I 系病毒材料,针头从已打好的小孔中向鸡胚方向插入 0.5~1cm,注入 0.1mL,用氯化锌胶布贴封,再用融化的固体石蜡封口,放回孵化箱中进行孵化,每天翻蛋 2 次,照视 1 次,24h 内死亡的舍去。

(三)收获

新城疫 I 系病毒材料,在接种 24~48h 即可收获。收获前应将鸡胚置 4℃ 冰箱冷藏 4h 或过夜,以免解剖时血管破裂。碘酒消毒蛋壳,用镊子去卵壳和尿囊膜，用吸头吸尿囊液于瓶内，可收集 5~8mL，无菌检验，冰冻保存。

五、实验报告

（1）用鸡胚培养病毒，在选用鸡胚时应注意什么问题？

（2）在鸡胚尿囊接种培养病毒的操作过程中应注意什么问题？

实验七　微生物的生化反应试验

一、技能目标

（1）了解细菌鉴定中常见的生化反应原理及方法。

（2）利用糖发酵试验、IMVIC 试验、硫化氢试验进行细菌的分类鉴定。

二、基本原理

新陈代谢是微生物进行生命活动的特征之一，各种代谢的生化反应都是由酶催化完成的。不同的细菌具有不同的酶系，反应后生成的代谢产物各不相同。将这些不同的代谢产物与一定的显色试剂反应，可显示出特定的颜色。这种特定的显色生化反应可用于鉴别微生物，尤其是形态及其他方面不同的微生物。本次实验的三个试验反应主要用于肠道细菌的鉴定。

糖发酵试验主要用于鉴定肠道细菌，根据细菌在糖代谢时是否产酸产气进行分类鉴定。在液体培养基中加入溴甲酚紫（pH 5.2~6.8）或麝香草酚蓝（pH 7.6~6.0）等酸碱指示剂，若细菌代谢产酸则溴甲酚紫由紫色变为黄色，麝香草酚蓝由蓝色变为黄色。在液体培养基中倒放杜氏小管，通过杜氏小管上端气泡的有无可判断细菌是否代谢产气。

IMVIC 试验主要用于快速鉴别大肠杆菌和产气肠杆菌，多用于水的细菌学检查。IMVIC 是吲哚（indol test）、甲基红（methylred test）、伏－普（Voges – Prokauer test）和柠檬酸盐（citrate test）四个试验的缩写。

吲哚试验用于检测吲哚的产生。若细菌酶系中含有色氨酸酶，可分解蛋白胨中的色氨酸产生吲哚和丙酮酸。吲哚与对二甲基氨基苯甲醛结合进行显色反应，形成红色的玫瑰吲哚。大肠杆菌吲哚反应呈阳性，产气肠杆菌则呈阴性。

甲基红试验用于检测葡萄糖代谢生成的有机酸，如甲酸、乙酸、乳酸。在培养基加入甲基红指示剂，若细菌葡萄糖代谢产酸，甲基红指示剂由橘黄色（pH6.3）变为红色（pH4.2），即甲基红反应阳性。大肠杆菌和产气肠杆菌在培养的早期均产酸，但大肠杆菌在培养后期仍能维持酸性，而产气肠杆菌则转化有机酸为非酸性末端产物。因此大肠杆菌为阳性反应，产气肠杆菌为阴性反应。

伏－普试验用于测定细菌葡萄糖代谢产生的丙酮酸。丙酮酸缩合、脱羧可生成乙酰甲基甲醇，其在碱性条件下能被空气中的氧气氧化成二乙酰。二乙酰与蛋白胨中精氨酸的胍基作用可生成红色化合物，即伏－普反应呈阳性；不产生红色化合物为阴性。

柠檬酸盐试验用于测定细菌对柠檬酸盐的代谢。有些细菌如产气肠杆菌可代谢柠檬酸盐及培养基中的磷酸铵，产生碱性化合物，使培养基的 pH 升高。在培养基中加入1%溴麝香草酚蓝指示剂（pH 小于 6.0 时呈黄色，pH 在 6.0~7.0 时为绿色，pH 大于 7.6 时呈蓝色）时，培养基由绿色变为深蓝色。

硫化氢试验用于检测硫化氢的产生。有些细菌能分解如胱氨酸、半胱氨酸、甲硫氨酸等含硫的有机物产生硫化氢，若在培养基中加入铅盐或铁盐等重金属盐，产生的硫化氢可形成黑色的硫化铅或硫化铁沉淀物，即反应呈阳性。

三、实验用品

（1）菌种　大肠杆菌、产气杆菌。

（2）培养基　葡萄糖发酵培养基、乳糖发酵培养基、蛋白胨水培养基、葡萄糖蛋白胨水培养基、柠檬酸盐斜面培养基、醋酸铅培养基。

（3）试剂　甲基红试剂、V.P 试剂、乙醚、吲哚试剂。

（4）其他器材　试管、杜氏小管、恒温培养箱、高压蒸汽灭菌锅。

四、操作步骤

1. 糖发酵试验

（1）取 6 支试管，3 支装入葡萄糖发酵培养基，3 支装入乳糖发酵培养基。将杜氏小管加入对应培养基后倒置放入试管中，避免气泡产生。高压蒸汽灭菌。

（2）取葡萄糖发酵培养基试管 3 支，分别接入大肠杆菌、产气杆菌，剩余一支作对照。另取乳糖发酵培养基试管 3 支，分别接入大肠杆菌、产气杆菌，剩余一支作对照。

（3）将 6 支试管均置 37℃ 培养 24~48h。观察各试管颜色变化及杜氏小管中有无气泡，以此判断该菌种是否产酸产气。

2. IMViC 试验

（1）取蛋白胨水培养基试管 2 支（用于吲哚试验）、葡萄糖蛋白胨水培养基试管 4 支（用于甲基红试验与伏－普试验），柠檬酸盐斜面培养基试管 2 支（柠檬酸盐试验）分别接入大肠杆菌、产气杆菌。置于 37℃ 培养 48h。

（2）取出培养好的蛋白胨水培养基试管 2 支，加 3、4 滴乙醚，摇匀后静置 1~3min。待乙醚上升分层后，加入 5 滴吲哚试剂，在乙醚和培养物之间出现红色环状物为吲哚试验阳性反应，黄色为阴性反应。

(3) 取出培养好的葡萄糖蛋白胨水培养基试管 2 支，加甲基红试剂 2 滴。培养基变红色的为甲基红试验阳性反应，黄色为阴性。

(4) 取出培养好的葡萄糖蛋白胨水培养基试管 2 支，加入与培养基等量的 V.P 试剂。用力振荡，再放入 37℃温箱中保温 15~30min。培养基呈现红色的为伏-普反应阳性，不变红色的为阴性。

(5) 取出培养好的柠檬酸盐斜面培养基试管 2 支观察，培养基颜色呈蓝色的为柠檬酸盐试验阳性反应，绿色为阴性。

3. 硫化氢试验

(1) 用接种针将大肠杆菌、产气肠杆菌分别穿刺接入 2 支醋酸铅培养基中，置于 37℃培养 48h。

(2) 培养结束后取出观察，有黑色沉淀产生的为硫化氢试验阳性反应，反之为阴性。

五、实验报告

将实验结果填入表 14-4、表 14-5、表 14-6 中：

表 14-4　　　　糖发酵试验

	大肠杆菌	产气杆菌	对照
葡萄糖发酵培养基			
乳糖发酵培养基			

表 14-5　　　　IMVIC 试验

	大肠杆菌	产气杆菌
吲哚试验		
甲基红试验		
伏-普试验		
柠檬酸盐试验		

表 14-6　　　　硫化氢试验

	大肠杆菌	产气杆菌
硫化氢试验		

六、分析与讨论

(1) 微生物生化反应试验有何意义？

(2) 甲基红试验与伏-普试验最初底物与最终产物有何异同处？为什么会出现最终产物不同？

实验八　微生物细胞大小测定

一、技能目标

（1）了解目镜测微尺和镜台测微尺的构造和使用原理。
（2）掌握微生物细胞大小的测定方法。

二、基本原理

微生物细胞的大小是微生物重要的形态特征之一，由于菌体很小，只能在显微镜下来测量。用于测量微生物细胞大小的工具有目镜测微尺和镜台测微尺。

目镜测微尺（图 14-6）是一块圆形玻片，在玻片中央把 5mm 长度刻成 50 等分，或把 10mm 长度刻成 100 等份。测量时，将其放在接目镜中的隔板上（此处正好与物镜放大的中间像重叠）来测量经显微镜放大后的细胞物象。由于不同目镜、物镜组合的放大倍数不相同，目镜测微尺每格实际表示的长度也不一样，因此目镜测微尺测量微生物大小时须先用置于镜台上的镜台测微尺校正，以求出在一定放大倍数下，目镜测微尺每小格所代表的相对长度。

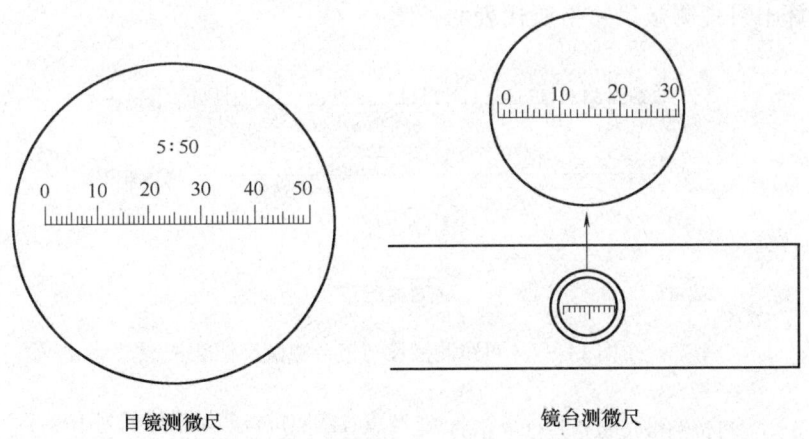

图 14-6　目镜测微尺和镜台测微尺

镜台测微尺是中央部分刻有精确等分线的载玻片，一般将 1mm 等分为 100 格，每格长 $10\mu m$（即 0.01mm），是专门用来校正目镜测微尺的。校正时，将镜台测微尺放在载物台上，由于镜台测微尺与细胞标本是处于同一位置，都要经过物镜和目镜的两次放大成像进入视野，即镜台测微尺随着显微镜总放大倍数的放大而放大，因此从镜台测微尺上得到的读数就是细胞的真实大小，所以用镜台测微尺的已知长度在一定放大倍数下校正目镜测微尺,即可求出目镜测微尺每格所代表的长度,然后移去镜台测微尺,换上待测标本片,用校正好的目镜测微尺在同样放大倍数下测量微生物细胞的大小。

三、实验用品

(1)菌种　酿酒酵母(*Saccharomyces cerevisiae*)、枯草芽孢杆菌(*Bacillus subtilis*)。

(2)其他器材　显微镜、目镜测微尺、镜台测微尺、盖玻片、载玻片、滴管、双层瓶、擦镜纸。

四、操作步骤

1. 目镜测微尺的校正

把目镜的上透镜旋下,将目镜测微尺的刻度朝下轻轻地装入目镜的隔板上,把镜台测微尺置于载物台上,刻度朝上。先用低倍镜观察,对准焦距,视野中看清镜台测微尺的刻度后,转动目镜,使目镜测微尺与镜台测微尺的刻度平行,移动推动器,使两尺重叠,再使两尺的"0"刻度完全重合,定位后,仔细寻找两尺第二个完全重合的刻度,计数两重合刻度之间目镜测微尺的格数和镜台测微尺的格数(图14-7)。因为镜台测微尺的刻度每格长10μm,所以由下列公式可以算出目镜测微尺每格所代表的长度。

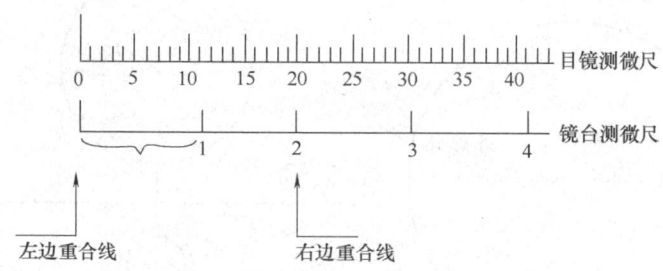

图14-7　目镜测微尺与镜台测微尺校准

$$目镜测微尺每格长度(\mu m) = \frac{两重合线间镜台测微尺格数 \times 10}{两重合线间目镜测微尺格数}$$

例如目镜测微尺5小格正好与镜台测微尺5小格重叠,已知镜台测微尺每小格为10μm,则目镜测微尺上每小格长度为 = 5×10μm/5 = 10μm。

用同法分别校正在高倍镜下和油镜下目镜测微尺每小格所代表的长度。

由于不同显微镜及附件的放大倍数不同,因此校正目镜测微尺必须针对特定的显微镜和附件(特定的物镜、目镜)进行,而且只能在特定的情况下重复使用,当更换不同放大倍数的目镜或物镜时,必须重新校正目镜测微尺每一格所代表的长度。

2. 细胞大小的测定

（1）将酵母菌斜面制成一定浓度的菌悬液如 10^{-2}、10^{-3} 等。

（2）取一滴酵母菌菌悬液制成水浸片。

（3）移去镜台测微尺，换上酵母菌水浸片，先在低倍镜下找到目的物，然后在高倍镜下用目镜测微尺来测量酵母菌菌体的长，宽各占几格（不足一格的部分估计到小数点后一位数）。测出的格数乘上目镜测微尺每格的校正值，即等于该菌的长和宽。一般测量菌体的大小要在同一个标本片上测定 10~20 个菌体，求出平均值，才能代表该菌的大小。而且一般是用对数生长期的菌体进行测定。

（4）同法用油镜测定枯草杆菌染色玻片的长和宽。

五、实验报告

将实验结果填入表 14-7、表 14-8、表 14-9 中：

表 14-7　　　　　　　　目镜测微目尺校正结果

物镜	目镜测微尺格数	镜台测微尺格数	目镜测微尺每格代表的长度/μm
10×			
40×			
100×			

表 14-8　　　　　　酵母菌大小测定记录　　（格）

细胞数	1	2	3	4	5	6	7	8	9	10	11	12	13	14	15	平均值
长																
宽																

表 14-9　　　　　　枯草芽孢杆菌大小测定记录　　（格）

细胞数	1	2	3	4	5	6	7	8	9	10	11	12	13	14	15	平均值
长																
宽																

结果计算：长（μm）= 平均格数 × 校正值；宽（μm）= 平均格数 × 校正值；大小表示：宽（μm）× 长（μm）。

六、分析与讨论

（1）为什么更换不同放大倍数的目镜或物镜时，必须用镜台测微尺重新对目镜测微尺进行校正？

(2)不改变目镜和目镜测微尺,而改用不同放大倍数的物镜来测定同一细菌大小,其测定结果是否相同,为什么?

(3)测定微生物细胞大小,为什么要用对数生长期的菌体?

实验九 用生长谱法测定微生物的营养要求

一、技能目标

学习并掌握生长谱法测定微生物营养需要的基本原理和方法。

二、基本原理

微生物的生长繁殖需要适宜的营养环境,碳源、氮源、无机盐、微量元素、生长因子等都是微生物生长所必需,缺少其中一种,微生物便不能正常生长、繁殖。在实验室条件下,人们常用人工配制的培养基来培养微生物,这些培养基中含有微生物生长所需的各种营养成分。

如果人工配制一种缺乏某种物质(例如碳源)的琼脂培养基,接入菌种混合均匀后倒平板,再将所缺乏的营养物质(各种碳源)点植于平板上,在适宜的条件下培养后,如果接种的这种微生物能够利用某种碳源,就会在点植该种碳源物质的周围生长繁殖,呈现出由许多小菌落组成的圆形区域(菌落圈),而该种微生物不能利用的碳源周围就不会有微生物的生长,最终在平板上呈现一定的生长图形,由于不同类型微生物利用不同营养物质的能力不同,它们在点植有不同营养物质的平板上的生长图形就会有差别,具有不同的生长谱,故称此法为生长谱法。

该法可以定性、定量地测定微生物对各种营养物质的需求,在微生物育种、营养缺陷型鉴定以及饮食制品质量检测等诸多方面具有重要用途。

三、实验用品

(1)菌种 大肠杆菌(*Escherichia coli*)。

(2)培养基 基础培养基。

(3)溶液或试剂 木糖,葡萄糖,半乳糖,麦芽糖,蔗糖,乳糖,无菌生理盐水等。

(4)其他器材 无菌平皿,无菌牙签,无菌吸管等。

四、操作步骤

(1)将培养24h的大肠杆菌斜面用无菌生理盐水洗下,制成菌悬液。

（2）将基础培养基熔化并冷却至50℃左右，加入上述菌悬液并混匀，倒平板。

（3）在两个已凝固的平板皿底用记号笔分别划分成三个区域，并标明要点植的这种糖。

（4）用6根无菌牙签分别挑取6种糖对号点植。

（**注意**：点植时要集中，取糖量为小米粒大小即可，糖过多时，溶化后糖溶液扩散区域过大会导致不同的糖相互混合。）

（5）待糖粒溶化后再将平板倒置于37℃温室保温18～24h，观察各种糖周围有无菌落圈。

（**注意**：点植糖后不要匆忙将平板倒置，否则尚未溶化的糖粒会掉到皿盖上。）

五、实验报告

绘图表示大肠杆菌在平板上的生长状况，根据实验结果，回答大肠杆菌能利用的碳源是什么？

六、分析与讨论

（1）在生长谱法测定微生物碳源要求的实验中，发现某一不能被该微生物利用的碳源周围也长出菌落圈，试分析这种可能的原因，并设法解决这个问题。

（2）在某微生物学实验室做实验的一个学生不慎将两种较贵重的氨基酸样品的标签弄混，这两种氨基酸样品均为白色粉末，在外观上很难区分，他一时难以找到进行纸层析分析所需的标准氨基酸对照样品，实验室也不具备氨基酸分析仪，但此实验室有多种不同类型的氨基酸营养缺陷型菌株，在这种情况下，能采取什么简单的微生物学实验将此两种氨基酸样品区分开？

第十五章 微生物学设计性实验

设计性实验是指给定实验目的、要求和实验条件,学生自行设计实验方案,并加以实现的实验。要求学生在教师指导下,在已掌握相关知识与技能的基础上,选择所提供的食品微生物学范畴内的课题,独立设计方案,执行方案直至完成实验。

一、目标定位

(1) 通过实验设计复习巩固之前所学内容,在已达到的基本微生物学理论知识和实践技能水平上,自己确立研究内容,设计课题。

(2) 联系所学,通过设计实验,熟悉实验设计方法、实验设计原则,达到提升自己应用知识的能力以及创新能力。

(3) 实验结束后写出实验报告,实验小组成员召开讨论会,以提高学生联系生产实践和日常生活,锻炼自己解决问题、分析问题的能力,为走向社会适应工作岗位,奠定基础。

二、设计思路

利用实验室所具备的仪器、药品、试剂(见附录),结合自己所学的微生物学知识,设计一个以微生物知识为背景的开放性实验,得出结果并分析讨论。

整个设计过程结合学生的认知规律,充分利用实验室现有的条件,为学生提供一种良好的实验环境氛围,创设科研情景,优化实验空间。尽可能突出并支持学生的主体地位,促使他们积极主动地参与实验活动的全过程。针对学生在实验中出现的新问题,有目的地提供不同的技术方案和解决问题的思路和方法。

三、设计目的

通过综合实验设计,以指导学生养成良好的实验操作习惯,提高解决问题的能力,培养学生的科学素养,并培育其创新思维。

四、设计性实验的一般过程

(1) 选题(给定题目或自选),查阅文献资料;

(2) 指导学生灵活运用所学知识和技能独立设计实验方案；

(3) 为增强其可操作性，组织学生研讨，教师对学生设计的实验方案进行评价、修正；

(4) 组织与实施方案，要求学生自行完成实验；

(5) 总结，写出实验报告。

设计实验一　检测发酵和食品工业用水微生物的数量

一、设计思想

从微生物学的角度来看，这些检测主要是一些方法学问题，涉及取样、培养、计数、培养基和培养条件以及数据处理等方面。为了相互比较，在很大程度上还取决于使用的方法与操作上的一致。

从卫生指标来看，发酵和食品工业用水的微生物数量主要考虑的是细菌，特别是病原菌的数量。从防疫角度出发，在正常情况下主要涉及用水中细菌总数的测定和大肠杆菌数量的测定。有人研究成人粪便中的大肠杆菌菌群的细菌，即可证明已为粪便污染。虽然大肠杆菌菌群在人及动物肠道内存在，一般无致病性，但有粪便污染也就有可能有肠道病原菌存在。根据这个理由，就可以认为这种含有大肠杆菌菌的水供饮用或酿造是不安全的。

水的卫生学检验中最常用的指标是细菌总数和大肠杆菌菌群。细菌总数是指每克或每毫升食品或水样中，经过处理在一定条件下培养后所得细菌菌落的总数，也可称菌落总数。细菌总数主要用于判断试样被污染的程度。在实际工作中，一般只有一种常用方法去作细菌总数的测定，测定结果仅反映一群能在营养琼脂上生长，37℃普通培养箱中培养24h后的细菌菌落的总数。大肠杆菌菌群是指一大群在37℃经24h培养后能发酵乳糖产酸产气、需氧或兼性厌氧的革兰氏阴性无芽孢杆菌。大肠杆菌菌群数也称大肠杆菌菌指数，是指每100mL（g）水（食品）中大肠杆菌菌群的最近似值。检查大肠杆菌菌群数，一方面能表明样品是否受污染，另一方面可判定试样的污染程度。大肠杆菌菌群数的测定是以不同稀释度的样品，定量接种乳糖发酵管各管数，按照乳糖发酵产酸产气并确证为大肠杆菌菌群的阳性管数，查检索表求出大肠杆菌菌群的最近似值。

二、目标定位

(1) 通过本设计实验确定一定环境中微生物的分布情况。

(2) 掌握并熟练运用鉴定和计数一定环境中微生物的基本研究方法。

设计实验二　微生物技术在食品保鲜中的应用

一、设计思想

"消毒"在英语中为"disinfection",意即"去除感染",也就是指杀灭引起感染的微生物。在治疗学与卫生学中,"消毒"指的是"杀灭病原微生物";在工业微生物中,"消毒"指的是"除去杂菌,除去会引起污染的微生物"。

"灭菌"在英语中为"sterilization",意即"绝育,使失去繁殖能力"。对微生物而言,失去繁殖能力就是死亡。因此,"灭菌"指的是杀死一切微生物(包括繁殖体和芽孢等),不分病原或非病原微生物及杂菌或非杂菌。

此外,消毒一般是指化学因素处理,灭菌一般是指物理因素处理。消毒的结果并不一定是无菌状态,灭菌的结果则是无菌状态,灭菌和消毒是食品保鲜成败的关键。最常用的灭菌方法是高温灭菌法。因为微生物的生物功能靠蛋白质来实现,加热可以使蛋白质变性、凝固,从而引起微生物的死亡。当环境温度超过微生物的最高生长温度时,将引起微生物死亡。不同微生物的最高生长温度不同,不同生长阶段的微生物的耐热能力也不同,因而可以通过控制热处理的温度和时间进行消毒或灭菌。但高温带来了营养的损失。因此,要使一种食品的营养损失得最少又能得到较长的货架期,就必须根据具体情况选择不同的灭菌方式,不能进行高温灭菌的物品则采用其他灭菌方法。

二、目标定位

(1)通过本设计实验得到一种货架期较长、营养丰富的食品。
(2)根据具体情况,能适时地选择并熟练运用不同的消毒与灭菌操作技术。

设计实验三　从土壤中分离和纯化放线菌

一、设计思想

放线菌广泛分布于自然界,这是我们对其进行开发利用的基本条件。放线菌的全程研发包括基本的3个流程。

1. 样品的采集

采样的目的决定采样地点的选择、采样方法及采样的数量。一般而言,存在目的菌或潜在营养基质的场所是首选的采样地。这个原则并不是绝对的,微生物具备有很强的适应能力,因而也能从一些看似并不相关的环境中获得目的菌。同理，将一些"不相干"的样品采集回来以后，通过用某种营养物质富集培养也可以从中将该菌种分离出来。采样的另外一个原则就是到特殊或极端环境中采集样品。在这些环境中，由于生存条件比较苛刻，能存留下来的微生物一般具有不同寻常的生存机制。因此，从这些微生物中往往能获得新的菌种或具特殊性质的菌种。

2. 菌种的分离

菌种的分离是整个工作的第一个关键步骤。分离应注意以下几个问题：①分离培养基的确定；②分离培养条件的选择，如培养温度、湿度、好氧或厌氧培养等；③选用合适的分离方法，通常采用稀释倒平板分离法。

3. 挑菌纯化

经初步分离，从以上平板中选择较理想的放线菌转接斜面，并制片作纯度检查，若不纯，应进一步将该菌做稀释平板分离或划线分离，直至获得纯培养。

二、目标定位

（1）通过本设计实验得到一株或几株放线菌。

（2）掌握放线菌的分离纯化等基本操作技术。

设计实验四　了解和研究微生物在食品工业中的应用

一、设计思想

微生物技术在食品工业中的应用是生物技术最早开发应用的领域，其中包括传统的含醇饮料、调味品、乳制品等，至今其产量和产值还占生物技术的首位。

含醇饮料是以水果、米、麦、高粱、玉米、甘薯等为主要原料酿造加工而成，有葡萄酒、果酒、黄酒、白酒、啤酒、白兰地、威士忌、伏特加、金酒、香槟酒、朗姆酒等。传统调味品及发酵食品有以豆类、米、麦等生产的酱、酱油、醋、豆豉、豆腐乳、饴糖、泡菜等。发酵乳制品包括奶酒、干酪、酸奶等。用近代发酵或酶反应技术生产的食品原料有葡萄糖、麦芽糖、果葡糖浆、甘露糖醇（已六醇——低热值甜味剂）、脂肪等。

食品添加剂有面包酵母、味精（谷氨酸单钠）、赖氨酸、柠檬酸、红曲（色素）、甜味肽（天冬氨酸及苯丙氨酸合成的二肽比蔗糖甜200倍）、肌苷酸和鸟苷酸（均为增鲜剂）、右旋糖酐葡聚糖和茁霉多糖（普鲁蓝多糖）(两者均为增稠剂）、葡萄糖氧化酶和异维生素C（均为食品保鲜剂）、乳链菌肽（Nisins，食品防腐剂）、匹马霉素（Pimarcin，食品保护剂）等。

新型发酵饮料如活性乳酸饮料。

二、目标定位

通过本设计实验，利用所掌握的微生物学理论知识和实验技术，设计一种常见的发酵食品。

设计实验五　检测几种常见消毒剂的杀菌效果

一、设计思想

用于对传播媒介进行消毒的药物则为消毒剂。消毒剂的种类繁多，作用机制各异，按其化学性质可分为含氯消毒剂、过氧化物类消毒剂、环氧乙烷、醛类消毒剂、酚类消毒剂、含碘消毒剂、醇类消毒剂、季铵盐类消毒剂、双胍类消毒剂。消毒剂的种类不同，对微生物的作用效果也不同。一些消毒剂只能杀灭细菌繁殖体，而芽孢和病毒仅受到抑制作用失去繁殖能力，经过一段时间和适当条件又可恢复繁殖能力，此为抑菌作用。但在某些条件下抑菌作用和杀菌作用是可以相互转换的，杀菌剂在低浓度时则表现为抑菌作用；而抑菌剂在高浓度时则表现为杀菌作用。

消毒剂不同于抗生素，其毒性较大，普遍应用在体外发挥作用，对各类微生物均有杀灭或抑制作用。它广泛用于人体、水果、蔬菜、饮水、物品、环境和交通工具的消毒除菌，对杀灭人体、食物和环境微生物，阻断传染病的传播具有重要作用。常用的消毒剂有过氧乙酸、含氯杀菌剂（如84消毒液）等。传统消毒剂的缺点是没有持效性，开发高效、广谱、长效型消毒剂是今后日化产品的重要发展方向。

一个理想的消毒剂应具备如下条件：①对自然界中的微生物有广谱的药效；②少量即可有效；③有良好的配伍性；④溶解性、分散性优良，不影响产品的基本效能；⑤安全性高，对人体无毒无害，无毒副作用。本实验主要针对市售的几种常见消毒剂，通过消毒剂对微生物的杀灭试验，评估各种消毒剂的杀菌效果。消毒剂对微生物的杀灭试验主要通过消毒剂对常见微生物如大肠杆菌、金黄色葡萄球菌和枯草杆菌的定性和定量杀菌试验检测。定型试验用来检测某一消毒剂对常见微生物是否具有杀灭作用，通过一系列实验确定该消毒剂的最小杀菌（抑菌）浓度（MIC）。

在定性试验基础上，以某一消毒剂的最小杀菌（抑菌）浓度（MIC）为使用浓度，采用平板菌落计数法，检测在该浓度下消毒剂对指示微生物的杀灭百分率。

二、目标定位

（1）熟悉并掌握检测消毒剂杀菌效果的实验方法。

（2）通过实验评价几种常见消毒剂的杀菌效果。

三、案例

表 15-1~表 15-4 所示为某化工厂检验人员对本厂生产的几种杀菌剂的检验结果，请你根据以下该厂质检人员的试验结果，设计检测某种杀菌剂或消毒剂杀菌效果的检验程序及大体操作过程。

案例分析

由表格中所给出的条件知：

供试菌为：大肠杆菌（E. coli）、金黄色葡萄球菌、枯草芽孢杆菌、纸浆混合菌

药剂、药物浓度分别为：5，10，20，30mg/L

在此基础上选出（确定）最低抑制浓度（MIC）

培养温度为：（37±1）℃

培养时间：24~48h

杀菌时间（作用时间）：2，4，10h

杀菌温度（作用温度）：21~22℃（室温）

检测检验程序及大体操作过程的设计提示

（1）选定供试菌

大肠杆菌（E. coli）、金黄色葡萄球菌、枯草芽孢杆菌

（2）培养供试菌

培养温度：（37±1）℃ 培养时间：24h 48h

设计待测化学物质的最低抑制浓度（MIC）实验

药剂、药物浓度：5mg/L、10mg/L、20mg/L、30mg/L

（3）将培养的供试菌制备系列稀释管

制备系列稀释管时，要注意：先制备对照稀释管再制备加药稀释管

杀菌时间（作用时间）：2h、4h、10h

杀菌温度（作用温度）：21~22℃（室内自然温度）

（4）稀释倒平板法（倾注法、混菌法）

（5）平板倒置于（37±1）℃培养

（6）菌落计数，统计在平板上所形成的菌落数

（7）根据在固体平板上每毫升原菌液所形成的菌落单位（cfu/mL）计算杀菌率：

（1-加入杀菌剂后在平板上形成的菌落数/对照菌落数）×100%

表 15-1 几种杀菌剂抑菌、杀菌效果测定（MIC 测定）
2005 年 7 月 11 日　　温度：(37±1)℃

溶剂浓度 菌种 培养时间/h 药剂别及原浓度	5mg/L						10mg/L						20mg/L						30mg/L					
	大肠杆菌		金黄色葡萄球菌		纸浆混合菌		大肠杆菌		金黄色葡萄球菌		纸浆混合菌		大肠杆菌		金黄色葡萄球菌		纸浆混合菌		大肠杆菌		金黄色葡萄球菌		纸浆混合菌	
	24	48	24	48	24	48	24	48	24	48	24	48	24	48	24	48	24	48	24	48	24	48	24	48
CWFA(0.1%)	+++	/	+++	/	+++	/	+++	+++	+++	++	+++	+++	+++	−	+++	−	+++	−	+++	−	+++	−	+++	−
CWFB(0.1%)	+++	/	+++	/	+++	/	+++	+++	+++	++	+++	+++	+++	−	+++	−	+++	−	+++	−	+++	−	+++	−
CPS(0.1—0.2)	+++	/	+++	/	+++	/	++	+	++	−	+++	+++	−	−	−	−	+++	−	−	−	−	−	−	−
TLR—01(14%)	+++	/	+++	/	+++	/	+	+	−	−	+++	+++	−	−	−	−	−	−	−	−	−	−	−	−

表 15-2 杀菌率测定结果
2005 年 7 月 11 日　　温度：(37±1)℃

药剂浓度 菌别 溶剂名称及原溶液	5mg/L		10mg/L		20mg/L		30mg/L	
	纸浆混合菌	金黄色葡萄球菌	纸浆混合菌	金黄色葡萄球菌	纸浆混合菌	金黄色葡萄球菌	纸浆混合菌	金黄色葡萄球菌
CWFA(0.1%)	85.0%	99.2%	87.8%	99.68%	88.6%	99.70%	88.87%	99.78%
CWFB(0.1%)	83.5%	99.2%	90.43%	99.88%	90.43%	99.80%	95.65%	99.80%
CPS(0.1—0.2)	88.69%	92.1%	92.17%	99.35%	92.17%	99.44%	94.78%	99.64%
TLR—01(14%)	91.3%	98.93%	91.3%	99.44%	93.39%	99.68%	/	/

表15-3　六神杀菌剂对混合菌杀菌效力的测定
2005年11月1日-4日

杀菌时间 菌落数及杀菌率 药剂	2h 菌落数	2h 杀菌率/%	4h 菌落数	4h 杀菌率/%	10h 菌落数	10h 杀菌率/%	24h 菌落数	24h 杀菌率/%
2%TLR-01+10%皮二醛	1.1×10^7	66	9.0×10^6	72.22	2.07×10^6	93.6	2.1×10^6	93.5
1.5%KR+10%皮二醛	8.9×10^6	72.53	3.8×10^6	88.28	1.57×10^6	95.15	<4	99.99
1.5%KR	1.2×10^7	62.96	5.3×10^6	83.64	9.8×10^5	96.97	1.6×10^5	99.5
2%TLR-01	1.0×10^7	69.13	1.4×10^6	95.67	1.0×10^6	96.91	7.2×10^4	99.77
1.5%AWF	1.8×10^7	43.82	2.67×10^6	17.59	4.3×10^7	0	6.0×10^7	0
10%皮二醛(1)	1.9×10^7	41.35	3.28×10^7	0	3.6×10^7	0	3.9×10^7	0
10%皮二醛(2)	1.8×10^7	43.82	3.5×10^7	0	4.2×10^7	0	4.08×10^7	0
菌对照	菌落总数:3.24×10^7 cfu/mL							

注:1. 皮二醛为武汉新大地化工有限公司提供;原液浓度50%,皮二醛10%(1)按商品活性算;皮二醛10%(1)按商品活性算。
2. 杀菌温度:21~23℃室内静止实验。培养温度:(37±1)℃ 48h。
3. 纸浆混合菌:西安提供的水样。
4. 使用计量:50mg/L。

表 15-4　六种药剂对枯草芽孢菌的杀菌率的测定
2005 年 10 月 27~31 日

药剂	杀菌时间 菌落数及杀菌率	2h 菌落数	2h 杀菌率/%	4h 菌落数	4h 杀菌率/%	10h 菌落数	10h 杀菌率/%	24h 菌落数	24h 杀菌率/%
2% TLR-01 + 10% 戊二醛		8.2×10^5	77.22	1.0×10^6	72.22	1.5×10^6	58.33	1.5×10^6	58.30
1.5% KR + 10% 戊二醛		2.8×10^5	92.22	1.3×10^6	63.88	1.5×10^6	58.33	1.7×10^6	52.77
1.5% KR		1.6×10^6	55.56	1.9×10^6	47.22	2.3×10^6	36.11	1.6×10^6	55.55
2% TLR-01		1.7×10^6	52.77	1.7×10^6	52.77	1.6×10^6	55.55	1.7×10^6	52.77
1.5% AWF		1.6×10^6	56.38	1.5×10^6	58.33	1.7×10^6	52.73	1.6×10^6	55.55
10% 戊二醛		1.5×10^6	58.33	1.5×10^6	58.33	1.4×10^6	61.11	1.4×10^6	61.11
菌对照		菌落数：3.6×10^6 cfu/mL							

注：1. 使用剂量：50mg/L，杀菌温度：21~22℃，培养温度：(37±1)℃，48h。
2. 戊二醛为武汉新大地化工有限公司提供：原液浓度 50%；其余均为我公司生产。

附录一　染色液的配制

1. 吕氏美蓝染液

A 液：美蓝（甲烯蓝、次甲基蓝、亚甲蓝）		0.6g
95%乙醇		30mL
B 液：氢氧化钾		0.01g
蒸馏水		100mL

分别配制 A 液、B 液，配好后混合、摇匀备用。

2. 齐氏石炭酸复红染色液

A 液：碱性复红		0.3g
95%酒精		10mL
B 液：石炭酸		5.0g
蒸馏水		95mL

将碱性复红在研钵中研磨后，逐渐加入95%酒精，继续研磨使其溶解，配制 A 液。

将石炭酸溶解于水中，配成 B 液。混合 A 液及 B 液即成。

通常可将此混合液稀释5～10倍使用，稀释液易变质失效，一次不宜多配。

3. 革兰氏染色液

（1）草酸铵结晶紫染液

A 液：结晶紫（crystal violet）		2.5g
95%乙醇		20mL
B 液：草酸铵（ammonium oxalate）		1.0g
蒸馏水		100mL

将结晶紫研磨后，加入95%乙醇使之溶解，配成 A 液；将草酸铵溶解于蒸馏水中，配成 B 液；混合 A、B 液，静置48h 后使用。

（2）卢戈氏碘液

碘片		1.0g
碘化钾		2.0g
蒸馏水		300mL

先将碘化钾溶解在少量水中，再将碘片溶解在碘化钾溶液中，待碘全部溶解后，加足水分即成。

（3）95%的酒精溶液

（4）番红染液

番红（safranine O）	2.5g
95%酒精	100mL

取上述配好的番红酒精溶液 10mL 与 80mL 蒸馏水混匀即成。

4. 芽孢染色液

（1）孔雀绿染液

孔雀绿（malachite green）	5.0g
蒸馏水	100mL

（2）番红水溶液

番红	0.5g
蒸馏水	100mL

（3）苯酚品红溶液

碱性品红	11.0g
无水酒精	100mL

制法取上述溶液 10mL 与 100mL 5% 的苯酚溶液混合，过滤备用。

（4）黑色素溶液

水溶性黑色素	10.0g
蒸馏水	100mL

称取 10g 黑色素溶于 100mL 蒸馏水中，置沸水浴中 30min 后，滤纸过滤二次，补加水到 100mL，加 0.5mL 甲醛，备用。

5. 荚膜染色液

（1）黑色素水溶液

黑色素	5.0g
蒸馏水	100mL
市售福尔马林（40%甲醛）	0.5mL

将黑色素在蒸馏水中煮沸 5min，然后加入福尔马林作防腐剂。

（2）番红染液

与革兰氏染液中番红复染液相同。

6. Tyler 染色法

结晶紫	0.1g
冰醋酸	0.25mL
蒸馏水	100mL

7. 硝酸银法鞭毛染色液

A液：单宁酸

单宁酸	5.0g
$FeCl_3$	1.5g

　　　　蒸馏水　　　　　　　　　　　　　　　　　　100mL
　　　　福尔马林（15%）　　　　　　　　　　　　　2.0mL
　　　　NaOH（1%）　　　　　　　　　　　　　　1.0mL
　　将单宁酸和 $FeCl_3$ 溶于水中后加入福尔马林和 NaOH，过滤后使用。配好后，当日使用，次日效果差，第三日则不宜使用。
　　　B 液：$AgNO_3$　　　　　　　　　　　　　　　2.0g
　　　　蒸馏水　　　　　　　　　　　　　　　　　　100mL
　　待 $AgNO_3$ 溶解后，取出 10mL 备用，向其余的 90mL $AgNO_3$ 中滴入浓 NH_4OH，使之成为很浓厚的悬浮液，再继续滴加 NH_4OH，直到新形成的沉淀又重新刚刚溶解为止。再将备用的 10mL $AgNO_3$ 慢慢滴入，则出现薄雾，但轻轻摇动后，薄雾状沉淀又消失，再滴入 $AgNO_3$，直到摇动后仍呈现轻微而稳定的薄雾状沉淀为止。如所呈雾不重，此染剂可使用一周，如雾重，则银盐沉淀出，不宜使用。

8. 改良 Leifson 鞭毛染色液
　　A：20%鞣酸（单宁），2mL；
　　B：20%钾明矾，2mL（可加热促其溶解）；
　　C：石炭酸:水 = 1:20 ~ 30，2mL；
　　D：碱性复红酒精饱和液 1.5mL。（4g 碱性复红溶解在 100mL 95%的酒精中，溶时用玛瑙研钵研细）
　　上述四中溶液分别配好后，各按比例取一定数量按下列秩序混合：B 加在 A 中，C 加在 A，B 混合液中，D 加在 A，B，C 混合液中混合后，马上过滤 15 ~ 20 次（也可用蔡氏细菌过滤器夹 8 ~ 12 层滤纸和一块细菌过滤纸抽滤）。

9. 酵母菌死、活细胞的鉴别
　　0.015%、0.05%吕氏美蓝染液
　　（1）0.1mol/L KH_2PO_4 溶液：取 0.9078g KH_2PO_4 溶于 1000mL 去 CO_2 蒸馏水中；
　　（2）称取 0.015g 美蓝溶于 100mL 0.1mol/L KH_2PO_4 溶液中，即成 0.015%吕氏美蓝溶液；
　　（3）称取 0.05g 美蓝溶于 100mL 0.1mol/L KH_2PO_4 溶液中，即成 0.05%吕氏美蓝溶液。

10. 糖原染液（可用卢戈氏碘液代替）

11. 类核染液
　　（1）25%酒精：取 27 ~ 30mL 95%乙醇定容至 100mL；
　　（2）称取 1.0g 美蓝溶于 100mL 25%乙醇中即成；
　　（3）1% H_2SO_4：取 0.6 ~ 1.0mL 浓硫酸于少量蒸馏水中，定容至 100mL；

(4) 市售甲醛：36%~40%（瓶口以胶塞塞紧）。

12. 乳酸石炭酸棉蓝染色液（观察霉菌）

石炭酸	10.0g
乳酸（相对密度 1.21）	10mL
甘油	20mL
蒸馏水	10mL
棉蓝（cottonblue）即苯胺蓝	0.02g

将石炭酸加在蒸馏水中加热溶解，然后加入乳酸和甘油，最后加入棉蓝，使其溶解即成。

13. 溴甲酚紫指示剂

溴甲酚紫	0.04g
0.01mol/L NaOH	7.4mL
蒸馏水	92.6mL

溴甲酚紫 pH 5.2~6.8，颜色由黄变紫，常用浓度为 0.04%。

14. 溴麝香草酚蓝指示剂

溴麝香草酚蓝	0.04g
0.01mol/L NaOH	6.4mL
蒸馏水	93.6mL

15. 甲基红试剂

甲基红（Methyl red）	0.04g
95%酒精	60mL
蒸馏水	40mL

先将甲基红溶于 95%酒精中，然后加入蒸馏水即可。

16. V.P. 试剂

A 液：5% α-萘酚无水酒精溶液

α-萘酚	5g
无水乙醇	100mL

B 液：40% KOH 溶液

KOH	40g
蒸馏水	100mL

使用时 A、B 液等体积混合

17. 吲哚试剂

对二甲基氨基苯甲醛	2g
95%乙醇	190mL
浓盐酸	40mL

附录二 培养基配制

1. 牛肉膏蛋白胨培养基（培养细菌）

牛肉膏	3.0g	琼脂	15.0~20.0g
蛋白胨	10.0g	水	1000mL
NaCl	5.0g	pH	7.2~7.4

0.11MPa，121.3℃灭菌20~30min。

2. 淀粉琼脂培养基（高氏1号培养基 培养放线菌）

可溶性淀粉	20.0g	$MgSO_4$	0.5g
$NaNO_3$	1.0g	$FeSO_4$	0.01g
NaCl	0.5g	琼脂	20.0g
K_2HPO_4	0.5g	水	1000mL
pH	7.4~7.6		

配制时，先用少量冷水，将淀粉调成糊状，在火上加热，边搅拌边加水及其他成分，溶化后，补足水分至1000mL。0.11MPa，121.3℃灭菌20~30min。

3. 查氏培养基（培养霉菌）

$NaNO_3$	2.0g	$FeSO_4 \cdot 7H_2O$	0.01g
KH_2PO_4	1.0g	蔗糖	30.0g
KCl	0.5g	琼脂	15~20g
$MgSO_4 \cdot 7H_2O$	0.5g	水	1000mL
pH	自然		

0.11MPa，121.3℃灭菌20~30min。

4. 马丁氏（Martin）琼脂培养基（分离土壤真菌）

葡萄糖	10.0g	孟加拉红（rose bengal）	33.4mg
蛋白胨	5.0g	琼脂	15~20g
KH_2PO_4	1.0g	pH	自然
$MgSO_4 \cdot 7H_2O$	0.5g	蒸馏水	1000mL

0.072MPa，115℃灭菌30min。

5. 复红亚硫酸钠培养基（远藤氏培养基）

蛋白胨	10g	蒸馏水	1000mL
乳糖	10g	无水亚硫酸钠	5g左右
K_2HPO_4	3.5g	5%碱性复红乙醇溶液	20mL

琼脂　　　　　　　　20～30g

先将琼脂加入 900mL 蒸馏水中，加热溶解，再加入磷酸氢二钾及蛋白胨，使之溶解，补足蒸馏水至 1000mL，调 pH 至 7.2～7.4。加入乳糖，混匀溶解后，115℃灭菌 20min。称取亚硫酸钠置一无菌空试管中，加入无菌水少许使之溶解，再在水浴中煮沸 10min 后，立刻滴加于 20mL 5%碱性复红乙醇溶液中，直到深红色褪成淡粉红色为止。将此亚硫酸钠与碱性复红的混合液全部加至上述已灭菌的并仍保持溶化状态的培养基中，充分混匀，倒平皿，放冰箱备用。贮存时间不宜超过 2 周。

6. 伊红美蓝培养基（EMB 培养基）

| 蛋白胨水琼脂培养基 | 100mL | 2%伊红水溶液 | 2mL |
| 20%乳糖溶液 | 2mL | 0.5%美蓝水溶液 | 1mL |

将已灭菌的蛋白胨水琼脂培养基（pH 7.6）加热熔化，冷却至 60℃左右时，再把已灭菌的乳糖溶液、伊红水溶液及美蓝水溶液按上述量以无菌操作加入。摇匀后，立即倒平板。乳糖在高温灭菌时易被破坏必须严格控制灭菌温度，一般是 0.072MPa，115℃灭菌 20min。

7. 平板计数琼脂（PCA）（"水的细菌学检查"用）

胰蛋白胨	5.0g	葡萄糖	1.0g
酵母浸膏	2.5g	琼脂	20.0g
蒸馏水	1000mL		

调 pH 至 7.2～7.4，121℃高压灭菌 15～20min。

8. EC 培养液

蛋白胨	20.0g	K_2HPO_4	4.0g
乳糖	5.0g	KH_2PO_4	1.5g
三号胆盐	1.5g	NaCl	5.0g
蒸馏水	1000mL		

分装有小玻璃倒管的试管中。0.072 MPa，115℃灭菌 20min。

9. 乳糖胆盐发酵管

蛋白胨	20g	0.04%溴甲酚紫水溶液	25mL
猪胆盐（或牛，羊胆盐）	5g	蒸馏水	1000mL
乳糖	10g	pH	7.4

将蛋白胨，胆盐及乳糖溶于水中，校正 pH，加入指示剂，分装每管 10mL，并放入一个小倒管，0.072 MPa，115℃灭菌 15min。

10. 乳糖发酵管

| 蛋白胨 | 20g | 0.04%溴甲酚紫水溶液 | 25mL |
| 乳糖 | 10g | 蒸馏水 | 1000mL |

pH		7.4	

将蛋白胨及乳糖溶于水中，校正 pH，加入指示剂，按检验要求分装 30mL，10mL 或 3mL，并放入一个小倒管，0.072 MPa，115℃灭菌 15min。

注：①双料乳糖发酵管除蒸馏水外，其他成分加倍。

②30mL 和 10mL 乳糖发酵管专供酱油及酱类检验用，3mL 乳糖发酵管供大肠杆菌实证实验用。

11. 葡萄糖发酵培养基

葡萄糖	10g	水	1000mL
蛋白胨	10g	1.6%溴甲酚紫乙醇溶液	1~2mL
NaCl	5g	pH	7.6

12. 乳糖发酵培养基

乳糖	10g	水	1000mL
蛋白胨	10g	1.6%溴甲酚紫乙醇溶液	1~2mL
NaCl	5g	pH	7.6

13. 葡萄糖蛋白胨水培养基

蛋白胨	5g	K_2HPO_4	2g
葡萄糖	5g	蒸馏水	1000mL
pH	7.0~7.2		

14. 醋酸铅培养基

蛋白胨	20g	$Na_2S_2O_3$	0.5g
NaCl	5g	琼脂	15~20g
柠檬酸铁铵	0.5g	蒸馏水	1000mL
pH	7.2		

先将琼脂、蛋白胨溶化，冷至 60℃加入其他成分。

15. 柠檬酸盐培养基

$NH_4H_2PO_4$	1g	柠檬酸钠	2g
K_2HPO_4	1g	琼脂	15~20g
NaCl	5g	蒸馏水	1000ml
$MgSO_4$	0.2g	1%溴麝香草酚蓝酒精液	10mL

将上述各成分加热溶解后，调节 pH 6.8，然后加入指示剂摇匀，用脱脂棉过滤。

16. 蛋白胨水培养基

蛋白胨	10g	水	1000mL
NaCl	5g	pH	7.6

17. 月桂基硫酸盐胰蛋白胨（Lauryl Sulfate Tryptose，LST）肉汤（大肠菌群的检验）

胰蛋白胨或胰酪胨	20.0g	磷酸二氢钾	2.75g
氯化钠	5.0g	月桂基硫酸钠	0.1g
乳糖	5.0g	蒸馏水	1000mL
磷酸氢二钾	2.75g	pH	6.8 ± 0.2

将上述成分溶解于蒸馏水中，调节 pH，分装到装有发酵管的试管中，每管 10mL，121℃ 高压灭菌 15~20 min。

18. 煌绿乳糖胆盐（Brilliant Green Lactose Bile，BGLB）肉汤（大肠菌群的检验）

蛋白胨	10.0g	0.1% 煌绿水溶液	13.3mL
乳糖	10.0g	蒸馏水	800mL
牛胆粉溶液	200mL	pH	7.2 ± 0.1

将蛋白胨、乳糖溶解于约 500mL 蒸馏水中，加入牛胆粉溶液 200mL（将 20.0g 脱水牛胆粉溶于 200mL 蒸馏水中，调节 pH 至 7.0~7.5），用蒸馏水稀释到 975mL，调节 pH，再加入 0.1% 煌绿水溶液 13.3mL，用蒸馏水补足到 1000mL，用棉花过滤后，分装到装有发酵管的试管中，每管 10mL，121℃ 高压灭菌 15~20min。

19. 结晶紫中性红胆盐琼脂（Violet Red Bile Agar，VRBA）（大肠菌群的检验）

蛋白胨	7.0g	中性红	0.03g
酵母浸膏	3.0g	结晶紫	0.002g
乳糖	10.0g	琼脂	15~18g
氯化钠	5.0g	蒸馏水	1000mL
胆盐或 3 号胆盐	1.5g	pH	7.4 ± 0.1

将上述成分溶于蒸馏水中，静置几分钟，充分搅拌，调节 pH。煮沸 2min，将培养基冷却至 45~50℃ 倾注平板。使用前临时制备，不得超过 3h。

20. 无菌生理盐水

称取 8.5g 氯化钠溶解于 1000mL 蒸馏水中，121℃ 高压灭菌 15~20min。

21. 无菌 1mol/L 氢氧化钠

称取 40g 氢氧化钠溶解于 1000mL 蒸馏水中，121℃ 高压灭菌 15~20min。

22. 无菌 1mol/L 盐酸

移取浓盐酸 90mL，用蒸馏水稀释至 1000mL，121℃ 高压灭菌 15~20min。

参考文献

1. 周德庆著. 微生物教程. 北京：高等教育出版社，2002.
2. 沈萍主编. 微生物学. 北京：高等教育出版社，2000.
3. 何国庆，贾英民主编. 食品微生物学. 北京：中国农业大学出版社，2002.
4. 张青，葛菁萍主编. 微生物学. 北京：科学出版社，2004.
5. 翁连海主编. 食品微生物基础与应用. 北京：高等教育出版社，2005.
6. 贾英民主编. 食品微生物学. 北京：中国轻工业出版社，2006.
7. 张文治主编. 食品微生物学. 北京：中国轻工业出版社，1995.
8. 万萍主编. 食品微生物学. 北京：科学出版社，2003.
9. 闵航主编. 微生物学. 杭州：浙江大学出版社，2005.
10. 陈玮，董秀芹主编. 微生物学及实验实训技术. 北京：化学工业出版社，2007.
11. 黄秀梨主编. 微生物学. 北京：高等教育出版社，2003.
12. 无锡轻工业大学主编. 微生物学. 北京：中国轻工业出版社，1990.
13. 杨汝昌主编. 现代工业微生物学. 广州：华南理工大学出版社，2001.
14. 李宗义主编. 工业微生物学. 北京：中国科学技术出版社，2000.
15. 吕嘉枥主编. 食品微生物学. 化学工业出版社，2007.
16. 欧阳珺、吕嘉枥主编. 发酵微生物学. 西安：西北大学出版社，2000.
17. 徐岩主编（译）. 现代食品微生物学. 北京：中国轻工业出版社，2001.
18. 罗红霞主编. 食品微生物学及实验技术. 北京：中国农业大学，2010.
19. 钱爱东主编. 食品微生物学. 北京：中国农业出版社，2008.
20. 郝涤非，雷琼主编. 食品微生物学. 北京：中国计量出版社，2010.
21. 何国庆，贾英民主编. 食品微生物学. 北京：中国农业大学出版社，2002.
22. 王小纯主编. 病毒学. 北京：中国农业出版社，2007.
23. 翟中和. 细胞生物学. 北京：高等教育出版社，1995.
24. 徐孝华. 普通微生物学. 北京：中国农业大学出版社，2002.
25. 钱爱东. 食品微生物. 北京：中国农业出版社，2002.
26. 刘用成. 食品检验技术（微生物部分）. 北京：中国轻工业出版社，2009.
27. 周正任主编. 医学微生物学（第六版）. 人民卫生出版社，2006.
28. 黄秀梨，辛明秀主编. 微生物学（第三版）. 北京：高等教育出版社，2009.
29. 陈红霞，李翠华主编. 食品微生物学及实验技术. 北京：化学工业出版社，2010.
30. 杨革主编. 微生物学实验教程（第二版）. 北京：科学出版社，2010.
31. 潘春梅，张晓静主编. 微生物技术. 北京：化学工业出版社，2010.
32. 沈萍，陈向东主编. 微生物学实验（第四版）. 北京：高等教育出版社，2007.
33. 蔡信之，黄君红主编. 微生物学（第二版）. 北京：高等教育出版社，2002.
34. 刘国生主编. 微生物学实验技术. 北京：科学出版社，2007.